Bernadette von Dreien

Christina – Die Vision des Guten

Bernadette von Dreien

CHRISTINA

Band 2:
Die Vision des Guten

Govinda-Verlag

Herausgegeben von Ronald Zürrer

Die «Christina»-Buchreihe umfasst bislang folgende Bände:

Band 1:   Christina – Zwillinge als Licht geboren
Band 2:   Christina – Die Vision des Guten
Band 3:   Christina – Bewusstsein schafft Frieden
            (in Vorbereitung)

Kontaktadressen des Verlages:

Schweiz   Govinda-Verlag, Postfach, 8462 Rheinau
Deutschland   Govinda-Verlag, Postfach, 79798 Jestetten
Internet   govinda.ch | meerstern.de

Offizielle Website von Christina: christinavondreien.ch

Fünfte Auflage – September 2018
(Erstveröffentlichung März 2018)

© 2018 Govinda-Verlag GmbH
Alle Rechte vorbehalten.

Lektorat & Layout: Ronald Zürrer
Bilder: Wikimedia Commons (S. 260) | Ronald Zürrer (S. 295) |
    Bernadette von Dreien (S. 308) | Fotolia.com / psdesign1 (S. 315) |
    Anna-Nina Good (S. 334 sowie Autorenfoto auf dem Einband) |
    Narada Demian Zürrer (S. 336)
Logo: Narada Demian Zürrer
Einbandgestaltung: Narada Demian Zürrer & Ronald Zürrer
Gesamtherstellung: CPI books GmbH, Leck
Printed in Germany

ISBN 978-3-905831-50-4

«Die Vision des Guten wird das Zukunftsgesetz eines jeden Landes sein. Ein kleiner Lichtfaden wird sich zu einem himmlischen Licht entwickeln.»

«Es ist nicht so, dass sich das Licht und das Unlicht gegenseitig aufschaukeln. Bedingungslose Liebe hat eine sehr hohe Frequenz, und das Unlicht kann diese Frequenz nicht aushalten. Wir können die Reife entwickeln, etwas bedingungslos zu lieben, das uns nicht liebt. Dadurch geben wir dem Unlicht die Gelegenheit, sich zu transformieren. Nur dann, wenn wir dem Unlicht ebenfalls mit dunklen Gedanken begegnen, schaukeln wir es auf.»

«In unserem innersten Wesenskern sind wir alle gleich. Niemand ist weiter als der andere, kein Licht ist heller als das andere, und keine Lebensaufgabe ist wichtiger als eine andere. Wir sind alle göttliche Wesen, die hier eine Erfahrung als Mensch machen, und nicht Menschen, die zu göttlichen Wesen werden.»

– Christina von Dreien

Inhalt

1

Eine neue Weltsicht

Winter 2017/2018. Vor wenigen Monaten ist unser erstes Buch «Christina – Zwillinge als Licht geboren» erschienen, und seitdem hat sich in unserem Leben so einiges verändert. Wie schon seit vielen Jahren, leben meine jetzt 16½-jährige Tochter Christina, mein 14-jähriger Sohn Mario und ich gemeinsam mit unseren Tieren, Pflanzen und Steinen in unserem Zuhause im Toggenburg. Und doch ist für mich nichts mehr so, wie es einmal gedacht und geplant war. Seit Januar 2015 hat sich meine Welt buchstäblich um Dimensionen erweitert, und mehr und mehr werde ich mir der weitreichenden Auswirkungen bewusst, die diese unerwartete Horizonterweiterung bereits nach sich gezogen hat und auch weiterhin nach sich ziehen wird.

Ich erinnere mich daran, wie es mir damals, vor bald drei Jahren, anfangs noch schwer fiel, mich an die zahlreichen paranormalen Begabungen und an das erweiterte Bewusstsein von Christina zu gewöhnen. Mittlerweile ist dies alles für mich zwar immer noch größtenteils rätselhaft, aber die anfängliche Verwunderung und Verwirrung sind im Laufe der Zeit einer tiefen Faszination gewichen, verbunden mit unzähligen Lernprozessen, mit neuen Hürden und neuen Erkenntnissen – insgesamt eine große Reise zu mir selbst. Immer mehr erkenne ich, welch wundervolle Perspektiven sich durch diese neue Bewusstseinsqualität für mich selbst sowie auch für jeden einzelnen Menschen auf diesem Planeten eröffnen können. Durch all das, was ich in den vergangenen Jahren von Christina gelernt habe, konnte ich meine früheren Denkmuster und meine frühere Weltsicht gründlich revidieren.

Ich erinnere mich ebenfalls daran, wie Christina im Frühling

2015 zu mir sagte: *«Die Menschen verhalten sich heutzutage auf der Erde wie in einem Spiel, bei dem sie die Spielanleitung verloren haben.»* Dies fasst den aktuellen Zustand der Erdbevölkerung wohl ziemlich treffend zusammen. Ich fragte mich damals: Was genau sind denn die «Spielregeln», die eigentlich das menschliche Zusammenleben harmonisch regeln sollten, die wir aber irgendwie verloren zu haben scheinen? Wie können wir es schaffen, wieder den inneren und den äußeren Frieden zu erlangen, nach dem sich die meisten Menschen so sehr sehnen? Was genau müssten wir in unserem Denken und Handeln verändern, damit die Menschheit ihren nächsten Evolutionsschritt gehen kann?

Als ich dann die multidimensionale Weltsicht von Christina meinem eigenen damaligen Denken gegenüberstellte, wurde mir schnell klar, dass ich die übergeordneten universellen Spielregeln, die sich nach dem Harmonischen und Guten richten, schlicht und einfach mein Leben lang nicht vermittelt bekommen hatte – weder vom Elternhaus noch von der Schule, noch von der Kirche. Ebenso erging es wohl den allermeisten meiner Zeitgenossen. Man hat mir beigebracht, wie ich mein Leben so gestalten kann, dass ich sowohl mit mir selbst als auch mit meinem Umfeld möglichst im Reinen bin, dass ich keine unaufgelösten Konflikte mit mir herumtrage und dass ich jederzeit mit gutem Gewissen diese Welt wieder verlassen könnte. Dies alles bildete für mich eine positive und konstruktive Lebensgrundlage, für die ich durchaus dankbar bin, und doch erscheint sie mir aus meiner heutigen Sicht äußerst lückenhaft und unvollständig zu sein.

Mein Denken und Handeln richtete sich mein Leben lang nach der geltenden Moral der Gesellschaft, das heißt nach künstlich von Menschen geschaffenen Gesetzen und Konstrukten, die auf einem ziemlich engen Welt- und Menschenbild gründen. Und genau diese Engstirnigkeit und Lückenhaftigkeit ist wohl dafür verantwortlich, dass sich derzeit so viele Menschen trotz technischen Fortschritts und trotz äußeren Wohlstandes orientierungslos, isoliert, gefangen und machtlos fühlen. Was es heutzutage dringend braucht, ist ein Weltbild, das umfassend genug ist, um sämtliche Aspekte des Körperlichen, Geistigen und Seelischen sinnvoll zu erfassen und zu beschreiben. Was es dringend braucht, ist eine Ethik, die tiefgehend genug ist, um den Menschen die höheren kosmischen Gesetze und Spielregeln verständlich zu machen, nach denen die Schöpfung aufgebaut ist. Was es dringend braucht, ist ein gangbarer Weg, um die Menschen wieder mit dem großen Ganzen, mit ihrem göttlichen Ursprung zu verbinden.

Dies wäre eigentlich die Aufgabe der Religion (aus dem Lateinischen *religio* = «Rückbindung an Gott»). Doch wie Christina schon des öfteren erklärt hat, sind die heutigen religiösen Systeme dazu nicht mehr in der Lage, da sie allesamt bereits seit vielen Jahrhunderten unterwandert und verfälscht worden seien. Beispielsweise sei auch im Christentum ursprünglich ein solides Verständnis der Multidimensionalität des Kosmos, der zahlreichen Realitäten jenseits des Irdisch-Materiellen und der universellen Spielregeln vorhanden gewesen. Doch sei es dunklen Mächten gelungen, die Kirchen und anderen organisierten religiösen Institutionen in manipulative Machtsysteme zu verwandeln, die auf Angst und Ausbeutung basieren und in denen ein erweitertes Bewusstsein des Einzelnen durchaus nicht erwünscht ist. Dazu sei man auch nicht davor zurückgeschreckt, die eigenen heiligen Schriften umzuschreiben und zu verfälschen. Obschon die höheren Realitäten grundsätzlich für jeden Menschen jederzeit direkt erkennbar sind, und obschon sie beispielsweise in den vedischen Schriften der altindischen Hochkultur ausführlich dokumentiert sind, sei es den autokratischen, manipulativen Dunkelmächten gelungen, die Menschen weltweit in niedrige Schwingungsfrequenzen von Furcht und Frustration zu zwingen und sie damit vom Erkennen des Offensichtlichen fernzuhalten. Doch nun sei die Zeit gekommen, dass sich die Menschen von diesen unlichten Systemen befreien, ihren Horizont weiten und sich wieder daran erinnern, wer sie in Wahrheit sind: Sie sind göttliche Schöpferwesen und somit auch stets Schöpfer ihrer eigenen Realität.

Dazu seien, so führt Christina zu diesem Thema weiter aus, keine religiösen Institutionen im herkömmlichen Sinne mehr nötig. Man brauche keine fremdbestimmte, obrigkeitsgläubige Form von Spiritualität, um sich nach dem göttlichen Plan auszurichten und die eigene Lebensbestimmung zu finden und zu erfüllen. Mit einem erweiterten Bewusstsein sei man in der Lage, direkt die kosmischen Gesetze wahrzunehmen und sein persönliches Verhalten an ihnen zu orientieren. Christina sagt, dass immer mehr bewusste Menschen ihr Weltbild und ihre Ethik schon heute direkt nach den kosmischen Gesetzen ausrichten – genauso wie sie selbst. Und es werden in den kommenden Jahren noch viele, viele mehr hinzukommen.

Mit dieser neuen Weltsicht und Ethik werden die Menschen der Zukunft auch eine neue Form der Liebe in die Welt tragen, die menschengemachte moralische Vorschriften und Gesetze überflüssig machen wird, ebenso auch andere künstliche Einschränkungen wie beispielsweise Landesgrenzen. Dieser evolutionäre Prozess sei bereits beschlossen und in vollem Gange, doch wie lange er dauern werde, dies sei abhängig vom kollektiven Bewusstsein und von den kollektiven Entscheidungen der Menschheit. Daher könne jeder einzelne Mensch seinen eigenen wichtigen Beitrag leisten, indem er die universellen Spielregeln möglichst rasch in sein eigenes Weltbild und in sein ethisches Verhalten integriere.

In Vorbereitung auf unsere gemeinsamen Seminare vom Herbst 2017 erstellen Christina, unser Verleger Ronald und ich eine Liste mit den wichtigsten universellen Gesetzen und Spielregeln, deren Integration den Prozess der kollektiven Bewusstwerdung nachhaltig unterstützen und beschleunigen wird. Sie seien im Folgenden kurz skizziert.

Die Individualität der Seele

In jedem Menschenkörper wohnt eine nicht-materielle, einzigartige und bewusste Seele, ein Teil des großen Ganzen, ein individuelles göttliches Geschöpf, das es so nur einmal gibt. Dies gilt nicht nur für Menschen, sondern für sämtliche Wesen im Universum – für irdische und überirdische, dreidimensionale und höherdimensionale, lichte und unlichte. Denn alles im Kosmos ist belebt und beseelt, und überall in der Schöpfung sind bewusste Lebewesen zu finden.

Christina ist imstande, zahlreiche Wesen in unterschiedlichen Parallelwelten und Dimensionen wahrzunehmen und mit ihnen zu kommunizieren. Für sie steht es außer Frage, dass das gesamte Universum bewohnt ist und dass jede Seele ein einzigartiges Individuum ist. Auch ohne multidimensionale Wahrnehmung fällt es mir nicht schwer, dies als Wahrheit in mein Weltbild aufzunehmen. Durch meine Erziehung bin ich bereits damit vertraut, dass in jedem Menschen eine individuelle Seele, ein Geschöpf Gottes weilt. Neu für mich ist allerdings, dass es sich bei unzähligen anderen Lebensformen überall im Universum genauso verhält und dass beispielsweise auch unser Planet Erde ein bewusstes Lebewesen mit einer Seele ist.

Der Reinkarnationszyklus (Seelenwanderung)

Die unzähligen Seelen sind fortwährend in einem riesigen Zyklus des Umherwanderns kreuz und quer durchs Universum unterwegs. Sie reisen von Dimension zu Dimension, von Verdichtungsebene zu Verdichtungsebene, von Planet zu Planet und von Körper zu Körper, um Abenteuer zu erleben, um Erfahrungen zu sammeln und Aufgaben zu erledigen, um zu lernen und zu reifen.

Natürlich war mir dieses Konzept der Seelenwanderung schon länger bekannt, doch war ich früher der Meinung, dass es bloß ein fremder Glaube aus gewissen östlichen Religionen sei, der für mich als Christin keine Bedeutung habe. Inzwischen habe ich jedoch erkannt, dass es sich hierbei ja gar nicht um eine Glaubensfrage handelt. Denn wenn der Reinkarnationszyklus tatsächlich der Wahrheit entspricht, dann gilt er logischerweise nicht nur für Asiaten und nicht nur für diejenigen, die daran glauben, sondern für alle Menschen. Dann ist es ein Naturgesetz, das genauso wie alle anderen Naturgesetze unabhängig davon gültig ist, ob der einzelne Mensch nun daran glaubt oder nicht. Durch Christinas Erläuterungen bin ich zu der Überzeugung gelangt, dass die Seelenwanderung tatsächlich ein solches Naturgesetz darstellt, denn sie erscheint mir weitaus plausibler zu sein als alle anderen Erklärungsmodelle, die mir im Verlaufe meines Lebens begegnet sind.

Durch dieses Verständnis ergibt sich für mich eine völlig neue, vertiefte Sichtweise auf das Leben nach dem Tod und auf die Frage nach dem Sinn meines Daseins. Sehr wohltuend und horizontöffnend ist auch die Erkenntnis, wie klein unsere gegenwärtige Inkarnation in Anbetracht der Größe unseres wirklichen Seelendaseins ist. Doch obschon diese Inkarnation als Erdenmensch im Gesamtbild betrachtet nur eine winzig kleine Episode darstellt, ist sie dennoch so wichtig und so entscheidend.

Seelenplan, Seelenweg und Bestimmung (Dharma)

Für jedes Menschenleben, also für jede Inkarnation als Mensch auf dem Planeten Erde, gibt es einen übergeordneten *Seelenplan,* der die wichtigsten anstehenden Lebensaufgaben beinhaltet und zu dem man vor der Inkarnation selbst eingewilligt hat. Dieser Seelenplan wurde in der geistigen Welt aufgrund der bisherigen Erfahrungen der betreffenden Seele zusammengestellt und dient dazu, die Seele im kommenden Leben in ihrer Entwicklung um die nächsten anstehenden Schritte voran zu bringen.

Auf der Grundlage dieses übergeordneten Seelenplanes ergibt sich für jedes Menschenleben ein konkreter *Seelenweg.* Dieser Seelenweg, dieser vorgeplante Lebensweg besteht aus bestimmten Erfahrungsprozessen, denen man letztlich nicht ausweichen kann. So gleicht das Leben als Erdenmensch einer Art Zugfahrt von A nach B, bei der die einzelnen Zwischenstationen – das heißt, die größeren und kleineren Lebensaufgaben, die zu erfüllen man sich vorgenommen hat – bereits feststehen. Wenn unser Lebenszug an einer dieser Stationen anhält, dann haben wir dort entweder eine bestimmte persönliche Lektion zu lernen (= Lernaufgabe) oder einen bestimmten Auftrag im Dienste der Allgemeinheit zu erfüllen (= Dienstaufgabe). Natürlich können wir uns auch weigern, unsere jeweilige Herausforderung zu lösen, aber diese Verweigerung unseres vereinbarten Seelenweges wird bloß zur Folge haben, dass wir auf Abwege geraten und Umwege nehmen müssen. Die Aufgabe, vor der wir uns zu drücken versucht haben, wird uns mit Sicherheit an einer kommenden Station wieder begegnen – sei es in diesem Leben oder in einem nächsten. So gesehen können wir unserem selbst gewählten «Schicksal» letztlich zwar nicht ausweichen, aber wir können jederzeit selbst entscheiden, wie und in welchem Tempo wir unsere anstehenden Lebensaufgaben erfüllen.

Die individuellen Lernaufgaben und die Dienstaufgaben, die wir auf unserem Seelenweg erfüllen sollen, ergeben zusammengenommen unsere persönliche *Bestimmung,* unseren Lebensauftrag. In diesem Zusammenhang sagte Christina bereits im Frühjahr 2015: «Wichtig ist zu wissen, dass der Seelenplan niemals Aspekte enthält, die für den Betreffenden nicht umsetzbar sind. Fähigkeiten, Talente und Tugenden helfen dir, deine Kernaufgaben zu erfüllen. Deshalb ist es wichtig, die eigenen Fähigkeiten und Talente zu erkennen und zu nutzen.»

Unlängst ergänzte sie hierzu: «Bei vielen Menschen besteht die Bestimmung aus mehreren einzelnen Missionen, die entweder nacheinander oder parallel zueinander verlaufen. Beispielsweise kann es sein, dass jemand von Geburt an die Aufgabe hat, Selbstliebe zu lernen. Diese Aufgabe begleitet ihn dann sein Leben lang. Zu späteren Zeitpunkten können noch weitere Missionen oder Lebensaufgaben dazukommen. Falls diese gekoppelt sind an andere Menschen, so wird dies von oben genau passend abgestimmt. Wenn jemand im Fluss des Lebens lebt und seine Bestimmung erfüllt, dann wird von oben alles so lichtvoll eingefädelt und zusammengeführt, dass der Betreffende seine Lernaufgaben lösen kann. So wird in der geistigen Welt ständig eine riesige logistische Meisterleistung erbracht, damit alle Menschen ihre Aufgaben erfüllen können.»

Das heißt: Die *Lernaufgaben,* die wir uns vor unserer Inkarnation vorgenommen haben, begleiten uns meist von Anfang an unser ganzes Leben lang – genauer gesagt so lange, bis sie vollständig gelöst sind. Wenn wir uns zum Beispiel vorgenommen haben, in einem bestimmten Wissensgebiet mehr Erkenntnisse zu gewinnen oder eine bestimmte Tugend mehr zu entfalten, dann werden wir auf unserem Lebensweg immer wieder in Situationen geführt, in denen wir unser entsprechendes Wissen vergrößern bzw. die entsprechende Tugend weiter vertiefen können. Im Unterschied dazu werden uns die *Dienstaufgaben,* die wir uns für dieses Leben vorgenommen haben, erst irgendwann im Verlaufe unseres Lebensweges begegnen, und zwar immer genau dann, wenn wir reif und bereit dafür sind, die entsprechende Aufgabe – mit anderen Worten: unsere Berufung – zu erfüllen. Dies alles zu koordinieren und einzufädeln erfordert in der Tat eine riesige logistische Meisterleistung seitens unserer geistigen Begleiter!

Im Idealfall gelingt es uns, unsere Berufung und damit unseren Dienst an der Allgemeinheit auch gleich zu unserem Beruf zu machen, das heißt, mit dieser Tätigkeit auch unseren erforderlichen Lebensunterhalt zu verdienen. Dies wird es uns ermöglichen, sowohl ein äußerlich abgesichertes als auch ein innerlich erfülltes und glückliches Dasein zu genießen.

Ich durfte in den vergangenen Monaten die Erfahrung machen, dass dies alles tatsächlich funktioniert. Dadurch, dass ich das Wissen um den Seelenplan, den Seelenweg und die Bestimmung in meine Weltsicht integriert habe, und dadurch, dass ich mich bemühe, meine eigenen Aufgaben zu erkennen und zu erfüllen, fühle ich mich stets liebevoll begleitet und beschützt. Mein Leben hat deutlich an Klarheit und an Erfülltheit gewonnen, und irgendwie spüre ich tief in meinem Inneren, dass mir niemals etwas wirklich Schlimmes widerfahren wird und dass ich niemals verloren sein werde. Denn alles in unserem Leben ist in einer unfassbaren Synchronizität miteinander verwoben und wirkt in eindrücklicher Weise harmonisch zusammen. Dies offenbart sich am klarsten, wenn es uns gelingt, nicht ständig mit unserem Verstand dazwischenzufunken.

Für die erwähnten Herbstseminare erstellen wir zu diesem Thema gemeinsam zwei Listen mit konkreten Anzeichen und Indizien, anhand derer man erkennen kann, ob man seinen Seelenweg beschreitet oder nicht:

Anzeichen für «Auf dem Seelenweg»:

1) Begeisterung, Lebensfreude, echter Humor
2) Gefühl der inneren Erfüllung, Zufriedenheit mit sich und seinem Umfeld
3) gesunde Selbstliebe, gesundes Selbstbewusstsein; angemessener Umgang mit anderen
4) innere Harmonie und Balance
5) ausgeprägte Selbstverantwortung
6) Klarheit über das eigene Potenzial
7) Kreativität, Ideenreichtum
8) der inneren Stimme, dem inneren Kompass folgend
9) Fähigkeit, sich mit Herzblut und Ausdauer seiner persönlichen Mission zu widmen
10) Erkennen, wann eine Mission erfüllt ist, und beherztes Anpacken der neuen Aufgaben (Leben im Jetzt)
11) Synchronizität und Déjà-vu-Erlebnisse *

Anzeichen für «Abseits des Seelenweges»:

1) mangelnde Begeisterung und Lebensfreude, Zweifel, Albträume
2) Gefühl des inneren Unerfülltseins, Unzufriedenheit mit sich und seinem Umfeld
3) mangelnde Selbstliebe; Aufopferung für andere oder auch Ausbeutung anderer
4) Symptome von Stress und innerer Disharmonie
5) mangelnde Selbstverantwortung, Schuldprojektion
6) Unterschätzung oder Überschätzung des eigenen Potenzials
7) Ideenlosigkeit und Resignation oder auch Versponnenheit
8) äußeren Einflüssen und Lebensumständen folgend (Fremdgesteuertsein)
9) Trägheit und Suche nach dem Weg des geringsten Widerstandes oder auch Übermotivation für das Falsche
10) Gefühl von Stillstand, Festhalten an Vergangenem (Leben in der Vergangenheit)
11) Verwirrung, Orientierungslosigkeit; Depression oder auch Burnout

* Zu den Stichworten «Synchronizität» und «Déjà-vu-Erlebnisse» erläutert Christina, dass beides verlässliche Hinweise darauf seien, dass wir uns in geplanter Weise auf unserem Seelenweg befinden. Denn wenn wir unserem vorgesehenen Seelenweg entlang schreiten, dann werden unsere geistigen Helfer fortwährend Lebenssituationen für uns einfädeln, die dafür geeignet sind, dass wir unsere Lernaufgaben lösen und unsere Berufung erfüllen können. Dies ist mit dem Begriff Synchronizität gemeint: dass sich in unserem Leben auf mysteriöse Weise Fügungen und vermeintliche «Zufälle» ereignen, die jedoch eben nicht zufällig geschehen, sondern die eigens für uns organisiert werden. Wenn wir uns hingegen abseits unseres Seelenweges bewegen, dann werden wir uns verwirrt und orientierungslos fühlen, was in ganz hartnäckigen Fällen auch in Depressionen oder im Burnout enden kann. Doch auch dann bemüht sich unser geistiges Team fortwährend, uns Hinweise darauf zu geben, wie wir wieder auf unseren Seelenweg finden können. Gerade in solchen Momenten sind wir also aufgefordert, in besonderem Maße achtsam zu sein, welche Zeichen das Leben uns schickt.

Auch sogenannte «Déjà-vu-Erlebnisse» können gemäß Christina immer als Hinweise auf unseren Seelenplan gedeutet werden. Denn im Seelenplan sind die wichtigsten Stationen unseres Lebensweges, für die wir uns vor der Inkarnation entschieden haben, bereits feinstofflich verzeichnet. Wenn unser Lebenszug nun an einer dieser vorbestimmten Stationen anhält, damit wir dort eine gewisse Aufgabe erfüllen, dann haben wir manchmal den Eindruck, dass diese anscheinend neue Lebenssituation uns längst bekannt und vertraut vorkommt. Wir erinnern uns in diesem Moment unbewusst daran, dass wir zu genau dieser Situation einst unser Einverständnis gegeben und sie bereits im Detail vorausgeplant haben. Christina rät daher, bei einem starken Déjà-vu-Gefühl äußerst achtsam zu sein und darüber nachzudenken, was diese Lebenssituation womöglich mit unserem Seelenplan und unserer Bestimmung zu tun haben könnte.

Alle diese Zusammenhänge von Seelenplan, Seelenweg und Bestimmung werden in der östlichen Philosophie auch unter

dem Begriff *Dharma* zusammengefasst, den man übersetzen
könnte als «das Feststehende», «die Lebensgrundlage» oder «das
unveränderliche Lebensgesetz».

Der freie Wille

Eines der zentralen und mächtigsten kosmischen Gesetze ist
das Gesetz des freien Willens. Jede individuelle Seele hat vom
Schöpfer das Geschenk des freien Willens mit auf ihren Weg bekommen, und kraft dieses freien Willens haben wir alle jederzeit die Wahl, worauf wir unsere Bewusstseinsenergie richten,
welche Aufgaben wir uns vornehmen und wie wir unser Dasein
gestalten.

Durch den freien Willen haben wir auch in jeder Lebenssituation immer die Wahl, wie wir auf eine konkrete Station auf
unserem Seelenweg reagieren, was also wir in diesem Moment
tun oder lassen, was wir sagen und wie wir handeln wollen. Und
je nachdem, wie wir zu handeln entscheiden und was wir infolgedessen sagen und tun, ergibt sich für uns daraus entweder
ein eher freudvoller oder ein eher leidvoller Aufenthalt an der jeweiligen «Schicksals-Station» unseres Lebens. Zugleich erschafft
unser gegenwärtiges Denken, Fühlen, Sprechen und Handeln
seinerseits die zukünftigen Rahmenbedingungen an unseren
nächsten Lebensstationen. Auch das, was wir zwischen den einzelnen feststehenden Stationen unseres Lebensweges unternehmen, obliegt ebenfalls unserem freien Willen.

Ein weiteres wichtiges Thema in diesem Zusammenhang ist
die Unterscheidung von Licht und Unlicht. Im ersten Band (Kapitel 33, «Wesen des Unlichts») haben wir bereits ausführlich dargelegt, dass einer der Hauptunterschiede zwischen den Wesen
des Lichts und den Wesen des Unlichts darin besteht, dass die
göttlichen Lichtwesen stets den freien Willen aller anderen Geschöpfe respektieren und unterstützen, während die dunklen,
widergöttlichen Wesen zum Erreichen ihrer Ziele immer wieder
versuchen, den freien Willen der anderen zu manipulieren oder
zu unterdrücken.

Christina erklärt hierzu: «Die meisten heutigen Menschen sind durch den Einfluss der Dunkelmächte zu einer Art ‹Bioroboter› geworden. Sie haben sich so sehr in Illusionen führen lassen, dass sie sich durch das gegenwärtige gesellschaftliche System ihren freien Willen regelrecht abtrainieren ließen. Doch das Gesetz des freien Willens einer jeden Seele gilt in allen Dimensionen. Der freie Wille ist die Grundlage der Selbstermächtigung und stellt die stärkste Macht gegen die Dunkelheit dar.»

Mit Hilfe unseres freien Willens sind wir als Menschheit imstande, uns kollektiv von dem beengenden Einfluss der Dunkelheit zu befreien. Dies entspricht dem Plan, für den sich dieser Planet entschieden hat und der sich daher mit Sicherheit erfüllen wird. Damit wir als einzelner Mensch Mutter Erde in diesem Vorhaben unterstützen können, ist es erforderlich, dass wir uns zunächst selbst ganz klar auf der Seite des Lichts positionieren und dadurch dem respektlosen, unlichten Verhalten, das in unserer Gesellschaft so «normal» geworden ist, in unserem eigenen Leben keinen Platz mehr einräumen. Je mehr Menschen dies tun, desto rascher wird sich das Licht auf unserem Planeten durchsetzen.

Seit mir durch Christinas Ausführungen die Bedeutung des Gesetzes des freien Willens klar geworden ist, verspüre ich eine tiefe Dankbarkeit dafür, dass ich mich stets auf meine innere Führung verlassen kann. Denn diese innere Führung steht auf der Seite des Lichts und wird immer liebevoll meinen freien Willen respektieren und mir dennoch unaufdringlich Halt geben und den richtigen Weg weisen. Dadurch kann ich lernen, meine Selbstverantwortung zu schulen und Ohnmachtsgefühlen vorzubeugen. Zudem nehme ich mir vor, immer aufmerksamer darauf zu achten, dass ich in jeder Lebenssituation meinem Gegenüber ohne zu urteilen oder zu bewerten seinen freien Willen lasse. Wir sind zwar aufgefordert und – falls es unserer Berufung entspricht – auch ermächtigt, andere Menschen auf ihrem Lebensweg zu unterstützen und zu begleiten, doch verfügen sie dennoch immer über ihren freien Willen und haben ihre Entscheidungen selbstverantwortlich zu treffen und die Konsequenzen davon selbst zu tragen.

Allzu viele Menschen leben heutzutage, oft ohne sich darüber bewusst zu sein, in totaler selbstgewählter Abhängigkeit – nicht nur im Großen vom System des Unlichts, sondern auch im Alltäglichen von den Ansichten und Meinungen der anderen. Allzu viele Menschen lassen sich freiwillig in ihrem Beruf und in ihrem Privatleben blindlings von äußeren Umständen und fremden Konzepten beeinflussen oder gar steuern. Kein Wunder also, dass so viele Menschen sich derart ohnmächtig, unzufrieden, frustriert und identitätslos fühlen. Sie leben nicht nach ihrem eigenen Seelenplan, sondern nach den Plänen irgendwelcher externer Mächte, die ihnen zumeist überhaupt nicht wohlgesonnen sind. Wenn sie doch nur wüssten, dass es einzig und allein in ihrer eigenen Macht steht, in der Macht ihres freien Willens, sich entschlossen von Fremdbestimmung loszusagen und ein neues Leben in Freiheit und in lichtvoller Selbstbestimmung zu führen!

Natürlich soll dies nicht heißen, dass man einfach alles verantwortungslos stehen und liegen lassen, sich von sämtlichen Verpflichtungen lossagen und als egoistischer Einzelgänger durchs Leben gehen soll. Die Herausforderung besteht vielmehr darin, sich von inneren Abhängigkeitsmustern zu befreien und sich dann im vorhandenen Umfeld, wie beispielsweise in der Partnerschaft oder im Arbeitsleben, bewusst nach seinem Seelenplan auszurichten.

Das Gesetz der Resonanz

Ein weiteres kosmisches Gesetz, über das ich von Christina einiges lernen durfte, ist das Gesetz der Resonanz, auch bekannt als das Gesetz der Anziehung. Diese Anziehung existiert in zwei verschiedenen Ausprägungen, nämlich als Anziehung von Gleichem («Gleich und gleich gesellt sich gern») oder als Anziehung von Gegensätzlichem («Gegensätze ziehen sich an»).

Ein Beispiel für die Resonanz von Gleichem ist Christinas anschauliches «Aquariumbeispiel» (siehe Band 1, Kapitel 16): Im riesigen Aquarium des Universums nimmt jedes Lebewesen nur gerade diejenigen «Fische» wahr, die seiner eigenen Bewusstseinsfrequenz entsprechen, obschon es unzählig viele andere parallele Dimensionen und Wesenheiten gibt. Wir sind also immer nur imstande, diejenigen Schwingungs- und Wirklichkeitsebenen wahrzunehmen und bewusst zu nutzen, die unserem aktuellen inneren Entwicklungsstand entsprechen, die mit unserem aktuellen Bewusstsein in Resonanz sind.

Das Resonanzgesetz bewirkt auch, dass wir uns durch unsere Bewusstseinsausrichtung und durch unsere Entscheidungen und Handlungen immerzu unsere eigene, persönliche Realität erschaffen. Diese unsere persönliche Realität, in der wir uns bewegen, ist jedoch immer nur ein kleiner Ausschnitt aus der allumfassenden, absoluten Realität, die für einen einzelnen Menschen unfassbar bleibt.

Das Resonanzgesetz zeigt sich außerdem darin, dass wir je nach unserer persönlichen Frequenz und je nach unseren anstehenden Lernaufgaben immer genau jene Menschen, Umstände, Ereignisse und Erfahrungen in unser Leben ziehen, die uns entsprechen und die uns dabei unterstützen können, unseren nächsten Schritt zu gehen. Diese Entsprechung kann, wie erwähnt, entweder in Form von Gleichheit sein oder aber in Form von Gegensätzlichkeit – je nachdem, was wir gerade zu lernen haben.

Seitdem ich mir über dieses Gesetz bewusst bin, achte ich vermehrt darauf, was ich mir wünsche und worauf ich meine Gedanken und meine Aufmerksamkeit richte.

Das Gesetz von Ursache und Wirkung (Karma)

Ein ganz entscheidendes und zugleich auch höchst versöhnliches kosmisches Gesetz ist außerdem das Gesetz von Ursache und Wirkung, auch bekannt als das Gesetz der Kausalität. In der östlichen Philosophie wird dieses Naturgesetz als *Karma*-Gesetz bezeichnet, und wie ebenfalls bereits in Band 1 erwähnt, gibt es in unserem Volksmund eine ganze Anzahl an Redewendungen, die auf das Wirken dieses Gesetzes hinweisen. Zum Beispiel:

«Was der Mensch sät, das wird er ernten.» / «Wie man in den Wald hinein ruft, so schallt es heraus.» / «Wie man sich bettet, so liegt man.» / «Wer anderen eine Grube gräbt, fällt selbst hinein.» Oder wie es Christina einst ausdrückte: «Jeder Schuss, den sie abgeben, wird auf sie zurückfallen – entweder in diesem oder in einem nächsten Leben.»

Seitdem ich mir über dieses Gesetz bewusst bin, achte ich vermehrt darauf, wie ich handle, wie ich spreche und wie ich mit mir selbst, mit meinen Mitmenschen und mit allen anderen Geschöpfen umgehe. In diesem Zusammenhang nehme ich mir auch den obersten ethischen Grundsatz zu Herzen, den ich von Christina lernen durfte: «Du sollst weder in Gedanken noch in Worten oder Taten einem Lebewesen Schaden zufügen.»

Unsere kosmische Herkunft

Durch Christina habe ich erfahren, dass ich im Unterschied zu meinen früheren Überzeugungen und Identifikationen in Wahrheit gar nicht Mensch, nicht Frau und nicht Schweizerin, nicht Tochter und nicht Mutter, nicht Sportlerin und nicht Heilpraktikerin bin. Denn keine dieser vorübergehenden Rollen entspricht meinem wahren Sein. Ich bin – genau wie alle anderen Geschöpfe im gesamten Kosmos – ein ewiges Lichtwesen, eine ewige göttliche Seele, geformt aus dem Geiste Gottes. Und genau wie alle anderen Menschen, so absolviere ich derzeit auf diesem Planeten Erde eine menschliche Inkarnation, um menschliche Erfahrungen zu sammeln und um bestimmte Lern- und Dienstaufgaben zu erfüllen.

Aus der Sicht des Absoluten gibt es weder einen qualitativen noch einen quantitativen Unterschied zwischen den einzelnen Menschen oder auch zwischen den Menschen und den unzähligen anderen Lebewesen, die das Universum bevölkern, denn wir alle haben dieselbe Herkunft und entstammen demselben Ursprung.

Christina sagt: «Alle Menschen sind gleichwertig. Jede Seele entspringt der Quelle Gottes, und jede Seele wird als Licht geboren. Wir sind alle Teil eines großen Ganzen, und wir sind alle miteinander verbunden. Der einzige Unterschied ist, dass die einzelnen Seelen in verschiedenen Lernprozessen innerhalb des großen göttlichen Planes stehen – so lange, bis sie selber wieder zu einem ‹kleinen Gott› werden.»

Unsere geistige Begleitung

Ein weiterer Aspekt, von dem ich durch Christina erfahren durfte und der mich besonders berührt und beruhigt, ist die konstante Anwesenheit unserer feinstofflichen Begleitwesen. Ich selbst bin zwar bislang nicht imstande, meine Begleitwesen zu sehen, aber gemäß Christina sind genau wie sie selbst bereits viele der heutigen Kinder fähig, ihr geistiges Team nicht nur wahrzunehmen, sondern auch aktiv mit ihm zu kommunizieren und bewusst mit ihm zu kooperieren. Auch manche Channeling-Medien sind in der Lage, den Kontakt zu geistigen Begleitwesen herzustellen und auf diese Weise eine Kommunikation in Gang zu setzen.

In den Herbstseminaren 2017 erklärt Christina den Teilnehmern jeweils ausführlich, aus welchen Wesenheiten ihr eigenes geistiges Team besteht. Sie unterscheidet dabei eine erste Gruppe von Wesen, die bei allen Menschen sozusagen die «Grundausstattung» des geistigen Teams bilden, sowie eine zweite Gruppe von Spezialwesen, die sich je nach Seelenplan, Lebensaufgabe und Lebenssituation noch zusätzlich dem geistigen Team anschließen können. Zur Grundausstattung gehören: a) Geistführer/Berater, b) Schutzengel und c) «Läufer». Bei Christina sind als zusätzliche Unterstützung noch anwesend: d) «Lichtheiler», e) «Ritter» und f) «Feldhalter».

a) *Geistführer:* Diese Wesen kennen unseren Seelenplan ganz genau, denn mit ihnen zusammen haben wir vor der Inkarnation unseren Seelenplan entworfen. Während des Lebens stehen sie uns als weise Berater zur Seite und unterstützen uns aktiv beim Erfüllen des Seelenplanes. Wir können sie befragen, wenn wir uns in Entscheidungsprozessen befinden, wenn uns gewisse Zusammenhänge nicht klar sind oder ganz allgemein, wenn wir uns für ein bestimmtes Thema interessieren und uns verlässliche Informationen dazu wünschen. Sofern wir unseren Geistführern in angemessener Weise möglichst präzise formulierte Fragen stellen, sind sie nahezu allwissend – ähnlich wie Suchmaschinen und Enzyklopädien im Internet.

Christina erklärt, dass Geistführer immer Seelen sind, die bereits über eine gewisse «Lebenserfahrung» verfügen, das heißt über die Erfahrung von irdischen oder auch nichtirdischen Inkarnationen. Diese Erfahrung ist eine der Voraussetzungen, die es braucht, um sich als Geistführer für einen Menschen zu qualifizieren. Nicht selten sind es sogar Seelen von Menschen, die wir aus früheren Inkarnationen bereits kennen und die sich in der geistigen Parallelwelt entschieden haben, uns in der jetzigen Inkarnation zu begleiten und zu unterstützen.

Gemäß Christina hat jeder Mensch mehrere Geistführer. Sie sind auch ohne unsere explizite Aufforderung konstant im Hintergrund am Wirken und fädeln für uns bestimmte Ereignisse, Begegnungen und Lernsituationen ein, die auf unserem Seelenweg vorgesehen sind. Mit anderen Worten: Sie sind für das zuständig, was wir gemeinhin als «Zufall», als «Schicksal» oder als «glückliche Fügung» bezeichnen. Alle anderen Kategorien von geistigen Begleitwesen greifen im Unterschied dazu nur dann aktiv in unser Leben ein, wenn wir sie explizit dazu auffordern und einladen (mit Ausnahme der Schutzengel in akuten Gefahrensituationen).

Wie bereits in Band 1 erwähnt, verfügen Geistführer zwar über sämtliche für ihren Dienst erforderlichen höheren Einsichten, beispielsweise in die grob- und feinstofflichen Naturgesetze oder in den Seelenplan des Menschen, für den sie zuständig sind, doch sind auch sie selbstverständlich nicht komplett allwissend. Daher kann es vorkommen, dass einzelne Geistführer manchmal Situationen unterschiedlich einschätzen und unterschiedlicher Auffassung sind. Was Christinas geistige Berater betrifft, so wurde, wie sie erzählt, in den vergangenen Monaten seit Erscheinen von Band 1 ihr gesamtes Beraterteam vollständig ausgewechselt. Falls sich ihre Berater in seltenen Fällen einmal nicht einig sind, dann wendet sich Christina jeweils an ihre

Zwillingsschwester Elena, die ihr ebenfalls immerfort zur Seite steht, jedoch nicht ausschließlich der Kategorie der Geistführer angehört.

Für Christina ist Elena eine Art «Mädchen für alles». Sie erklärt Elenas Rolle im Herbst 2017 wie folgt: «Elena gebührt mit ihrer hohen Lichtfrequenz eine Sonderposition innerhalb meines geistigen Begleitteams, das inzwischen aus mehreren Dutzend unterschiedlichen Wesen besteht. Elena ist mein Autopilot, meine Navigation durchs Leben, aber zugleich auch eine Geistführerin und ein Schutzwesen.

Nebst Elena habe ich derzeit noch ein weiteres Spezialwesen in meinem geistigen Team, das sich keiner bestimmten Kategorie zuordnen lässt. In den Jahren 2015 bis 2017 war es die Heilige Maria*, die mich als eine Manifestation der weiblichen Energie begleitete. Jetzt ist es ein ebenfalls weibliches Wesen namens Guan-Yin. Guan-Yin besitzt einen rosafarbenen Strahl, der eine hohe Schwingung des Mitgefühls und der Barmherzigkeit symbolisiert.»

Zu den regenbogenfarbenen Personen, die hinter Christina stehen und die je in einer anderen Farbe leuchten (siehe Band 1, Kapitel 36), sagt sie: «Sie gehören nicht zu meinem geistigen Begleitteam, sondern stehen für etwas nochmals anderes.»**

b) *Schutzengel:* Diese Wesen haben, wie ihr Name schon besagt, eine reine Schutzfunktion inne und sorgen dafür, dass wir nicht zu früh sterben. Sie sind eine Art «geistige Bodyguards» und bewahren uns sowohl energetisch als auch physisch vor Angriffen und Unfällen, die nicht in unserem Seelenplan vorgesehen sind. Wenn allerdings der eingeplante Moment des Todes gekommen ist, dann werden die Schutzengel nicht eingreifen, da sie den Seelenplan ihres Schützlings kennen und respektieren.

Auf die Frage, wie viele solcher Schutzengel ein Mensch habe, antwortet Christina, dass es bei ihr nur ein einziger sei. Es sei aber auch denkbar, dass sich bei einem Menschen mehrere Wesen diesen Dienst untereinander teilten. Außerdem sei es so,

---

* Zur Hl. Maria siehe Kapitel 19 und 23.
** Das Rätsel wurde im Oktober 2017 aufgelöst. Siehe Kapitel 39.

dass sich Schutzengel in akuten Gefahrensituationen auch kurzzeitig physisch manifestieren und eine menschliche Gestalt annehmen können.

c) *«Läufer»:* Die Wesen, die Christina «Läufer» nennt, stehen im Unterschied zu den Geistführern und den Schutzengeln nicht hinter ihr, sondern vor ihr. Sie sind eine Art Auftragserfüller, und sie sind stets in Bereitschaft, um von uns irgendwelche Aufträge entgegen zu nehmen und dann wortwörtlich loszulaufen.

Christina hat, so erklärt sie, die Anwesenheit ihrer Läufer erstmals Mitte September 2017 bewusst wahrgenommen; sie vermutet aber, dass sie ihr schon zeitlebens zur Verfügung standen. Bei ihr handelt es sich um eine Gruppe von Wesenheiten, die halbkreisförmig vor ihr stehen und die sie jederzeit losschicken kann, um gewisse Vorbereitungen zu treffen oder gewisse Aufgaben zu erfüllen, die entweder in der Gegenwart oder in der Zukunft liegen.

Sie erzählt: «Wenn man sie höflich fragt und wenn man ihnen für ihren Dienst Dankbarkeit zeigt, dann machen sie praktisch alles, worum man sie bittet. Kürzlich habe ich meinen Läufern einen bestimmten Auftrag für gewisse Ereignisse in der Zukunft erteilt, woraufhin sich alle Läufer sofort umgedreht haben, um etwas weiter entfernt und mit dem Rücken zu mir mit der Arbeit zu beginnen. Einzig ein Läufer blieb einfach stehen und blickte mich abwartend an – so, als hätte ich noch irgend etwas Wichtiges vergessen. Ich zählte ihm mehrere verschiedene zukünftige Ereignisse auf, doch er wartete offensichtlich auf einen ganz bestimmten Auftrag. Erst als ich ihm ein mir zunächst unbedeutend scheinendes Ereignis nannte, wandte er sich ab und lief los. Die Läufer wissen also anscheinend ganz genau um ihre anstehenden Aufgaben, doch ist es ihnen nur dann erlaubt, aktiv zu werden, wenn wir sie konkret dazu anweisen.»

Christina sagt, dass man die Läufer beispielsweise auch dafür einsetzen könne, etwas wiederzufinden, das man verloren habe, oder um mögliche Hindernisse aus dem Weg zu räumen, damit man wichtige Termine nicht versäumt. Sie ergänzt, dass die Läufer in der Regel nicht viel sprechen und dass sie je nach Aufgabenstellung manchmal sehr schnell wieder zurückkehren, während sie ein anderes Mal mehr Zeit brauchen, um die entsprechenden Arbeiten zu verrichten oder die entsprechenden Vorbereitungen zu treffen.

In den Seminaren im Herbst 2017 ermutigt Christina jeweils die Teilnehmer, eine aktive Beziehung zu ihren eigenen Läufern aufzunehmen und die Läufer dabei zu unterstützen, ihren Dienst auszuführen, indem sie ihnen Aufträge erteilen. Dies scheinen sich viele Seminarteilnehmer tatsächlich zu Herzen genommen zu haben, denn wie Christina im Januar 2018 berichtet, wird sie mittlerweile ständig von zahlreichen Läufern aufgesucht, die ihr irgendwelche Zettel mit Fragen hinhalten. Sie stellt klar, dass diese Belagerung ihrerseits nicht erwünscht sei, und sie ersucht alle Menschen, bitte keine Läufer zu ihr zu schicken.

Wie gesagt, bilden die bisher genannten drei Kategorien von begleitenden Wesenheiten – Geistführer, Schutzengel und Läufer – sozusagen die «Grundausstattung» oder «Standardausrüstung» des geistigen Teams eines jeden Menschen. Sie sind immer anwesend und wirken entweder unaufgefordert im Hintergrund oder können durch unseren expliziten Wunsch jederzeit aktiviert werden.

Im Unterschied dazu gibt es eine zweite Gruppe von zusätzlichen Wesenheiten, die sich abhängig vom Seelenplan und von der Bestimmung eines Menschen noch zu seinem geistigen Team hinzugesellen können. Diese speziellen Begleiter haben jeweils konkrete Zuständigkeitsbereiche, die direkt mit der Lebensaufgabe des betreffenden Menschen zusammenhängen. Gemäß Christina kommt dies allerdings nur selten vor.

In ihrem Falle sind – nebst den zuvor erwähnten Spezialwesen Elena und Guan-Yin – derzeit als zusätzliche Unterstützung ihrer Aufgabe noch folgende drei Kategorien von Wesenheiten anwesend: d) «Lichtheiler», e) «Ritter» und f) «Feldhalter».

d) *«Lichtheiler»:* Diese Wesen sind eine Art feinstoffliche Ärzte und helfen dem Menschen, für den sie zuständig sind, bei ungeplanten Beschädigungen sowohl der unterschiedlichen feinstofflichen Körperhüllen als auch des physischen Körpers. Auch für sie gilt, dass sie erst dann aktiv werden, wenn sie explizit dazu aufgefordert werden. Am besten können sie ihre energetischen oder physikalischen Reparaturarbeiten verrichten, wenn sich der physische Körper in einer Ruhephase befindet, also in bewusstem Ruhezustand oder während des Schlafens. Dabei sollte die genaue Heilanweisung vor dem Schlafengehen so präzise wie möglich formuliert werden, um dann im Laufe der Nacht erfüllt zu werden. Auch für Lichtheiler gilt selbstverständlich das Gesetz, dass sie nur dann befugt sind zu handeln, wenn der Seelenplan des betreffenden Menschen ein solches Eingreifen erlaubt.

Christina hat, wie sie schildert, seit ihrer Geburt drei solche Lichtheiler hinter sich, die allesamt außerirdischen Ursprungs sind.

e) «Ritter»: Diese sehr machtvollen feinstofflichen Wesen kommen, wenn sie dafür gerufen werden, in akuten Gefahrensituationen hinzu, um dem Menschen, für den sie zuständig sind, zusätzlichen Schutz zu gewähren. Christina erklärt, dass diese Ritter wie Schutzengel sind, die sich weitergebildet und spezialisiert haben. Während Schutzengel sozusagen «Allrounder» sind, gibt es unter den Rittern solche, die sich mehr auf das Grobstofflich-Physische spezialisiert haben, und solche, die mehr für das Feinstofflich-Astrale zuständig sind. Ritter verfügen über eine breite Palette an unterschiedlichen Mitteln, um ihren Schützling vor konkreten Angriffen zu bewahren, und sie sind sogar imstande, sich kurzzeitig auch physisch zu manifestieren. Christina hat seit ihrer Geburt konstant eine gewisse Anzahl solcher Ritter hinter sich.

f) «Feldhalter»: Wenn ein Mensch beispielsweise die besondere Aufgabe hat, sein persönliches Energiefeld, seine Aura, auszudehnen, um in einem bestimmten geographischen Gebiet das Schwingungsfeld und die allgemeinen Frequenzen aufrecht zu erhalten, dann kann er diese harmonisierenden feinstofflichen Wesen um Unterstützung bitten. Christina hat seit ihrer Geburt fünf solche Feldhalter hinter sich, die allesamt dem Reich der Feen entstammen.

Soweit zu den sechs Arten von Wesenheiten, aus denen Christinas geistiges Team aktuell besteht. Auf die Frage, ob die Mitglieder unseres geistigen Teams während unserer Inkarnation stets dieselben bleiben, antwortet Christina: «In meinem Falle ist es so, dass die Lichtheiler, die Ritter und die Feldhalter von Anfang an dieselben Wesen sind. Das ist auch richtig und wichtig so, denn mittlerweile bilden wir zusammen ein gut eingespieltes Team. Ich würde mich daher freuen, wenn diese Wesen meine ganze Inkarnation lang bei mir bleiben würden. Mein Schutzengel ist ebenfalls von Anfang an dasselbe Wesen, wobei es bei anderen Menschen durchaus sein kann, dass im Laufe ihrer Inkarnation ein Wechsel des Schutzengels stattfindet. Die anderen Mitglieder meines geistigen Teams, das heißt meine Geistführer und meine Läufer, lösen sich je nach Lebensphase und Lebenssituation ab.

Bei den Läufern habe ich sogar beobachtet, dass sie eine Art regionale Zuständigkeit haben und die ihnen aufgetragenen Arbeiten an andere Läuferteams übergeben, wenn der Auftrag über die Grenzen ihrer eigenen Zuständigkeitsregion oder über die Landesgrenzen hinaus geht. Läufer scheinen also Seelen zu sein, die mit einer bestimmten Region oder einem bestimmten Land speziell verbunden sind, vermutlich weil sie früher einmal Bewohner von dort waren, bevor die Technologie kam. Sie sind also sozusagen Ureinwohner der entsprechenden Region und kennen sich daher besonders gut aus.»

Und auf die Frage, ob die Mitglieder unseres geistigen Teams jeweils nur für uns zuständig sind oder ob sie parallel dazu auch noch andere Menschen unterstützen, antwortet Christina: «Meines Wissens ist ein geistiges Begleitwesen immer nur für einen einzigen Menschen zuständig. Damit hat beispielsweise ein Geistführer in der Regel ja auch ausreichend zu tun. Und wie gesagt, bleiben manche Wesen eine ganze Inkarnation lang bei diesem einen Menschen, während andere ihren Dienst auch übertragen können, um sich dann ihrerseits einem nächsten Menschen zuzuwenden oder auch um sich mal eine Pause zu gönnen.»

Eine weitere häufig gestellte Frage betrifft die Form, das Aussehen der geistigen Begleitwesen. Hierzu erklärt Christina: «Die geistigen Begleiter müssen nicht immer menschenähnlich aussehen. Manche Leute haben zum Beispiel die Vorstellung, dass es sogenannte ‹Krafttiere› gibt. So passen sich die Mitglieder des geistigen Teams dieser Vorstellung an und zeigen sich ihnen in der Gestalt bestimmter Tiere. Das Aussehen ist im Grunde nicht wichtig, und die geistigen Begleitwesen sind allesamt Formwandler. Das heißt, sie sind fähig, ihre Gestalt zu verändern und sie je nach Erwartung oder nach Situation anzupassen.»

Christinas Ausführungen über unsere geistige Begleitung stimmen mich einerseits dankbar und demütig, während sie mir andererseits auch deutlich machen, wie wichtig und wie wertvoll ein einziges Menschenleben aus kosmischer Sicht offenbar ist. In dieser entscheidenden Phase der Menschheitsgeschichte wird für jeden einzelnen Menschen eigens ein mehrköpfiges geistiges Team aus feinstofflichen Wesen aufgeboten, das sich ausschließlich um die Belange dieses einen Menschen kümmert. So bedeutsam ist es also, gegenwärtig als Mensch auf der Erde inkarniert zu sein. Wie wundervoll und berührend diese Erkenntnis doch ist!

Christina, die sich über ihre geistige Begleitung und auch über die Bedeutung ihrer Inkarnation voll bewusst ist, sagt: «Ich liebe es, mit all diesen hilfreichen Wesen zusammenzuarbeiten. Ohne sie wäre es mir gar nicht möglich, meine Mission hier auf der Erde erfolgreich zu erfüllen.» Mit einem Augenzwinkern ergänzt sie: «Das gilt übrigens auch für alle anderen Menschen.»

Für mich ist dieses gesamte Thema noch sehr neu und gewöhnungsbedürftig. Mein eigener Lernprozess besteht nicht nur im Bewusstwerden der Gegenwart meiner geistigen Helfer, sondern auch im Erkennen, dass ich diese ohne falsche Bescheidenheit jederzeit um Unterstützung bitten darf. Von Christina bekomme ich vorgelebt, dass es nicht egoistisch oder unangemessen ist, wenn ich meine Begleitwesen um Hilfe bitte oder sie mit Aufgaben betraue, denn dafür sind sie ja da. Dies ist der Dienst, den sie selbst für sich gewählt haben, und wie allen Wesen, so bereitet es auch ihnen große Freude und Erfüllung, wenn sie ihren Dienst im Sinne des göttlichen Schöpfungsplanes ausführen dürfen. Christina sagt: «Wenn sie diesen Job nicht gerne machen würden, dann wären sie gar nicht da. Niemand wird gezwungen, sich einem geistigen Team anzuschließen. Sie machen das alle freiwillig und gerne.»

Ich nehme mir vor, in Zukunft meine geistigen Helfer, auch wenn ich sie nach wie vor nicht zu sehen vermag, öfters zu kontaktieren und dann bewusst darauf zu achten, welche wunderbaren Begebenheiten und Zeichen sich anschließend in meinem Leben ergeben.

Soweit zur Einleitung einige aktuelle Gedanken und Erkenntnisse aus dem Winter 2017/2018. Doch wollen wir nun wieder in der Zeit zurück gehen und die Geschichte Christinas der Reihe nach weiter erzählen. Denn wie am Ende des ersten Bandes erwähnt, haben wir im Frühjahr 2017 entschieden, das damals vorhandene umfangreiche Manuskriptmaterial aufzuteilen und zwei Bände daraus zu machen.

Hier in Band 2 werden wir in der Folge wie angekündigt zunächst jene Aufzeichnungen aus den Jahren 2015 bis 2017 wiedergeben, die wir aus Platzgründen nicht mehr in Band 1 aufnehmen konnten. Da sich aber seit der Veröffentlichung dieses ersten Bandes im Juli 2017 bereits wieder viel Neues zugetragen hat und viele neue Erklärungen und Erkenntnisse sowie sogar völlig neue Themenkomplexe hinzugekommen sind, werden wir im vorliegenden zweiten Band auch zusätzlich Teile dieses aktuellen Materials mit einfließen lassen. Manche der neuen Inhalte sind allerdings derart umfangreich und bedeutsam, dass wir uns dafür entschieden haben, sie erst im nächsten Buch, im dritten Band, ausführlich zu behandeln. Den Titel für diesen Band 3 haben wir bereits festgelegt: «Bewusstsein schafft Frieden».

Zunächst aber drehen wir die Uhr um fast drei Jahre zurück ins Frühjahr 2015, als für mich die Entwicklung meiner Tochter Christina sowie die Offenbarung ihrer paranormalen Begabungen und ihrer Einsichten in die Gesetze und in die Geschehnisse des Universums noch völlig überraschend und ungewohnt waren. Was den zeitlichen Ablauf betrifft, so schließt das nun Folgende an Kapitel 23 des ersten Bandes an.

2

Neue Zellstrukturen
und DNA-Stränge

Anfang Mai 2015. Die Frühlingsferien sind vorbei, und der Schulalltag hat in Christinas, Marios und meinem Leben wieder Einzug gehalten. Eines Morgens wendet sich in der Schule eine Klassenkameradin aufgeregt an Christina und fragt sie: «Christina, warum glitzerst du eigentlich überall? Schminkst du dich etwa am ganzen Körper?»

Christina ist zunächst überrumpelt, denn anscheinend ist diesem Mädchen ihre besondere Zellstruktur aufgefallen. Daraufhin vergleichen die beiden Mädchen ihre jeweilige Zellstruktur. Christina weiß, dass ihre eigene, kristalline Zellstruktur siliciumbasiert ist, und aus diesem Grunde glitzert ihr Körper für Menschen, die in einer entsprechend hohen Frequenz schwingen, wie ein Kristall, vor allem bei direkter Sonneneinstrahlung. Es zeigt sich, dass das andere Mädchen eine bronzebasierte Struktur aufweist.

Während Christina mir von dieser Begebenheit berichtet, wundere ich mich zum einen darüber, dass diese vierzehnjährigen Mädchen offensichtlich imstande sind, mit bloßem Auge Zellstrukturen zu erkennen und zu unterscheiden, und zum anderen darüber, dass es bei den Kindern der neuen Zeit anscheinend derart große zelluläre Unterschiede gibt. In der Wissenschaft geht man bisher davon aus, dass das Gewebe aller organischen Lebewesen auf Kohlenstoffverbindungen aufgebaut ist; auch der Mensch hat demnach einen kohlenstoffbasierten Zellbau. Wie es aussieht, müsste diese Ansicht wohl bald revidiert werden.

Erstaunt frage ich Christina, was sie mir denn zu diesem Thema sagen könne, und sie erklärt: «Die aktuelle Wissenschaft geht davon aus, dass eine siliciumbasierte Zellstruktur beim Menschen nicht möglich sei, da das Element Silicium durch den eingeatmeten Sauerstoff und durch das viele Wasser im Körper instabil werde. Dies mag chemisch gesehen wohl stimmen und ist demnach ein Naturgesetz in dieser dritten Dimension. Da ich aber sowohl mit meinem feinstofflichen als auch mit meinem grobstofflichen Körper mit anderen Dimensionen verbunden bin, ist meine Zellstruktur nicht den dreidimensionalen, sondern den dortigen Naturgesetzen angepasst. Das heißt, Gesetze der Dreidimensionalität können bei hochschwingenden Menschen durchaus außer Kraft gesetzt sein.»

Das war Klartext, und ich sehe keine Veranlassung, diese Aussage anzuzweifeln. Ich frage mich vielmehr, was alles bei Menschen mit einer höheren Frequenz und einem erweiterten Bewusstsein wohl außerdem noch anders funktioniert als bei uns «normalen» Menschen. Die Besonderheit einer siliciumbasierten Zellstruktur, die schneller leitet als jedes bekannte organische Zellmaterial, ist vermutlich noch längst nicht alles. Christina antwortet, dass in ihren Zellen nicht nur die Struktur verschieden sei, sondern dass sie im Zellkern auch eine andere DNA aufweise.

In der Genforschung kennt man den Begriff «nichtcodierende DNA», umgangssprachlich auch als «Junk-DNA» bezeichnet. Damit ist gemeint, dass ein überwiegender Teil der menschlichen DNA bisher wissenschaftlich noch gar nicht entschlüsselt ist und dass man schlichtweg nicht weiß, wozu diese DNA dient. Unter den Forschern umstritten ist dabei sowohl der prozentuale Anteil der Junk-DNA des Menschen als auch die Frage, ob diese nichtcodierende DNA überhaupt eine genetische Funktion habe oder nicht. Christinas Ausführungen legen die Vermutung nahe, dass Menschen mit einer höheren Bewusstseinsfrequenz imstande sind, weit mehr Anteile ihrer DNA zu nutzen als gemeinhin für möglich gehalten wird. Unter anderem können sie dadurch auch zusätzliche Bereiche und Funktionen in ihrem Gehirn aktivieren.

Christina bestätigt, dass heutzutage viele Kinder und Jugendliche bereits mit einer neuen Zellstruktur und mit einer neuen, sogenannten 12-Strang-DNA geboren werden. Diese 12-Strang-DNA entspreche dem ursprünglichen Schöpfungsplan, bevor die genetische Codierung des Menschen zur gegenwärtigen 2-Strang-DNA (auch Doppelhelix genannt) reduziert worden sei. Jetzt sei es an der Zeit, dass die Menschen auch auf dieser Ebene wieder zu ihrer ursprünglichen Ganzheit zurückfänden.

Sie sagt: «Wenn die 12-Strang-DNA aktiviert ist, dann werden parallel dazu wohl auch eine Vielzahl an Begabungen aktiviert – genau wie beim urnatürlichen Menschen, der einst im Paradies, also in der fünften Dichte, erschaffen worden ist. Dieser Mensch lebte mit der Unterstützung all seiner feinstofflichen Begabungen im Einklang mit der Natur. Er ist der natürliche, der vollständige Mensch.»

Christina hat bereits öfters darauf hingewiesen, dass der Erdplanet in der gegenwärtigen Phase seiner Geschichte seine energetische Frequenz stetig erhöhe und dass die irdische Sphäre sich dadurch von dreidimensional zu fünfdimensional entwickeln werde. Diese Transformation in einen weniger dichten Zustand wirkt sich anscheinend nicht nur auf die allgemeine Raum-Zeit-Struktur der Erde aus, sondern auch individuell auf die genetische Codierung der Menschen.

Ich bin fasziniert. Mit solchen Ausführungen fordert meine Tochter immer wieder mein angestammtes Weltverständnis und die Grenzen des für mich Fassbaren heraus, und obwohl mir dies oft Kopfzerbrechen bereitet, ist es auch sehr spannend, so dass ich hungrig bin nach immer neuen Horizonterweiterungen. Ich ahne, dass alles in irgendeiner Weise miteinander zusammenhängt, aber ich vermag das große Gesamtbild noch nicht zu erkennen.

Ich bitte Christina, mir noch etwas mehr über ihre eigenen körperlichen Mechanismen zu schildern. Sie stellt einmal mehr klar, dass bereits eine beachtliche Anzahl von Kindern und Jugendlichen hier sei, die mit feinstofflichen Begabungen ausgestattet seien. So habe sie schon etliche Kinder mit diversen solchen Begabungen angetroffen, doch ihre Zellstruktur vermochte bisher nur dieses eine Mädchen zu lesen. Außerdem ist Christina sich sicher, dass die Zirbeldrüse (Epiphyse) in ihrem Gehirn nicht wie meine etwa erbsengroß sei, sondern einen Durchmesser von rund 3 cm aufweise. Sie diene ihr als eine Art «Quantencomputer», um die geballte Ladung ihrer multidimensionalen Sinneseindrücke zu verarbeiten. In ihrer Zirbeldrüse befänden sich auch Kristalle, sagt sie.

Christina ergänzt: «Die Zirbeldrüse bildet sich im Kindesalter automatisch zurück, wenn die potenziell vorhandenen geistigen Fähigkeiten nicht genutzt werden. Dadurch verringert sie ihre Größe etwa auf die einer Erbse und beschränkt ihre Funktionen auf das, was in der Schulmedizin bekannt ist. Wenn die heutigen Kinder in ihren geistigen Begabungen bewusst gefördert werden, dann könnte sich dies in Zukunft ändern.»

Christina erklärt weiter, dass die DNA aus spiritueller Sicht betrachtet mehr sei als bloß eine willkürliche Kette von Molekülen, von denen der Mensch lediglich einen geringen prozentualen Anteil aktiv nutze. Die spiralförmige DNA repräsentiere eine im ganzen Kosmos vorhandene göttliche Ausdrucksform, die beispielsweise auch in der Spiralform von Galaxien sichtbar werde.

Ich bitte Christina, mir mehr über alle diese spannenden Themen zu erzählen, und daraufhin ergeben sich in der Folge eine ganze Anzahl an Gesprächen sowohl über multidimensional-wissenschaftliche als auch über historische und parapsychologische Themen. In den folgenden Kapiteln werden diese Ausführungen Christinas aus dem Jahr 2015 thematisch geordnet wiedergegeben, teilweise ergänzt durch neuere Erkenntnisse aus den Jahren 2016, 2017 und 2018.

3

Ein Quantensprung
der Menschheit

In einem unserer zahlreichen Gespräche führt Christina erneut aus, dass sich die Menschheit auf unserem Erdplaneten derzeit in einem historischen Transformationsprozess befinde, in einem Quantensprung in der Geschichte dieser Menschheit. Dies sei auch der Grund dafür, dass seit vielen Jahren immer mehr hochschwingende Seelen sich als Erdenmenschen inkarnierten.

Sie erklärt: «Die vergangenen Jahrhunderte waren geprägt von einer starken, dominanten männlichen Energie. Dies zeigte sich im materiell-technischen Fortschritt und in zahlreichen revolutionären Erfindungen, aber auch im Entstehen von verschiedenen destruktiven Machtsystemen, die viel Leid und Elend auf die Erde gebracht haben. Man könnte sagen: Die Menschheit ist heute zwar so gebildet wie nie zuvor, doch gleichzeitig steht sie auch der Selbstzerstörung so nahe wie nie zuvor.

In dieser Phase ist es von großer Wichtigkeit, dass die Menschen darüber informiert werden und erkennen, dass nun ein Ausgleich von weiblicher und männlicher Energie stattfinden wird. Dies wird zur Folge haben, dass nicht in erster Linie eine weitere materiell-technische Entwicklung ansteht, sondern dass jeder Mensch aufgefordert ist, sich im Zuge der bevorstehenden energetischen Transformation insbesondere geistig weiterzuentwickeln. Die Schwingungsfrequenz auf diesem Planeten erhöht sich derzeit zunehmend, das ist für mich deutlich spürbar. Mit diesem höheren kollektiven Energieniveau haben alle Menschen die Chance, ein erweitertes Bewusstsein zu erlangen, und damit werden sich auch ihre Denkweise und ihr Verhalten verändern. Sie werden immer mehr aus ihrer Illusion erwachen und das

Destruktive unserer Zeit erkennen. Sofern es ihnen gelingt, den Blick vermehrt nach innen zu richten, und sofern sie bewusst daran arbeiten, alte Denk- und Handlungsmuster loszulassen und ihren Mitmenschen, der ganzen Schöpfung und den bevorstehenden Ereignissen in größtmöglicher Liebe zu begegnen, wird sich ihnen ein völlig neues geistiges Potenzial eröffnen.

Das Bewusstsein der Menschen ist hauptsächlich deswegen getrübt und unrein, weil es ständig in der Vergangenheit festhängt, insbesondere in den negativen Erinnerungen. Dies hält sie davon ab, ihre Visionen zu manifestieren. Wenn jedoch ihr Bewusstsein erwacht, dann ist ein solch erwachtes Bewusstsein imstande, Tausende von Visionen und Bildern in Realität zu verwandeln.»

Diese Zusammenhänge sind mir aus der Psychologie und aus der ganzheitlichen Medizin bekannt. Wenn ein Mensch sich ausschließlich nach außen orientiert und somit seine inneren Seelenimpulse ständig unterdrückt, dann bauen sich in ihm Widerstände, Blockaden und Ängste auf, gegen die sein Organismus dann unter hohem Energieaufwand ankämpft. Dies wiederum bewirkt, dass sein gesamtes System aus der Balance fällt, was sowohl psychische als auch physische Erkrankungen zur Folge haben kann. Gegen diese unselige Spirale der Selbstsabotage lässt sich Abhilfe schaffen, indem man der inneren Stimme mehr Raum gewährt, sein Ego entlarvt, Klarheit im Leben gewinnt und festgefahrene Denk- und Handlungsmuster loslässt. Auf diese Weise wird man Schritt für Schritt wieder zu sich selbst finden und sich innerlich stabilisieren, um dann seiner Bestimmung zu folgen und in der Gesellschaft die Rolle einzunehmen, die man sich für diese Inkarnation ausgesucht hat. Dadurch erlangt man inneren Frieden und Gelassenheit sowie auch die Gewissheit, dass das Gute und Positive uns konstruktiv weiterbringt auf einem langen Weg über viele Inkarnationen, in denen wir aus der geistigen Welt stets liebevoll begleitet und unterstützt werden.

Christina fährt fort: «Die neue Phase hat bereits begonnen. Es ist jetzt also an der Zeit, dass die Menschen wieder frei leben und sich nicht von Mustern und Prägungen aus der Vergangenheit einengen lassen. Es ist an der Zeit, dass die Menschen ihre Illusionen und falschen Vorstellungen überwinden, in denen sie sich bloß als Marionetten sehen. In der neuen Zeit nimmt das Dichte und Tiefschwingende immer mehr ab, und das Hochschwingende nimmt immer mehr zu. Diese höhere Schwingung bringt die wirkliche Herzenskraft, die Weisheit und den Frieden mit sich. Diesen Prozess können wir alle mit Herzlichkeit, mit Ehrlichkeit und vor allem mit bedingungsloser Liebe unterstützen. Damit fördern wir das Licht in der Welt und·erhöhen sowohl unsere persönliche als auch die globale Schwingung.

Jeder einzelne Mensch ist ein göttliches Licht. Die meisten haben dies leider vergessen, besser gesagt, man hat es ihnen nicht mitgeteilt. Daher ist das Licht bei vielen Menschen noch überlagert von Unwissenheit und Negativität. Es fehlt an der bewussten Verbindung zum großen Ganzen. Und doch ist das Licht in uns allen vorhanden, auch beim übelsten Schwerverbrecher. Jeder Mensch hat einen inneren Zugang zu sich selbst, und um diesen Zugang zu öffnen, braucht er kein Geld und keine äußere Macht, sondern einzig seinen freien Willen. Allein dieser Aspekt ist schon göttlich.

Die neue kosmische Energie, die sich derzeit auf der Erde manifestiert, wird jedem Menschen die Chance geben, seine Frequenz zu erhöhen und sein Bewusstsein zu erweitern. Wenn er sich dafür entscheidet, dieses Angebot anzunehmen, dann wird er erkennen, wie er den lichtvollen Weg einschlagen und nicht mehr in Resonanz mit dem Destruktiven treten kann. Er wird sich wieder daran erinnern, dass er ein göttliches Schöpferwesen ist und dass er alles, was er wirklich braucht, bereits in sich trägt und selber aus sich heraus aufschlüsseln kann.»

Fasziniert höre ich meiner Tochter zu. Wenn sie über diese Dinge spricht, dann scheint alles so einfach und klar zu sein. In ihren Erklärungen sind keinerlei Zweifel oder Unsicherheiten zu erkennen, und ich denke bei mir: Welch ein Privileg es doch ist, von einem Menschen mit einer solchen Klarheit und Sicherheit lernen zu dürfen!

Wenn Christina erst einmal in Fahrt kommt und über ein bestimmtes Thema referiert, ist sie kaum mehr zu stoppen und bezieht eine Vielzahl weiterer Aspekte in ihre Ausführungen mit ein. Denn in ihrer komplexen Wahrnehmung ist alles miteinander verknüpft – das Grobstoffliche und das Feinstoffliche, das Dreidimensionale und das Multidimensionale, das Naturwissenschaftliche und das Philosophische.

So erläutert sie weiter: «Auf der genetischen Ebene wird dank der höheren Energie die ursprüngliche DNA-Codierung der Menschen wieder aktiviert. Die jetzige 2-Strang-DNA wird wieder zur ursprünglichen 12-Strang-DNA zurückversetzt. Das heißt: Die Menschen finden zu ihrer ursprünglichen Ganzheit zurück, so, wie sie einst geplant und im paradiesischen Urzustand noch vorhanden war. Dadurch werden sie ein höheres Bewusstsein und viele neue Fähigkeiten erlangen, die den ganzen destruktiven Materialismus vergessen lassen und die der Liebe, der Weisheit und dem Frieden Platz machen werden.

Mama, die Menschheit steht mitten in einem riesigen Evolutionssprung, einem Quantensprung in ihrer Geschichte. Dieser wird im Moment aber von den dunklen Mächten noch mit aller Kraft unterdrückt. Doch nicht die Dunkelmächte entscheiden über die Geschicke der Menschheit, sondern der freie Wille eines jeden einzelnen. Je mehr Menschen sich dazu entschließen, den Weg des Lichts einzuschlagen, desto schneller wird sich der Quantensprung vollziehen. Allerdings gilt es zu berücksichtigen, dass bei manchen Seelen dieser Schritt für das jetzige Leben nicht eingeplant ist. Es wird also auch Menschen geben, die an ihrem materialistischen Weltbild festhalten wollen und die Bewusstseinstransformation nicht vollziehen werden, bevor sie sterben.»

Die Sache mit dem Zurückversetzen der DNA hat mein Interesse geweckt. Ich frage Christina, wann in der Geschichte der Menschheit und vor allem wie es denn überhaupt dazu gekommen sei, dass die ursprüngliche 12-Strang-DNA zur heutigen 2-Strang-DNA mutierte. Daraufhin verweist sie auf die Geschichte vom Bau jenes sagenhaften Riesenturms in der mesopotamischen Weltmetropole Babylon. Gemäß biblischer Überlieferung aus dem 1. Buch Mose zog die Bevölkerung von Babylon mit diesem Vorhaben angeblich den Zorn Gottes auf sich und wurde mit der sogenannten «Babylonischen Sprachverwirrung» bestraft. Christina sieht dies etwas anders. Nach ihrer Auffassung waren die damaligen Menschen noch hochintelligent und verfügten über eine vollständig aktive 12-Strang-DNA. Dann wurde diese ursprüngliche DNA auf eine 2-Strang-DNA reduziert, wodurch die Menschen eine Vielzahl an Fähigkeiten verloren, darunter auch die Telepathie, was später mit dem Begriff «Sprachverwirrung» beschrieben wurde. Christina betont jedoch nachdrücklich, dass es *nicht* Gott war, der die Menschen auf diese Weise «bestraft» hat, sondern dass vielmehr eine destruktive außerirdische Dunkelmacht hier manipulativ eingegriffen habe. Niemals würde die Schöpferkraft Gottes eine solche Tat begehen und auch kein anderes höheres Wesen, das auf der Seite des Lichts und des Göttlichen steht.

Sie sagt: «Mit dem Verlust der vollständigen DNA haben die Menschen damals auch viele geistige Begabungen verloren, darunter die klare Intelligenz und die universelle Sprache der Telepathie. Ohne ihre telepathischen Fähigkeiten mussten die Menschen also lernen, sich anders zu verständigen, und zudem wurden sie in unterschiedliche Richtungen zerstreut. Aus diesen beiden Gründen entstanden die verschiedenen Sprachen, und mit den unterschiedlichen Sprachen entstand auch zunehmend eine Kluft zwischen den einzelnen Gebieten und Völkern. So kam es im Laufe der Zeit zu Ländern, zu Grenzen und bald auch zu Kriegen unter den Menschen.»

Dann spannt sie den Bogen wieder zurück in die Gegenwart, indem sie darlegt: «Wie gesagt, leben wir heute in einer Zeit, in der global die hochschwingende Energie immer mehr zunimmt. Natürlich gibt es, was die kollektive Schwingung betrifft, regionale Unterschiede. So weisen beispielsweise Gebiete, in denen Gewalt, Krieg und Zerstörung herrschen, eine deutlich tiefere Schwingung auf als andere Orte, in denen viele Menschen leben, die bereits eine gewisse Bewusstseinsfrequenz erreicht haben. Aber insgesamt ist die Tendenz weltweit konstant steigend. Daher ist es nur eine Frage der Zeit, bis die extrem tiefschwingenden Dunkelmächte den Planeten verlassen müssen, weil sie in der neuen hohen Schwingung nicht mehr existieren können.

Mama, wir befinden uns schon seit vielen Jahren mitten in einem Evolutionssprung der Menschheit! Ist das nicht fantastisch?»

Ja, das ist tatsächlich fantastisch. Einmal mehr bin ich zutiefst berührt von Christinas Worten. Wenngleich ihre Ausführungen durchaus auch anstrengend und für mein bisheriges Weltverständnis herausfordernd sein können, empfinde ich es dennoch als ein großes Privileg, mit ihrer Hilfe meinen Horizont immer mehr weiten zu dürfen und das Wirken der Menschen der neuen Zeit aus nächster Nähe mitzuerleben.

4

Eine kurze Geschichte der Menschen der neuen Zeit

Vor einigen Wochen hat Christina das Thema «Menschen der neuen Zeit» bereits angesprochen (siehe Band 1, Kapitel 15). In meinen weiteren Gesprächen mit Christina erfahre ich nun nähere Einzelheiten hierzu.

Ich möchte von ihr wissen, was genau denn bei der neuen Generation von Kindern, die etwa seit der Jahrtausendwende geboren worden sind, so anders ist als bei den Menschen, die beispielsweise 40 oder 50 Jahre zuvor geboren wurden. Immerhin, so gebe ich zu bedenken, habe die Evolution Jahrtausende benötigt, um den Menschen im Laufe der Zeit zu dem zu formen, was er heute ist. Wie also kann es sein, dass sich die Menschheit nun in ein paar wenigen Jahren so sehr verändern und entwickeln soll?

Christina antwortet mit ruhiger, klarer Stimme: «Weißt du, Mama, die meisten heutigen Menschen sind der Meinung, sie seien das höchstentwickelte und intelligenteste Lebewesen, das jemals im Universum existiert habe. Doch das stimmt absolut nicht. Mir sind sehr viele andere Zivilisationen und Lebensformen bekannt, doch kenne ich keine Zivilisation, in der die Leute sich gegenseitig so sehr hassen und zerstören, wie es die Menschen derzeit tun. Deshalb benötigt die Menschheit ein Erwachen, einen dringend notwendigen Evolutionssprung, damit sie endlich wieder aus dieser Negativität heraus findet. Von außen wird zu diesem Zweck bereits seit Jahrzehnten eine breite Palette von Hilfestellungen geschickt, so dass jeder Mensch die Möglichkeit hat, sein Bewusstsein zu verändern und sich wieder dem Licht zuzuwenden. Man könnte dies auch den Übergang vom Dualitätszeitalter zum Kristallzeitalter nennen, und die bedingungslose Liebe ist die stille Revolution in dieser Zeit des Übergangs. Jeder Mensch ist aufgefordert, diese bedingungslose Liebe in sich zu erwecken und zu entfalten. Das ist die große Aufgabe der heutigen Menschheit.

Eine der Hilfestellungen besteht darin, dass sich immer mehr hochschwingende Seelen als Erdenmenschen inkarnieren, um diesen Prozess aus nächster Nähe aktiv zu unterstützen. Darunter sind großartige Seelenenergien, sogar Urseelen mit einem enormen Energieniveau und einer immensen Intelligenz. Es wäre jedoch nicht im Sinne der Sache, wenn man solche Menschen als wertvoller als andere bezeichnete, denn dadurch würde nur wieder das materialistische, trennende Denken gefördert. Aber es ist eine Tatsache, dass sie von Geburt an ein überdurchschnittlich hohes Energieniveau in sich tragen. Durch den Frieden, den sie ausstrahlen und vorleben, durch ihr Freisein von Verurteilung und durch ihre innere Klarheit verstärken sie das vorhandene Licht auf unserem Planeten.»

Durch Christinas Ausführungen festigt sich meine Überzeugung, dass es vor allem für die Eltern solch hochschwingender Kinder, aber auch für ihre Lehrpersonen und für die politisch Verantwortlichen in unserer Gesellschaft von großer Wichtigkeit ist zu erkennen, dass diese Kinder tatsächlich anders sind und daher auch anders behandelt und erzogen werden sollten. Sie verfügen über ein komplexes Wahrnehmungs- und Denkvermögen, das weit mehr umfasst als den dreidimensionalen Bereich. Sie brauchen keine sogenannte Lebenserfahrung, um den Durchblick in unserer Gesellschaft zu haben, denn ihr Unterscheidungsvermögen ist von Geburt an bereits ausreichend klar, um die Wege des Lichts von den Wegen des Unlichts zu unterscheiden. Außerdem haben sie mittels ihrer Intuitionskraft einen konstanten Zugriff auf ihre aus anderen Dimensionen mitgebrachten Erinnerungen und Erfahrungen.

Christina erklärt: «Dank ihres hohen Energieniveaus sind bei ihnen multidimensionale geistige Begabungen bereits angeboren, oder aber sie lassen sich sehr leicht aktivieren. Alles, was diese Kinder brauchen, ist Verständnis und Liebe sowie Raum für ihre Kreativität und für ihre individuelle Entfaltung. Was diese Bereiche betrifft, so dürften die Eltern durchaus von ihren Kindern lernen.»

Doch auch abgesehen von diesen hochschwingenden Kindern und Jugendlichen gibt es bereits eine beachtliche Anzahl Erwachsener, die hinter die Fassaden unserer geltenden Wertsysteme und Gesellschaftsstrukturen blicken. Sie erkennen die verborgenen, dunklen Machtstrukturen, die im Hintergrund die Fäden ziehen und aus dem Hinterhalt agieren. Christina sagt, dass solche Menschen, die das herrschende System durchschaut haben, nun aufgefordert sind zu lernen, dem System nicht mit Anklage, Verurteilung oder Gegengewalt zu begegnen, sondern mit Liebe. Denn wenn Wut und Rachegefühle überhandnehmen, verstärkt sich das Bewusstsein der Opferrolle, wodurch man energetisch blockiert wird und somit weiterhin ein Teil des Systems bleibt und genau diesem System mit seiner Energie weiterhin dient. Vielmehr sollten diese kritischen, querdenkenden Menschen sich zunächst innerlich von ihrer passiven Opferrolle lösen und erkennen, dass sie göttliche Schöpferwesen sind. Dann sind sie imstande, tatsächlich in eine konstruktive Richtung zu arbeiten und andere Menschen für die größeren Zusammenhänge zu sensibilisieren.

Christina erklärt weiter: «Die ersten Menschen der neuen Zeit wurden etwa um das Jahr 1960 geboren. Sie werden manchmal auch als Indigo-Kinder bezeichnet, da ihre Aura häufig die Farbe Indigoblau aufweist. Sie trugen schon damals ein hohes Wissen über die Wahrheit in sich, hatten aber aufgrund ihrer teilweise rebellischen Natur große Schwierigkeiten, sich den herrschenden Systemen von Erziehung, Schule, Religionen und so weiter anzupassen. Diese Pionierseelen haben den Boden bereitet für die anstehenden großen gesellschaftlichen Veränderungen. Als erste Abgesandte des evolutionären Umbruchs der Menschheit trugen sie allerdings oft noch ein schweres Karma aus früheren Leben mit sich. Das heißt, sie wurden nicht selten in schwierige äußere Verhältnisse hineingeboren und erfuhren kaum Verständnis oder Unterstützung für ihre Begabung. So gewannen viele von ihnen den Eindruck, mit ihrem Durchblick ganz allein dazustehen, und fühlten sich mit der Zeit isoliert, traurig und fremd auf diesem Planeten.»

Die erste Welle

Christinas Ausführungen bewegen mich dazu, darüber nachzudenken, was diese Pioniergeneration der heute Vierzig- bis Sechzigjährigen in der westlichen Kultur bewegt und bewirkt hat. Sie hat zum Beispiel ein neues Körper- und Naturgefühl in das Bewusstsein der Menschen gebracht, was sich in einem ganzheitlicheren Verständnis von Ernährung und Medizin widerspiegelte. Sie hat das Erforschen und Entwickeln von alternativen Energien vorangebracht sowie sich weltweit für den Tier- und Artenschutz eingesetzt. Sie hat eine globale Ökologie- und Friedensbewegung ins Leben gerufen und begonnen, soziologische Utopien und alternative Modelle des menschlichen Zusammenlebens konkret in die Praxis umzusetzen. Auch hat sie den Blick des Westens geöffnet für fernöstliche Philosophien und Erkenntniswege und damit für über Jahrtausende überlieferte Heilverfahren, Yogatechniken und Meditationsformen. Schließlich hat diese Generation sich auch engagiert dafür eingesetzt, die einseitige Dominanz der männlichen Energie zu überwinden und die harmonische Balance der männlichen und der weiblichen Energie vorzubereiten.

Dies alles kennzeichnet eine erste, vorbereitende Phase für den Beginn eines neuen Zeitalters der Menschheitsgeschichte. Es waren bedeutende erste Schritte in die richtige Richtung und Wegbereitungen für die Befreiung der Menschheit aus der Knechtschaft des Unlichts.

Doch wie zu erwarten war, sahen sich die Drahtzieher des herrschenden Systems von dieser neuen Generation von querdenkenden und friedliebenden Menschen bedroht und legten sich nun ihrerseits gewaltig ins Zeug, um machtvoll dagegen zu steuern. Zum einen wurde der Aufstand der jungen Generation gegen das Establishment gezielt durch das Einschleusen von Drogen unterwandert, wodurch eine ganze Generation potenzieller

Rebellen und Umstürzler nachhaltig entkräftet und lahmgelegt wurde. Und zum anderen wurde in dieser Zeit auch in einem noch nie dagewesenen Ausmaß die Entwicklung von Technologien vorangetrieben, die die flächendeckende Überwachung und Manipulation der Bevölkerung ermöglichten. Zudem wurde mit Hilfe der aufkommenden Massenmedien über Jahrzehnte massiv Angst, Schrecken und Zwietracht gestreut sowie Feindbilddenken, Spaltung, Hass, Gewalt und Terror gefördert.

Dadurch entstanden weitere Zerklüftungen sowohl innerhalb der menschlichen Gesellschaft als auch in den einzelnen Familien, was sich unter anderem in den Trennungs- und Scheidungsraten niederschlug, die seit den 1960er-Jahren in beachtlichem Maße zugenommen haben (von damals unter 10 % bis heute zwischen 40 % und 50 % im deutschsprachigen Raum). Christina erklärt, dass dies auch damit zusammenhänge, dass sich die Schwingungsfrequenzen der einzelnen Menschen unterschiedlich stark veränderten. Wenn sich in einer Partnerschaft einseitig nur ein Partner dafür entscheidet, sich konsequent innerlich weiterzuentwickeln, während der andere Partner nicht willens oder nicht fähig ist, seine alten Muster und Prägungen loszulassen, dann klaffen die Frequenzen der beiden immer mehr auseinander, was ein harmonisches Zusammenleben zunehmend schwierig macht und irgendwann verunmöglicht. Auf Dauer können ein tiefschwingender und ein hochschwingender Mensch keine für beide Seiten konstruktive Partnerschaft führen, da der geistige Zweck einer Partnerschaft ja darin besteht, sich auf Augenhöhe zu begegnen und sich gegenseitig in der inneren Entwicklung zu unterstützen.

Christina stellt jedoch klar, dass durch die wertvolle Vorarbeit der Pionierseelen gesamthaft betrachtet die Menschheit heute spirituell gesehen deutlich weiter entwickelt und friedlicher sei als noch vor 50 Jahren. Es handle sich im Grunde bloß um einige wenige äußerst tiefschwingende, aber ziemlich mächtige Wesen, die das destruktive System hartnäckig aufrecht erhalten wollen. Dieses System werde jedoch nach wie vor getragen und beständig mit Energie versorgt von einer schlafenden Mehrheit der Bevölkerung, die noch nicht aus der Täuschung erwacht sei und die daher unbewusst den Zusammenbruch des unlichten Systems und den Aufbau einer neuen, lichtvollen Zukunft verzögere. Die zunehmende Schwingungserhöhung auf der Erde und somit der Wechsel vom Unlicht zum Licht seien jedoch mittelfristig nicht aufzuhalten, ergänzt sie zur Beruhigung. Einzig deswegen seien die vielen hochschwingenden Seelen, die Menschen der neuen Zeit, ja jetzt hier.

Christina ergänzt: «Wenn den Menschen doch bloß bewusst wäre, dass die großen Krisen und Dramen auf diesem Planeten von ein paar wenigen mächtigen Leuten erschaffen und inszeniert werden und dass sie, ohne es zu erkennen, freiwillig in einem System voller Abhängigkeit und Manipulation leben – dann würden sie über sich selber lachen.»

Die zweite Welle

Auf die Pioniergeneration der in den 1960er- und 1970er-Jahren geborenen sogenannten Indigo-Kinder folgte die nächste Welle der sogenannten Kristallkinder. Die Bezeichnung rührt daher, dass in dieser Generation viele Menschen wohl bereits über eine neue, kristalline Zellstruktur verfügen. Während die Generation der Indigo-Kinder durch ihre aufrüttelnden Protest-, Frauen- und Bürgerrechtsbewegungen, durch ihre Friedensmärsche und ihre Anti-Atomkraft-Demonstrationen die Abkehr von den etablierten politischen Systemen und destruktiven Machtstrukturen einläutete, oblag es der Generation der Kristallkinder, die schrittweise Abkehr auch von den etablierten Kirchen und von den einseitig männlich geprägten Formen der Religiosität und der Spiritualität einzuleiten.

Die Kristallkinder dieser zweiten Phase wurden mehrheitlich ab den 1980er-Jahren geboren, vereinzelte auch schon früher, und auch sie sind häufig erfahrene Seelen aus höherdimensionalen Sphären, die hierher gekommen sind, um den Evolutionssprung der Menschheit zu unterstützen und voranzubringen. Ein auffallendes Merkmal dieser neuen Generation besteht darin, dass sie weniger Angst kennen und bereit sind, Althergebrachtes loszulassen und sich für Neues zu öffnen. Sie sind energetisch weiter entwickelt, sehr liebevoll und sehr harmoniefreudig, und aufgrund ihrer hohen Schwingungsfrequenz – man könnte sie auch «Kristallbewusstsein» nennen – fällt es ihnen schwer, in ihrem Umfeld negative Energien zu ertragen. Sie mögen weder Druck noch Stress noch Unruhe, und sie haben eine ausgeprägte innere Abneigung gegen jegliche Form destruktiver Konzepte.

Ein Verdienst dieser zweiten Welle besteht darin, dass Spiritualität in unseren westlichen Gesellschaften nunmehr öffentlich geworden ist und dass Themen, die in früheren Jahrhunderten einzig innerhalb von geschlossenen Kreisen und geheimen Bünden besprochen und weitergegeben worden sind, heute einer breiten Allgemeinheit zugänglich sind. Ein weiteres Merkmal besteht darin, dass man begonnen hat, tradierte Glaubensformen und religiöse Dogmen angstfrei in Frage zu stellen und so zu einer neuen Form der ganzheitlichen Spiritualität zu finden, die nicht von Abgrenzung und Feindbilddenken, sondern von Versöhnung und Verbrüderung gekennzeichnet ist. Kristallmenschen suchen nach einem multidimensionalen, göttlichen Welt- und Menschenbild und nach dem alle Menschen verbindenden Weg nach innen, und sie tragen ein neues Verständnis von sich selbst und von der eigenen Rolle im großen Ganzen in sich. Allerdings sind sie aufgefordert, sich nicht in Scheinwelten und in pseudo-spirituellen Konstrukten zu verlieren, die noch den Mustern der herrschenden Systeme folgen. Auch für diese zweite Generation gilt, dass sie häufig in schwierige Verhältnisse hineingeboren wurden und mit sowohl inneren als auch äußeren Widerständen zu kämpfen haben.

In einem Vortrag im Dezember 2017 kommt Christina in berührender Weise auf die Pioniergenerationen der ersten und der zweiten Welle zu sprechen. Sie drückt dabei ihre Dankbarkeit mit den folgenden Worten aus: «Schon heute leben viele Erwachsene bewusst die neue Zeit. Wenn wir dies ernst nehmen und die verschiedenen Einteilungen mal beiseite lassen, dann ist es so, dass jeder, der sich auf dem spirituellen Weg befindet, bereits ein Mensch der neuen Zeit ist. So einfach ist das. Ohne die heutigen Erwachsenen, die auf dem spirituellen Weg bereits

Pionierarbeit geleistet haben, wären wir jetzt nicht da, wo wir heute sind. Ja, die neuen Kinder, die jetzt kommen, haben eine höhere Schwingungsfrequenz als ihre Eltern. Doch Schwingung erhöht sich auch mit Dankbarkeit.

Deshalb geht es auch darum, dass man Dankbarkeit gegenüber den Pionieren hat, denn ohne diese Pioniere könnte ich jetzt hier nicht sprechen. Ohne sie könnten wir wahrscheinlich überhaupt nicht hier als Gruppe zusammensitzen, denn ohne sie würde es diese Offenheit gar nicht geben. Deshalb sollte man ein großes Dankeschön an diejenigen richten, die in der Vergangenheit diese Vorarbeit geleistet haben. So ergeht hiermit an alle Pioniere, die irgendwo auf der Welt leben, von mir ein Dankeschön. Ohne ihre Pionierarbeit könnten solche Kinder wie ich gar nicht kommen. Das ist ein großes Geschenk, wahrscheinlich beinahe noch ein größeres Geschenk, als dass die neuen Kinder jetzt kommen.»

Die dritte Welle

Nach den Pioniergenerationen der ersten und der zweiten Welle folgt etwa ab dem Jahr 2000 nun eine dritte Phase mit den sogenannten Regenbogenkindern, benannt nach ihrer häufig regenbogenfarbenen Aura. In dieser neuen Generation hochschwingender Seelen finden sich die eigentlichen Friedensbringer für unsere Zeit. Sie werden in ihrer Lebenszeit das vollenden, was die Pioniere begonnen haben.

Diese neuen Kinder schwingen in einer nochmals höheren Frequenz und sind nicht interessiert an zwanghaften Machtsystemen, nicht an äußerlich-materiellem Erfolg und nicht an billiger sozialer Anerkennung. Die veralteten Schulsysteme, die dreidimensionalen Wissenschaften, die manipulativen Technologien, die patriarchalen Glaubenssysteme und die destruktiven Auswüchse der Kultur und des Konsums – dies alles fasziniert sie nicht, aber sie reagieren darauf auch nicht mit Wut, Ablehnung oder Verurteilung. Sie leben in einem harmonischen Wir-Bewusstsein, sie kennen die universellen Gesetze und Spielregeln, und daher werden sie andere Wege einschlagen. Als ermächtigte Träger der Vision des Guten werden sie die Erbauer einer zukünftigen Gesellschaft voller Respekt, Harmonie und Frieden sein.

Diese Seelen sind sich völlig darüber im Klaren, in was für eine turbulente Zeit sie hineingeboren wurden, denn sie haben sich freiwillig für diese Erdenmission gemeldet und sich ihre Inkarnation bewusst ausgesucht. Sie sind darauf vorbereitet, dass gewaltige Herausforderungen auf sie zukommen werden, da die letzten Herrscher des Unlichts wohl nicht freiwillig ihre Macht loslassen werden.

Christina offenbart in diesem Zusammenhang über ihre eigene Herkunft: «Meine Ursprungsebene ist keine erdnahe Sphäre, sondern eine höhere, sehr lichtvolle Ebene. Ganz ursprünglich jedoch kommen wir alle von ein und demselben Ort, denn wir entstammen alle derselben göttlichen Quelle. Was uns unterscheidet ist lediglich, dass wir uns in unterschiedlichen Lernprozessen befinden und dass wir schon unterschiedlich viele Inkarnationen, genauer gesagt Stationen innerhalb der multidimensionalen Schöpfung besucht haben. Somit verfügen wir über unterschiedliche Erfahrungswerte und Reifegrade. Was mich betrifft, so ist es mir mit meiner Frequenz nur möglich, einen dreidimensionalen materiellen Körper zu bewohnen, wenn ich zugleich mit meinem Geist in den höheren Ebenen verankert bleibe.»

Lächelnd ergänzt sie: «Am wenigsten gut verankert bin ich hier in den tieferen Dimensionen, also bis und mit der vierten Dichte. Aber jedes Wesen, das sich als Erdenmensch inkarniert, sollte sich über eine Erdung erst einmal gründlich in dieser dritten Dichte verankern, um dann seine irdischen Aufgaben manifestieren zu können. Auch ich musste mich zunächst erden, und vor derselben Herausforderung stehen auch die anderen Kinder der neuen Zeit. Ich bin jedoch durch mein Bewusstsein zusätzlich noch in zahlreichen anderen Dimensionen verankert und daher auch parallel ständig in weiteren, nichtirdischen Sphären gegenwärtig.»

Diese letzte Information ist für mich als ihre Mutter neu, erstaunlich und auch ein wenig verwirrend. Um es mir verständlicher zu machen, erzählt mir Christina, dass sie in diesen höheren Sphären immer wieder auch Menschen antreffe, die ich aus unserer hiesigen dritten Dimension kenne. Denn Menschen, die über ein erweitertes Bewusstsein verfügen, sind genau wie Christina befähigt, andere kosmische Ebenen zu bereisen, und so kommt es gelegentlich vor, dass Christina sie dort antrifft – mal absichtlich und mal eher zufällig.

Da Christina nachts meistens nur ein paar Stunden schläft, hat sie viel Zeit, außerkörperliche Reisen in andere Sphären zu unternehmen. Ich frage sie, warum es eigentlich so sei, dass sie deutlich weniger Schlaf brauche als die meisten anderen. Sie antwortet, es hänge wohl damit zusammen, dass sie sich nie Sorgen um irgendetwas mache und somit auch nicht unnötig wertvolle Lebensenergie verbrauche.

Sie sagt: «Viele Menschen sorgen sich ständig um irgendetwas. Vielleicht neunzig Prozent ihrer Gedanken bestehen aus Kummer, Sorgen und Ängsten. Das ist für mich unvorstellbar. Ist dir bewusst, Mama, wie viel Energie da unnütz verpufft wird?»

Damit bestätigt sie, was man auch aus der psychologischen Forschung weiß. Unbewusste oder unterdrückte negative Gefühle und Emotionen, unterschwellige Ängste und unverarbeitete Traumata verschlingen enorm viel Energie. Man geht davon aus, dass die ursächliche Störung oft nur 10 % des jeweils aktuellen Problems ausmacht und dass bis zu 90 % der Vitalkräfte durch einen nicht konstruktiven und nicht zielführenden Umgang damit verschwendet werden.

Dann kehrt unser Gespräch zum Thema der verschiedenen Generationen von Menschen der neuen Zeit zurück. Zusammenfassend erklärt Christina: «Wie erwähnt, wurden und werden viele dieser höher schwingenden Seelen in schwierige Lebenssituationen hineingeboren und müssen sich oft extrem durchkämpfen. Doch sind sie allesamt freiwillig hier, auch wenn manche dies im Trubel der Zeit vorübergehend vergessen. Wie du ja weißt, Mama, hatte auch ich in den ersten Jahren große Mühe damit, mich an meinen physischen Körper und generell an die Gegebenheiten in dieser dritten Dimension zu gewöhnen. Das Schwierigste für mich war die Ernährung. Da man sich in den höheren Dimensionen von Licht ernährt, vermochte ich während mehr als sechs Jahren nicht feststofflich zu essen. Ein weiterer herausfordernder Aspekt für mich war meine vorangegangene irdische Inkarnation. Meine Seele hing sozusagen noch mit einem Teil in diesem letzten Leben, das übrigens erst sehr kurz vor meiner jetzigen Inkarnation geendet hat.»

Diese letzte Bemerkung weckt verständlicherweise mein Interesse, und Christina verspricht, in einem unserer nächsten Gespräche das Thema ihrer vorangegangenen irdischen Inkarnationen zu vertiefen.

Zunächst aber denke ich noch einmal an die Zeit ihrer frühen Kindheit zurück und an all die großen körperlichen Schwierigkeiten, mit denen sie damals zu kämpfen hatte. Über viele Jahre hinweg war eine äußerst aufwendige Pflege sowie eine künstliche Ernährung durch eine in ihre Bauchdecke operierte PEG-Sonde erforderlich, damit sie überhaupt in ihrem Körper bleiben und überleben konnte. Auch bekundete sie als Kleinkind große Mühe mit dem Element Wasser, und noch heute ist für sie das Tauchen in kühlem Wasser eine kleine Herausforderung. Sie begründet dies unter anderem damit, dass das Unterwassersein ihre Wahrnehmung massiv verändere. Warmes Wasser sei im Vergleich mit kaltem schon deutlich besser, und in Solebädern sieht man sie manchmal sogar wie ein Fisch umherschwimmen.

Fahrzeuge mit Rädern sind ebenfalls schwierig für sie. Seit sie etwa zehn Jahre alt ist, fährt sie zwar einigermaßen sicher Scooter, beim Fahrradfahren hingegen fühlt sie sich viel zu unsicher, weshalb es für sie kein Thema ist. Hier in den Schweizer Bergregionen kommt natürlich auch dem Skifahren ein hoher Stellenwert zu, und so hat sich Christina ebenfalls schon das eine oder andere Mal daran gewagt. Auf Skiern bewegt sie sich ordentlich und fällt nur selten hin, aber sie fährt ausgesprochen langsam auf ihren Brettern.

Und was den Gebrauch der Hände betrifft, so gibt sie sich bei vielen manuellen Tätigkeiten eher unbeholfen. Vor allem handwerkliches Arbeiten mit Werkzeugen oder Textilien sowie das Kochen stellen sie vor merkliche Herausforderungen. Christina selbst vermag mit dieser Eigenheit jedoch problemlos umzugehen, denn es ist ihr völlig klar, dass sie ohnehin niemals einen handwerklichen Beruf ausüben wird. Das manuelle Schreiben und vor allem das Bedienen einer Computertastatur beherrscht das Mädchen indes hervorragend; wenn es sein muss, dann ist sie sogar unglaublich schnell darin.

Sie betont, dass dieses handwerkliche Ungeschick jedoch bloß ihre persönliche Eigenheit darstelle und kein allgemeines Merkmal aller höher schwingenden Menschen sei. Jeder einzelne der Menschen der neuen Zeit habe einen persönlichen Seelenplan und einen vorgezeichneten Seelenweg, und gemäß dieser seiner individuellen Bestimmung werde er mit den für ihn erforderlichen Begabungen und Fähigkeiten ausgestattet.

Zudem betont sie, dass man die Kinder der neuen Zeit nicht oberflächlich einfach als bequeme Faulpelze oder gesellschaftsuntaugliche Egoisten betrachten sollte, bloß weil sie sich weigern, sich den herrschenden Systemen der Schule, der Wirtschaft, der Politik oder der Religionen zu beugen. Sicherlich mag übermäßige Bequemlichkeit oder Selbstbezogenheit in Einzelfällen tatsächlich zutreffen, aber insgesamt handle es sich hier um eine neue Generation von Menschen mit einem klaren Durchblick und einem erweiterten Bewusstsein, welche nicht nach den alten Denkmustern ihrer Eltern und Großeltern funktionieren. Sie bedienen sich nicht bloß einseitig ihres rationalen Verstandes, sondern auch ihrer Intuitionskraft und ihrer Empathie. Daher brauche es auch eine gewisse Empathiefähigkeit, um diese Kinder zu verstehen, erklärt Christina.

Viele Menschen in meiner Generation der heute Über-Vierzigjährigen sowie natürlich auch die vorgängigen Generationen haben noch gelernt, nach festen Glaubenssätzen in Gesellschaft, Religion und Wissenschaft sowie nach klar definierten Moralvorschriften und sozialen Leitlinien zu leben und diese kaum je ernsthaft zu hinterfragen. Wir haben gelernt, dass man mit viel harter Arbeit, mit Gehorsam, Fleiß und Disziplin innerhalb des herrschenden Systems vorankommen und emporkommen kann. Dass dabei die persönlichen Bedürfnisse und die eigene innere Entfaltung mehrheitlich auf der Strecke blieben, war für die meisten überhaupt kein Thema, ganz zu schweigen vom Bewusstsein des übergeordneten Seelenplanes und der individuellen Bestimmung des Einzelnen. Die vereinzelten Pionierseelen aus dieser Generation der «ersten Welle», die bereits ein ausreichend hohes Bewusstsein hatten, um diese Themen ins Zentrum ihres Lebens zu stellen, bilden eher noch die Ausnahme.

In der Generation der heute Unter-Vierzigjährigen hingegen finden sich sichtbar mehr bewusstere Menschen, die erkannt haben, dass der Sinn und Zweck des Daseins als Mensch nicht darin besteht, ein tadelloses Herdentier zu sein und brav irgendwelchen vorgefertigten Meinungen und Richtlinien zu folgen. Sie entscheiden sich dafür, nicht ihr Leben lang hart zu arbeiten und widerstandslos einem entmenschlichten Leistungssystem zu dienen, bis sie vor Erschöpfung krank werden oder bis sie tot umfallen. Diese bewussten Menschen der «zweiten Welle» wissen ganz genau, was sie wollen und was sie nicht wollen. Eine gute Ausbildung und einen guten Job, ja – aber nicht um jeden Preis. So sind sie mutiger und entschlossener in ihren Entscheidungen und vertrauen darauf, dass sich ihr persönliches Potenzial dann entfalten wird, wenn sie ihrer Intuition vertrauen und ihren Herzenswünschen folgen, wenn sie ihren eigenen Platz in der Gesellschaft gefunden haben und auf diese Weise ihren zugedachten Dienst im Sinne des großen Ganzen erfüllen. Sie wissen, dass dies der Weg ist, um nicht nur äußerlich erfolgreich, sondern auch innerlich erfüllt und glücklich zu werden. Durch eine solche Lebenseinstellung und Lebensausrichtung machen sie sich frei von alltäglichem äußeren Stress wie auch von inneren Zweifeln, Sorgen und Ängsten. So leben sie sowohl mental als auch körperlich gesünder. Und was das Beste ist: Sie entziehen sich dadurch, dass sie aus der passiven Opferrolle heraustreten und die Verantwortung für ihr Leben selbst in die Hand nehmen, dem Zugriff der manipulativen Dunkelmächte. Je sicherer sie in ihrem Seelenplan und in ihrer individuellen Bestimmung verankert sind, desto weniger sind sie in ihren äußeren Lebensbereichen verunsichert und manipulierbar.

In der Generation der Unter-Zwanzigjährigen schließlich sind bereits heute sehr viele Kinder und Jugendliche nochmals anders. Als erste Vorreiter der «dritten Welle» sind sie noch bewusster und innerlich noch reifer und brauchen keine langjährige sogenannte «Lebenserfahrung» mehr, um zu erkennen, was richtig und was falsch ist. Viele der heutigen Kinder der neuen Zeit sind sich von Geburt an über ihren Seelenplan und ihren Seelenweg im Klaren, und sie werden unbeirrt ihre individuelle Bestimmung erfüllen und ihren Beitrag zum Evolutionssprung der Menschheit erbringen.

Wie Christina so treffend sagte: «Alles, was diese Kinder brauchen, ist Verständnis und Liebe sowie Raum für ihre Kreativität und für ihre individuelle Entfaltung.»

5

Christinas Inkarnationen

In einem unserer Gespräche erwähnte Christina, dass sie sich in einer vorangegangenen irdischen Inkarnation am Ende des 19. Jahrhunderts für die Menschenrechte eingesetzt habe. In weiteren Gesprächen in den Jahren 2015 bis 2017 kommen wir immer mal wieder auf das Thema früherer Inkarnationen zu sprechen. Ich habe den Eindruck, dass je weiter ich mein eigenes Bewusstsein entfalte, Christina mich umso mehr in ihre Erkenntnisse einweiht.

Christina ist sich darüber bewusst, dass sie eine reife, kosmisch erfahrene Seele ist. Zugleich aber ist sie sich darüber bewusst, dass sie ihre zahlreichen Erfahrungen hauptsächlich außerhalb der dreidimensionalen Sphären gesammelt hat. Das heißt, sie ist irdisch gesehen eine noch junge Seele und noch vergleichsweise wenig vertraut mit dem Dasein als Erdenmensch. Völlig unerfahren ist sie jedoch nicht. Im Herbst 2017 sagt sie, sie könne sich heute an fünf menschliche Vorleben auf diesem Planeten erinnern, wovon zwei in bereits sehr frühen Zeiten stattfanden. Eine dieser beiden frühen Inkarnationen habe sie – übrigens gemeinsam mit ihrer heutigen Zwillingsschwester Elena – in Atlantis zugebracht.[*]

Aus der jüngeren Zeit sind ihr drei vorangegangene menschliche Inkarnationen bewusst, die allesamt eine gezielte Vorbereitung für ihre derzeitige Aufgabe als Christina darstellten. Die folgenden Ausführungen haben mich einmal mehr stark berührt und mir ebenso auch einmal mehr aufgezeigt, wie sehr doch alles zusammenhängt und wie letztlich alles unausweichlich einem großen göttlichen Plan folgt.

---

[*] Mehr zu diesem Thema in Kapitel 20: «Erinnerungen an Atlantis».

Parallelinkarnationen und Doppelinkarnationen

Von ihren drei vorbereitenden irdischen Inkarnationen, so führt Christina aus, haben zwei zeitlich parallel stattgefunden, und zwar zwischen Mitte des 19. bis zum ersten Drittel des 20. Jahrhunderts. Diese beiden parallelen Inkarnationen seien weiblich gewesen. Eine davon habe der Erforschung der Naturwissenschaften gedient, und die andere habe sich mit Philosophie beschäftigt sowie sich auch für gesellschaftspolitische und soziale Themen engagiert und einen Großteil ihres Lebens in Indien zugebracht. Im Dreidimensionalen seien sich diese beiden Frauen nie begegnet, doch beendeten beide ihren Aufenthalt fast zeitgleich in den 1930er-Jahren.

In einem unserer Gespräche aus dem Jahr 2016 erwähnt Christina, dass auch meine Seele gleichzeitig in jenem weiblichen Körper der Philosophin und Frauenrechtlerin inkarniert war.

«Was genau meinst du damit?», frage ich verblüfft.

«Es bedeutet, dass wir beide damals eine gemeinsame Inkarnation erlebt haben. Man könnte dies auch Doppelinkarnation nennen. Deine Seele und meine Seele waren in ein und demselben Körper inkarniert, und auf diese Weise haben wir gemeinsame Erfahrungen gesammelt und unsere Erlebnisse miteinander geteilt. Dies war eine Vorbereitung für unsere aktuellen Inkarnationen als Mutter und Tochter.»

Ich bin zunächst wieder einmal sprachlos. Schon wieder habe ich zwei für mich völlig neue Aspekte der Seelenwanderung dazugelernt: erstens, dass eine Seele sich zeitgleich in mehreren Körpern inkarnieren kann *(= Parallelinkarnationen)*, und zweitens, dass sich mehrere Seelen zeitgleich in demselben Körper inkarnieren können *(= Doppelinkarnation)*.

Bei Parallelinkarnationen besteht das Ziel gemäß Christina darin, dass die Seele binnen kürzester Zeit möglichst viel lernen kann. Die beiden Menschen seien sich meist sehr ähnlich, da es sich ja um dieselbe Seele handle, sozusagen um eine Art Kopie voneinander. Diese Ähnlichkeit beziehe sich allerdings nicht auf das äußere Aussehen, sondern auf die innere Persönlichkeitsstruktur sowie auf die ähnlichen Aufgaben, welche die beiden

Menschen gemeinsam haben. Dabei sei es nicht unbedingt erforderlich, dass sich Parallelinkarnationen im Dreidimensionalen tatsächlich begegnen, denn sie können sich auch so gegenseitig unterstützen und sind durch das Höhere Selbst ohnehin immer miteinander verbunden.

Ich freue mich insbesondere über den Gedanken, dass Christina und ich in unserer gemeinsamen Doppelinkarnation schon vor über hundert Jahren als Autorin tätig waren und anscheinend etliche Bücher verfasst haben. Christina weist jedoch auch darauf hin, dass wir damals gewisse Fehler begangen hätten. Diese sollten wir nun dieses Mal tunlichst vermeiden.

Schließlich führt sie weiter aus, dass ihre dritte und letzte vorangegangene Inkarnation männlich gewesen sei und in der Zeit des Zweiten Weltkrieges stattgefunden habe. Dort habe sie sich unter anderem im Untergrund in einer Widerstandsbewegung gegen die Obrigkeit engagiert. In allen drei Inkarnationen aus der jüngeren Zeit machte sich Christina mit wichtigen irdischen Gegebenheiten vertraut. So studierte sie einerseits als Naturwissenschaftlerin die dreidimensionalen Naturgesetze, und zum anderen verschaffte sie sich durch politischen Aktivismus einen persönlichen Einblick in die Mechanismen der auf diesem Planeten herrschenden politischen, sozialen und religiösen Strukturen. Möglicherweise seien es noch mehr Inkarnationen gewesen, ergänzt sie, aber diese seien ihr derzeit nicht bewusst.

Ihre letzte Inkarnation habe bis zum Ende der 1990er-Jahre gedauert, bevor sie dann im Jahre 2001 umgehend wieder als Christina von Dreien und als meine Tochter geboren wurde. Was meine Seele betrifft, so brauchte ich nach unserer Doppelinkarnation vor meiner aktuellen Inkarnation anscheinend eine kleine Pause von fast vierzig Jahren.

Ich empfinde es als sehr bewegend, wenn ich mir vergegenwärtige, dass Christina und ich bereits einen intensiven gemeinsamen Lernprozess hinter uns haben. Dabei steht es für mich außer Frage, dass ihre Seele deutlich reifer und erfahrener ist als meine. Dennoch sieht es ganz so aus, als sei unsere gemeinsame Aufgabe im gegenwärtigen Leben schon von langer Hand vorbereitet worden und als hätten wir in unserer gemeinsamen

Inkarnation sozusagen schon einmal unser Zusammenwirken eingeübt.

Wahrlich gibt es anscheinend für uns alle einen großen, sich durchaus über mehrere Menschenleben hinweg erstreckenden göttlichen Plan. Anscheinend haben wir alle das Privileg und die Chance, in jeder unserer irdischen Inkarnationen nächste Schritte zu gehen, Neues dazuzulernen und bestimmte Aufgaben zu erfüllen. Kein Mensch wird als unbeschriebenes Blatt geboren, sondern jeder hat seine ganz persönliche Geschichte hinter sich und seine ganz persönliche Bestimmung vor sich. Wie wünschenswert es doch wäre, wenn die heutigen Eltern und Lehrpersonen insbesondere die Kinder unserer Zeit dazu ermutigen und aktiv dabei unterstützen würden, diese größeren Zusammenhänge zu erkennen!

Ich kann mir mittlerweile gut vorstellen, dass auch ich erst allmählich zu meiner eigentlichen Berufung in diesem gegenwärtigen Leben finden werde und dass für mich wohl noch einige Aufträge anstehen, von denen ich derzeit keine Ahnung habe. Natürlich frage ich mich auch, inwiefern ich später ein Teil von Christinas Mission sein werde, und ich freue mich darauf, dass die Zeit es mir offenbaren wird. Denn eines weiß ich inzwischen sicher: Die wichtigsten Stationen meines Lebensweges sind in meinem Seelenplan bereits festgeschrieben, und die Helfer in meinem geistigen Team werden zur rechten Zeit die erforderlichen Einfädelungen vornehmen, so dass ich Möglichkeiten bekomme, meine nächsten Schritte zu gehen. Dass diese Unterstützung bestens klappt, wird sich in Zukunft immer wieder bewahrheiten – bei der Veröffentlichung unseres Buches, bei den Wegkreuzungen mit Menschen, denen wir sonst wohl niemals begegnet wären, aber auch beim Loslassen von Menschen, wenn das gemeinsame Wegstück zu seinem Ende gekommen ist. Nicht zuletzt auch bei meinen eigenen inneren Lernprozessen und Erkenntnissen spüre ich immer klarer die liebevolle Führung und Begleitung aus der geistigen Welt. Immer mehr lerne ich, das Leben in Vertrauen und in Leichtigkeit auf mich wirken zu lassen, ohne ständig alles selbst durchplanen und durchorganisieren zu müssen.

Diese neue Lebenseinstellung fühlt sich ausgesprochen gut an. Ich vertraue darauf, dass sich alles ergeben und dass alles gut werden wird, und zwar viel konstruktiver und wirksamer, als ich es mit bloßem Verstand je bewerkstelligen könnte. Zum ersten Mal in meinem Leben verstehe ich nun ganz bewusst, was es heißt: im Fluss des Lebens zu sein.

Seelenverwandtschaft, Zwillingsseelen und Dualseelen

Ein ähnliches Thema greifen wir bei anderer Gelegenheit noch einmal auf. Ich frage Christina, ob eine frühere gemeinsame Doppelinkarnation der Grund dafür sei, dass wir uns manchmal einem anderen Menschen besonders verbunden und nahe fühlen, so, als seien wir mit ihm seelenverwandt.

Christina erklärt, dass das Gefühl der Seelenverwandtschaft verschiedene Ursachen haben könne. Eine frühere gemeinsame Inkarnation sei durchaus eine Möglichkeit, wobei es nicht immer so sein müsse, dass man diese Inkarnation in ein und demselben Körper absolviert habe. Es könnten auch Familienmitglieder, Lebenspartner oder enge Bekannte aus früheren Inkarnationen sein, denen man sich jetzt verwandt fühle. Nicht immer jedoch seien solche Gefühle der Seelenverwandtschaft nur positiv, denn es könne auch sein, dass man Seelen wiedertreffe, mit denen man im gegenwärtigen Leben noch irgendein belastendes Karma aufzulösen habe.

Darüber hinaus gebe es auch sogenannte *Zwillingsseelen,* und zwischen ihnen sei es zu erwarten und völlig normal, dass man sich seelenverwandt fühle. Bei solchen Zwillingsseelen, auch *Geschwisterseelen* genannt, verhalte es sich so, dass sie ursprünglich gleichzeitig die Urquelle verlassen und gleichzeitig ihre Reise durch die Weiten der Schöpfung angetreten haben. Diese beiden Seelen verbindet also ein gemeinsamer Ursprung, wenngleich sie danach durchaus auch unterschiedliche Wege beschreiten und unterschiedliche Erfahrungen sammeln können. So habe Christina zum Beispiel schon festgestellt, dass eine Katze die

Zwillingsseele einer Frau war. Christina verfügt, wie sie sagt, im Moment nicht über weitere Kenntnisse zum Thema Zwillingsseelen. Meist erhält sie erst dann detaillierte Informationen, wenn sie in eine Situation kommt, in der es wirklich wichtig ist. Schließlich gebe es auch noch sogenannte *Dualseelen*. Hierzu erklärt sie: «Die eigentliche Seele, die man auch als das ‹Höhere Selbst› bezeichnen könnte, inkarniert nie als Ganzes in einen dreidimensionalen Körper, sondern es ist immer nur ein Teil der Seele, die dann beispielsweise in einen menschlichen Körper eingeht. Aus diesem Höheren Selbst können sich theoretisch auch mehrere Teile gleichzeitig in verschiedene Körper inkarnieren.

Dualseelen sind Seelen, die sich zum ersten Mal von ihrem Höheren Selbst abspalten und dann zur gleichen Zeit, aber nicht in denselben Körper inkarnieren. Beide Hälften verfügen jeweils nur über einen Teil der gesamten Begabungen dieser Seele, und so ist es im Seelenplan beider Personen festgelegt, dass sie sich irgendwann im Laufe des Lebens treffen werden, und zwar meist dann, wenn beide gerade frei von Partnerschaften sind. Innerhalb der eigenen Familie kommt diese Konstellation eher nicht vor. Das heißt, Mama, du und ich sind keine Dualseelen.»

Sie führt weiter aus, dass dann, wenn die beiden Dualseelen-Menschen sich während ihrer Inkarnation begegnen, sie oft sofort das tiefe Gefühl haben, den anderen schon seit jeher zu kennen. Ihre innere Verbindung könne derart stark sein, dass sogar telepathische Gedankenübertragungen stattfänden. Manchmal sei dieses Gefühl der tiefen Verbundenheit sowie eine geradezu magnetische Anziehungskraft bereits ab der ersten Begegnung vorhanden und der Wunsch nach Vereinigung sehr stark. Manchmal sei das Zusammentreffen aber auch mit großen Herausforderungen verbunden, denn den beiden Dualseelen werde sozusagen ein Spiegel vorgehalten: Sie erkennen im Gegenüber das, was ihnen fehlt, und so sind sie aufgefordert, von ihrer Dualseele zu lernen. Das gegenseitige Lernen und Sich-Ergänzen sei das Ziel dieses Lernprozesses, der oft auch mit gewissen Lebensveränderungen einhergehe und ein ziemliches Maß an bedingungsloser Liebe erfordere. Werden die Lernprozesse von beiden Seiten angenommen und somit der vereinbarte Seelenplan erfüllt, dann könne eine äußerst erfüllende Partnerschaft entstehen, doch bis dahin könne es auch ein langer und steiniger Weg sein. Christina sagt, dass gerade in dieser bedeutenden Zeit der Transformation zahlreiche Dualseelen hier seien, um gemeinsam eine lichtvolle Mission im Dienste des großen Ganzen zu erfüllen.

6

Hellwissen
(Akasha-Chronik)

Anfang Juni 2015. Christina erzählt mir von einer Begebenheit aus ihrem Schulalltag: «Heute zeigte uns der Lehrer ein Blatt mit Zeichen der Azteken und fragte uns, ob jemand von uns darüber etwas wisse und dazu etwas sagen könne. Zunächst hat sich niemand gemeldet, aber dann, Mama, dann habe ich meine Hand erhoben, um mich zu Wort zu melden, was wirklich sehr unüblich für mich ist. Aber ich wusste, was das erste Zeichen zu bedeuten hat. So habe ich dem Lehrer die Hieroglyphe erklärt. Daraufhin bat er mich, auch die anderen Zeichen zu deuten, was ich dann auch präzise tun konnte. Mama, es war, als wäre es meine Muttersprache!»

Anschließend habe die ganze Klasse sie mit offenem Mund wie ein Gespenst angestarrt. Auch der Lehrer sei völlig sprachlos gewesen, was ihr in diesem Moment sehr recht gewesen sei. «So blieb glücklicherweise die Frage aus, woher ich diese Kenntnisse habe», erklärt Christina. «Was hätte ich dem Lehrer denn antworten können? Niemand hätte verstanden, dass eine vierzehnjährige Schülerin Zugriff auf universelles Wissen hat. Das hätte mir niemand abgenommen.»

Einmal mehr bin ich verblüfft. «Wie funktioniert das denn? Wie kannst du auf universelles Wissen zugreifen?», erkundige ich mich.

Christina führt voller Begeisterung aus: «Es gibt da so eine feinstoffliche Ebene, auf der sämtliche Informationen abgespeichert sind. Stell dir das mal vor, Mama: Jeder Gedanke, der je von jemandem gedacht worden ist; jedes Gefühl, das je von jemandem empfunden worden ist; jedes Wort, das je in irgendeiner

Sprache gesprochen worden ist; und jede Tat, die je vollbracht worden ist, also sämtliche Geschichtsereignisse aus sämtlichen Dimensionen des Universums – das alles ist in energetischer Form in einer gigantischen Wissensbibliothek gespeichert.»

Das Thema interessiert mich. Durch spätere Recherche finde ich heraus, dass diese universelle Wissensbibliothek in der modernen Fachliteratur zumeist als «Akasha-Chronik» bezeichnet wird – ein Begriff, der in der deutschen Sprache wohl auf Rudolf Steiner zurückgeht und erst seit Beginn des 20. Jahrhunderts verwendet wird. Nach seiner Auffassung sind Menschen, die über besondere übersinnliche Fähigkeiten verfügen, imstande, in dieser Bibliothek zu lesen und auf diese Weise an sonst unzugängliche Informationen zu gelangen. Ebenfalls gebräuchlich ist in der neueren spirituellen Szene der Begriff «Hellwissen», der eine ähnliche Bedeutung hat. Aber schon die Philosophen der Antike sowie auch mittelalterliche Forscher hatten offenbar entsprechende Kenntnisse und nannten diese kosmische Bibliothek beispielsweise «Weltgedächtnis». Natürlich ist, wie alles Höherdimensionale, auch dieses Thema unter den zeitgenössischen Gelehrten und Wissenschaftlern umstritten. Was mich betrifft, so habe ich allerdings keine Veranlassung, an Christinas Worten zu zweifeln.

Zurück zu unserem Gespräch. «Wie genau machst du es, dass du an das Wissen in dieser Bibliothek herankommst?», frage ich weiter.

Christina antwortet, dass sie dafür einzig ihre Gedankenkraft brauche. In den meisten Fällen müsse sie aber dort schon bewusst und gezielt nach den Informationen suchen, die sie haben wolle. Wenn sie ohne zu suchen spontan über etwas Bescheid wisse, dann handle es sich wohl eher um ihr eigenes intuitives Wissen, also um einen inneren Abgleich mit ihrer Seelenerfahrung, die sie in früheren Leben, genauer gesagt, an früheren Aufenthaltsorten irgendwo im Universum gesammelt habe. Außerdem stünden ja auch jederzeit ihre Begleitwesen hinter ihr, die über sehr viel Wissen verfügen und die sie ständig beraten. Dieses Beratenwerden von Mitgliedern des geistigen Teams nenne man dann nicht Intuition, sondern Inspiration.

«Berät auch Elena dich?», will ich wissen.

«Manchmal, ja. Elena verhält sich aber nach wie vor noch immer ziemlich ruhig», gibt Christina zur Antwort, und ich frage mich, wann Elena uns wohl ihre Rolle deutlicher offenbaren wird. Meistens aber, so fährt Christina fort, verbinde sie sich direkt mit der höchsten Quelle, dem Schöpfer, wenn sie wichtige Informationen brauche.

«Könntest du die Wissensbibliothek auch anzapfen, um Dinge für die Schule in Erfahrung zu bringen? Könntest du zum Beispiel einfach irgendwo die Schublade ‹Französisch› öffnen und dann plötzlich diese Sprache perfekt beherrschen?»

«Das würde ich niemals tun, Mama, bloß um mir in der Schule einen Vorteil zu verschaffen. Das wäre doch sehr unfair.»

«Heißt das, dass du diese Informationsquellen auch bewusst ausschalten kannst?»

«Ja, genau. Wenn sie ausgeschaltet sind, dann würde ich nur bei akuter Gefahr informiert werden.»

Jetzt wird mir so einiges klar. Darum verfügt Christina manchmal über ein erstaunlich umfangreiches und detailliertes Wissen über allerlei Themen, auch ohne irgendwelche Bücher darüber gelesen oder Studiengänge dazu absolviert zu haben. Und wenn sie dennoch gelegentlich ein Fachbuch liest oder in der Schule Lehrbücher lesen muss, dann hat sie auf Wunsch die Möglichkeit, das darin enthaltene Wissen mit der kosmischen Bibliothek abzugleichen. Dies ist der Grund dafür, dass sie beispielsweise hinsichtlich historischer Ereignisse manchmal anmerkt, dass es sich in Wirklichkeit anders zugetragen habe als in den Geschichtsbüchern beschrieben. Und aus diesem Grund weiß sie auch über Geschehnisse Bescheid, die sich vor Millionen vor Jahren oder in ganz anderen Sphären des Universums zugetragen haben.

Dies gilt jedoch nicht nur für historische Zusammenhänge. In unseren Gesprächen erlebe ich oft, dass sie auch bei wissenschaftlichen Themen mit einer bemerkenswerten Sicherheit und Leichtfüßigkeit von einer Ebene zur anderen wechseln kann und dabei mal einen dreidimensionalen, für gewöhnliche Menschen nachvollziehbaren Blickwinkel einnimmt und dann wieder einen höherdimensionalen, der für unsereins nur schwer verständlich ist. Für sie ist einfach alles Wissen vorhanden und griffbereit, wenngleich sie oft auch bedauert, dass sie vieles mit menschlichen Worten gar nicht angemessen auszudrücken vermag. Was sie dabei noch nicht immer ausreichend beachtet, ist der Aspekt, wie viel bzw. wie wenig ihrem Zuhörer eigentlich bewusst ist. So referiert sie manchmal munter weiter, wenn ihr Gegenüber schon längst den Anschluss verloren hat. Sie sagt, sie müsse in dieser Hinsicht tatsächlich noch etwas mehr Erfahrung sammeln.

Für Christina ist es eben ein zentrales Anliegen, dass die Menschen nun endlich aus ihrem geistigen Schlummer erwachen und die größeren Zusammenhänge und die höheren Wahrheiten wieder erkennen. Es ist ihr ein Anliegen, dass die Menschen nicht noch länger in engen Denkmustern und destruktiven Machtsystemen gefangen bleiben, sondern beginnen, wieder selbständig zu denken und selbstverantwortlich zu handeln. Daher kann sie sich manchmal kaum bremsen, wenn sie erst einmal mit dem Erklären eines Themas begonnen hat. Wenn man, wie es offensichtlich bei ihr der Fall ist, bei seinen Ausführungen aus einem unermesslich großen kosmischen Wissensspeicher zu schöpfen vermag, so verwundert es nicht, dass man kaum je an ein Ende gelangen kann.

Dies alles ist sowohl neu als auch völlig nachvollziehbar für mich. Bis heute wusste ich zwar nicht einmal von der Existenz dieser Akasha-Chronik, geschweige denn, dass meine vierzehnjährige Tochter nach Wunsch jederzeit Zugriff darauf hat. Aber irgendwie ergibt auch das einen klaren Sinn. Warum sollte der Schöpfer des Universums nicht dafür sorgen, dass innerhalb seiner Schöpfung nichts verloren geht und dass die Lebewesen Zugriff auf das gesammelte Wissen des Kosmos haben?

Wie der Zugriff auf die Akasha-Chronik geregelt ist, erklärt Christina einige Monate später wie folgt: «Es gibt für jede Dimension eine eigene Version der Weltenbibliothek, also auch eine irdische Fassung, in der das gesammelte Wissen dieses Planeten gespeichert ist. Und es gibt darüber hinaus auch eine kosmische Fassung, die das gesamte Wissen des Universums enthält. Zur

Sicherheit und zum Schutz der Schöpfung gibt es auch eigens Wächter der verschiedenen Weltenbibliotheken. Diese Wächter sind dafür zuständig zu überwachen, welcher Zugriff einem Wesen auf die jeweilige Bibliothek gewährt wird. Der Umfang des Zugriffs hängt dabei von der spirituellen Reife einer Seele ab, ähnlich wie bei großen Computernetzwerken gewisse Bereiche mit entsprechenden Zugriffscodes geschützt sind, welche nur diejenigen kennen, die für diese Bereiche zutrittsberechtigt sind. Einen uneingeschränkten Zugriff auf den gesamten universellen Datenbestand haben nur Urseelen und natürlich der Schöpfer selbst.»

Woher man Wissen beziehen kann

In den Winterseminaren 2017/18 geht Christina unter anderem auch auf das Thema ein, wie wenig zuverlässig die meisten Informationen sind, die wir heutzutage durch die Massenmedien vorgesetzt bekommen. Sie empfiehlt, dass man auch andere Quellen nutzt, um zu Wissen zu kommen. Welche Wissensquellen uns dafür grundsätzlich zur Verfügung stehen, erklärt sie anhand folgender Liste:

- eigene Erfahrungen und gelerntes Wissen aus dem gegenwärtigen Leben
- Erfahrungen und Wissen aus früheren Leben («Seelenerfahrung»)
- das eigene geistige Beraterteam
- das kollektive Feld der Menschheit
- geistige Kanäle wie z.B. Psychometrie, um die Vergangenheit zu sehen
- die Weltenbibliotheken (Akasha-Chroniken)
- direkt beim Schöpfer, der Urquelle allen Wissens

7

Raum-Zeit-Strukturen

Mitte Juni 2015. Heute ist Mittwoch, und wie meistens an Christinas freiem Mittwochnachmittag, entsteht nach dem Mittagessen ein ausführliches Gespräch. Christina beschäftigt sich im Moment gerade mit den Themen Raum und Zeit und den entsprechenden Phänomenen.

Dass die Raum-Zeit-Struktur, so wie wir sie aus unserer dritten Dimension kennen, nur bei uns in dieser Form existiert und dass in anderen Dimensionen eine andere Form der Zeit herrscht, ist für mich noch nachvollziehbar. Aber bei weiterführenden Themen wie etwa parallele Zeitlinien, Zeitverformungen, Zeitrisse, Zeitreisen und dergleichen kommt mein rationaler Verstand nicht mehr mit. Diese ganze Raum-Zeit-Thematik ist für mich sehr abstrakt und schwer zugänglich. Es ist mir kaum möglich, Christina dazu konkrete Fragen zu stellen.

Wenn sich Christina intensiv mit einem bestimmten Thema befasst, dann notiert sie ihre neuen Erkenntnisse oft kurz in ihren Laptop. So ist es auch heute mit diesem Thema, und sie zeigt mir ihre stichwortartigen Notizen. Da steht: «Aus höherer Sicht existiert unsere Form der Zeit gar nicht. Raum und Zeit sind miteinander verbunden. Raum ist gewissermaßen nichts anderes als erstarrtes Licht. Eine Zeitverformung kann in verschiedenen Gebieten auftreten, in erster Linie wegen des Gravitationsflusses, der in einem bestimmten Gebiet in einem gewissen Rhythmus auftritt. Diese Gravitationsveränderung wirkt dann auf das Raum-Zeit-Kontinuum, und so entsteht ein dimensionales Öffnungsfeld. Das kann man zum Beispiel beim Nordpol und beim Südpol beobachten. Es gibt auch Frequenzmechanismen, die die Überlagerungen von parallelen Dimensionen verbinden. Auf der ganzen Welt gibt es Koordinationspunkte, die das Schreiben von Zeitcodes enthalten. Einen solchen Ort nennt man Zeittor-Vektorpunkt. Diese Punkte sind eigentliche Anker. Sie binden jede Realität an die stoffliche Welt.»

Ehrlich gesagt, verstehe ich bisher kein Wort von dem, was Christina aufgeschrieben hat.

Dennoch lese ich weiter: «An den Zeittor-Vektorpunkten ist es leichter, in eine andere Zeitebene zu wechseln, da die Ebenen dort in der stofflichen Welt verankert sind. Reist man durch einen solchen Zeittor-Vektorpunkt, bedeutet das nicht, dass man sich sofort irgendwo in der Vergangenheit oder in der Zukunft manifestiert, sondern es heißt, dass das ‹Fenster› zu einer gewissen Zeitfrequenz jetzt offener ist. Es können aber auch tatsächliche Manifestationen in anderen Zeiten vorkommen. Solche Methoden nutzen höherdimensionale Zivilisationen, die das Zeitreisen vollständig verstanden haben. Zeitreisende gab es schon immer, sowohl in der Vergangenheit als auch in der Zukunft, und natürlich gibt es sie auch in der Gegenwart. Die Zeittor-Vektorpunkte sind jedoch nicht die einzige Möglichkeit, wie eine Zeitreise geschehen kann. Eine andere Möglichkeit bietet zum Beispiel die Kristallenergie der Phi-Resonanz. Diese offenbart sich in tiefen Meditationszuständen und auf stark erweiterten Bewusstseinsebenen.»

Zudem erwähnt Christina, dass aufgrund der gegenwärtigen Erhöhung der Erdfrequenz sich auch die irdische Zeitstruktur verändere. Ihre Erklärung lautet folgendermaßen: «Die verschiedenen parallelen Zeitlinien der Erde ziehen sich für mich sichtbar zusammen, während gleichzeitig die Raumzeit und der Herzrhythmus der Erde synchroner werden. Die irdische Frequenz beschleunigt sich drastisch. Die Zeit wird verschwinden, und dort, wo sie einmal war, hinterlässt sie eine kreisförmige Falte, die nur leeren Raum enthält. So kann eine unbegrenzte multidimensionale Existenz entstehen. Die Erde steuert also, um es kurz zusammenzufassen, auf eine weniger hohe Dichte zu, nämlich auf die fünfte Dimension. Dort wird es keine Raum-Zeit-Struktur mehr geben.»

Christinas Ausführungen lasse ich einfach erst einmal so stehen. Die ganze Raum-Zeit-Thematik ist für meinen derzeitigen rationalen Horizont schlichtweg nicht fassbar. Allerdings zweifle ich keinen Moment daran, dass dies alles für Christina durchaus schlüssig und sinnhaft ist.

Lichtstädte

In unserem Gespräch erzählt mir Christina auch von der Existenz der sogenannten Lichtstädte. Lichtstädte sind feinstoffliche, fünfdimensionale Städte auf der Erde, die teilweise schon mehrere Millionen Einwohner zählen. Diese Städte seien von aufgestiegenen Meistern und anderen hohen Lichtwesen errichtet worden, deren Aufgabe es ist, die Erde zu beschützen und in ihrem Transformationsprozess zu unterstützen. Eine dieser Lichtstädte befinde sich auch bei uns in der Schweiz, und zwar im Gebiet des Monte Rosa.

Christina erläutert: «Diese Lichtstädte sind wie parallele Programme im höherdimensionalen irdischen Raum. Man kann durch gewisse Portale in diese Städte gelangen und sich dort aufhalten. Die Lichtstädte sind die eigentlichen Hauptkoordinatenpunkte der Erde.»

Eigentlich ist es logisch, denke ich. Wenn es derart viele Wesen in parallelen Dimensionen gibt, dann muss es ja auch Städte geben, in denen diese Wesen wohnen.

8

Individuelle und kollektive
Frequenzerhöhung

Immer noch Mitte Juni 2015. Zuvor hatte Christina über die
Erdfrequenz gesprochen. Anscheinend lässt sich nicht nur die
Schwingung eines Menschen wissenschaftlich messen, sondern
auch diejenige des gesamten Planeten.

Bleiben wir aber vorerst beim Menschen. In der neuropsy-
chologischen Forschung unterscheidet man die verschiedenen
Bewusstseinszustände eines Menschen, die man beispielsweise
mittels Elektroenzephalografie (EEG) messen kann, in folgende
fünf Kategorien: Delta-Zustand, Theta-Zustand, Alpha-Zustand,
Beta-Zustand und Gamma-Zustand. Jedem dieser Zustände wird
eine bestimmte Frequenz in der Maßeinheit Hertz zugeordnet.
Der tiefste Bewusstseinszustand ist hierbei der Delta-Zustand,
die traumlose Tiefschlafphase, mit einer niedrigen Frequenz
von 0,1 bis knapp unter 4 Hertz. Und als der derzeit höchste
messbare Bewusstseinszustand gilt der Gamma-Zustand mit
einer Frequenz von über 30 Hertz; es wurden auch schon bis
100 Hertz gemessen. Allerdings ist dieser Gamma-Zustand noch
weitgehend unerforscht. Er tritt beispielsweise beim konzentrierten Lernen und allgemein bei hoher Konzentration auf, ebenfalls
beim Meditieren. Bei Mönchen mit langjähriger Meditations-
praxis wurden Spitzenwerte mit bis zu 30-fach erhöhten Ampli-
tuden gemessen.

Gemäß Christina halten sich Menschen mit einem stark erweiterten Bewusstsein permanent im Bereich dieses Gamma-
Zustandes auf. Ich frage sie, ob es ihrer Ansicht nach noch mehr
Bewusstseinszustände gibt als die Neuropsychologie kennt, und
sie antwortet mit einem leichten Schmunzeln: «Nun ja, es kann

sein, dass die Forschung diesbezüglich tatsächlich mal auf dem neuesten Stand ist.»

Ich male mir aus, wie anders die Welt aussehen wird, wenn die kollektive Bewusstseinsfrequenz sich weiterhin konstant erhöht und irgendwann bei einer Mehrheit der Menschen bei über 30 Hertz liegt. Wie sehr wird sich unser Zusammenleben von Grund auf wandeln, wenn die Menschen mindestens das friedfertige und konstruktive Bewusstsein von meditierenden Mönchen haben, und zwar nicht nur beim Meditieren, sondern rund um die Uhr in ihrem Alltag! Welch eine verheißungsvolle Zukunftsaussicht dies doch ist!

In diesen Tagen lernen wir wiederum neue Kinder mit ähnlichen angeborenen Begabungen kennen. Christina ist dabei, sich immer mehr mit Ähnlichgesinnten zu vernetzen, und so sind unsere Tage nebst der alltäglichen Familienroutine randvoll mit Gesprächen und Begegnungen und für mich zusätzlich noch damit, am Abend jeweils alles Wichtige zu protokollieren. Daher habe ich für mein Empfinden zu wenig Zeit, um über einzelne Themen weiter zu recherchieren und sie für mich selbst zu vertiefen. Was Christina betrifft, so wirkt sie keineswegs überfordert mit all dem Neuen, das beständig geschieht. Im Gegenteil hat es für mich den Anschein, als hätte sie lange darauf gewartet, dass nun endlich etwas läuft in ihrem Leben, und als stünde ihr dafür unbegrenzt viel Energie zur Verfügung.

Dennoch nehme ich mir die Zeit, um mich ein wenig über die aktuellen Wissensstände in der Neuropsychologie, in der Transpersonalen Psychologie und in der Hirnforschung zu informieren. Auffallend ist, dass in all diesen Wissensgebieten viele der Phänomene, die Christina offenbart, mittlerweile bekannt sind und erforscht werden. Es gibt offiziell anerkannt eine wachsende Anzahl von Kindern mit paranormalen Begabungen, und diese Kinder sind der lebendige Beweis dafür, dass sich in den kommenden Jahren enorm viel bewegen und verändern wird. Man geht beispielsweise davon aus, dass bereits in 20 Jahren rund 50% der heutigen Berufe verschwunden sein werden und dass sich aufgrund der weltweit veränderten gesellschaftlichen Umstände völlig neue Formen des Zusammenlebens ergeben werden. Christina ergänzt, dass diese veränderten gesellschaftlichen Umstände nicht bloß die Folge von Digitalisierung und technologischer Entwicklung sein werden, sondern dass der Wandel in erster Linie auf das erweiterte Bewusstsein und die multidimensionalen Begabungen der Kinder der neuen Zeit zurückzuführen sein werde.

Eine unaufdringliche Einladung

Ich denke darüber nach, wie wir Menschen eigentlich funktionieren. Die meisten heutigen Menschen leben nach Einstellungen wie etwa: «Ich glaube nur, was ich sehe.» Oder: «Ich halte nur das für wahr, was ich mir vorstellen kann.» Oder: «Ich halte nur das für wahr, was naturwissenschaftlich bewiesen und gesellschaftlich anerkannt ist.» Demzufolge ist für uns oft einzig nur das Realität, was wir bereits kennen, was wir schon einmal gehört, gelesen oder selbst erlebt haben und was überdies in einem Bereich unserer Erinnerung abgespeichert ist, auf den wir bewusst Zugriff haben. Wenn wir mit neuen, uns bislang unbekannten Informationen konfrontiert werden, die nicht in unser bisheriges Weltbild und nicht in unseren Erfahrungshorizont passen, dann neigen wir dazu, diese Informationen zunächst einmal abzulehnen. «So ein Unsinn! Das habe ich ja noch nie gehört!», entfährt es uns dann unreflektiert – als ob der Wahrheitsgehalt einer Sache davon abhängig wäre, dass ich schon einmal von ihr gehört habe.

Wenn wir aber immer nur das für wahr halten, was wir bereits kennen, wie soll da eine Entwicklung möglich sein? Wenn wir immer nur an unserer eigenen bisherigen Perspektive festhalten und alles, was nicht in unser aktuelles Weltbild passt, von vornherein als Unsinn ablehnen, wie sollen wir da jemals unseren Horizont erweitern? Mit dieser Einstellung werden wir weiterhin im engen Korsett unseres dreidimensionalen Verstandes eingeschnürt bleiben und demzufolge erst einmal nicht am globalen Transformationsprozess und an der kollektiven Frequenzerhöhung teilhaben. Wenn wir alle Angebote, die uns die Kinder

der neuen Zeit als neue Perspektive und als neuen Erfahrungs-horizont unterbreiten, als Illusion ausschlagen, dann werden wir selbst weiterhin in unserer eigenen kleinen Illusion und unseren angestammten Mustern und Prägungen verharren.

Es steht jedem Menschen frei, sich für ein solches Verharren im dreidimensionalen Denken und Handeln zu entscheiden. Niemand wird gezwungen, sein Bewusstsein zu erweitern und seine individuelle Frequenz zu erhöhen. Der Schöpfer, Mutter Erde, die unterstützenden höherdimensionalen Lichtwesen und die bereits inkarnierten Menschen der neuen Zeit laden uns un-aufdringlich ein, am Transformationsprozess teilzuhaben und den Quantensprung der Menschheit mitzumachen. Doch ent-scheiden wird jede einzelne Seele auf der Grundlage des gött-lichen Geschenkes ihres freien Willens selbst.

Es ist nicht verboten, an seinen lieb gewordenen Mustern und Prägungen festzuhalten und weiterhin nach der bisherigen, vor-programmierten Software des Egos zu leben. Es ist nicht verbo-ten, an seinen Ängsten und Zweifeln festzuhalten und auf diese Weise negative Schwingungen im Inneren und Äußeren weiter-hin zu nähren. Es ist nur unsagbar schade, diese im wahrsten Sin-ne des Wortes einmalige Chance, die sich den Erdenmenschen derzeit bietet, zu verpassen.

Christina sagt diesbezüglich, dass die Einladung zur Frequenz-erhöhung in gleichem Maße an alle Menschen ergeht, nicht nur an irgendwelche privilegierten Gruppen. Ob man arm ist oder reich, ob man eine hohe soziale Position bekleidet oder im Ge-fängnis sitzt, ob man in einer digitalisierten Konsummetropole lebt oder irgendwo im australischen Busch – jeder Mensch be-kommt dieselbe Chance. Dies gilt sogar für die Wesen des Un-lichts und für die destruktiven Drahtzieher im Hintergrund des Weltgeschehens, denn auch sie sind liebevoll eingeladen, ihr Bewusstsein zu transformieren und auf die Seite des Lichts zu wechseln.

Niemand wird ausgelassen. Unsere feinstofflichen Begleit-wesen verfügen über ausreichend Möglichkeiten, das Ange-bot zur Transformation und zur Befreiung zu jedem einzelnen Menschen zu tragen. Um es zu vernehmen und anzunehmen,

braucht es keine materiellen Hilfsmittel, weder eine bestimmte Position noch Macht, weder Einfluss noch Geld. Das einzige,
was man dafür braucht, ist etwas Achtsamkeit sowie die innere
Bereitschaft, sich vom Göttlichen beschenken und erheben zu
lassen.

Die persönliche Transformation und die letztendliche Rückbindung an die Transzendenz sind also für jeden Menschen ein
individueller Prozess, den er in eigener Entscheidung annehmen
und dann in seinem eigenen Tempo voranbringen kann. Durch
die Erhöhung der planetaren Schwingungsfrequenz und durch
die Anwesenheit von zahlreichen hochschwingenden Lichtwesen ist die Unterstützung von außen derzeit maximal. Den
Rest dürfen wir uns selbst erarbeiten.

9

Die stille Revolution der
bedingungslosen Liebe

Eine der vielleicht dringlichsten Fragen der Gegenwart lautet:
Wie kann ich als einzelner Mensch in dieser turbulenten Zeit
des globalen Umbruchs und der Neuorientierung der Menschheit einen praktischen und wirkungsvollen Beitrag zur individuellen und kollektiven Frequenzerhöhung leisten? Oder anders:
Was kann ich persönlich ganz konkret tun, um meine innere
Schwingung zu erhöhen, meine Muster zu transformieren und
mein Bewusstsein zu erweitern?

Dies ist im Grunde die entscheidendste Frage der beginnen-
den neuen Zeit, um die sich alles dreht und von deren Beant-
wortung alles abhängt. Denn unter dem Strich geht es immer
nur um Frequenzen und um Frequenzerhöhung. Wenn dies geschieht, werden sich alle Probleme der Menschheit mit Leichtigkeit lösen lassen, denn alle Probleme der Menschheit sind bei
genauerer Betrachtung nichts anderes als eine Folge einer zu tiefen kollektiven Bewusstseinsfrequenz.

Christina betont: «Eigentlich geht es im gesamten Universum
immer nur um Frequenzen. Für jedes sogenannte ‹Problem›
gibt es eine Lösung, und die Lösung heißt immer: Frequenzerhöhung. Denn die Lösung eines Problems ist niemals auf derselben Frequenzebene zu finden, auf der das Problem entstand.
Die Menschen denken oft, das sei zu einfach. Aber so ist es. Es
ist tatsächlich so einfach: Es geht immer und überall nur um
Frequenzen, und alle Probleme lassen sich durch eine höhere
Frequenz lösen. Die Menschen denken, wenn etwas wahr ist,
dann muss es kompliziert, langwierig und teuer sein. Aber das
stimmt nicht. Das Wahre ist immer einfach.»

Weil die Lösung für sämtliche individuellen und kollektiven Probleme jedes einzelnen Menschen also darin besteht, dass er seine persönliche Bewusstseinsfrequenz erhöht, erstellen Christina, Ronald und ich für unsere gemeinsamen Seminare vom Herbst 2017 ein Blatt mit der Überschrift «Beiträge zur Erhöhung der individuellen und der globalen Schwingung». Seit unser erstes Buch erschienen ist, treten immer wieder Menschen mit exakt diesem Anliegen an uns heran, und auch in den Seminaren konzentriert sich das Gespräch jedes Mal um diese kardinale Frage: Wie kann ich meine Frequenz erhöhen? Denn wenn man erkannt hat, wie fantastisch das Angebot ist, das in dieser Zeit des Wandels uns allen unterbreitet wird, wenn man erkannt hat, dass man jetzt die einmalige Chance bekommt, das eigene Potenzial in ungeahntem Ausmaß zu entfalten und kollektiv an einem historischen Evolutionssprung der Menschheit teilzuhaben, dann will man natürlich wissen, wie genau man an dieser großen Vision des Guten praktisch mitwirken kann.

Christina betont bei dieser Frage immer wieder die Wichtigkeit, den Blick möglichst auf das große Ganze zu richten. Sie sagt, dass die heutige Menschheit im Grunde nur einen einzigen, übergeordneten Auftrag habe, nämlich das Entfalten von bedingungsloser Liebe. Dies schrieb sie auch in ihrem Schlusswort zu Band 1: «Das kommende Erwachen der Menschheit geschieht in Etappen, und die nächste Stufe ist die Revolution der Liebe. Liebe ist die Kraft in allen schönen, kreativen und fröhlichen Dingen, aus der die Welt besteht.»

Bedingungslose Liebe ist die ultimative Form der Frequenzerhöhung, und für Christina stellt das Entfalten von bedingungsloser Liebe die stille Revolution unserer Zeit dar. Aus dieser Sicht betrachtet erfüllen sogar die destruktiven, ungöttlichen Dunkelmächte ungewollt einen wertvollen Dienst für die Seite des Göttlichen. Obwohl dies nicht in ihrer Absicht liegt, geben sie den Erdenmenschen durch ihre unlichten Machenschaften die seltene Gelegenheit, eine hohe Form von Liebe zu manifestieren. Denn es ist vergleichsweise einfach, das Gute, Göttliche und Lichtvolle zu lieben. Doch auch jenen Seelen, die Böses tun, nicht mit Feindseligkeit oder Verurteilung zu begegnen, sondern ihnen liebevoll die Hand zur Versöhnung zu reichen, ,dies ist äußerst schwierig und erfordert ein außergewöhnlich hohes Maß an Bedingungslosigkeit.

Überdies erwähnt Christina auch, dass es in den dunklen Bereichen mittlerweile zahlreiche Seelen gibt, die ebenfalls tief in ihrem Inneren den Wunsch nach Transformation tragen, deren Bewusstsein aber gefangen ist und von allein keinen Ausweg findet. Sie sind sozusagen eingesperrt in einer dunklen Höhle des Unlichts und außerstande, das Licht zu erkennen. Wenn wir diesen unglückseligen Wesen in bedingungsloser Liebe begegnen, bieten wir ihnen damit eine Lichtfackel an, die sie entweder annehmen können oder nicht. Durch unsere liebevolle Haltung bekommen auch sie die Einladung zur Transformation. Und für uns ist es eine großartige Möglichkeit, unsere eigene Liebesfähigkeit zu schulen. Denn genau um diesen Prozess geht es letzten Endes für die heutige Menschheit: bedingungslose Liebe zu entfalten.

In einem Seminar im Februar 2018 stellt jemand diesbezüglich die Frage: «Wenn die Lichtkräfte auf der Erde jetzt zunehmen, werden dadurch nicht auch die Kräfte des Unlichts stärker?» Christina antwortet: «Nein, denn *es ist nicht so, dass sich das Licht und das Unlicht gegenseitig aufschaukeln. Bedingungslose Liebe hat eine sehr hohe Frequenz, und das Unlicht kann diese Frequenz nicht aushalten. Wir können die Reife entwickeln, etwas bedingungslos zu lieben, das uns nicht liebt. Dadurch geben wir dem Unlicht die Gelegenheit, sich zu transformieren. Nur dann, wenn wir dem Unlicht ebenfalls mit dunklen Gedanken begegnen, schaukeln wir es auf.»*

Christina führt aus, dass infolgedessen auch der individuelle Auftrag eines jeden einzelnen Menschen der heutigen Zeit vornehmlich darin bestehe, die Entfaltung dieser bedingungslosen Liebe in den Mittelpunkt seines Daseins zu stellen. Unabhängig vom persönlichen Seelenplan und zusätzlich zu den persönlichen Lernaufgaben und Dienstaufgaben, die man sich auf seinem Lebensweg zu erfüllen vorgenommen hat, geht es für uns alle um dieses übergeordnete aktuelle Menschheitsthema.

Da die meisten von uns aufgrund unserer karmischen Muster und Prägungen jedoch nicht imstande sind, einfach auf Knopfdruck bedingungslose Liebe zu aktivieren, ist die Frage nach konkreten Hinweisen und praktischen Tipps sehr berechtigt. Christina erklärt, dass die bedingungslose Liebe sich als eine natürliche Folge dann schrittweise entfalte, wenn man seine Bewusstseinsfrequenz immer mehr erhöhe. Wie aber kann man seine Frequenz bewusst erhöhen? Um unseren Seminarteilnehmern genau hierfür einige handfeste Hinweise mitzugeben, haben wir auf besagtem Blatt eine entsprechende Liste mit 36 möglichen Beiträgen zusammengestellt. Die Liste erhebt keineswegs Anspruch auf Vollständigkeit, aber alle Tipps, die wir dort anführen, halten wir für sinnvoll, konstruktiv und zielführend.

Es ist allerdings nicht erforderlich, dass man nun daraus ein Projekt für Ehrgeiz oder für Konkurrenz- und Karrieredenken macht. Spirituelle Entwicklung soll nicht mühsam, krampfhaft oder beschwerlich sein, sondern im Gegenteil natürlich, freudvoll und leichtfüßig. Denn Spiritualität ist für uns als ewiges göttliches Wesen nichts Fremdes. Vielmehr entspricht sie unserer innersten Identität. Wenn also der innere Wunsch, die innere Sehnsucht nach dem Göttlichen ausreichend intensiv ist, dann braucht man sich auf dem spirituellen Weg nicht künstlich unter Leistungsdruck zu setzen.

Am effektivsten beginnt man damit, dass man im Alltag den inneren Beobachter einschaltet und zunächst die persönlichen Denk- und Handlungsmuster identifiziert, um sie anschließend zu transformieren. Das Transformieren der Handlungsmuster ist wohl der schwierigste, aber zugleich auch der wichtigste Teil von allen. Es ist schon schwierig genug, das Weltbild zu erweitern und alte, festgefahrene Ansichten und Denkweisen loszulassen, aber das Ego zu transformieren stellt nochmals eine besondere Herausforderung dar. Erst als ich erkannt hatte, wie befreiend es ist, mit immer weniger alten Ego-Handlungsmustern aus der Vergangenheit meine Gegenwart zu gestalten, entfachte sich bei mir auch die Motivation für den so wichtigen Potenzialentfaltungsprozess. Doch immer wieder ertappe ich meinen Verstand dabei, wie er versucht, meine Intuition zu sabotieren. Mir persönlich hat hierbei die Weiterbildung in Transpersonaler Psychologie sehr geholfen. Dadurch habe ich gelernt, nicht nur meine eigenen Muster zu identifizieren und zu transformieren, sondern auch die Muster meiner Mitmenschen besser zu verstehen und sie, sofern sie dies wünschen, in ihrem Prozess der Mustererkennung und Mustertransformation zu unterstützen. Auch andere Therapiemethoden wie etwa Hypnosetherapie, ThetaHealing, Transpersonales Coaching oder EMDR-Techniken können diesen Prozess unterstützen.

In den vergangenen Jahren bin ich durch Christina vielen unterschiedlichen Menschen begegnet, darunter auch etlichen spirituellen Lehrern. Immer wieder musste ich dabei ein wenig enttäuscht feststellen, dass manche von ihnen genau diesem initialen Prozess unter einem Deckmantel von Spiritualität keine Entfaltung ließen. Oft kennen sie die gesamte spirituelle Literatur der letzten Jahrzehnte und sind dennoch irgendwie auf ihrem eigenen Weg kaum weitergekommen. Bei manchen ist zu beobachten, dass sie immer dann, wenn es schwierig wird, in andere Welten flüchten anstatt sich ihren Ego-Mustern zu stellen und diese zu transformieren. Doch bei übermäßiger Erdflucht fällt es schwer, im Dreidimensionalen tatsächlich Gutes zu manifestieren. Erfreulicherweise ist die persönliche Potenzialentfaltung und das Fördern des individuellen Denkens mittlerweile auch in der Geschäftswelt zu einem großen Thema geworden (Stichwort: Personal Coaching). Es ist sehr zu wünschen, dass genau diese persönliche Potenzialentfaltung endlich auch in den Schulen Einzug finden würde.

Christina ist für mich diesbezüglich ein eindrückliches Vorbild. Von Anfang ihrer Kindheit an lebt sie konstant im Wir-Bewusstsein und im Hier und Jetzt, ohne dass irgendwelche Muster der Vergangenheit ihr Handeln in der Gegenwart steuern. Immer gelingt es ihr, in jeder Situation die für das Kollektiv bestmögliche Handlungsvariante direkt aus dem geistigen Feld zu beziehen. Sie betont, dass dies jedem Menschen möglich sei, und sie ermuntert alle Menschen dazu, ebenfalls ihr eigenes Potenzial zu leben und somit nicht in Abhängigkeit von Wissenschaftlern, Therapeuten, Lehrern usw. zu fallen. Auf diese Weise können wir alle in uns die bedingungslose Liebe entfalten und damit die stille Revolution unserer Zeit aktiv unterstützen.

Die Liste der praktischen Tipps

Die nachstehende Liste mit 36 praktischen Tipps, die wir in unseren Herbstseminaren 2017 den Teilnehmern mitgegeben haben, ist in drei Kategorien gegliedert, nämlich in erstens «Geistige Dinge, die man tun kann», zweitens «Körperliche Dinge, die man tun kann» und drittens «Was man gemeinsam mit anderen tun kann».

Unsere Empfehlung im Umgang mit dieser Liste lautet: Lassen Sie zunächst die einzelnen Punkte in Ruhe auf sich wirken. Indem Sie ihrer eigenen Intuitionskraft und Inspirationsfähigkeit vertrauen, werden Sie sich zu dem einen oder anderen Punkt aus der Liste besonders hingezogen fühlen. Sie werden in der Tiefe ihres Herzens spüren, dass dieser oder jener Aspekt für Sie genau der richtige Ansatzpunkt ist, um Ihre individuelle Schwingung freudvoll zu erhöhen. Wenn Sie bei dem einen oder anderen Punkt keine Resonanz oder gar ein Nichtverstehen oder ein Nichteinverstandensein verspüren, dann schenken Sie diesem vorerst keine Aufmerksamkeit. Es ist für den Anfang ausreichend, wenn Sie sich aus jeder der drei Kategorien einen oder zwei Punkte aussuchen und damit beginnen, achtsam und entschlossen an den entsprechenden Themen zu arbeiten. Alles weitere wird sich dann mit der kundigen Unterstützung und Einfädelung durch Ihr geistiges Team ganz natürlich Schritt um Schritt ergeben. Wenn Sie in einem der empfohlenen Aspekte erfolgreich sind, dann erhöht sich dadurch ja Ihre persönliche Frequenz, und als Folge dieser Schwingungserhöhung wird es Ihnen auch leichter fallen, einen nächsten Punkt umzusetzen. Und so weiter, und so fort. Es kann durchaus sein, dass Ihnen irgendwann auffällt, wie Sie unbemerkt in weiteren Aspekten ihres Lebens ebenfalls Fortschritte gemacht haben und wie gewisse Probleme, die Sie vor kurzer Zeit noch hatten, auf mysteriöse Weise plötzlich unwichtig geworden sind und sich aufgelöst haben.

Christina sagt: «Jeder einzelne kleine Schritt in der Frequenzerhöhung bringt einen Perspektivenwechsel mit sich. Sobald die eigene Frequenz höher liegt als die Frequenz eines Problems, wird es nicht mehr als ein Problem wahrgenommen.»

Geistige Dinge, die man zur individuellen und kollektiven Frequenzerhöhung tun kann:

- Dem eigenen Seelenweg entlang schreiten und seine Berufung finden und erfüllen.
- Sich als göttliches Schöpferwesen erkennen und Selbstakzeptanz, Selbstachtung und Selbstliebe entfalten.
- Verantwortung für sich selbst und für das eigene Schicksal übernehmen.
- Karmische Prägungen und belastende Denk- und Handlungsmuster identifizieren und transformieren.
- Sein wahres Potenzial erkennen und es zum Wohle der Allgemeinheit liebevoll entfalten.
- Dem Dasein mit Humor und in Leichtigkeit begegnen und freudvoll im Hier und Jetzt leben.
- Den Reinkarnationszyklus, das Karma-Gesetz und die anderen geistigen Gesetze ins Weltbild integrieren.
- Die Existenz der geistigen Begleitung ins Weltbild integrieren und mit dem eigenen geistigen Team einen bewussten Austausch pflegen.
- Mit der Vergangenheit abschließen, indem man Schwüre, Eide, Gelübde, Versprechen, astrale Konstrukte, Traumata und dergleichen auflöst.
- Sich selbst und anderen verzeihen.
- Positiv denken und sich positive Dinge wünschen.
- Positive, erhebende Charaktereigenschaften (Tugenden) entfalten und infolgedessen Untugenden überwinden.
- Unter allen Umständen den freien Willen anderer Lebewesen respektieren.
- Weder in Gedanken noch in Worten oder Taten einem Lebewesen Schaden zufügen.

- Sich anderen gegenüber dankbar, hilfsbereit und anerkennend verhalten.
- Liebevollen Umgang auch mit Tieren, Pflanzen, Steinen sowie generell mit allem Erschaffenen pflegen.
- Massenmedien kritisch hinterfragen und selbst denken.
- Sich innerlich vom herrschenden System des Unlichts abkoppeln.
- Sich auf das Wesentliche im Leben konzentrieren und sich von allem unnötigen Ballast befreien.
- Sich mit guten, lichtvollen Dingen umgeben.
- Achtsamer gegenüber sich selbst und der Umwelt werden.
- Wohnräume reinigen und energetisieren.
- Das Land und den Himmel reinigen und harmonisieren.
- Übungen in Meditation und Achtsamkeit pflegen.

Körperliche Dinge, die man zur individuellen und kollektiven Frequenzerhöhung tun kann:

- Den Körper entgiften.
- Sich bewusst und gesund ernähren.
- Für ausreichend körperliche Bewegung sorgen.
- Für ausreichend Schlaf und Erholung sorgen.
- Sich in Yoga, Qigong und ähnlichem üben.

Was man gemeinsam mit anderen tun kann:

- Gemeinschaft mit gleichgesinnten Menschen pflegen, die sich ebenfalls für die Seite des Lichts entschieden haben.
- Sich weltweit mit gleichgesinnten Menschen vernetzen und austauschen.
- Sich gegenseitig darin unterstützen, die persönliche Schwingung zu erhöhen.
- Die Kinder der neuen Zeit als solche wahrnehmen und sie in der Gesellschaft unterstützen.
- Das System des Unlichts kritisch hinterfragen (nicht anklagen) und gemeinsam mit Gleichgesinnten nach praktikablen Alternativen suchen.
- Alternative Lebensmodelle praktisch umsetzen.
- In Gruppen meditieren.

10

Kristallbewusstsein und Christusbewusstsein

Zurück zu Ende Juni 2015. In einem unserer Gespräche kommen wir wieder auf das Thema der Aktivierung der 12-Strang-DNA zu sprechen.

Christina erklärt: «Das, was wir zuvor als ‹Kristallbewusstsein› bezeichnet haben, also das Bewusstsein der sogenannten Kristallkinder, die über eine kristalline Zellstruktur verfügen, das könnte man auch Christusbewusstsein nennen. Denn anscheinend war Jesus Christus der erste Mensch dieser Zeitepoche, der wieder eine kristalline Zellstruktur und eine aktivierte 12-Strang-DNA hatte. Das Christusbewusstsein steht für bedingungslose Liebe und Harmonie mit allen Lebewesen, für Mitgefühl und Vergebung frei von jeglichem Feindbilddenken. Da die energetische Situation des Planeten heutzutage anders ist als noch vor 2000 Jahren, dürften inzwischen auch Seelen hier inkarniert sein, deren Frequenz noch weit über das Kristallbewusstsein hinausgeht. Das ist doch mal ein verheißungsvolles Zeichen, nicht wahr, Mama?»

In einem anderen Gespräch erwähnt sie begeistert: «Mama, ist es nicht unglaublich schön, dass bereits Tausende von Menschen hier auf der Erde inkarniert sind, die eine Bewusstseinsfrequenz haben wie damals Jesus?»

Mit Jesus Christus scheint Christina eine spezielle Verbindung zu haben, das ist mir schon früher immer wieder aufgefallen. Wenn etwa in der Schule biblische Geschichten behandelt wurden, ergänzte sie gelegentlich weitere, unbekannte Hintergründe und Zusammenhänge aus seinem Leben. Allgemein interpretierte sie schon öfters gewisse Bibelstellen anders als

die offizielle Lehrmeinung dies tut. Wenn sie über die Lebensgeschichte und die Lehren Jesu Christi spricht und dabei allerlei
kleine Einzelheiten anführt, dann habe ich oft den Eindruck, als
erzähle sie aus eigener, direkter Wahrnehmung und als gäbe es
noch weit mehr über ihn zu wissen als die heutige Bibel offenbart.

Einmal sagte sie in diesem Zusammenhang: «Jesus hat ursprünglich den Menschen die universelle göttliche Wahrheit vermittelt. Die Niederschriften seiner Lehren wurden jedoch etwa
ab dem Jahr 550 n. Chr. durch dunkle Mächte entweder vernichtet oder massiv verändert. Darin enthalten waren zum Beispiel
Ausführungen zum Verständnis des Jenseits und der feinstofflichen Realitäten. Damals war allerdings das Bewusstsein der
Menschheit, genau wie die gesamte Schwingung des Planeten
Erde, noch einiges dichter als heute.»

Nach Christinas Einschätzung sind es heutzutage wohl die
vedischen Schriften der altindischen Hochkultur, deren Lehren
der göttlichen Philosophie, den universellen Gesetzen und der
ursprünglichen Spiritualität noch am nächsten kommen. Viele
der großen religiösen Lehrer der Menschheitsgeschichte – wie
etwa Krishna, Moses, Abraham, Buddha, Jesus usw. – seien ermächtigte Vermittler der zeitlosen universellen Wahrheiten gewesen, und dieselben universellen Wahrheiten würden in naher
Zukunft wieder neu vermittelt werden, und zwar durch Tausende
von göttlichen Seelen, die bereits über den ganzen Planeten verteilt seien.

Christina erklärt die zahlreichen Wunder Jesu damit, dass er
eine sehr hohe Bewusstseinsfrequenz hatte und dass dadurch
bei ihm automatisch eine Vielzahl von besonderen Begabungen
aktiviert war. Zu diesen Begabungen von hochschwingenden
Menschen gehören beispielsweise das energetische Heilen, das
Erschaffen von Materie («Vermehren von Brot und Wein»), das
Aufheben der Gravitationsgesetze («übers Wasser gehen») oder
auch das Erwecken von Toten.

Erst neulich haben Christina und ich über die Bedeutung ihres
Namens gesprochen, und sie erklärte, dass dieser Name von uns
damals keineswegs per Zufall gewählt, sondern dass er uns «von

da oben» in den Kopf gesetzt worden sei (siehe Band 1, Kapitel 29). Wörtlich heißt Christina «diejenige, die mit Christus verbunden ist», also eine Anhängerin oder Dienerin oder auch Nachfolgerin Christi, was erklären würde, warum sie derart auffällig mit seiner Geschichte vertraut ist. Auch dass Elena und sie am 15. April 2001 ausgerechnet in der Osternacht zur Welt kamen, viele Wochen vor dem eigentlichen Geburtstermin, scheint kein Zufall gewesen zu sein, sondern ist wohl absichtlich so eingefädelt worden.

Eine weitere Gemeinsamkeit ist der feinstoffliche weiße Lichtstrahl Christinas. Einen ähnlichen angeborenen weißen Strahl besaß offenbar auch Jesus Christus. Auf den Darstellungen Jesu als Erwachsener hat dieser Lichtstrahl meist die Form eines runden Heiligenscheins um den Kopf herum. Bei Christina ist es eher eine Lichtsäule, die von ihrem Schädeldach aus himmelwärts ins Universum hinaufstrahlt und die nur für Hellsichtige erkennbar ist.

Auch damals bei Jesus dürfte sein Lichtstrahl vermutlich nur feinstofflich sichtbar gewesen sein. Unter den weisen Sehern und Propheten jener Zeit befanden sich wohl einige, die hellsichtig genug waren, um ihn an diesem Strahl zu erkennen. Gemäß Christina trugen zwei der sogenannten «Heiligen Könige» oder «Weisen aus dem Morgenland» hohe Meisterseelen in sich, die bis in hohe Frequenzen hellsichtig waren. Sie waren auch in den Wissenschaften der Astronomie und der Numerologie ausreichend bewandert und sahen somit die Planetenkonstellation voraus, bei welcher der angekündigte Messias und Erlöser zur Welt kommen würde. Im Unterschied zum bösartigen König Herodes, der offensichtlich nicht hellsichtig war und daher wahllos alle männlichen Kleinkinder in Bethlehem umbringen ließ, vermochten diese Weisen das Jesuskind anhand seines feinstofflichen weißen Lichtstrahls über eine weite Entfernung zu identifizieren. War es möglicherweise ebendiese Lichtsäule Jesu, die später als «Kometenschweif» oder als «Stern von Betlehem» gedeutet wurde?

Zurück zum Thema Kristallbewusstsein. Christinas Aussagen zufolge ist in unserer heutigen Zeit bereits eine beträchtliche Anzahl erfahrener Seelen aus unterschiedlichen höheren Bereichen des Kosmos auf der Erde inkarniert, um den gegenwärtigen Transformationsprozess vom Unlicht zum Licht zu unterstützen. Sie erwähnt, dass dies auch einer der Gründe dafür sei, dass die Erdbevölkerung seit den 1960er-Jahren derart massiv zugenommen habe.

Sie sagt: «Für hohe Lichtwesen ist es ziemlich schwierig, sich in eine tiefe Ebene zu inkarnieren. Daher sind es meist sehr erfahrene Seelen, die bereits zahlreiche Aufenthalte in diversen höheren Sphären durchlebt haben und die nun hier auf die Erde kommen, um genau in dieser bewegten Zeit die Menschheit zu unterstützen und voran zu bringen. Solche Seelen kamen auch schon in früheren Zeiten immer mal wieder auf die Erde, und dann nannten die Menschen sie entweder ‹Götter› oder ‹Heilige›. Und übrigens, Mama: Jesus war in den letzten fast 2000 Jahren auch nicht untätig. Er hat sich in sehr hohen Dimensionen weitergebildet.»

Ich wundere mich einmal mehr: Woher bloß weiß Christina das alles? Und ist sie mit ihrem weißen Lichtstrahl vielleicht sogar die Reinkarnation von Jesus Christus? «Nein!», erwidert sie energisch. Mit ihm verbinde sie bloß ein ähnlicher Bewusstseinszustand.

Dann betont sie noch einmal, dass es im Grunde völlig unnatürlich und mit einem ziemlichen Risiko verbunden sei, sich als hohes Lichtwesen in eine solch tiefe Dichte wie die der aktuellen Erde zu inkarnieren. In diesem Augenblick bekommt sie eine Eingebung und schreibt diese, quasi als Begründung für ihr Hiersein, auf einen kleinen Zettel auf: «Wenn das Verständnis der Welt außerhalb des Universums liegt, dann inkarniere dort, wo das Loch am tiefsten ist.»

Dieser Satz ist schwierig zu verstehen. Sicher ist, dass die Menschheit unserer Erde an einem Tiefpunkt der Negativität und der Destruktivität angelangt ist, der augenscheinlich im ganzen Universum für Aufsehen gesorgt hat. Wie Christina vor Kurzem erwähnte, kenne sie 63 andere Planeten, deren Zivilisationen ebenfalls noch in der dritten Dimension stünden, doch sei ihr keine Zivilisation bekannt, die derart tief gesunken sei, dass die

Leute sich gegenseitig umbringen und mutwillig ihre eigenen Lebensgrundlagen zerstören. Die Negativität auf unserer Erde sei in diesem Lichte betrachtet einmalig und gleiche einem kosmischen Weltrekord. Daher sei es dringend notwendig, dass die Erde dieses abgrundtiefe Zeitalter nun endlich hinter sich lasse. Um diesen Prozess zu unterstützen und ein neues lichtvolles Zeitalter einzuleiten, komme derzeit eine Vielzahl an Seelen aus allen möglichen hohen Regionen des Kosmos hierher, «wo das Loch am tiefsten ist».

11

Warum ich?

Juli 2015. Nach all den wunderlichen und teilweise verwirrenden Ereignissen der vergangenen Monate beschäftigt mich im Sommer 2015 insbesondere immer wieder die Frage: Warum ich? Warum hat Christina gerade mich ausgewählt, ihre Mutter zu sein? Welche Rolle ist mir in Christinas Leben zugeteilt, und wie wird sich dies auf meine eigene Zukunft auswirken? Bin ich überhaupt befähigt, dieser Verantwortung gerecht zu werden? (Zu diesem Zeitpunkt weiß ich noch nichts von unserer gemeinsamen früheren Doppelinkarnation.)

Was ich bei meiner vierzehnjährigen Tochter immer deutlicher spüre, ist die hohe Energie ihres Wesens, die nur darauf wartet, sich endlich zu entfalten und die Welt zu verändern. Wenn ich mir Christinas besondere Begabungen vor Augen führe, die sich seit Beginn dieses Jahres offenbart haben, dann erkenne ich zu meiner Beruhigung, dass sie durchaus einige nützliche Eigenschaften mitbringt, um ihre große Friedensmission erfolgreich zu gestalten. Ich wünsche mir, dass auch ich imstande sein werde, die erforderlichen Qualifikationen zu entfalten, um sie in diesem Unterfangen tatkräftig zu unterstützen. Zugleich wird mir immer mehr bewusst, dass «von da oben» wohl längst alles Notwendige vorgeplant und bereits eingefädelt ist. Dass allerdings schon bald zahlreiche großartige Helfer als Fachkräfte in verschiedenen Sparten in unser Leben geführt werden, die in Zukunft gemeinsam mit Christina so einiges bewegen werden, dies ahne ich noch nicht. Christina bereitet mich jedoch bereits sachte auf das Kommende vor, indem sie beispielsweise, wie neulich geschehen, eindringlich zu mir sagt: «Mama, du solltest dir nun zwei Dinge zulegen: Flexibilität und Ruhe.» Diese klare Aufforderung hat mich sofort berührt.

In meinen bisherigen 43 Lebensjahren durfte ich, wie wohl die meisten anderen Menschen auch, durchaus schon die eine oder andere intensive Erfahrung machen und mich der einen oder anderen Herausforderung und Prüfung stellen. War dies alles eine Vorbereitung für eine noch viel größere Aufgabenstellung? Natürlich habe ich in vielen Situationen bereits die Gelegenheit gehabt, Flexibilität und Ruhe zu leben, doch gehe ich fest davon aus, dass es in Zukunft noch eine ganz neue Dimension von Flexibilität und Ruhe brauchen wird, um das zu meistern, was jetzt auf mich zukommt.

So werde ich nachdenklich und beginne, über meinen bisherigen Lebensweg zu reflektieren – vor allem hinsichtlich dieser beiden von Christina angesprochenen Eigenschaften Flexibilität und Ruhe: Ich nehme mich als einen Menschen wahr, der über eine gut ausgeprägte Intuitionsfähigkeit verfügt. Ich weiß aus Erfahrung, dass jene Wege, auf denen es keine Widerstände gibt, meist nicht die konstruktivsten und nicht die lehrreichsten sind. Meine Interessen und Begabungen waren schon immer sehr vielseitig gestreut. Die Schule und die Ausbildung habe ich mit wenig Aufwand überdurchschnittlich gut abgeschlossen. Die Herausforderung, gleichzeitig meinen Beruf als Medizinische Praxisassistentin, meine Mithilfe im eigenen Geschäft, den Leistungssport und später auch die Familie unter einen Hut zu bringen, habe ich damals gut gemeistert. Und in allen diesen Bereichen konnte ich auch stets meine Kreativität ausleben.

Manches aber, das in meinem Leben geschah, hatte ich nicht wirklich geplant und auch nicht aktiv gesucht – weder die Sportkarriere als Spätberufene noch die neu gegründete Firma meines Mannes. Beides passierte sozusagen aus heiterem Himmel im Jahre 1997. Die Ansprüche an mich waren damals zwar groß, doch alles war irgendwie spannend, und die Motivation und die Energie in diesen neuen Betätigungsfeldern schien mir nicht auszugehen. Allerdings waren Organisationstalent und Flexibilität, kreatives Denken und Handeln, Urteilsvermögen und Entscheidungsfähigkeit sowie Disziplin und Ausdauer unerlässliche tägliche Voraussetzungen, ohne die kaum alles so erfolgreich verlaufen wäre.

Einen nächsten großen Lernprozess stellten in den Jahren 2000 bis 2012 die extremen Wechsel zwischen Familie, Geschäft und Sport dar. Durch die vielen Jahre im Leistungssport erlernte ich einen sehr bewussten Umgang mit meinem Körper und generell mit meinen Energien. Dadurch habe ich mich unbewusst fest in der Materie verankert, wohl genau zum Zweck, Christina erst einmal hier in der Dreidimensionalität zu halten. Auf höchst intensive Weise war ich während Jahren gezwungen, mit meinen physischen und mentalen Ressourcen achtsam und flexibel umzugehen – ein Lernprozess mit höchsten Anforderungen. Kein Studium und kein Lehrbuch vermögen uns diese Kunst zu vermitteln, denn in solchen Situationen können wir einzig durch das eigene Erleben entweder an unseren Aufgaben wachsen oder aber an ihnen scheitern. Auch ich bin oft gestürzt, aber ich bin danach immer wieder aufgestanden.

Die extremen Belastungen selbst waren für mich in jenen Jahren vergleichsweise einfach; schwieriger war es, jeweils genauso schnell und effizient Körper, Geist und Seele zu regenerieren. Um dies zu bewerkstelligen, war es erforderlich, dass ich lernte, in eine tiefe innere Ruhe zu kommen. Der Sport war mir in dieser Hinsicht stets eine große Stütze, denn die tägliche Endorphinausschüttung durch das Laufen schenkte mir eine gewisse Grundzufriedenheit, Klarheit und Ausgeglichenheit, nicht nur im Körperlichen, sondern auch im kreativen Denken und im positiven Umgang mit meinem persönlichen Umfeld. Die körperliche Bewegung in der freien Natur ist für mich auch heute noch ein fester Bestandteil meiner Lebensführung, als willkommene Ergänzung zu meinem Familienleben und zu meinen eher kopflastigen beruflichen Tätigkeiten.

Damit wir imstande sind, unserem Leben immer wieder die Chance zu geben, uns zu überraschen und unseren Horizont zu weiten, brauchen wir die innere Bereitschaft, Altes loszulassen und uns auf neue Erfahrungen einzulassen. Wichtig ist dabei allerdings, stets auf die innere Stimme acht zu geben, damit wir unterscheiden können, ob ein neues Angebot konstruktiv und im Sinne unseres Seelenplanes ist oder nicht. Dies ist gerade in einer Zeit wie der heutigen notwendig, in der sich alles dramatisch rasch verändert und wandelt. «Wenn sich im Leben eine Türe schließt, dann öffnet sich eine andere», heißt es. Um dies im Alltag auch zu erkennen, braucht es genau diese Achtsamkeit sowie auch das Unterscheidungsvermögen, wann es angebracht ist, etwas Altes loszulassen, weil sich etwas Neues entfalten will, und wann es angebracht ist, nicht aufzugeben und an etwas Bestehendem und Bewährtem festzuhalten, weil es richtig und wichtig ist.

In den ersten sieben Jahren von Christinas Hiersein, die so voller Schwierigkeiten waren und in denen ich kaum eine Nacht in Ruhe schlafen konnte und immer wieder mit neuen Rückschlägen konfrontiert wurde, hätte es hundertfach die Möglichkeit gegeben, in einem meiner drei Tätigkeitsfelder zu resignieren und aufzugeben. Jeder hätte wohl Verständnis dafür gehabt, wenn ich im Beruf oder im Sport der Bequemlichkeit den Vortritt gelassen hätte, um mich ganz auf die Kinder zu konzentrieren. Und doch spürte ich damals, dass ich mir selbst treu bleiben und alle drei Herausforderungen irgendwie meistern musste. Obschon ich der Kinder wegen im Sport auf manches verzichtete, war das Leben derart gütig zu mir, dass ich zwischen 2007 und 2015 auf höchstem nationalem und internationalem Niveau eine Vielzahl an sportlichen Erfolgen feiern durfte. Dabei empfand ich nicht die zahlreichen Medaillen an sich als meinen größten Erfolg, sondern die Besonderheit, unter welch schwierigen Lebensumständen diese Performance erbracht wurde. Glücklicherweise hatte ich die Gabe, meine Konzentrationskraft im entscheidenden Moment jeweils ganz auf das Hier und Jetzt zu lenken.

Alle diese Erfahrungen lehrten mich, dass wir uns im Leben meist nur selbst Grenzen setzen. Wenn wir bereit sind, diese selbst gemachten Grenzen mit echter Begeisterung und Motivation, mit Freude und Kreativität, mit Flexibilität und Ruhe zu sprengen, dann finden wir wunderlicherweise nicht nur zu äußeren Erfolgen, sondern auch zu innerer Gelassenheit und zu innerem Frieden. Durch diese Haltung eröffnet sich uns in allen Lebensbereichen ein schier grenzenloser Raum zur Entfaltung unseres Potenzials und unserer Bestimmung.

«Erfolg ist das, was erfolgt, wenn man seiner inneren Stimme folgt», heißt es auch. Mit anderen Worten: Innere Balance und Zufriedenheit sind ein guter Nährboden für den Erfolg im äußeren Leben. Im Laufe der Jahre habe ich immer mehr gelernt, meiner inneren Stimme zu vertrauen und meine Energie nur in solche Tätigkeiten zu geben, die für mich stimmig sind. Auf diese Weise ist es mir gelungen, in vielen Segmenten meines Lebens meine persönliche Grenze stetig zu erweitern.

Wenn wir flexibel und innerlich ruhig sind, wenn wir im Denken und im Fühlen klar sind, wenn wir in uns selbst und in unsere innere Führung Vertrauen haben und wenn wir fähig sind, aus unseren Fehlern zu lernen, dann gibt es nahezu keine Grenzen. Dann werden wir auch erkennen, wann es an der Zeit ist, unsere Komfortzone zu verlassen und etwas Altes hinter uns zu lassen. Genau so fühle ich mich in diesem Sommer 2015.

Was ich im vergangenen Halbjahr durch Christina erlebt und erfahren habe, all dies könnte theoretisch auch Anlass geben für Verunsicherung, Zweifel und Ängste. Mein bisheriges dreidimensionales Weltbild wurde in seinen Grundfesten erschüttert und komplett in Frage gestellt, und die bedenkliche globale Situation könnte überdies zu leidenschaftlicher Wut oder zu dumpfer Resignation verführen. Als ebenso deprimierend könnte man die zahlreichen energieraubenden Menschen in der Gesellschaft empfinden, ganz zu schweigen von den destruktiven Machtstrukturen im Hintergrund des Weltgeschehens, die willentlich Angst und Schrecken, Chaos und Zerstörung säen und denen wir vermeintlich hilflos ausgeliefert zu sein scheinen. Schließlich könnten wir uns auch von unseren eigenen Unzulänglichkeiten, unseren eigenen negativen Gedanken und Emotionen, unserem eigenen destruktiven Verhalten entmutigen lassen. Aber: Wir haben jederzeit die Wahl, worauf wir unser Bewusstsein richten und wie wir mit den kleineren und größeren Herausforderungen und Katastrophen in unserem Leben und in der Welt umgehen. Wir haben die Wahl, ob wir in alten, destruktiven und verurteilenden Mustern verharren oder ob wir uns öffnen für eine neue Form des Bewusstseins, der Wahrnehmung und des konstruktiven und liebevollen Verhaltens. Oder um es in Christinas Begriffen auszudrücken: Wir haben jederzeit die Wahl, Flexibilität und Ruhe zu wählen.

In meinem angestammten Fachbereich, der Medizin, wurde ich diesbezüglich schon häufig gehörig auf die Probe gestellt. Wenn ich an die vielen Entscheidungen zurückdenke, die mit Christinas langer Krankengeschichte verbunden waren, wird mir klar, wie oft ich nicht aus dem programmierten Verstand («Software») heraus agiert habe, sondern auf der Grundlage meiner inneren Führung und Intuition («Highware»). Denn oftmals stand mir in schwierigen Situationen schlichtweg keine geeignete, vorgefertigte «Software» zur Verfügung. Als selbst die besten Mediziner ratlos waren und als in Bezug auf gewisse Therapieformen jegliche klinischen Erfahrungswerte fehlten, war letztlich nur noch auf die mütterliche Intuition Verlass. So habe ich gelernt, dass ich meiner inneren Stimme vertrauen kann, selbst wenn dies bedeutete, mich gelegentlich auch mal gegen die üblichen medizinischen Maßnahmen durchzusetzen und alternative Wege einzuschlagen. Hätten sich damals meine Entscheidungen nach der limitierten Weltsicht der westlichen Schulmedizin gerichtet, dann wäre ich wohl unzählige Male zusammengebrochen oder hätte am Ende gar resigniert und Christina aufgegeben. Dies jedoch war nie eine Option, da ich während all der Jahre immer auch aus einer anderen, nicht vom Verstand gesteuerten Quelle Kraft schöpfen durfte.

Dies alles hat dazu geführt, dass ich mich nach vielen Praxisjahren von der Schulmedizin verabschiedet und mich 2013 der Alternativmedizin zugewandt habe, wobei mir selbstverständlich bewusst ist, dass die Menschen derzeit sowohl noch die Schulmedizin als auch die alternative bzw. komplementäre Medizin benötigen. Mittlerweile bin ich zu der Auffassung gelangt, dass der entscheidende Faktor für eine nachhaltige körperliche, geistige und seelische Gesundheit in erster Linie das Bewusstsein eines Menschen darstellt. Denn wenn es gelingt, durch geeignete Mittel seine Bewusstseinsfrequenz zu erhöhen, dann werden ab einer gewissen Schwingung die Selbstheilungskräfte aktiviert, so dass es gar keine Medizin im herkömmlichen Sinne mehr braucht.

Körper, Geist und Seele sind die drei Werkzeuge, mit deren Hilfe wir die Möglichkeit haben, auf diesem Erdplaneten unsere Erfahrungen zu sammeln, unsere Lektionen zu lernen und unserer Bestimmung zu folgen. Was immer das Schicksal uns vorgibt, wir haben jederzeit die Wahl und die Befähigung, unsere individuelle Situation zu akzeptieren und kreativ und konstruktiv mit ihr umzugehen, ohne überflüssige Vergleiche mit anderen Menschen anzustellen. Jeder Mensch ist ein göttliches Schöpferwesen und verfügt somit über das Rüstzeug, um in sich und um sich ein kleines Paradies zu erschaffen.

Wenn die drei Faktoren Körper, Geist und Seele miteinander im harmonischen Gleichgewicht sind, dann erzeugt dies auch Harmonie auf unserem persönlichen Lebensweg sowie in unserem gesamten Umfeld. Daher sind wir aufgefordert, dafür Sorge zu tragen, dass unser Körper angemessen gepflegt wird und gesund und vital ist; hierfür braucht er sowohl Belastung als auch Entspannung. Ebenso sind wir aufgefordert, dafür zu sorgen, dass wir auch auf der geistigen, mentalen Ebene stets belastbar, flexibel, reaktionsfreudig und kreativ bleiben. Und schließlich sind wir aufgefordert, unsere wahre Identität als göttliches Schöpferwesen zu erkennen und in Freude und Dankbarkeit dieses faszinierende Leben anzunehmen und dann in Liebe etwas Kreatives zur Verschönerung dieser Welt beizutragen.

Natürlich ist es nicht immer leicht, allen Widrigkeiten und Widerständen zum Trotz unserem Dasein in Klarheit und bedingungsloser Liebe zu begegnen. Christina ermutigt uns in diesem Zusammenhang, indem sie sagt: *«Akzeptanz ist die Basis jeder Veränderung.»*

Aus der psychologischen Forschung ist bekannt, dass dann, wenn eine für uns vermeintlich unveränderliche Situation nicht erst einmal akzeptiert und in Liebe angenommen wird, ein starker innerer Widerstand entsteht. Diesen Widerstand aufrecht zu erhalten, benötigt viel Energie und verhindert oft ein Weiterkommen in unserem Leben. Die meisten Menschen tragen aufgrund ihrer vergangenen Erfahrungen eine ganze Anzahl solcher inneren Widerstände mit sich herum, was zu starken Blockaden oder gar zum Stillstand in der persönlichen Entwicklung führen kann. Dies wiederum führt, wenn wir nicht aktiv etwas dagegen unternehmen, in einer fatalen Abwärtsspirale zwangsläufig zu Gefühlen der Frustration, des Untauglichseins, der Freudlosigkeit und der Destruktivität – ein regelrechter Teufelskreis.

Im Unterschied dazu beginnt unsere konstruktive Potenzialentfaltung dann, wenn wir die Verantwortung für unser Leben tatsächlich in die eigenen Hände nehmen, wenn wir auf Schuldzuweisungen gegenüber anderen verzichten und wenn wir unsere belastenden Muster und Prägungen der Vergangenheit wertfrei betrachten, sie in Liebe annehmen und sie damit zum Guten transformieren. Auf diese Weise gewinnen wir immer mehr Klarheit in unserem Dasein und sind imstande, Tugenden wie Liebe, Demut, Weisheit und inneren Frieden zu manifestieren. Man könnte dies im Unterschied zum abwärts gerichteten Teufelskreis auch einen aufwärts gerichteten «Engelskreis» nennen.

Für all dies ist mir Christina ein authentisches Vorbild. Ihre weise Zurückhaltung ist die direkte Konsequenz gelebter bedingungsloser Liebe. Diese ist für sie so selbstverständlich wie das Atmen – 24 Stunden am Tag, 7 Tage die Woche, 365 Tage pro Jahr. Ihr unerschütterliches Gottvertrauen, ihr Freisein von Angst und Sorgen sowie ihre konzentrierte Vorbereitung auf das baldige Erfüllen ihrer Lebensmission lassen mich auf eine positive Zukunft hoffen. Die Anwesenheit solch lichtvoller Seelen, die zugleich Friedensbringer und Hoffnungsträger sind, ist ein unübersehbares Zeichen dafür, in welche Richtung sich die Menschheit bewegen wird. Christina betont immer wieder, dass sie nicht allein sei, sondern dass viele andere höherdimensionale Lichtwesen ebenfalls bereits hier seien und weiterhin hierhin kommen werden, um Licht in diese dunkle Phase der Menschheitsgeschichte zu bringen.

Allein schon die Tatsache, dass immer mehr Kinder mit einem erweiterten Bewusstsein und mit paranormalen Begabungen sichtbar werden, ist für mich der Beweis dafür, dass sich die Menschheit tatsächlich in einem evolutionären Wandel befindet und dass wir längst mitten in diesem Prozess stehen. Die Tage der alten Denkmodelle und der alten dreidimensionalen Normen und Erziehungsstrukturen sind gezählt, und es ist nur noch eine Frage der Zeit, bis diese neuen Kinder die globale Transformation auf der Erde vollziehen werden.

«Mama, du solltest dir nun zwei Dinge zulegen: Flexibilität und Ruhe», rät Christina mir. Ich nehme mir fest vor, dieser Empfehlung zu folgen. Christina wird ihren Weg gehen und ihre Vision des Guten in dieser Inkarnation verwirklichen. Was mich betrifft, so sehe ich meine Aufgabe darin, diese Kinder ein Stück weit auf ihrem Weg zu begleiten und zugleich meinen eigenen Seelenplan zu erkennen und zu erfüllen, was auch immer er in Zukunft noch für mich bereithalten wird.

12

Wie Geist und Seele entstehen

Seit Februar 2015, seit meinen allerersten Gesprächen mit Christina über feinstoffliche Themen, über Seelen, Seelenpläne, Bewusstseinsebenen, Dimensionen und dergleichen, ist mir klar geworden, dass das sogenannte «Jenseits» – also die Welt des Nicht-Dreidimensionalen und für das Auge Unsichtbaren – unsäglich weiträumig, komplex und vielschichtig ist und dass es für uns Menschen sehr schwierig ist, hierbei eine gewisse Klarheit und einen Überblick zu gewinnen. Zugleich aber habe ich den Eindruck, dass Christina sich sehr wohl mit den zahlreichen vielschichtigen Ebenen und Aspekten des Feinstofflichen auskennt, und so wollte ich von ihr immer wieder Genaueres erfahren.

Im Laufe der Zeit, vor allem durch die Zusammenarbeit mit unserem Lektor Ronald, wurde es immer offensichtlicher, dass eine Klärung der feinstofflichen Zusammenhänge und der zu verwendenden Begriffe sinnvoll wäre. Ronald ist seit Jahrzehnten vertraut mit der psychologischen, parapsychologischen, metaphysischen und spirituellen Fachliteratur, und er kennt auch das entsprechende Vokabular bestens.

Das Problem mit der Sprache und den Begriffen

Zunächst weist uns Ronald auf eine grundsätzliche Schwierigkeit bei sämtlichen feinstofflichen und höherdimensionalen Themen hin. Diese Schwierigkeit bestehe darin, dass es in der Parapsychologie und in der Spiritualität – im Unterschied etwa zur dreidimensionalen Naturwissenschaft – keine allgemeingültigen, von allen metaphysischen Forschern, Autoren und Geistesschulen gleichermaßen akzeptierte Begriffsdefinitionen gibt. Sowohl in der historischen als auch in der zeitgenössischen Fachliteratur herrscht beispielsweise durchaus keine Einigkeit darüber, was denn nun genau mit Begriffen wie «Psyche» oder «Geist» oder «Seele» oder «Bewusstsein» oder «Höheres Selbst» oder «Aura» gemeint ist. Dies liegt wohl in erster Linie an den unterschiedlichen und sich teilweise widersprechenden Weltbildern hinter den einzelnen psychologischen und spirituellen Schulen. Außerdem kommt erschwerend hinzu, dass Begriffe wie etwa «Seele» in der psychologischen Literatur einerseits und in der alltäglichen Umgangssprache andererseits nochmals unterschiedliche Bedeutungen haben. Umgangssprachlich wird «Seele» häufig nicht für ein feinstoffliches Prinzip, sondern einfach für gewisse Gefühlsregungen verwendet. Unsere Sprache liefert uns also schlichtweg keine allgemein akzeptierten Definitionen und Abgrenzungen beispielsweise zwischen «Seele» und «Geist».

Nebst den unterschiedlichen Weltbildern und Wahrnehmungsperspektiven besteht eine weitere Schwierigkeit in der begrenzten Anzahl an Wörtern, die uns in der Sprache überhaupt zur Verfügung stehen. Denn offensichtlich gibt es bedeutend mehr unterschiedliche Ebenen und Energien des Feinstofflichen als es Wörter und Begriffe gibt, um diese voneinander zu unterscheiden. So sind Missverständnisse und Verwirrungen bereits programmiert. Christina erwähnt in diesem Zusammenhang, dass es sehr viel einfacher wäre, wenn wir statt mit Hilfe von Sprache und Wörtern uns telepathisch verständigen und untereinander austauschen könnten. Es ist also ein insgesamt schwieriges Unterfangen, mit Hilfe von Wörtern die verschiedenen feinstofflichen Ebenen und Energien auseinanderzuhalten. Aber letztlich geht es auch gar nicht um Wörter, sondern vielmehr darum, jenseits der Wörter und Begriffe ein tieferes Verständnis der Realität zu gewinnen.

Wenn wir im vorliegenden sowie auch im folgenden Kapitel trotzdem einige Schlüsselbegriffe aus Christinas Weltsicht erklären, so sind wir uns bewusst darüber, dass dieselben Begriffe in anderen Büchern durchaus auch anders verwendet werden. Die Erklärungen stammen aus zahlreichen Gesprächen oder Vorträgen aus den Jahren 2015 bis 2017 und wurden von Christina für das vorliegende Buch im Januar 2018 noch einmal durchgesehen und präzisiert.

Eine letzte Vorbemerkung sei an dieser Stelle noch gestattet. Es liegt uns fern, Christinas Wahrnehmung und Weltsicht etwa als die einzig wahre oder als die umfassendste oder die schlüssigste von allen darzustellen. Eine solche absolutistische Haltung würde nicht den ethischen Grundsätzen der Lichtwesen entsprechen, deren deutlichstes Merkmal ja gerade darin besteht, dass der freie Wille aller anderen Lebewesen unter allen Umständen liebevoll respektiert wird. Und zum freien Willen gehört nebst der Wahl der Bewusstseinsausrichtung auch die Wahl der eigenen Weltsicht. Wer also eine andere Wahrnehmung und Weltsicht hat als im Folgenden beschrieben, der möge sich durch unsere Ausführungen nicht angegriffen und auch nicht zum Widerspruch aufgefordert fühlen.

Wer oder was ist «Gott»?

Zur Erinnerung möchten wir zum Thema «Gott» noch einmal wiederholen, was Christina zu diesem Begriff im Februar 2015 sagte (siehe Band 1, Kapitel 9): «Gott aus der menschlichen Perspektive heraus zu personifizieren und ihn auf Worte in unserer Sprache zu reduzieren, wäre anmaßend. Die meisten Menschen versuchen, eine Vorstellung von Gott mithilfe von Worten und Bildern auf ihre dreidimensionale Ebene herunter zu holen. Besser wäre es, wenn sie versuchen würden, sich durch eine Erweiterung des eigenen Bewusstseins in seine Richtung zu bewegen. Dann können wir Gott ein klein wenig erkennen, allerdings auf eine nicht-materielle Art und Weise. Wir können Gott in unaussprechlicher Form erleben und erfahren. In einem erweiterten Bewusstsein finden wir auch zu einer erweiterten Wahrnehmung der Realität.»

Weil der Begriff «Gott» jedoch im Laufe der Menschheitsgeschichte oft missbraucht wurde und weil im Namen Gottes auch sehr viel Ungöttliches getan worden ist, kann Christina durchaus verstehen, dass manche Menschen mit diesem Begriff Mühe bekunden. Daher sagt sie: «Man kann Gott auch als die ‹Urquelle› bezeichnen, als das ‹Alles-was-ist› oder als ‹reines Bewusstsein›. Am liebsten ist mir persönlich der Begriff ‹Schöpfer›. Denn die Menschheit und unser Planet und auch alles andere, das existiert, wurde bewusst erschaffen von einem Schöpfer. Außerdem sind auch wir Schöpferwesen: Wir sind die Schöpfer unserer eigenen Realität.»

Auf die Frage, ob sie diesen Schöpfer eher als eine Energie oder eher als eine Wesenheit wahrnehme, antwortet Christina: «Ganz klar als Wesen! Der Schöpfer ist nicht nur eine unpersönliche Energie.»

Ein andermal sagt sie: «Wenn wir diese wahre Realität erkannt haben, dann werden wir bemerken, dass ‹Gott›, ‹Schöpfer›, ‹Alles-was-ist›, ‹Quelle› – dass wir selbst dies sind.»

Was ist «Geist»?

Christina erklärt: «Unter ‹Geist› verstehe ich, dass sich aus dieser göttlichen Urquelle, aus diesem ‹Alles-was-ist›, aus diesem ursprünglichen Schöpferwesen ein göttlicher Funke abspaltet. Diesen göttlichen Funken bezeichne ich als ‹Geist›. Geist ist reines Bewusstsein und so fein, dass er noch keine materielle Schwingung oder Dichte besitzt. Er ist ausschließlich reines, feinstes Licht, er ist in jedem Elektron gegenwärtig, und jeder dieser Gottesfunken enthält das gesamte Wissen vom göttlichen Ursprung in sich.

Dieser Geist, dieses Licht entspringt also direkt der ursprünglichen Schöpferquelle und begibt sich auf Wanderschaft durch die Schöpfung, um neue Erfahrungen zu machen. Dabei kann der Geist ohne Einschränkungen durch die Zeit und durch den Raum reisen. Wenn sich das Licht zusammenzieht, das heißt, wenn es sich verdichtet, entsteht Materie. Wenn sich das Licht wieder ausdehnt, kehrt die Materie wieder dorthin zurück, wo sie herkam. Etwas Ähnliches geschieht auch bei der Reinkarnation: Durch Zusammenziehen und Verdichten des Bewusstseins entstehen physische Körper.

Der Ursprung von allem Leben ist dieser göttliche Geist, dieses reine Bewusstsein. Er ist mit zwei ‹Hauptfunktionen› ausgestattet. Die erste Hauptfunktion des Geistes besteht in der Möglichkeit, alles, was dicht ist, wieder in reines Licht zu verwandeln. Und die zweite Hauptfunktion besteht darin, im Kosmos allerlei Erfahrungen zu sammeln und diese anschließend ‹auszuwerten›. Auf diese Weise kann ein von Gott abgespaltenes Stück Geist ‹wachsen› und zu einem neuen ‹Gott› werden.»

Um ein Beispiel für dieses «Auswerten» von gemachten Erfahrungen zu geben, ergänzt Christina: «Wenn wir nach einer Inkarnation den Körper verlassen und uns danach unseren Lebensfilm ansehen, dann wird uns dabei bewusst, welche Lebenssituation welchen Sinn hatte, warum all das genau so passierte und was wir dabei lernen durften. Dieser Prozess von Verstehen und Erkennen geschieht auf der Ebene des Geistes, denn nur er hat diese Fähigkeit. Darum ist dieses ‹Auswerten› die zweite Hauptfunktion des Geistes.»

Außerdem sagt sie: «Der Geist ist jener Teil des Menschen, der jenseits von Erfahrungen liegt. Er kann ohne Einschränkungen durch die Zeit reisen. Nur der Geist kann etwas aus der Vergangenheit nochmals erleben; er kann sich auch die Möglichkeiten einer Zukunft vorstellen, und er kann die Gegenwart erleben.»

Was ist «Seele»?

Den Begriff «Seele» kann man grundsätzlich in zwei unterschiedlichen Bedeutungen verwenden, und zwar wie folgt:

(1.) Zum einen ist «Seele» ein Synonym für das, was soeben als «Geist» beschrieben wurde. In den meisten spirituellen Traditionen bezeichnet das Wort «Seele» den ursprünglichen göttlichen Funken, der immateriell und ein Teil Gottes ist. In der Sanskritsprache der alten vedischen Weisheitsbücher heißt diese göttliche Energie «Atma», und die Schrift Bhagavad-Gita beschreibt sie als ewig gegenwärtig, als alldurchdringend und unwandelbar; als unzerteilbar, unverbrennbar, unauflösbar und unausdörrbar; als unerkennbar, unausdenkbar und unantastbar. Es gibt nichts, das die Seele zerstören könnte, nicht einmal die alles verschlingende Zeit, ganz zu schweigen also vom physischen Tod. Die Seele ist der innerste Kern eines jeden Lebewesens und als solcher auch die Quelle des Bewusstseins im Körper: Sie ist sich darüber bewusst, Gedanken und Gefühle, Wünsche und Sehnsüchte, Herausforderungen und Probleme zu besitzen. Und sie ist sich auch darüber bewusst, einen feststofflichen und mehrere feinstoffliche Körper zu besitzen. Das Bewusstsein der Seele durchdringt den gesamten physischen und die nichtphysischen Körper und erfüllt diese erst mit Leben. In der Bhagavad-Gita heißt es hierzu: «So wie die Sonne allein das gesamte Sonnensystem erleuchtet, so erleuchtet das eine Lebewesen im Körper den gesamten Körper mit Bewusstsein.»

In dieser ersten Bedeutung des Begriffs *haben* wir Menschen keine Seele, sondern wir *sind* die Seele. Als immaterielle, dimensionslose Seele, als ewiges spirituelles Wesen haben wir uns gegenwärtig in einen dreidimensionalen menschlichen Körper inkarniert, um hier eine menschliche Erfahrung zu machen. Und in ebendieser Bedeutung von «Seele» kann man von «Seelenwanderung» sprechen: Als unvergängliche Seele wandern wir von einem Körper zum anderen, von einem Aufenthaltsort zum anderen, von einem Planeten zum anderen, von einer Dimension zur anderen, um innerhalb der Schöpfung allerlei Erfahrungen zu sammeln und Erkenntnisse zu gewinnen.

Ebenso könnten wir auch sagen: Wir *haben keinen* Geist, sondern wir *sind* Geist. Oder: Wir *haben kein* inneres Licht, sondern wir *sind* das innere Licht. Denn Licht zu sein, Geist zu sein, Seele zu sein – dies ist unsere ewige Identität, jenseits von Raum und Zeit.

(2.) Zum anderen verwendet Christina den Begriff «Seele» in einer zweiten Bedeutung auch für das ätherische Konstrukt, das sich der Geist erschafft, um sich mit Materie zu verbinden und mit Materie zu interagieren.

Sie erklärt: «Da der Geist selbst nicht inkarnieren kann, braucht er zum Inkarnieren ein Fahrzeug: die Seele. Unter ‹Seele› verstehe ich eine Art ätherische Ansammlung, man könnte es auch eine ätherische Konstruktion nennen, die der göttliche

Geist erschafft. Das Universum ist voll von ätherischer Energie, aber diese ist noch formlos und nicht programmiert. Wenn nun der göttliche Funke aus ätherischer Energie ein Konstrukt erschafft, bekommt es erstens eine Form und wird zweitens programmiert. Dieses Konstrukt nenne ich Seele. So schlüpft der Geist in sein Kleid, die Seele, und die Seele wiederum schlüpft daraufhin in ihr Kleid, den Körper. Mit Hilfe dieses Seelenkonstrukts ist der Geist in der Lage, in Materie einzugehen und Materie zu nutzen. Das Seelenkonstrukt besteht aus ätherischer Energie und umfasst unter anderem die verschiedenen Chakra-Energiezentren im Körper. Die Chakras erlauben es dem Geist, sich mit der materiellen Dichte zu verbinden.

In einer Inkarnation kann der göttliche Funke mithilfe der Seele in die Materie eingehen und danach irgendwann auch wieder zu purem Licht werden. Demnach ist Materie nichts Unreines oder Schlechtes. Das ist wichtig zu wissen. Die Materie ist so rein, wie sie nur sein kann, da das Licht, aus der sie besteht, ebenfalls reines Licht ist, das gar nicht reiner sein könnte.»

In dieser zweiten Bedeutung von «Seele» kann man auch von «Seelenplan» und «Seelenweg» sprechen: Für jede dreidimensionale Inkarnation als Mensch existiert im ätherischen Feld der Seelenkonstruktion ein übergeordneter Plan, in dem die einzelnen Stationen des Lebensweges festgelegt sind und nach dem sich die Geistführer und die anderen Mitglieder des geistigen Teams des betreffenden Menschen richten.

In Kapitel 9 von Band 1 erklärt Christina zu diesem Thema: «Die Seele lässt sich nicht mit einer einfachen Definition erklären. Die Seele kann man auch nicht als ‹Organ› oder dergleichen bezeichnen. Vielmehr ist die Seelenenergie im ganzen Körper vorhanden und durchdringt ihn vollständig. Am stärksten nehme ich diese Seelenenergie zwischen Herz und Kehle wahr, und sie widerspiegelt sich als Ganzes in der Aura. Die Seele beinhaltet eine Art ‹Ursprungsenergie› und unter vielem nicht in Worten Erklärlichem auch die Summe aller je gelebten Erfahrungen aus früheren Leben. Es gibt da sozusagen einen ‹Datenchip› mit gespeicherten Erfahrungen, der in jede Reinkarnation mitgenommen und dort mit neuen Daten gefüttert wird.»

13

Inkarnation und Reinkarnation

Wie funktioniert das Inkarnieren?

«Wie genau funktioniert eigentlich das Inkarnieren? Wie kommt der Geist in einen materiellen Körper?», möchte ich von Christina wissen.

Sie erklärt: «Es gibt verschiedene Möglichkeiten, wie der Geist beim Inkarnieren in die Materie eingehen kann, aber jede dieser Möglichkeiten beginnt damit, dass er sich zunächst eine feinstoffliche Seelenkonstruktion macht. Der Beginn einer dreidimensionalen Inkarnation auf der Erde lässt sich somit in zwei verschiedene Phasen einteilen: Die erste Phase findet auf der ätherischen Ebene statt, und die zweite Phase auf der physikalischen Ebene. Während im Universum die feinstofflichen, ätherischen Ebenen bereits existierten, war die physische Ebene noch gar nicht vorhanden. Die dreidimensionale Ebene mit der Möglichkeit, physische Körper anzunehmen, kam erst später dazu. Seit jedoch beide Ebenen parallel existieren, sind sie für alle Wesen zugänglich. Es ist somit auch möglich, seine erste Inkarnation direkt in die physische Ebene hinein zu machen.

Doch bevor sich der Geist physisch inkarniert, muss er zunächst mit ätherischer Energie üben, und zu diesem Zweck erschafft er sich das ätherische Seelenkonstrukt. So lernt der Geist zuerst, sich diesem Seelenkonstrukt anzupassen. Er lernt zum Beispiel, wie man die Seele bewegt und steuert, so dass sie von A nach B kommt. Wenn der Geist dies beherrscht, dann beginnt er seine physische Inkarnation in einer von ihm gewählten Körperform. Er tut dies, um sich selbst auf eine neue Weise zu erfahren und um zu verstehen, dass er nach wie vor göttlich ist, da sein Körper immer noch aus völlig reinem Licht besteht.

In jeder physischen Lebensform gibt es unterschiedliche Erfahrungen zu sammeln. Im Körper einer Pflanze zum Beispiel kann man lernen, das göttliche Licht zu kanalisieren. Im Körper eines Tieres kann man zum Beispiel das Fortbewegen kennenlernen und den Instinkt. Und im menschlichen Körper ist es möglich, Dinge wie Kultur und Spiritualität zu erfahren oder beispielsweise auch zu erkennen, was eine Familie ist, und so weiter. Hierbei gibt es keine festgelegte Inkarnationsreihenfolge. So können wir zum Beispiel nach einer menschlichen Inkarnation im nächsten Leben auch in der Form einer Pflanze etwas Neues dazulernen. Und auch Pflanzen lernen durchaus nicht alle dasselbe. So ist dies alles also sehr unterschiedlich und individuell. Im Universum gibt es keine Schubladisierungen. Es ist immer alles möglich.»

Was ist «Bewusstsein»?

Den Begriff «Bewusstsein» umschreibt Christina wie folgt: «Bewusstsein ist das, was die Seele und den Körper miteinander verbindet. Es ist die Antreibungskraft in jedem Lebewesen und in jeder Schöpfung. Bewusstsein ist außerdem das sichtbare Ergebnis davon, dass ein Körper von einer Seele bewohnt wird. Wenn also ein Wesen Bewusstsein und Lebenssymptome aufweist, dann ist dies der Beweis dafür, dass es beseelt ist, dass eine Seele in ihm wohnt. Das Ergebnis von Bewusstsein sind Gedanken und Gefühle. Alle beseelten Lebewesen haben ein Bewusstsein, haben Gedanken und Gefühle, nicht nur der Mensch, sondern auch jedes Tier, jede Pflanze, jeder Stein und überhaupt alles Erschaffene. Und weil alles ein Bewusstsein hat, kann man theoretisch mit allem kommunizieren.»

Nach diesen Erklärungen von Christina wird mir klar, warum etwa eine Pflanze keinen Lehrer und keine externen Anweisungen braucht, um zum richtigen Zeitpunkt zu wachsen und zu gedeihen. Sie ist über ihr Bewusstsein mit dem «Alles-was-ist» verbunden und bezieht daraus alle erforderlichen Informationen. Ebenso ist es in unserem Körper: Warum weiß eine Leberzelle oder auch jede andere Zelle scheinbar ohne Anweisungen genau, welche konkreten Funktionen sie ausüben soll, wie sie sich selbst regenerieren kann und so weiter? Weil sie über ihr Bewusstsein mit dem «Alles-was-ist» verbunden ist. Warum also sollten wir Menschen nicht auch aus unserem Bewusstsein heraus sinnvoll und konstruktiv entscheiden und handeln können, harmonisch eingebettet ins große Ganze, ohne dabei die Natur um uns herum zu zerstören?

Ein anderes Mal ergänzt Christina zum Thema «Bewusstsein»: «Alles, was existiert, nehmen wir wahr. Die Frage ist nur, ob wir es im aktiven Tagesbewusstsein wahrnehmen oder im Unterbewusstsein. Man kann also unterscheiden zwischen Tagesbewusstsein und Unterbewusstsein. Das aktive Tagesbewusstsein ist der Teil der Realität, den wir genau jetzt bewusst wahrnehmen. Und das Unterbewusstsein ist der Teil der Realität, den wir mit unserer aktuellen Frequenz nicht bewusst wahrnehmen können. Denn bewusst nehmen wir immer nur das wahr, was in derselben Frequenz schwingt wie wir oder unterhalb dieser Frequenz. Was in einer höheren Frequenz schwingt als wir, können wir nicht bewusst wahrnehmen.

Wenn wir unsere persönliche Frequenz erhöhen, wächst der Anteil dessen, was wir nicht nur unbewusst, sondern bewusst wahrnehmen. Durch eine höhere persönliche Frequenz erhöhen wir also unser Tagesbewusstsein, und wir werden uns zunehmend an alles zurückerinnern. Es geht im Grunde genommen nicht darum, etwas Neues zu lernen, sondern es geht darum, uns wieder an etwas immer Vorhandenes zu erinnern und somit den Nebelschleier über unserem Unterbewusstsein zu lichten. Am Ende dieses Prozesses werden wir gar kein Unterbewusstsein mehr haben, sondern voll bewusst sein.»

Im bereits erwähnten Vortrag vom Dezember 2017 greift Christina die Frage «Wann sind wir eigentlich voll bewusst?» erneut auf und erklärt dazu: «Wir sind dann wieder voll bewusst, wenn wir das Unterbewusstsein vollständig verlieren. Wenn wir merken: Es ist alles JETZT. Vergangenheit, Zukunft und Gegenwart – alles findet genau jetzt statt. Um ein Beispiel zu geben: Angenommen, wir falten ein Blatt Papier mehrmals, und eine der dadurch entstehenden Seiten sei die Gegenwart, eine andere die Vergangenheit und wieder eine andere die Zukunft. Wenn wir nun mit einem Zahnstocher hindurch stechen und somit ein Loch entsteht, dann befindet sich dieses eine Loch gleichzeitig auf allen Seiten. Genauso läuft im Grunde alles jetzt ab, ist alles eigentlich am selben Punkt.

Solange wir noch ein Unterbewusstsein haben, bemerken wir dies jedoch nicht bewusst, denn es geschieht eben in unserem Unterbewusstsein. Doch theoretisch könnten wir uns genau jetzt, in diesem Moment, all dessen gewahr sein. Dazu bräuchte es einfach einen Quantensprung. In exakt diesem Prozess steht derzeit die ganze Menschheit. Die Menschen wachen immer mehr auf und werden stetig bewusster. Dieses Bewusstwerden funktioniert eigentlich ganz einfach dadurch, dass wir unsere eigene Frequenz Schritt um Schritt immer mehr nach oben verschieben. Ein wichtiger Aspekt dabei ist die Dankbarkeit sowie eine positive Grundhaltung sowohl sich selbst gegenüber als auch ganz allgemein. Ebenfalls gehört dazu auch das Aufräumen im eigenen Innenleben, denn auch dies erhöht die Frequenz.

Ein ganz zentraler Aspekt ist außerdem die Akzeptanz, denn Akzeptanz ist bekanntlich die Basis jeder Veränderung. Selbstakzeptanz ist maßgeblich dafür verantwortlich, dass sich unsere Frequenz erhöhen kann. Selbstakzeptanz bedeutet, zu sich selber liebevoll zu sagen: ‹Es ist gut so, wie ich bin, und zwar von A bis Z.› Den meisten Menschen fällt dies allerdings schwer, und doch ist es der erste Schritt hin zur bedingungslosen Liebe. Sobald wir uns selbst annehmen und lieben, können wir auch andere annehmen und lieben, und irgendwann hört dann die Personifizierung auf. Alles beginnt bei uns selbst. Diese Selbstakzeptanz lässt unsere Frequenz sofort merklich ansteigen.»

Was ist das «Höhere Selbst»?

Den Begriff «Höheres Selbst» erklärt Christina wie folgt: «Wenn der Geist, der göttliche Funke, sich aus ätherischer Energie eine Seele erschaffen hat, dann entsteht für ihn ein neuer Weg des Erfahrens. Die Seele inkarniert sich jedoch nie als Ganzes in einen physischen Körper, sondern immer nur teilweise. Sie schickt sozusagen Seelenteile von sich in die jeweilige Inkarnation. Das, was im nicht-physischen Raum zurückbleibt und nicht inkarniert, kann man als das ‹Höhere Selbst› bezeichnen. Das Höhere Selbst ist somit eine Art Rückzugsort für den zum Beispiel als Mensch inkarnierten Seelenteil und dient ihm als Anker und als Informationsquelle. Die Seele kann auch gleichzeitig mehrere Seelenteile an verschiedenen Orten inkarnieren lassen, um auf diese Weise in kürzester Zeit viele verschiedene Erfahrungen zu erleben. Dies nennt man dann Parallelinkarnationen.

Je nachdem, welche Erfahrungen Seelen in ihren verschiedenen Inkarnationen schon gemacht und welche Lernprozesse sie schon erfolgreich absolviert haben, verfügen sie über unterschiedlich hohe Frequenzen. Auf diese Weise unterscheiden sich die Höheren Selbste energetisch voneinander.»

Auf die Frage, wie und wo Christina ihr Höheres Selbst wahrnehme, antwortet sie: «Ich persönlich nehme mein Höheres Selbst als eine weiße Lichtkugel wahr. Aber das mag bei anderen Seelen auch ganz anders sein, denn das Höhere Selbst kann sich zeigen, wie es will. Auch wo das Höhere Selbst sich aufhält, also in welchen höheren Sphären und Dimensionen, ist je nach Reifegrad ganz unterschiedlich. Mein Rückzugsort ist derzeit die Sonne.»

Was ist die «Aura»?

Christina erklärt: «Die Aura ist das elektromagnetische Feld um unseren physischen Körper herum. Dieses Feld liegt in einem Teil des Lichtspektrums, den nicht alle Menschen wahrnehmen können. Für manche Menschen ist die Aura also unsichtbar, während sie für andere durchaus sichtbar ist, zumindest zu einem Teil. Das Aura-Feld kann verschiedene Farben beinhalten, und auch seine Form kann unterschiedlich sein. Es ist auch möglich, dass in der Aura zum Beispiel Löcher auftauchen, was ein Hinweis auf eine Besetzung sein könnte. Das heißt im Extremfall, dass die betreffende Person durch eine feinstoffliche Wesenheit, die sich in ihr Aurafeld eingeklinkt hat, komplett fremdgesteuert ist. Unser Aurafeld dehnt sich theoretisch bis in die Unendlichkeit aus. Sie geht also viel weiter als nur bis einen oder zwei Meter um unseren Körper herum. Wie viel von dieser unendlichen Aura jemand wahrnehmen kann, hängt von seiner eigenen Hellsichtigkeit ab.»

Was sind «energetische Körper»?

Christina erklärt: «Wir alle erstrecken uns weit über unseren physischen Körper hinaus auf anderen Frequenzen. Jeder Mensch hat außerhalb seines physischen Körpers verschiedene feinstoffliche Energiekörper, die man zusammenfassend als Aura bezeichnet. Mit anderen Worten: Das, was man ‹Aura› nennt, umfasst zahlreiche unterschiedliche Bereiche, und wenn man die Aura eines Menschen sieht, dann sieht man genau genommen seine verschiedenen Energiekörper. Ich weiß nicht, wie viele Energiekörper es insgesamt gibt, denn jeder sieht logischerweise nur so viele, wie er aufgrund seiner Frequenz und damit seiner Hellsichtigkeit eben sehen kann.

Die verschiedenen feinstofflichen Körper, die um den physischen Körper herum sind, werden vielfach in Form von zwiebelartigen Schichten dargestellt. Das heißt jedoch nicht, dass die Aura die Form einer Zwiebel hat. Die jeweiligen Farben der unterschiedlichen energetischen Körper sind meiner Erfahrung nach nicht festgesetzt. Die einzelnen energetischen Körper brauchen einander. Und beim Tod nimmt man alle seine feinstofflichen Körper mit.

Der erste energetische Körper ist der *Ätherkörper*. Diese Schicht zeigt genau an, wie es unserem physischen Körper gerade geht, denn er ist feinstofflich direkt mit dem physischen Körper verbunden. Wenn auf der physischen Ebene etwas passiert, dann passiert es ebenso auch auf der ätherischen Ebene – und umgekehrt. So kann man im Ätherkörper Krankheiten erkennen, bevor sie sich physisch manifestieren. Und wenn im

Physischen etwas nicht stimmt, dann sieht man das gleiche im Ätherischen. Vollständige Heilung muss daher immer sowohl im physischen Körper als auch im Ätherkörper geschehen. Wenn sich jemand zum Beispiel den Fuß gebrochen hat, so kann auf der physischen Ebene in ein paar Wochen alles wieder gerichtet und gut sein, aber der Ätherkörper um den Fuß herum steht dann immer noch krumm. Denn auch der Ätherkörper muss energetisch gerichtet werden. Eine solche ‹Ätherfußkrümmung› nimmt die betreffende Seele dann in jede Inkarnation mit, bis auch sie irgendwann gerichtet wird.

Der zweite feinstoffliche Körper ist der *Emotionalkörper*. Hier sind unsere Emotionen abgespeichert, und an diesem Körper kann man erkennen, welche Art von Emotionen ein Mensch gerade hat. Wenn jemand Emotionen verleugnet oder unterdrückt, dann zeigt sich dies ebenfalls hier in dieser Schicht. Wenn die Seele die Inkarnation verlässt und im Emotionalkörper noch unverarbeitete Emotionen sind, dann werden diese Emotionen in der nächsten Inkarnation immer noch da sein.

Der dritte feinstoffliche Körper ist der *Mentalkörper*. Genauso, wie im Emotionalkörper unsere Emotionen abgespeichert sind, sind im Mentalkörper unsere Gedanken abgespeichert. Und außerhalb des Mentalkörpers gibt es wie gesagt noch eine Vielzahl weiterer energetischer Körper wie den Astralkörper, den himmlischen Körper, den Kausalkörper und so weiter.»

«Wir sind alle Schöpfer»

Im Dezembervortrag 2017 erklärt Christina, dass jeder einzelne Mensch ein Schöpferwesen und daher wichtig ist. Sie sagt: «Wir sind alle Schöpfer. Wir alle tragen mit der Kraft des Geistes den göttlichen Funken in uns und sind auch befugt, diesen Funken weiterzugeben. Wenn wir etwas Neues erschaffen, wenn wir zum Beispiel einen Topf aus Ton fertigen, dann sind wir Schöpfer und geben unser Bewusstsein in diesen Topf weiter. Deshalb sind in allen Gegenständen auch die Gedanken, Bilder und Emotionen des Erschaffers vorhanden.

Die heutigen Menschen neigen dazu, sich abzuwerten und zu sagen: ‹Ach, wir sind so klein und können nichts.› Aber das stimmt nicht. Das Faszinierende am Menschen ist eben gerade das, dass er sowohl dreidimensional-physisch als auch geistig ist, dass hier beides zusammen gehört. Ein sechsdimensionales Wesen zum Beispiel befindet sich in einer rein geistigen Ebene, aber es ist nicht physisch. Wir als Menschen jedoch haben einen physischen Körper und können zugleich geistig überall umherswitchen. Das ist etwas Spezielles und Außergewöhnliches.

Die Menschheit sollte sich darüber bewusst werden, welchen Stellenwert sie als Zivilisation im Universum hat. Auch wenn wir hier in der Dreidimensionalität sind und alles ein wenig dunkel ist in dieser Welt, so sind die Menschen doch nichts Geringeres als ein Manifestationspunkt des Universums. Der Schöpfer findet es sinnvoll, dass er dies so erschaffen kann. Wenn er es blöd oder sogar sinnlos finden würde – wie es heute viele Menschen sagen: ‹Das Leben ist sinnlos, ich weiß nicht, was ich hier überhaupt tun soll› –, dann würde er, der Schöpfer, es nicht manifestieren.»

14

Unser Energiesystem (Chakras)

In ihrer Beschreibung des Begriffs «Seele» erwähnt Christina, dass das Seelenkonstrukt aus ätherischer Energie bestehe und unter anderem die verschiedenen Chakra-Energiezentren im Körper umfasse. In späteren Gesprächen führt sie dieses Thema weiter aus und erklärt mir das Energiesystem im menschlichen Körper, das man üblicherweise mit dem Begriff «Chakra-System» bezeichnet.

Das Wort «Chakra» stammt – ebenso wie etwa auch die Wörter Karma, Dharma oder Yoga – aus der altindischen Sanskritsprache und heißt wörtlich «Rad, Kreis, Scheibe». Damit ist gemeint, dass sich auf der Ebene unseres ätherischen Körpers verschiedene kreisrunde Zentren feinstofflicher Energie befinden, in denen die Lebensenergie gesammelt, transformiert und verteilt wird. Manchmal werden diese Energiezentren in den indischen Schriften auch als «Padmas» (Lotosblumen) bezeichnet: Genauso, wie sich die ebenfalls kreisrunden Lotosblüten öffnen und wieder schließen können, so können auch die Chakras entweder geöffnet oder geschlossen sein, das heißt sie können entweder vollständig aktiviert oder auch kaum aktiv sein. Chakras sind gleichsam Energietore zwischen der grobstofflichen und der feinstofflichen Ebene des menschlichen Daseins. Die entsprechenden Sanskrittexte beschreiben, dass es im menschlichen Körper tatsächlich Tausende solcher Chakras gibt, dass unter diesen zahlreichen Chakras jedoch sieben Hauptchakras für die Aufrechterhaltung der Gesundheit sowie für die spirituelle Entfaltung von besonderer Bedeutung sind. Diese Hauptchakras sind: (1) Wurzelchakra / (2) Sakral- oder Sexualchakra /

(3) Solarplexus- oder Nabelchakra / (4) Herzchakra / (5) Hals-
oder Kehlchakra / (6) Stirnchakra oder drittes Auge / (7) Kronen-
oder Scheitelchakra.

Dass wir in unserem Körper ein unsichtbares, feinstoffliches
Energiesystem haben, ist für mich durch meine Ausbildung in
Alternativ- und Komplementärmedizin nichts Neues. Dieses
Thema finden wir nicht nur in der indischen Ayurveda-Medizin
beschrieben, sondern beispielsweise auch in der ebenfalls uralten Tibetischen Medizin, in der Traditionellen Chinesischen
Medizin (TCM) sowie in der Traditionellen Europäischen Naturheilkunde (TEN). Schon seit Jahrtausenden haben sich die
unterschiedlichsten Kulturen mit der Frage beschäftigt, wie der
Mensch mit dem Kosmos verbunden und in die Gesamtheit der
Schöpfung und ihrer Gesetze eingebettet ist. Die frühen Hochkulturen wussten in dieser Hinsicht wohl sehr viel mehr als wir
heute, da damals viele Menschen noch über feinstoffliche Begabungen verfügten und bewusst mit den subtilen Ebenen verbunden waren. In den letzten Jahren hat sich erfreulicherweise die
moderne ganzheitliche Medizin immer mehr diesen Bereichen
geöffnet, so dass man mittlerweile ergänzend auch energetische
Therapieformen einsetzt wie etwa Kinesiologie, APM (Akupunkt-
Massage bzw. Akupressur) oder Auriculotherapie (Ohr-Akupressur und Ohr-Akupunktur).

Man geht davon aus, dass unser Körper von einem vielverzweigten feinstofflichen Energiesystem durchzogen wird und
dass durch dieses System feinstoffliche Lebensenergie fließt –
ähnlich, wie auf der physischen Ebene verschiedene Körper-
flüssigkeiten durch ihre jeweiligen Bahnen fließen. Im Ayurveda
wird dieses System «Nadi»-System genannt, und die entsprechenden Energiezentren heißen dort wie erwähnt Chakras. Die
Energie, die durch diese Zentren fließt, heißt im Sanskrit «Prana»
(«Lebensatem, Lebenskraft»). In der Traditionellen Chinesischen
Medizin wird für das Energiesystem der Begriff «Jing-Luo»-System
verwendet, und die Lebensenergie heißt dort «Qi» (auch «Chi»
geschrieben). Als im 17. Jahrhundert erstmals europäische Be-
sucher in China das Jing-Luo-System kennenlernten, erinnerten
sie die entsprechenden TCM-Zeichnungen an die Orientierungs-

linien, wie man sie auf Landkarten und Weltkarten findet. In der Geographie werden die Linien, die auf Karten die Längengrade der Erde darstellen, Meridiane genannt, und so kam es, dass der Begriff «Meridian» seitdem im Abendland auch für das feinstoffliche Energiesystem verwendet wird.

In der Sprache der Alternativmedizin versteht man unter einem Meridian eine energetische Leitbahn, einen feinstofflichen Kanal, durch den Lebensenergie fließt. Die zwölf Hauptmeridiane sind genau lokalisiert und verlaufen ein paar Millimeter unter der Haut. Die tiefer liegenden Energiebahnen folgen nicht mehr einem genauen Verlauf, sondern verästeln sich wie Blutgefäße. Auf den Meridianen liegen die Akupunkte, die bei der Akupunktur mit Nadeln und bei der Akupressur entweder mit Fingerdruck oder mit einem Akupressurstift behandelt werden. Wenn sich eine Hautnarbe direkt auf einem Meridian befindet, kann dadurch der Energiefluss im Körper massiv behindert werden. Deshalb werden Narben in der Naturheilkunde immer möglichst entstört. Liegt eine Narbe direkt auf einem der zwölf Hauptmeridiane, so kann sich durch die Störung des entsprechenden Energieflusses auf diesem Meridian auch ein Krankheitssymptom bilden.

Man nimmt an, dass vor allem die Lebenseinstellung, der Charakter sowie die emotionale Befindlichkeit eines Menschen das Fließen der Lebensenergie beeinflussen. Im positiven Falle wird durch eine optimistische, bejahende Lebenseinstellung, durch emotionale Stabilität und durch das Entfalten von erhebenden Charaktereigenschaften die Lebensenergie ungehindert durch den Körper zirkulieren, so dass dieser vital und gesund bleibt. Im negativen Falle hingegen wird durch eine pessimistische, ablehnende Lebenseinstellung, durch emotionale Instabilität und durch das Ausleben von destruktiven Mustern und Verhaltensweisen der Fluss der Lebensenergie beeinträchtigt, was sich früher oder später auch in körperlichen Symptomen niederschlagen wird. Wenn die Lebensenergie nicht richtig fließen kann, wird auf der physischen Ebene das entsprechende Haut- und Organgebiet unterversorgt, so dass Blockaden oder Störungen auftreten können.

Was mich in der Praxis immer wieder verblüfft, ist die sich rasch einstellende positive Wirkung, wenn man solche energetischen Blockaden auflöst. Dieser sichtbare Erfolg ist wohl ein Hauptgrund dafür, dass heutzutage die energetischen Therapieformen außerordentlich starken Zulauf erfahren. Allein am Ohr des Menschen befindet sich ein ganzes Somatotop, in welchem sämtliche grobstofflichen Organe sowie die feinstofflichen Energiebahnen in Form von Resonanzpunkten abgebildet sind. Das Ohr stellt also den gesamten Körper quasi im Kleinformat dar und weist Hunderte von Akupunkturpunkten auf. Diese werden in der Auriculotherapie mittels Ohr-Akupressur oder Ohr-Akupunktur höchst effizient zur Behandlung von Krankheiten genutzt. Das menschliche Ohr bietet also sowohl eine diagnostische Komponente als auch eine therapeutische.

Soweit sind mir die Zusammenhänge bereits bewusst. Durch Christina erhalte ich nun sozusagen aus erster Hand zusätzliche Informationen zu den Chakra-Energiezentren. Sie sagt: «Erst die Chakras ermöglichen es dem Geist, sich überhaupt mit der materiellen Dichte zu verbinden und innerhalb der physischen Welt zu handeln. Sie sind also ziemlich wichtig.»

Gemäß Christina gibt es weit mehr als die für gewöhnlich im Westen bekannten sieben Hauptchakras. Überdies seien die meisten Chakras nicht innerhalb des Körpers gelegen, sondern befänden sich außerhalb des Körpers im geistigen Feld. Diese geistigen Chakras seien allerdings nur bei hochschwingenden Menschen permanent aktiv. Aufgrund ihrer eigenen Frequenz ist Christina in der Lage, die Chakras und die Energieflüsse bei sich selbst und bei anderen Menschen wahrzunehmen. Sie erklärt, dass die einzelnen Chakras unterschiedliche Lernebenen beinhalten und dass zu diesem Zweck unter anderem auch die gesammelten Erfahrungen aus früheren Inkarnationen in den Chakras abgespeichert seien.

Christina führt aus: «Jedes Chakra des Menschen enthält eine kristalline Bioplasma-Struktur, die in einem fließenden Zustand arbeitet. Es erstreckt sich von der feinstofflichen Antimaterie in die grobstoffliche Materie und öffnet sich oben und unten. Für mich ist dies ebenfalls sichtbar. Manchmal fließt die Energie in einem Chakra in die falsche Richtung. Wenn zum Beispiel im Herzchakra die Energie in die falsche Richtung läuft, dann handelt der Mensch gegen sein eigenes Leben.

Der Ausdruck aller Chakras zeigt sich im persönlichen Energiefeld eines Menschen, das heißt in seiner Aura. Jeder Mensch ist von einem solchen persönlichen Energiefeld umgeben, welches allerdings nur feinstofflich sichtbar ist. Hierbei ist die Logik so, dass unser physischer Körper das Abbild unseres feinstofflichen Energiesystems ist, und nicht, dass die Aura das Abbild unseres Körpers ist. Jedes Chakra hat eine bestimmte Frequenz und damit auch eine bestimmte Farbe. Diese Farbe ist einheitlich sichtbar für alle, die die Aura sehen können. Wenn ein Mensch sich zum Beispiel gerade in einer sehr liebevollen Frequenz befindet und somit ein stark aktiviertes Herzchakra hat, dann ist in seiner Aura ein bestimmtes Grün zu finden, denn grün ist die Farbe des Herzchakras. Wenn ein Mensch hingegen gerade sehr ‹dicht› ist, also wenig offen für Neues und gefangen in verstandesmäßig erlernten Denk- und Handlungsmustern, dann findet sich in seiner Aura vor allem ein bestimmtes Rot, denn rot ist die Farbe des Wurzelchakras.»

In einem anderen Gespräch ergänzt Christina zu den Farben der Aura: «Sofern das Kronenchakra noch nicht offen ist, was bei den meisten heutigen Menschen der Fall ist, besteht die Aura aus sechs verschiedenen Aura-Farbschichten. Jede dieser Schichten ist ein Ausdruck eines körperlichen Chakras, von denen bei vielen Menschen allerdings manche noch nicht voll geöffnet und daher eher unteraktiv sind. Die Farbabstufungen in den einzelnen Auraschichten lassen Rückschlüsse auf die aktuelle körperliche, emotionale und mentale Befindlichkeit des betreffenden Menschen zu. Durch das Lesen und Interpretieren der Aura können also momentane emotionale Zustände und Begabungen sowie auch Blockaden und Konflikte erkannt und konstruktiv bearbeitet werden. Schon bevor sich energetische Blockaden als Krankheit im Körper manifestieren, können sie auf diese Weise identifiziert und aufgelöst werden. Allerdings: Wenn man die Aura eines Menschen interpretiert, so sollte dies nicht wertend geschehen, sondern als Hilfestellung. Die Seele bildet also ihren generellen Zustand in jedem Augenblick über die gesamte Aura ab. Ein im Moment gerade stark aktives Chakra zeigt die aktuelle Lernprozessebene auf.»

Weiter erklärt Christina: «Die heutigen Kinder kommen aufgrund ihrer höheren Schwingung nicht nur mit einem erweiterten Bewusstsein und mit zahlreichen geistigen Begabungen auf die Welt, sondern auch mit deutlich stärker aktivierten Chakras. Dies ist ein natürlicher Schritt in der gegenwärtigen menschlichen Evolution und Transformation, die schon seit Jahrzehnten in Gang ist und die in unserer Zeit ihren Höhepunkt erreichen wird. Auch hier gilt: Je höher das Energieniveau einer Person ist, desto mehr Energiezentren sind schon aktiv oder werden nun aktiviert. Allerdings ist hierbei die Reihenfolge der Chakra-Aktivierung nicht so, dass nach dem ersten Chakra, dem Wurzelchakra, automatisch das zweite Chakra, das Sakralchakra, aktiviert wird und dann das dritte und das vierte und so weiter. Nein, es kann sein, dass ein Mensch zum Beispiel das erste, das dritte und das sechste Energiezentrum aktiviert hat.

Ein aktives sechstes Chakra – das Stirnchakra, das auch als drittes Auge bezeichnet wird – dürfte bei den meisten Kindern der neuen Zeit bereits zur Grundausstattung gehören, mit der sie geboren werden. Daraus ergeben sich dann auch entsprechende Lernprozesse, nämlich erst einmal die unteraktiven Chakras zu aktivieren. Das ist ein großer Lernprozess für diese Kinder, und mit ihm verbunden sind bestimmte Aufgaben. Zum Beispiel: Wenn jemand zwar starke geistige Begabungen aufweist, aber das Wurzelchakra unteraktiv ist, dann fehlt ihm die nötige Erdung und Erdverbindung. Viele flüchten sich dann in geistige Welten, weil die Energie dort sehr schön ist. Aber sie sind ja als Mensch geboren worden, um genau dieses Irdischsein kennen zu lernen und sich diesen Prozessen zu stellen. Zusammenfassend kann man sagen: Der Umgang mit höheren Realitätsebenen wird viel einfacher, wenn sämtliche Chakras stark aktiv sind und wenn keines unteraktiv ist.»

Zur Ergänzung sei in diesem Zusammenhang erwähnt, dass wir später Kinder der neuen Zeit treffen werden, die nicht aus einer parallelen Erdsphäre hierher gekommen sind, sondern aus weit entfernten kosmischen Ebenen. Christina meint dazu: «Für einige dieser Kinder ist dies ihre allererste Inkarnation im 3D-Raum. Sie landen sozusagen von weit außen im Universum direkt hier bei uns. Gerade bei ihnen ist es sehr wichtig, dass sie in dieser ersten Inkarnation lernen, sich gründlich zu erden.»

Was man zum Beispiel tun kann, um die eigene Erdung zu verbessern, erklärt Christina in den Winterseminaren 2017/18 anhand folgender Liste:

- den Körper bewegen (durch Sport, Wandern, Tanzen usw.)
- bewusst barfuß laufen
- Arbeit mit den Händen
- Chakra-Arbeit bei den unteren Chakras (Wurzelchakra oder Erdstern-Chakra)
- sich mit dem Herzen der Erde verbinden
- die Frequenz von Kristallen nutzen
- Glaubensmuster transformieren, welche die Erdung blockieren
- ein Bewusstsein für die Natur entwickeln (erkennen, dass jeder Stein, jede Pflanze, jedes Tier und alles Erschaffene über ein Bewusstsein verfügt und dass die Erde selbst ebenfalls ein lebendiges, kommunikationsfähiges Wesen ist)

Auf die Frage, welche positiven Auswirkungen auf das Leben es habe, wenn ein Mensch auf diese Weise gut geerdet ist, antwortet Christina ebenfalls mit einer kleinen Liste. Sie erklärt: Wenn wir gut geerdet sind, dann ...

... können wir Projekte auf der 3D-Ebene manifestieren;
... sind wir psychisch stabiler und ausgeglichener;
... können wir uns besser konzentrieren;
... sind wir präsenter und können besser im Hier und Jetzt leben;
... stärkt dies unser Urvertrauen;
... profitiert auch unsere physische Gesundheit davon.

Christina erklärt auch: «Je tiefer die Seele in deinem Körper verankert ist, desto höher kannst du springen. Zudem kehrt die Seele dann dank des Ankers wieder zielsicher zurück. Ob die Seele wirklich genug im Körper verankert ist, kann man kinesiologisch austesten.»

In einem späteren Gespräch möchte ich mehr über das Kronenchakra erfahren, das von vielen auch als das «Tor zum Höheren Selbst» bezeichnet wird. Dieses Chakra befindet sich im Unterschied zu den anderen sechs Hauptchakras nicht innerhalb des Körpers, sondern oberhalb des Kopfes.

Christina erklärt: «Mit dem Kronenchakra öffnet sich die bewusste Verbindung zum großen Ganzen, zur göttlichen Einheit, zur immerwährenden Urkraft des Niemals-Endenden. Menschen in diesem hohen Bewusstseinszustand waren in den letzten Jahrhunderten sehr selten, doch im Zuge der aktuellen Evolution gibt es mittlerweile schon sehr viele dieser hochenergetischen Menschen. Viele haben sich diesen Zustand in früheren Leben durch jahrzehntelange Meditationen oder durch das entschlossene Transformieren von Karma hart erarbeitet.»

Anscheinend hat jetzt die Zeit begonnen, in der solche Seelen in großer Anzahl mit bereits aktivem Kronenchakra geboren werden, wie dies auch bei Christina der Fall ist. (In den folgenden Monaten werden wir erleben, dass sich bei Christina noch etliche weitere Chakras außerhalb des Körpers aktivieren.) Viele dieser neuen Kinder haben, wie Christina sagt, in früheren Leben zahlreiche harte irdische Lernprozesse durchlebt und müssten sich theoretisch gar nicht mehr hier auf dem Erdplaneten inkarnieren. Doch sie tun es freiwillig, um mitzuerleben und daran mitzuwirken, wie die Menschheit einen historischen Quantensprung unternimmt. Ich fühle mich privilegiert, dass ich in dieser besonderen Zeit ebenfalls hier auf der Erde anwesend sein und meinen kleinen Beitrag zum großen Ganzen erbringen darf.

15

Einblicke ins Universum

Bereits als Kind ab etwa zehn Jahren konnte Christina unermüd-
lich und mit großer Begeisterung während Stunden über das
Universum referieren – über Sternentore, Wurmlöcher und
Supernoven, über weit entfernte Planetensysteme und Galaxien
einschließlich deren Entstehungsgeschichte, deren jeweilige
Naturgesetze und deren vorherrschende Kultur, über fremde
außerirdische Zivilisationen sowie über bedeutende kosmische
Ereignisse der Vergangenheit und der Gegenwart. Manchmal
kam es mir so vor, als ob sie geradewegs aus dem Geschehen
entsprungen sei und mir nun unmittelbar von ihren neuesten
Erlebnissen, Erfahrungen und Erkenntnissen berichtete. Damals
war ich überzeugt davon, dass sie später einmal in diese Richtung ein Studium absolvieren und dann ihr Wissen über das Universum an andere weitergeben würde. Aber wie es aussieht, entspricht dies nicht dem Kern ihrer Lebensaufgabe.

Auch wenn ich mir verständlicherweise nicht alles merken
konnte, das sie mir über Jahre hinweg immer wieder in stunden-
langen Ausführungen über das Universum eröffnet hat, sind mir
doch markante Aussagen im Gedächtnis geblieben wie etwa:

*«Es gibt nur ein wirklich funktionierendes System, und
das ist das Universum.»*

*«Im Universum ist nichts kompliziert. Es sind die Men-
schen, die es kompliziert machen.»*

*«Die Erde ist die Schule, das Universum die Hoch-
schule.»*

«Liebe ist das, was im Universum unbegrenzt vorhanden ist, eine Ursubstanz, die die Basis von allem ist, was ist.»

«Der göttliche Geist ist der Ursprung allen Seins. Es ist dieses Bewusstsein, das Lichtenergie formt und materialisiert. Vereinfacht könnte man sagen, dass diese wunderbare Erde ursprünglich aus einem sehr kreativen Gedanken entstanden ist.»

Oder auch dieses Zitat, das bereits in der Einleitung zu Band 1 angeführt wurde: «Göttliche Intelligenz und fühlendes Bewusstsein existierte weit vor der Entstehung der Erde. Bewusstsein ist der Motor, die Antreibungskraft einer jeden Schöpfung. Es ließ Materie, Antimaterie und unzählige Universen entstehen. Die Planeten in unserem Sonnensystem, die Sterne und sogar der leere Raum dazwischen – alles ist erfüllt von Leben und Bewusstsein. Dreidimensionales Leben ist universell gesehen als Ausnahme zu betrachten, nicht als Regel.»

Im vorliegenden Kapitel möchte ich einige von Christinas zahlreichen Informationen über das Universum sowie über seinen Aufbau und über seine Gesetze wiedergeben. Es handelt sich dabei um stark reduzierte Zusammenfassungen dessen, was sie mir in den vergangenen fünf, sechs Jahren in unzähligen Gesprächen dargelegt hat. Insgesamt lässt sich wohl sagen, dass sie während dieser Zeit über kein anderes Thema ausführlicher referiert hat als über dieses.

Die nachfolgenden Aussagen sind thematisch geordnet, nicht chronologisch. Einige sind aus dem Sommer 2015, mehrheitlich aber stammen sie aus der Zeit zwischen November 2015 und Ende 2016. Oft war ich verblüfft bis sprachlos bei den Ausführungen der Jugendlichen, denn vieles von dem, was sie sagt, liegt weit über dem Stand der heutigen Wissenschaft und Forschung. Die meisten zeitgenössischen Naturwissenschaftler halten nach wie vor an einem dreidimensionalen, materialistischen Weltbild fest, wodurch sie sich selbst unnötigerweise einschränken und sich freiwillig vor höherdimensionalen Wirklichkeiten und Erkenntnissen verschließen. Heute sind es erst einige vereinzelte Pioniere innerhalb der naturwissenschaftlichen Welt, die offen sind für ein erweitertes Bewusstsein und damit für eine erweiterte Sichtweise der Realität. Aber bei zukünftigen Generationen von Wissenschaftlern und Forschern wird sich dies mit Sicherheit ändern, da sie ja aus den heutigen Kindern der neuen Zeit bestehen werden.

Die Weiten des Kosmos
und die göttliche Geometrie

In einem unserer Gespräche gibt mir Christina einen kleinen Einblick in die Entstehungsgeschichte und in die Größe des Kosmos, wie sie sie aus ihrer Sicht wahrnimmt.

Sie sagt: «Ursprünglich gab es eine Ur-Zentralsonne und sieben Ur-Planeten mit je einer Zivilisation. Innerhalb von Milliarden von Jahren entstanden daraus bis heute insgesamt sieben Superuniversen. Jedes dieser Superuniversen besteht aktuell aus rund 100'000 Universen; damit existieren zur Zeit leicht abgerundet etwa 700'000 Universen, die man sich jeweils wie eine riesige Seifenblase vorstellen kann. Ein Universum wiederum besteht aus Milliarden von Galaxien. Üblicherweise sind diese Galaxien spiralförmig; sie bewegen sich durchs Universum und werden durch die Schwerkraft und die Fliehkraft zusammengehalten. Auch unsere Milchstraße ist eine solche spiralförmige Galaxie, und in dieser Milchstraße befindet sich unser Sonnensystem. Genau genommen befindet sich unser Sonnensystem auf einem Seitenarm unserer Galaxie. Jedes Universum gleicht also einer riesigen, sich bewegenden Seifenblase, und in jedem Universum gibt es wiederum eine Vielzahl an unterschiedlichen Dimensionen und Verdichtungsebenen. Der Ausdruck der göttlichen Symmetrie erstreckt sich jedoch nicht allein auf den Makrokosmos, sondern zieht sich bis hinein in den Mikrokosmos, bis in jede kleinste Körperzelle jedes Lebewesens.»

Zur dieser göttlichen Symmetrie oder heiligen Geometrie sagt Christina in einem anderen Gespräch:

«Liebe ist die selbstorganisierende Intelligenz, die im ganzen Universum stets hinter den Kulissen vorhanden ist.»

Und weiter: «Das Universum ist also erfüllt von einer der makellosen Klarheit geweihten, empfindungsfähigen Energie namens Liebe. Diese göttliche Energie steuert sich selbst und ist in der Lage, sich anzupassen, um auf diese Weise dem entgegenzuwirken, was wir als Negativität betrachten. Sie ist imstande, sich jederzeit auf die vollkommene Aufrechterhaltung ihrer komplexen symmetrischen Vorlage auszurichten.»

«Gibt es denn noch etwas außerhalb all dieser vielen Universen»?, frage ich Christina bei anderer Gelegenheit. Sie antwortet: «Am Ende des für mich wahrnehmbaren Teils des Universums spüre ich so etwas Ähnliches wie eine Wand. Ich vermute, dahinter erstreckt sich eine nochmals völlig andere Realität.»

Schwarze Löcher, weiße Löcher und Wurmlöcher

Freudig referiert Christina weiter über den Aufbau des Universums: «In jeder Galaxie existieren viele kleinere und größere sogenannte schwarze Löcher, die aus Protonen bestehen. Sie sind sozusagen die Abfalleimer der Galaxie, denn dort wird Materie zersetzt und wieder in reine Energie umgewandelt. Die moderne Wissenschaft ist mittlerweile imstande, diese schwarzen Löcher zu erkennen. Es existieren übrigens auch weiße Löcher, Mama. Sie sind sozusagen das Gegenstück zu den schwarzen Löchern, und sie bestehen nicht aus Protonen, sondern aus Elektronen. Während in einem schwarzen Loch Materie zersetzt wird, wird in einem weißen Loch etwas ausgespuckt. Ein solches weißes Loch hebt sich für mich sichtbar farblich ab: Das Universum ist schwarz, aber die weißen Löcher sind weiß, so dass sie deutlich wahrnehmbar sind.»

Ein andermal ergänzt sie hierzu: «Auch die Sterne nehme ich verschiedenfarbig wahr. Es gibt grüne Sterne, rote, blaue, weiße oder gelbe. Unsere Sonne zum Beispiel ist gelb. All die vielen Sterne, die wir nachts am Himmel sehen, sind Sonnen, um die sich jeweils Planeten und Mondtrabanten formieren. Die schwarzen Flecken auf der Oberfläche unserer Sonne sind übrigens Eingänge ins Innere der Sonne. Denn auch dort gibt es, wie überall, Leben.»

Diese Information ist für mich ebenfalls neu und überraschend. Leben auf der Sonne? Woher weiß Christina solche Sachen, und wie kann sie sich da so sicher sein? Sie scheint ohnehin eine besondere Verbindung zur Sonne zu haben, aber es wird noch eine ganze Weile dauern, bis sich uns offenbaren wird, warum dies so ist.

Ich frage Christina weiter: «Und was genau versteht man unter einem Wurmloch?», denn diesen Begriff hatte sie zuvor schon einmal erwähnt.

Sie antwortet: «Ein Wurmloch ist eine Krümmung im Raum. In einem Wurmloch wurde die Zeit zerrissen, so dass dort kein einziges der früheren Naturgesetze mehr gültig ist. Dieser Raum ist mit Energie vollgepumpt und stellt eine Art Portal dar. Ein Wurmloch ist für mich sichtbar als ein Farbenkollaps, und dort herrscht eine hochenergetische Strahlung. Es ist sozusagen eine Abkürzung durch den Raum, um in Sekundenschnelle von A nach B zu gelangen. Hier überleben allerdings nur hoch entwickelte Wesen mit ihren speziellen Raumschiffen. Sehr hoch entwickelten Zivilisationen ist es sogar möglich, Wurmlöcher selbst zu erstellen und den Ort dafür so zu konstruieren und zu kontrollieren, dass sie mit ihren Raumschiffen schnellere Reisemöglichkeiten haben.»

Ich bin beeindruckt, muss allerdings zugeben, dass dies alles für mich ziemlich schwer zu fassen und zu verarbeiten ist.

Alles ist beseelt und bewusst

In einem späteren Gespräch erläutert Christina: «Jeder Planet, jeder Stern, ja sogar ganze Galaxien verfügen jeweils über eine individuelle Seele und über ein persönliches Bewusstsein. Auch haben sie alle einen eigenen Seelenplan und damit verbunden eine bestimmte Lebensaufgabe, genauso wie jeder einzelne Mensch. So ist jeder Planet und jede Sonne ein individuelles göttliches Wesen.

Du kannst dir das etwa so vorstellen, Mama: Dein Körper ist, wie du weißt, ein komplexes Gebilde, in dem ganz viele Zellen, Organe und Organsysteme zusammen funktionieren müssen, damit der Körper überhaupt lebensfähig ist. Genauso ist auch das Universum aufgebaut. Es besteht aus vielen einzelnen Bestandteilen, aus Sternen, das heißt Sonnen, um die sich Planeten und Monde formieren, und daraus gehen diverse Lebensformen hervor, bis hin zur kleinsten lebenden Zelle. Alles ist beseelt und bewusst, und jeder Teil hat eine ihm zugewiesene Aufgabe, damit das große Ganze funktionieren kann. Das gesamte Universum hat eine Struktur, eine göttliche Ordnung, und alles steht in einem ständigen informativen Austausch miteinander.»

Die Erschaffung und Rücktransformation der Erde

Wie Christina immer wieder betont, wirkt jeder einzelne Mensch, ja jedes einzelne Geschöpf im Kosmos mit seinem Bewusstsein ständig an einem fortwährenden, nie endenden Schöpfungsprozess mit. Mit unseren Gedanken und Gefühlen, mit unseren Wünschen und Träumen sowie natürlich auch mit unseren Worten und Taten setzen wir kontinuierlich die Schöpfung fort und bereichern sie durch unseren jeweiligen kreativen Beitrag. Dabei hängt der Einfluss, den ein Lebewesen auf die Schöpfungsprozesse nehmen kann, zum einen davon ab, wie hoch seine Frequenz und demzufolge wie stark seine Gedankenkraft ist, und zum anderen davon, ob seine Wünsche mit seinem persönlichen Seelenplan und mit den universellen Gesetzen und Spielregeln übereinstimmen. Wenn ein Wesen über eine sehr hohe Frequenz und Schöpferkraft verfügt, und wenn der universelle Plan es so vorsieht, dann kann dieses Wesen sogar ganze Planeten erschaffen.

Zur Entstehung der Erde sagt Christina: «Wie die Erde entstanden ist, kann man mit Worten der menschlichen Sprache nicht ausreichend ausdrücken. Aber verkürzt und übersetzt in die dritte Dimension könnte man sagen: Die Erde ist durch einen sehr kreativen göttlichen Gedanken erschaffen worden. Beim sogenannten Urknall zerrissen drei Kräfte die Singularität. Plasma hatte unser Universum umschlossen. Dann kam die sogenannte Gravitation. Sie ist so viel schwächer als andere Lebenskräfte. Die Gravitation stammt wie das Leben nicht von dieser Welt, und doch existiert sie hier. Man sagt, sie fließe in unser Universum, entstamme jedoch einem anderen.»

Christina führt weiter aus, dass unsere Erde rund 50 Milliarden Jahre alt sei. Ursprünglich sei sie als ein Zwillingsplanet im Orion-System erschaffen worden und habe während der ersten 30 Milliarden Jahre auch dort im Orion-System existiert. Bei der Erschaffung unseres Sonnensystems habe man die Erde dann nach 30 Milliarden Jahren aus dem Orion-System hierher verlegt, und so sei sie seit mittlerweile rund 20 Milliarden Jahren ein Planet unserer Sonne.

Obwohl unser Planet Erde bloß einer winzigen Stecknadel im kosmischen Heuhaufen inmitten von Milliarden von Planeten gleiche, genieße diese Erde ob ihrer vielfältigen Natur und ihrer besonderen Schönheit doch einen Sonderstatus. Denn viele andere Planeten bestünden lediglich aus Gas, aus Eis oder aus Staub und seien nicht imstande, eine solche Vielfalt an Natur und an unterschiedlichen Wesen hervorzubringen wie die Erde. Das heiße jedoch nicht, dass auf jenen anderen Planeten kein Leben existiere, aber eben bloß kein so schönes und vielfältiges wie hier. Doch nicht nur ihre Schönheit mache unsere Erde besonders, sondern auch die Tatsache, dass sie sich gerade in einem riesigen Transformations- und Evolutionsprozess befinde – ein Ereignis, das aus höherer kosmischer Sicht betrachtet ein faszinierendes Spektakel darstelle.

Wie Christina später ergänzt, kommen gegenwärtig genau deshalb zahlreiche höherdimensionale Wesen von überall im Universum hierher in die Nähe der Erde, um als Zuschauer diesem Spektakel beizuwohnen. Denn die aktuelle Transformation der Erdenmenschheit sei keine gewöhnliche, sondern etwas ganz Besonderes, da sie einen äußerst seltenen Quantensprung aus der Gefangenschaft tiefster Dunkelheit und Negativität in die Freiheit des selbstbestimmten Lebens im Einklang mit dem göttlichen Schöpfungsplan beinhalte. Einigen wenigen Glücklichen unter den Zuschauern gelinge es sogar, sich einen der begehrten Plätze nicht nur im Zuschauerraum, sondern direkt auf der Bühne zu ergattern und somit als inkarnierter Mensch aktiv am Geschehen auf der Erde mitzuwirken.

So habe ich das noch nie gesehen: Die Inkarnation als Mensch auf der Erde als außergewöhnlicher Glücksfall, da es in dieser Phase der Erdgeschichte viel weniger 3D-Plätze zu vergeben gibt als es Interessenten oder Bewerber dafür gibt. Und ich habe, wie es aussieht, irgendwie das Glück gehabt, eines dieser begehrten «Inkarnationstickets» zu ergattern.

Materie und Antimaterie
(Grobstofflichkeit und Feinstofflichkeit)

In einem unserer vielen Gespräche erwähnt Christina: «Materie und Antimaterie formen verschiedene Arten von Paralleluniversen und Parallelplaneten. Diese parallelen Universen und Planeten haben in parallelen Zeitlinien eine ähnliche, aber nicht genau die gleiche Geschichte. Sie sind unterschiedlich groß, und es gelten dort unterschiedliche Naturgesetze.»

Ich bitte sie um eine Erklärung dieser beiden Begriffe «Materie» und «Antimaterie», und sie antwortet: «Materie könnte man als das definieren, Mama, was du mit deiner dreidimensionalen Sichtweise wahrnehmen kannst. Nach dieser Definition besteht unser Universum nur gerade zu etwa 4 % aus Materie. Darum sagte ich, dass materielles, dreidimensionales Leben universell gesehen als Ausnahme zu betrachten ist, nicht als Regel. Denn der ganze Rest des Universums besteht aus Antimaterie. Unter Antimaterie verstehe ich alles, was nicht grobstofflich und dreidimensional, sondern entweder feinstofflich und höherdimensional oder aber derart fein ist, dass es nicht mehr dimensional beschrieben werden kann. Stell dir vor: Im Universum leben tatsächlich feinstoffliche Wesen, denen nicht bewusst ist, dass es überhaupt Materie und dreidimensionale Lebewesen gibt, genauso wie es den meisten heutigen Menschen ebenfalls nicht bewusst ist, dass feinstoffliches Leben existiert.

Wie gesagt besteht der überwiegende Teil des Universums aus Antimaterie, also aus feinstofflichen, dreidimensional unsichtbaren Energien. Innerhalb der Antimaterie findet man zum Beispiel Bioplasma, das heißt, die Körper vieler höherdimensionaler Lebewesen bestehen aus Bioplasma. Diese Bioplasma-Lebewesen verfügen über einen sehr feinen Körper und über besondere Chakra-Energiezentren. Man findet sie übrigens auch im Plasmastrom, der durch die Erde fließt. So gibt es also etwas, das man ‹Antimaterieplasma› oder feinstoffliches Plasma nennen könnte. Es besteht aus Teilchen, die man ‹Anti-Elektronen› und ‹Anti-Protonen› nennen kann, und in diesem Antimaterieplasma fließen auch Phänomene wie ‹Antimagnetik› und ‹Antielektronik› umher. Es ist ein riesiges Netz aus Energie, welches die 3D-Erde mit den feinstofflichen Parallelerden verbindet. Diese Verbindung geschieht auch durch das kurze Auftauchen von schwarzen und weißen Löchern.»

Ein anderes Mal betont sie: «Die feinstoffliche Antimaterie ist für das grobstoffliche Dasein lebenswichtig. Denn unser Kernbewusstsein, unser Höheres Selbst, befindet sich im antimateriellen Raum, und so sind wir als inkarnierte Menschen immer mit diesem antimateriellen Raum verbunden. Allerdings besteht unser Kernbewusstsein selbst nicht aus Antimaterie, sondern ist göttlicher Geist. Unsere Kernentstehung ist nicht Materie und auch nicht Antimaterie, sondern ein göttlicher Gedanke. Das ist ein großer Unterschied.»

Und: «Durch die Linse der Antimaterie sind höherdimensionale Lichtwesen, aufgestiegene Meister und so weiter oder auch Elementarwesen mit der dreidimensionalen materiellen Welt verbunden. Auch bei uns Menschen gibt es einen antimateriellen Teil, nämlich den Ätherkörper. Unser Ätherkörper ist gleichsam die Schnittstelle zur Antimaterie. So gesehen kann man durchaus sagen, dass Menschen eigentlich Hybridwesen sind, also

Mischformen. Denn die Menschen sind sowohl aus Materie als auch aus Antimaterie gemacht und haben sich genau genommen vollständig aus der Antimaterie entwickelt.»

Plasma: der vierte Aggregatzustand

In ihren Ausführungen hat Christina öfters die Begriffe «Plasma» und «Äther» erwähnt. Da ich diese Begriffe nicht einzuordnen weiß, möchte ich mehr darüber erfahren. Auf meine Bitte hin schreibt Christina eines Tages nach dem Mittagessen, während ich mich gerade draußen bei den Tieren aufhalte, auf dem Laptop eine ganze A4-Seite darüber auf. Bevor sie wieder zur Schule fährt, sagt sie: «Mama, auf dem Küchentisch liegt noch eine Information für dich.»

Darin erklärt Christina Plasma wie folgt: «Unsere Erde ist von einer Schicht umgeben, die von den Wissenschaftlern als Magnetosphäre bezeichnet wird, das heißt als Raum, in welchem das Magnetfeld der Erde wirkt. In dieser Magnetosphäre befinden sich unter anderem geladene Materieteilchen, die man Plasma nennt. Manche nennen dieses Plasma-Gebilde auch ‹Dunkle Materie›. Das ist zwar nicht exakt dasselbe, aber der Einfachheit halber können wir es hier gleichsetzen. Dieses Plasma ist dreidimensional nicht direkt sichtbar, es gibt keine Strahlung ab und ist mit der heute bekannten Technologie nicht messbar. Aber nichts im Universum besitzt keine Aufgabe, folglich hat auch das Plasma eine Funktion. Es erstreckt sich sogar über jede Realitätsebene des gesamten Universums. In einem Universum gibt es ja zahlreiche verschiedene Verdichtungsebenen, das heißt Dimensionen mit ihren jeweiligen Unterdimensionen, und überall ist Plasma zu finden.

Manche Naturwissenschaftler anerkennen Plasma mittlerweile als vierten Aggregatzustand nebst den klassischen drei: fest, flüssig und gasförmig. Eigentlich ist es etwas komplexer, denn innerhalb von Plasma gibt es wiederum etliche verschiedene Aggregatzustände. Aber auch hier können wir der Einfachheit halber sagen: Stoffliche Materie kann nicht nur in drei, sondern in vier unterschiedlichen Zuständen auftreten: fest, flüssig, gasförmig und plasmaförmig. Plasma existiert sowohl in der grobstofflichen Materie als auch in der feinstofflichen Antimaterie. Genau genommen stellt Plasma im Universum die wohl häufigste Energieform dar.»

«Was geschieht denn auf der Ebene dieser Plasma-Energie?», frage ich später.

Christina antwortet: «Plasma hat die Fähigkeit, sich zu einer Art Faden zu formen, und solche Plasmafäden können sich untereinander verbinden. Telepathie oder Präkognition sind im Grunde nichts anderes als Nebenerscheinungen, die auftreten, wenn sich Plasmafäden verbinden. Man könnte es in etwa vergleichen mit dem Nervensystem in unserem Körper, das die Aufgabe hat, Signale aufzunehmen und Informationen weiterzuleiten. In ähnlicher Weise gibt es auch im Universum riesige kosmische ‹Netzwerke›, um Informationsströme zu leiten. Über diese Kanäle werden ununterbrochen Informationen verschickt, und jeder Stern und jeder Planet ist über dieses kosmische Netz mit allen anderen Objekten im Universum verbunden und im Informationsaustausch. Der Austausch geschieht über verschiedene Wege, und einer davon ist das Plasma, das als Leitung und Verbindung dient. Das Plasma-Netzwerk ist nicht an die jeweiligen planetaren Gesetze gebunden, sondern an das übergeordnete kosmische Gesetz. Man könnte dieses kosmische Netz auch als das ‹Gehirn Gottes› bezeichnen, oder man nennt es einfach das ‹Alles-was-ist›.»

Das Äther-Element: die «Quintessenz»

Auch der von Christina immer mal wieder benutzte Begriff «Äther» hat mein Interesse geweckt, so dass ich zunächst allein einige Recherchen dazu anstelle.

Ich erfahre dabei, dass in früheren Jahrhunderten etliche Wissenschaftler und Philosophen den Äther als eine unsichtbare Substanz oder als ein noch unerforschtes Element beschrieben, innerhalb dessen sich vermutlich das Licht ausbreite. Da aber die Existenz dieses Elementes bisher dreidimensional nicht nachgewiesen werden konnte, bezweifeln die meisten zeitgenössischen Physiker, dass es so etwas wie das Äther-Element überhaupt gibt, und so gilt die Äther-Hypothese heute als wissenschaftlicher Irrglaube. Statt dessen wurde zu Beginn des 20. Jahrhunderts mit der sogenannten «speziellen Relativitätstheorie» durch Albert Einstein ein alternatives Konzept entwickelt. Einsteins Theorie wurde später mit anderen Modellen wie etwa der Quantenmechanik verschmolzen, so dass die Äther-Theorie in den vergangenen Jahrzehnten immer weniger Beachtung fand.

In den Wissenschaften der frühen Hochkulturen hingegen gehört das Äther-Element zu einem festen Bestandteil des Weltbildes. Die vedischen Schriften Indiens etwa zählen insgesamt fünf materielle Elemente auf, nämlich: Erde, Wasser, Feuer, Luft und Äther. Das Äther-Element wird dabei als Verbindung zwischen den vier grobstofflichen, physikalischen Elementen einerseits und den darüber schwingenden geistigen Ebenen und Energien andererseits beschrieben und spielt beispielsweise in der Ayurveda-Medizin eine bedeutende Rolle. In der Sanskritsprache heißt dieses Element «Akasha», weshalb Rudolf Steiner vor über hundert Jahren die universelle Wissensbibliothek wohl auch bewusst «Akasha-Chronik» genannt hat. Der Sanskritbegriff Akasha wird in der Fachliteratur manchmal auch mit «leerer Raum» übersetzt, da das Äther-Element sozusagen das Gefäß oder den Raum bietet, innerhalb dessen die vier stofflichen Elemente Erde, Wasser, Feuer und Luft existieren. Der Äther jedoch existiert unabhängig von diesen vier groben Elementen; zum einen umgibt er alle anderen Elemente, und zum anderen durchdringt er sie auch.

In der europäischen Kulturgeschichte finden sich ebenfalls bemerkenswerte Theorien über das Äther-Element. Angefangen bei altgriechischen Philosophen wie Pythagoras und Aristoteles über einige führende Denker der Aufklärung bis hin zu neuzeitlichen Forschern wie Nikola Tesla beschäftigte man sich eingehend mit diesem rätselhaften fünften Element. Der in unserer Umgangssprache geläufige Ausdruck «Quintessenz», der das

Wesentliche und Entscheidende einer Sache beschreibt, heißt ja wörtlich «die fünfte Essenz» und bezieht sich explizit auf das Äther-Element.

Als ich Christina darauf anspreche, meint sie, dass es der modernen Physik wohl deswegen noch nicht gelungen sei, die Existenz des Äthers nachzuweisen, weil die meisten Physiker in den vergangenen einhundert Jahren im Schatten von Albert Einstein standen. Mehrheitlich habe sich die Physik an seinen Theorien orientiert, obwohl auch er – als unbestritten einer der klügsten Köpfe des 20. Jahrhunderts – gewisse Denkfehler gemacht habe. Christina sagt, sie würde sich wünschen, dass die zeitgenössischen Physiker sich mehr trauen würden, aus Einsteins Schatten herauszutreten und wieder neu und unbefangen zu denken zu beginnen, statt blindlings seinen Theorien zu vertrauen. Es gebe da schon den einen oder anderen Punkt, den man kritisch hinterfragen könne, um die Wissenschaft um die nächsten anstehenden Schritte voran zu bringen. Was heute wünschenswert und auch notwendig sei, seien mutige Querdenker, die sich nicht scheuen, Naturwissenschaft mit Spiritualität zu verbinden, um auf diese Weise ihr Bewusstsein für die Multidimensionalität der Realität zu öffnen.

Wir schauen uns im Internet gemeinsam einige Bilder über das Äther-Element an, und Christina merkt an, sie seien ihrer Einschätzung nach ziemlich wirklichkeitsgetreu. Sie nimmt den Äther nämlich als eine ‹punktartige Energie› wahr, die sich deutlich vom dunklen Raum abhebt. Als ich Christina um eine Definition von Äther bitte, schreibt sie wiederum auf dem Laptop kurzerhand über eine ganze A4-Seite auf.

Sie schreibt: «Der Äther umgibt uns. Er ist eine feine Art von Energie, die alles durchfließt. Dank dem Äther gibt es Schwerkraft, denn Masse zieht Äther an. Weil die Masse den Äther anzieht, entsteht eine Art Kraftfeld, das uns fest auf der Oberfläche der Erde hält (Gravitation).

Nennen wir ein Äther-Teilchen mal ‹Omni›. Ein solches Omni besteht aus einem positiven A-Kern (genannt Omnion) und einem negativen Kern (genannt Omnitron), der weniger als zehn Elektronen aufweist. Normalerweise ist ein Omni neutral und im

Gleichgewicht. Und weil das Omni so klein ist und Neutralität besitzt, kann es leicht durch Festkörper hindurch gehen. Es verhält sich wie Feststoffe in Bezug auf hochfrequente elektromagnetische Strahlung gewisser Bereiche. Und wie Wasserstoff hat das Omni wegen der Kompressibilität gewisser Magnetfelder eine gewisse Elastizität. Es ist also ein elastischer Stoff.

Wegen seiner geringen Größe kennt man dieses Teilchen in der Naturwissenschaft bisher nicht. Aber der sogenannte ‹leere Raum› ist in Wahrheit gefüllt mit diesen Omni-Dingern. Der interstellare ‹Raum› ist äquivalent zu einem Vakuum mit wenig gasförmiger Materie, wie ein Lenard-Rohr, in dem Omni-Ladungen die Bewegung im interstellaren Raum nutzen, um leitfähig zu werden. Dies geschieht entlang von magnetischen Kraftlinien, auf denen sich diese Omni-Teilchen bewegen.

Eigentlich ist alles miteinander verwoben und besteht aus Wellenmustern und Energiefeldern. Zum Beispiel Radiowellen, weißes Licht, Röntgenstrahlen und so weiter, sie alle benutzen den Äther als Medium. Äther ist viel feiner als alles andere, doch er kann mit der grobstofflichen Materie in Verbindung treten. Aus dem Äther kann man auch Energie gewinnen, indem man ihn anzieht. Der Äther durchfließt auch unseren Körper. Wenn wir uns bewegen, verursachen wir eine Störung im Äther. Materie absorbiert also Äther-Strahlung, und durch diese Absorption entsteht ein Kraftfeld. Der Äther ist zwar elektrisch neutral, er hat aber dennoch elektromagnetische Eigenschaften. Für Antigravitationsfelder muss man den Äther vom gewünschten Bereich entfernen, da der Äther die Schwerkraft ist, die uns am Boden hält.

Der ‹leere Raum›, der in Wirklichkeit voller Omni-Teilchen ist, wird omnidirektional, das heißt in alle Richtungen interpretiert durch eine sehr feine Strahlung, die normalerweise im Gleichgewicht ist. Diese Strahlung nennt man Nullpunktstrahlung, und sie zwingt die Elektronenwolke der atomaren Materie, die Illusion von Elektrobahnen zu erzeugen. Diese Bahnen sind in elektronischen Wolken umgeben von Atomen und Molekülen. Materie ist ständig mit solchen Elektronenwolken verbunden. Weil eine Ladung ja Strom ist, sind diese Wolken so etwas wie Ströme. Die

Kraft hinter diesen Strömen ist die Bewegung, die einheitlich ist. Jede Veränderung kommt aus der Nullpunktstrahlung.»

Ich gebe zu, dass ich nicht alle Einzelheiten in diesem Text verstanden habe. Zudem kann ich die drei Begriffe «Omni», «Omnion» und «Omnitron», die Christina hier verwendet, in dieser Bedeutung sonst nirgendwo finden.

Noch schwerer zu fassen ist die daran anschließende Erklärung, wie sich Raumschiffe mithilfe des Äther-Elements bewegen. Christina schreibt: «Es braucht zwei starke Magnetfelder, von denen sich Magnetfeld 1 in die entgegengesetzte Richtung von Magnetfeld 2 dreht. Diese Drehung wird durch ein ‹Thros› mit Quecksilber gefüllt. Die Drehung dieses ‹Zeoms› erschafft ein magnetisches Feld mit dem Effekt der Schwerelosigkeit. Dieses Torsionsfeld dreht sich schnell und sorgt so dafür, dass der Äther um das Raumschiff fließt, anstatt wie normal durch das Raumschiff.»

Die vier Elemente und das Wesen von Energie

In einem weiteren Gespräch erwähnt Christina die Elemente, aus denen unser Universum besteht.

Sie sagt: «Elemente sind sozusagen die Qualitäten eines Universums. Alle vier grobstofflichen Elemente entstanden aus dem Äther-Element. Zuerst kam das Feuer, danach das Wasser, und aus diesen beiden entstand die Luft. Aus der Wechselwirkung von diesen drei Elementen entstand das vierte Element Erde.»

Ich bitte Christina, mir aus ihrer Sicht noch etwas mehr zu den einzelnen Elementen zu sagen, und so zählt sie einige Eigenschaften der vier grobstofflichen Elemente auf.

Sie beschreibt: «Das Element Feuer existierte als erstes. Es steht für Hitze, für Trockenheit und für Erweiterung; man könnte dies auch ‹elektrisches Fluid› nennen. Zum aktiven Pol des Feuer-Elements gehört das Erzeugende, Erschaffende und Lebensspendende. Zum passiven Pol gehört das Zerstörende und Zersetzende.

Das Element Wasser kam als zweites. Es steht für Kälte, für Feuchtigkeit und für Zusammenziehung; man könnte dies auch ‹magnetisches Fluid› nennen. Auch beim Wasser-Element ist der aktive Pol lebensspendend und schaffend. Und der passive Pol ist gärend, zersetzend und zerteilend.

Das Element Luft entstand aus Feuer und Wasser. Es bildet den Ausgleich zwischen den beiden Polen, es kann anziehen und abstoßen, und es steht für Hitze sowie für das Geben und Nehmen von Leben. Der aktive Pol des Luft-Elements spendet Leben, und der passive Pol vernichtet es.

Das Element Erde entstand aus den anderen drei Elementen, und es gibt den anderen drei überhaupt erst ihre Form. Erde ist auch das Element der Erstarrung.»

Ein andermal ergänzt Christina zum Thema Energie: «Das Wort ‹Energie› beschreibt zunächst eine fluide, mental-astrale Substanz. Durch den Willen eines Wesens kann daraus dann Strom oder Wärme und etwas anderes Grobstoffliches entstehen. In der physikalischen Welt manifestiert sich Energie immer als Vibration, die verschiedene Dichten haben kann. Im Grunde ist jede grobstoffliche Materie erdelementarisch, hat aber verschiedene Schwingungen. Metall zum Beispiel ist erdelementarisch, aber in ruhigem Zustand ist es überwiegend wasserelementarisch; darum wird es schnell kalt, kann Wärme aber gut aufnehmen und sie auch leiten. Holz zum Beispiel ist auch luftelementarisch; darum leitet es Wärme schlecht, brennt aber gut, denn Luft ist der Vermittler zwischen Feuer und Wasser.

Energie wirkt immer sowohl aktiv/konstruktiv als auch passiv/destruktiv. Denn damit etwas Neues entstehen kann, muss etwas Altes vergehen. Damit Energie kontrollierbar ist, muss sie erstens durch magnetisches Fluid in eine Instanz gebunden werden, und zweitens muss sie einem bestimmten Muster folgen. Mit ‹Instanz› ist hier eine Fläche gemeint, die in alle Dimensionen und Richtungen geht, und auf den dort vorhandenen Linien bewegt sich die Energie. Und das Muster, dem Energie folgt, ist Bewusstsein. Wenn jemand Energie steuert, dann verändert er mit seinem Bewusstsein zuerst die Linien, auf welchen die Energie fließt.»

Christinas These zu den Mondlandungen

Häufig weist Christina mich darauf hin, dass es angebracht ist, gegenüber den Informationen, die wir aus den Massenmedien erhalten, kritisch zu sein. Es ist ihr ein wichtiges Anliegen, dass man als Medienkonsument nicht einfach das eigene Denken aufgibt und nicht blindlings alles für wahr hält, nur weil es in einer Zeitung, in einem Fachbuch oder auch in einem Schulbuch steht oder weil es durch das Fernsehen, das Radio oder das Internet verbreitet wird. Was unsere heutige Zeit brauche, seien intelligente und kritische Querdenker, die offen dafür seien, ihr materielles Weltbild um die spirituelle Dimension zu erweitern.

Christina betont, es sei gewiss nicht alles unwahr, was im Fernsehen gezeigt, in Zeitungen abgedruckt oder in Geschichtsbüchern dargelegt wird, aber genauso wenig sei alles uneingeschränkt wahr. Zumindest sei das meiste höchst unvollständig, da gewisse Hintergründe bewusst geheim gehalten würden; vieles sei allzu einseitig dargestellt, da es stark durch die Brille des vorherrschenden Weltbildes gefärbt sei; manches werde mit Absicht zu Manipulations- und Diffamierungszwecken verzerrt, und einiges sei auch schlichtweg gelogen.

Um dies alles auseinanderzuhalten und sich seine eigene Meinung bilden zu können, brauche es einen wachsamen, klaren Verstand sowie die Bereitschaft, sich auch außerhalb der Mainstream-Medien zu informieren. Am besten sei es natürlich, wenn man auf höherdimensionalem, göttlichem Wege an Informationen gelangen könne, beispielsweise durch das eigene geistige Team oder durch die Akasha-Chronik oder im Idealfall dadurch, dass man direkt beim Schöpfer nachfrage. Doch auch für Menschen, die solche Zugänge bei sich noch nicht aktiviert haben und sie noch nicht bewusst nutzen können, gebe es ausreichend alternative Quellen. Man müsse sich eben nur die Mühe machen, beispielsweise im Internet oder auch bei den Publikationen von unabhängigen Kleinverlagen gezielt nach Informationen jenseits des Mainstreams zu suchen.

In einem unserer Gespräche kommen wir auf das Thema der Mondlandungen zu sprechen. Gerade zu diesem Thema kursiert schon seit Jahrzehnten eine Vielzahl von sogenannten Verschwörungstheorien. Diese besagen, dass die NASA-Mondlandungen in den Jahren von 1969 bis 1972 gar nicht stattgefunden hätten, sondern von der amerikanischen Regierung bloß vorgetäuscht worden seien, um die Bevölkerung in die Irre zu führen. Ich frage Christina, wie sich die Sache ihrer Ansicht nach verhalte.

Sie erklärt: «In der Tat gibt es zu diesem Thema große Diskussionen, und es werden verschiedene Thesen vertreten. Aus meiner Sicht fand am 20. Juli 1969 tatsächlich die erste offizielle Mondlandung statt. Allerdings war dies nicht das erste Mal, dass Menschen auf dem Mond waren. Schon vor diesem Datum gab es erfolgreiche bemannte Flüge etwa zum Mars, zur Venus oder auch zum Mond. Doch blieb bei diesen Flügen die Existenz von Außerirdischen nicht verborgen. So sahen zum Beispiel Astronauten, die von der Erde aus auf den Mond flogen, unterwegs etliche Raumschiffe, die eindeutig nicht von der Erde stammten. Dieser Aspekt war eine Gefahr für das herrschende Weltbild auf Erden, und so wurde er geheim gehalten.

Im Vorfeld der ersten offiziellen Mondlandung im Juli 1969 machte man sich daher bei der NASA Gedanken zu dieser Frage. Wenn man nun einfach eine Liveübertragung zeigen würde, dann könnte es sein, dass auf den Bildern unpraktischerweise einige außerirdische Raumschiffe zu sehen wären. Da man wusste, dass an diesem Tag fast die ganze Welt vor dem Fernseher sitzen würde, wäre dies für das bestehende Weltbild eine Katastrophe. Man würde in große Erklärungsnot geraten.

So hat man sich schließlich für folgendes Vorgehen entschieden: Die Astronauten sollten real auf den Mond geschickt werden, und dort sollte auch alles gefilmt werden. Gleichzeitig war auf der Erde eine Kulisse erstellt worden, welche eine Mondlandschaft einschließlich der Raumfähre mit allem Drum und Dran simulierte. Wenn es also passieren sollte, dass ein fremdes Raumschiff auf den realen Bildern der Mondlandung auftauchte, dann würde man einfach hinunter auf die Erde, auf die inszenierte Showbühne schalten. Die gesamte Mondlandung wurde dann – obwohl sie anscheinend live übertragen wurde – mit einer kurzen Verzögerung von einigen wenigen Minuten weltweit im

Fernsehen gezeigt. Auf diese Weise hatte die NASA immer genügend Zeit, um notfalls zu reagieren. So haben tatsächlich beide Seiten ein wenig recht. Die Mondlandung zeigt meiner Meinung nach beides – sowohl Realität als auch Schwindel.»

Und da wir schon beim Thema sind, ergänzt Christina gleich noch folgendes: «Heute dient der Mond übrigens als Basis sowie als Treffpunkt für Regierungsvertreter vieler Staaten mit Außerirdischen. Etliche Staaten besetzen auf dem Mond genau abgegrenzte Zonen, die dem Austausch dienen, insbesondere dem Austausch von Technologie.»

In einem anderen Gespräch erwähnt Christina ebenfalls den Mond, und zwar dieses Mal hinsichtlich seiner Entstehungsgeschichte und seiner Auswirkung auf das emotionale Gleichgewicht der Erde.

Sie erklärt: «Es ist eigentlich ungewöhnlich, dass die Erde nur von einem Mond begleitet wird, da alle Planeten grundsätzlich entweder eine gerade Anzahl von Monden anstreben oder gar keinen. Bei der Erde ist dies anders, und die Geschichte dahinter ist die folgende: Nach der Zerstörung des Planeten Maltek im Dritten Intergalaktischen Krieg, also vor Millionen von Jahren, entstand in unserem Sonnensystem der Asteroidengürtel. Der Mond des zerstörten Maltek blieb übrig und wurde dann mittels eines Traktorstrahls der Erde zugeordnet. Dadurch, dass die Erde nur einen Mond hat, ist übrigens das emotionale Gleichgewicht unseres Planeten leicht gestört.»

Von den vielen Fragen, die ich angesichts dieser verblüffenden Informationen nun stellen könnte, entscheide ich mich für diese: «Was ist ein Traktorstrahl?»

Wie immer, wenn Christina durch eine Frage die Gelegenheit bekommt, etwas zu erzählen oder zu erklären, freut sie sich und antwortet voller Begeisterung: «Ein Traktorstrahl ist ein Kraftfeld, das aus Raumenergie besteht und das zum Beispiel als Antrieb eines Raumschiffes dient. Ein solcher Strahl kann gelenkt werden, und so wurde damals der Mond versetzt und der Erde zugeordnet. Im Zentrum des Mondes befindet sich übrigens ein Hohlraum, was bei Monden allgemein üblich ist. Und es existiert sowohl auf der Schattenseite als auch auf der uns zugewandten Seite des Mondes Leben, allerdings ist es teilweise auf einer nicht-dreidimensionalen Frequenz, die für das menschliche Auge nicht sichtbar ist. Auch auf dem Mond sind mehrere parallele Dimensionen vorhanden.»

Ganzheitliche Wissenschaft

Ähnlich kritisch wie gegenüber den Massenmedien ist Christina auch den Hauptströmungen der heutigen Naturwissenschaften gegenüber. Sie bedauert es, dass viele Wissenschaftler nach wie vor in ihrem Weltbild sehr wenig flexibel und weltoffen sind. Alles, was metaphysisch ist und nicht dem materialistischen, dreidimensionalen Weltbild entspricht, werde meist ungeprüft sofort als Pseudowissenschaft abgetan, was sehr schade sei. Dabei wäre es doch gar nicht so schwer, den Horizont zu öffnen und die wissenschaftliche Forschung ganzheitlich zu betreiben, das heißt sämtliche Bereiche der Realität miteinzubeziehen: die grobstofflichen und alle feinstofflichen.

Christina empfindet die einseitige Fixierung der Wissenschaft auf das Grobstoffliche auch deswegen als bedauerlich, weil gerade in den metaphysischen und höherdimensionalen Feldern nicht nur die interessantesten Erkenntnisse, sondern auch die revolutionärsten Erfindungen stattfänden. Durch die dreidimensionale Ausrichtung der Wissenschaft seien beispielsweise zahlreiche konstruktive und evolutionäre Erfindungen des letzten Jahrhunderts verloren gegangen bzw. der Menschheit vorenthalten worden.

In diesem Zusammenhang erwähnt Christina gerne den serbisch-amerikanischen Physiker, Erfinder und Visionär Nikola Tesla (1856–1943). Tesla erfand unter anderem den Wechselstrommotor und eine Hochfrequenzmaschine, und ohne seine Forschungen wären heute Neonlicht, Mikrowelle, Radio oder Radar kaum denkbar. Für seine Erfindungen hat er in 26 Ländern über 200 Patente erhalten, und er wird von vielen Fachleuten als das größte Genie der gesamten Technikgeschichte bezeichnet. Obschon er in seiner Zeit zu den berühmtesten

Menschen auf dem Planeten zählte, ist er heute fast vollständig aus den wissenschaftlichen Lehr- und Schulbüchern verschwunden. Für Christina ist Tesla vor allem deswegen der genialste und evolutionärste Erfinder der vergangenen 150 Jahre, weil er das dreidimensionale wissenschaftliche Denken abgelegt und statt dessen seiner Intuition und seinen offensichtlich vorhandenen multidimensionalen Wahrnehmungsfähigkeiten vertraut habe. Tesla war dank seines stark erweiterten Bewusstseins in der Lage, umweltfreundliche Technologien zu entwickeln, die kostenfrei nutzbar wären und die die Menschen von den Energiekonzernen und von der Industrie weitgehend unabhängig machen würden. So habe Tesla, wie Christina erzählt, unter anderem ein treibstofffreies Auto hergestellt sowie auch einen Traktorstrahl (bei dem er allerdings auch Fehler gemacht habe). Auch habe er es geschafft, Strom durch die Luft zu leiten und vieles andere mehr. Doch die herrschenden Dunkelmächte sahen sich und ihr System durch seine Theorien und Erfindungen bedroht und verhinderten mit allen Mitteln, dass er sie im großen Stile umsetzen konnte. Die meisten seiner Erfindungen wurden zerstört oder unterschlagen, wie etwa ein von ihm erfundenes Radargerät, das später für militärische Zwecke genutzt wurde. Seine Patente wurden von der Monopol-Industrie und von Großbanken aufgekauft, und er selbst wurde schließlich umgebracht. Christina berichtet zu meinem Erstaunen über all das, als ob sie es selbst miterlebt hätte.

Christina betont auch, dass sich seit den Zeiten Nikola Teslas einiges zum Positiven verändert habe. Mittlerweile seien auf der Erde zahlreiche vergleichbare Genies inkarniert, um den globalen Wandel von der Dunkelheit hin zum Licht zu unterstützen. Manchmal kommt es mir tatsächlich so vor, als würden sich viele der großen Forscher und Nobelpreisträger des letzten Jahrhunderts jetzt wieder inkarnieren, um ihren Beitrag zur neuen Zeit zu leisten – dieses Mal allerdings außerhalb der festgefahrenen wissenschaftlichen Strukturen. Oder aber es gibt zunehmend Kinder, Jugendliche oder auch Erwachsene, die feinstofflich in Kontakt mit den Seelen dieser früheren Erfinder stehen. Von Christina weiß ich, dass im kollektiven Feld der Menschheit alles abgespeichert ist, was je auf diesem Planeten gedacht, gefühlt, gesagt und getan worden ist, also zum Beispiel auch die evolutionären Erkenntnisse und Erfindungen eines Nikola Tesla. Grundsätzlich haben wir alle die Möglichkeit, diese Informationen aus dem Feld abzuholen, sobald wir eine gewisse Frequenz erreicht haben.

Christina sagt: «Die starken Lichter sind schon da, auch wenn ihre Lichtpräsenz gegenwärtig von den meisten noch nicht erkannt wird, da sie derzeit noch Kinder und Jugendliche sind. Es sind Menschen, die ihr Bewusstsein und ihre Talente entfalten und auf diese Weise in allen Segmenten unserer Gesellschaft friedlich und konstruktiv in die entgegengesetzte Richtung von Monopolstellung arbeiten.»

Wenn wir genau hinsehen und nicht nur der Propaganda der Massenmedien glauben, werden wir erkennen, dass sie recht hat. In vielen Bereichen der Gesellschaft finden wir eine wachsende Anzahl junger Menschen, die eine neue Ethik und eine neue Weltsicht in sich tragen und die damit eine neue Form des gesellschaftlichen Zusammenlebens vorbereiten – sei es in der Literatur, in der Musik oder in einer anderen Kunstform; sei es im Sport oder in alternativen Lebensmodellen; ja sei es sogar in der Wirtschaft oder der Politik. Das Anliegen dieser Menschen besteht nicht darin, dem Wirtschaftsgetriebe als möglichst gut funktionierendes Rädchen blind zu dienen und dabei möglichst viel Geld zu verdienen. Ihr Anliegen ist es vielmehr, das in ihnen schlummernde Potenzial zu entfalten und dann einen Platz in der Gesellschaft einzunehmen, der ihren Talenten entspricht und an dem sie der Allgemeinheit durch ihre Individualität am besten dienen können. Geld, Karriere und Statussymbole sind ihnen nicht mehr wichtig genug, um sich an das System zu verkaufen und sich versklaven zu lassen. Vielmehr suchen sie nach ihren tatsächlichen Herzenswünschen und Herzensprojekten, nach ihrem Seelenplan. Sie engagieren sich etwa in alternativen Schulprojekten, in erhebenden Kunstformen, in der Permakultur, im Umweltschutz oder in neuen Wohnformen, aber ebenso auch in der ganzheitlichen Naturwissenschaft, in der konstruktiven Technologie (z. B. der Erforschung der freien Energie) sowie in einer neuen, menschenfreundlicheren Form der Wirtschaft und der Politik. In alle diese Bereiche der Gesellschaft tragen sie ein neues Bewusstsein und eine neue Schwingung, was uns durchaus hoffnungsvoll in die Zukunft blicken lässt.

Dieses transformatorische Potenzial steckt in uns allen, auch in den Generationen der Eltern und Großeltern dieser Kinder der neuen Zeit. Denn der Wunsch nach Freiheit, nach Wahrheit und nach Liebe schlummert im Herzen eines jeden Menschen, und viele ahnen, dass jetzt endlich die Zeit gekommen ist, sich sowohl individuell als auch kollektiv diese Wünsche zu erfüllen.

16

Erschaffung und Evolution
des Menschen

Anfang August 2015. Die Sommerferien von Christina und Mario sind bald vorüber, und dieses Jahr waren sie für mich hauptsächlich geprägt und erfüllt von den zahlreichen Gesprächen, die ich mit Christina über die unterschiedlichsten wissenschaftlichen und philosophischen Themen führen durfte.

Immer wieder betont die Vierzehnjährige in unseren Gesprächen, dass sie es für bedenklich halte, wie wenig nicht nur ihre Mitschülerinnen und Mitschüler gewisse Dinge hinterfragen, sondern auch die Lehrerschaft und generell die Welt der Erwachsenen und Gebildeten. In diesem Zusammenhang verwendet sie gerne den Begriff «Querdenken», der für sie bedeutet, dass man sowohl mutig als auch intelligent genug ist, um den standardisierten Einheitsbrei von Bildung kritisch zu hinterfragen, der den Menschen heutzutage durch die Schulen und Hochschulen sowie auch durch die Medien verabreicht werde.

Heute kommen wir auf die Entstehung und die Evolution der Menschheit zu sprechen. Erwartungsgemäß hat Christina auch auf dieses Thema eine eigene Sichtweise, die nicht mit dem übereinstimmt, was man ihr in der Schule beizubringen versucht.

Sie berichtet: «Nach meinen Informationen begann die menschliche Evolution hier auf der dreidimensionalen Ebene vor etwa 6000 Millionen Jahren. Die Erschaffung der heutigen Menschen kam jedoch erst viel später, nämlich vor etwa 30 Millionen Jahren. Sie begann damit, dass zuerst die Gene programmiert wurden. Diese ersten menschlichen Wesen projizierten dann ihre Form in die Welt. Doch dies war nicht die jetzige Menschheit.

Die Geschichte der heutigen Menschheit begann vor rund 24 000 Jahren. Adam und Eva waren die ersten Prototypen der heutigen Menschen. Ich sage bewusst: der heutigen Menschen, denn Adam und Eva waren nicht die ersten Menschen, die es überhaupt gab. Der erste weibliche Mensch war nämlich Lilith. Vor der Erschaffung von Adam und Eva gab es also schon frühere Formen von Menschen.»

«Wie genau wurden diese ersten neuen Menschen erschaffen?», frage ich.»

Christina antwortet: «Die Ebene der Engel hatte Kontakt mit Wesen aus der neunten Dimension. Diese hochdimensionalen Wesen übertrugen die ‹Baupläne› für den neuen Menschtyp durch Wesen, die ebenfalls mit den spirituellen Reichen verbunden waren, auf die Erde.» Lächelnd fügt sie hinzu: «Die Menschheit hat sich also mit Sicherheit nicht aus dem Affen entwickelt.»

Dann erklärt sie weiter: «Jede Schöpfung muss immer auch mit der göttlichen Schöpfung in Verbindung stehen. So waren die Erschaffung und die Entwicklung des Menschen kein Zufall, sondern entsprachen einem göttlichen Plan. Allerdings gab es in der Evolutionsgeschichte des Planeten auch Veränderungen, die negativ waren. Zum Beispiel wirkten sich gewisse destruktive außerirdische Zivilisationen negativ auf die Evolution der Erde aus. Aus diesem Grund griff die Galaktische Föderation des Lichts ein und half mit, den neuen Prototyp Mensch zu erschaffen.»

Ich habe, wie ich zugeben muss, noch etwas Mühe mit den riesigen Zeiträumen, über die Christina mit einer erstaunlichen Selbstverständlichkeit spricht. Problemlos hantiert sie nicht nur mit Jahrtausenden, sondern mit Jahrmillionen, als sei es das Selbstverständlichste auf der Welt.

Auf meine entsprechende Frage erklärt sie: «Die Geschichte der Erde oder der Menschheit sollte nicht als ein linearer Zeitstrahl betrachtet werden. Denn die Erdgeschichte ist spiralförmig, das heißt, gewisse Ereignisse laufen immer wieder nach einem ähnlichen Muster ab. In der Geschichte ist eine komplexe Ordnung verborgen, und wenn man diese Ordnung versteht, dann kann man Fehler, die sich wiederholen, erkennen und aufzeigen. Derzeit befindet sich die Erdgeschichte in einer Übergangsphase, die gekennzeichnet ist von einer starken Veränderung des kollektiven Bewusstseins. Solche Übergangsphasen wiederum sind abhängig vom Zyklus der Zeitalter.»

Der Zyklus der Zeitalter

«Was genau meinst du mit dem ‹Zyklus der Zeitalter›?», frage ich weiter.

Christina antwortet: «Die Erde und damit auch die Menschheit unterliegt gewissen wiederkehrenden Zeitaltern. In einem großen Zyklus unterscheidet man zwölf solche Zeitalter, und jedes dieser zwölf Zeitalter dauert rund 2160 Jahre. Der Hintergrund dafür ist: In der Mitte dieses Universums existiert eine Zentralsonne, die viel größer ist als die Sonne unseres Sonnensystems. Unsere Sonne umkreist diese Zentralsonne und benötigt dafür nach irdischer Zeitmessung rund 26 000 Jahre. Diese Zeitspanne könnte man ein Zentralsonnenjahr nennen.* Wenn man diese 26 000 Jahre durch 12 teilt, kommt man auf rund 2160 Jahre pro Erdenzeitalter.

Momentan leben wir gerade in einer hochspannenden Zeit, denn wir befinden uns am Anfang eines neuen Erdenzeitalters. Deshalb finden diese evolutionären Veränderungen auf dem Erdplaneten statt. Es steht nun eine neue Energie zur Verfügung, die zu einer globalen Frequenzerhöhung führen wird, und mit dieser neuen Energie haben die Menschen die Möglichkeit, ein erweitertes Bewusstsein zu erlangen. Dies ist im Grunde ein ganz normaler Vorgang innerhalb des göttlichen Planes.

Bevor die Menschheit vor Tausenden von Jahren in die dritte Dichte ging, verfügte sie über ein fünfdimensionales Bewusstsein. Daher verstanden die Menschen der frühen Hochkulturen auch noch viel mehr vom Universum und vom Zyklus der Zeitalter als die heutigen.»

---

* In der Wissenschaft heißt dieser Zyklus auch «Zyklus der Präzession», «Platonisches Jahr» oder «Weltenjahr».

Dann geht Christina auf das jetzige Zentralsonnenjahr ein, das vor rund 13 000 Jahren begann. Sie sagt: «Die Kulturen und Zivilisationen, die vor 13 000 bis etwa 6000 vor Christus auf der Erde existierten, bauten zum Beispiel riesige Tempel und Pyramiden, von denen noch heute einige wenige übrig sind. Die Pyramiden dienten übrigens nicht als Gräber, wie heute geglaubt wird. Aus diesen frühen Zivilisationen – wie etwa jener der Atlanter, der Lemurier oder der Maya – entstanden dann die späteren Kulturen und Zivilisationen. Doch irgendwann schlug die Entwicklung der Menschheit eine andere Richtung ein. Der Einfluss der Sterne und die allgemeine Spiritualität nahmen einen immer kleineren Teil im Leben der Menschen ein, und Arbeit, Ackerbau und Kultur gewannen an Vorherrschaft. Dies verstärkte einseitig die männliche Energie, so dass eine Unausgeglichenheit aufkam, die jetzt wieder ausgeglichen werden soll.

All dies wird an den heutigen Schulen nicht gelehrt. Die Geschichte der Menschheit beginnt heute offiziell erst rund 3000 vor Christus. Ab dann geschah das, was heute alle zu wissen glauben. Und selbst davon wird vieles nicht wirklich korrekt dargestellt.»

Die männliche und die weibliche Energie

Zu dem oben erwähnten Ungleichgewicht zwischen der männlichen und der weiblichen Energie sagt Christina bei anderer Gelegenheit: «Das Zeitalter, das gegenwärtig gerade zu Ende geht, war von zu viel männlicher Energie geprägt. Die männliche Energie orientiert sich nach außen, sie erschafft technischen Fortschritt und Entwicklung auf der Grundlage von Idealismus. Doch ein Übermaß an männlicher Energie kann Aggressionen, Wut und Hass auslösen, welche wiederum Kriege und so weiter zur Folge haben. Die weibliche Energie konzentriert sich im Unterschied dazu nach innen und orientiert sich an der Urquelle des Göttlichen. Beide Energien sind gleich wichtig, und keine ist besser als die andere. Ideal wäre eine gesunde Ausgeglichenheit, doch wenn eine Energie überhandnimmt, fällt man aus der Balance.»

Diesen Aspekt thematisieren wir später in unseren Herbstseminaren 2017. Wir zeigen den Teilnehmern dabei eine kleine
Tabelle, welche einige der zentralen Merkmale dieser beiden
kosmischen Energien auflistet und einander gegenüberstellt.

Christina betont auch hier deutlich, dass beide Energien für
die Aufrechterhaltung der kosmischen Balance genau gleich
wichtig seien und dass es nicht darum gehe, die eine gegen die
andere auszuspielen. Vielmehr gehe es darum, die beiden Energien in ein harmonisches Gleichgewicht zu bringen, und zwar
sowohl auf der individuellen Ebene jedes einzelnen Menschen
als auch auf der kollektiven Ebene der gesamten Menschheit. Da
jedoch das zurückliegende Zeitalter der Menschheitsgeschichte
von einer zu starken Dominanz der männlichen, nach außen gerichteten Energie geprägt gewesen sei, bestehe die individuelle
und die kollektive Aufgabe in der Gegenwart darin, jetzt den Aspekten der weiblichen Energie wieder mehr Raum zu verschaffen. So werde das aktuelle Gegeneinander überwunden und die
im Schöpfungsplan vorgesehene Harmonie des Miteinander
wiederhergestellt.

Querdenken und Spiritualität

Im Zusammenhang mit der Tabelle zur männlichen und weiblichen Energie zeigen wir den Seminarteilnehmern auch eine
zweite kleine Tabelle, die ähnlich aufgebaut ist und in welcher
die beiden Aspekte «Querdenken» und «Spiritualität» einander
gegenübergestellt sind.

Christina weist in ihren Ausführungen immer wieder nachdrücklich darauf hin, dass es in der heutigen Zeit in erster Linie
darum gehe, diese beiden Aspekte harmonisch miteinander zu
verknüpfen, um die anstehende Evolution des Bewusstseins des
Einzelnen sowie infolgedessen auch die Evolution der Menschheit tatsächlich zu vollziehen. Der Lösungsansatz für die vielfältigen Probleme und Herausforderungen der heutigen Zeit bestehe darin, echte, gelebte Spiritualität harmonisch mit einem
kritischen, hinterfragenden Denken zu verbinden. Denn bei-

de Aspekte seien für das Erweitern des individuellen und des kollektiven Bewusstseins notwendig.

Christina erklärt hierzu: «Die beiden Aspekte Querdenken und Spiritualität sind für das individuelle und das kollektive Bewusstsein und damit für nachhaltigen Frieden entscheidend. Die Spiritualität ermöglicht es, ein multidimensionales Welt- und Menschenbild in sein Bewusstsein zu integrieren und damit eine neue Ethik und ein neues Verständnis von sich selbst zu gewinnen, inspiriert aus den höchsten Quellen der Weisheit. Dadurch entsteht eine neue Form von Demut und Liebe. Diese bildet die Grundvoraussetzung dafür, sich selbst und auch den Tätern der Vergangenheit zu vergeben und nicht in alten Mustern weiterzudenken. In der Spiritualität sind die weiblichen Aspekte enthalten, die innere Verbindung zum Göttlichen, die sanfte Energie, die gelebte Einheit.

Spiritualität zeigt so die vertikale Verbindung, während das Querdenken die horizontale Verbindung ist. Querdenken bedeutet das Hinterfragen der herrschenden Strukturen, die Selbstermächtigung, das System zu durchschauen mit einer neuen Form von Wissen und Freiheit. Das Querdenken repräsentiert den männlichen Aspekt, die aktive Energie, die verändernde Komponente. Querdenker ohne Spiritualität klagen an und wollen die Täter der Vergangenheit zur Rechenschaft ziehen. Darum sollten die weibliche und die männliche Energie ausgeglichen sein. Darum sollte man Querdenken und Spiritualität miteinander verbinden.»

Nachstehend seien diese beiden kleinen Tabellen wiedergegeben:

Die männliche und die weibliche Energie:

Männliche Energie ♂	Weibliche Energie ♀
die aktive, starke Energie	die inaktive, sanfte Energie
die erschaffende Energie	die empfangende Energie
die beschützende Energie	die fürsorgliche Energie
geht vom Ich aus	geht vom Wir aus
richtet sich nach außen	richtet sich nach innen
kennt Begrenzungen und Unterscheidungen	lebt im Bewusstsein der unterschiedslosen Einheit
die Energie des Kämpferischen	die Energie des Ursprungs und des Urvertrauens
repräsentiert das Rationale	repräsentiert das Emotionale
repräsentiert innere Stärke	repräsentiert Intuition
fördert Disziplin und Pflichtbewusstsein	lässt im Fluss des Lebens leben

Die Verbindung von Querdenken und Spiritualität:

Querdenken	Spiritualität
Kritisch denken lernen (Selbstermächtigung), herrschendes System durchschauen	Integration eines multi-dimensionalen, göttlichen Welt- und Menschenbildes
Hinterfragen der Massenmedien und der offiziellen Informationsquellen	neues Verständnis von sich selbst und von der eigenen Rolle im großen Ganzen
neue Form von Wissen und Freiheit	neue Form von Demut und Liebe
Herausforderung: Nach dem Durchschauen der Täuschung vermeiden, dass Wut, Anklage und Rachegefühle überhandnehmen (Opferrolle)	Herausforderung: Nicht in Scheinwelten und Pseudo-Spiritualität verharren, die noch den Mustern des herrschenden Systems folgen (Naivität)

17

Kosmisches Leben

In meinem Leben hat es in den gesamten bisherigen 43 Jahren keinen Platz für «Science Fiction» gegeben, und die Welt der Zukunftsspekulationen über interstellare Raumfahrt, außerirdische Zivilisationen, galaktische Kämpfe zwischen Gut und Böse und so weiter hat auf mich zeitlebens keine Faszination ausgeübt. Schon gar nicht habe ich jemals mit einem kosmischen Wesen persönlich Bekanntschaft gemacht – nur schon deshalb, weil ich immer überzeugt davon war, dass es keine höherdimensionalen oder kosmischen Wesen gibt.

Doch wie es aussieht, kann ich mein früheres Weltbild auch in dieser Hinsicht nicht mehr länger aufrecht erhalten. Bis vor wenigen Monaten war ich mir nicht einmal darüber bewusst, dass es schon inmitten unserer dreidimensionalen irdischen Realität zahlreiche parallele Ebenen voller Verstorbener, Elementarwesen, Schattengestalten und Engel gibt. Aufgrund der überzeugenden Darlegungen von Christina – sowohl was ihre theoretischen Erklärungen als auch was ihre zahlreichen praktischen Erfahrungen betrifft – bilden diese irdischen Parallelwelten jedoch mittlerweile einen festen Bestandteil meines Weltbildes, auch wenn ich sie bis heute nicht direkt wahrzunehmen vermag. Doch sollte dieses Nichtwahrnehmenkönnen etwa ein schlüssiger Grund dafür sein, an ihrer Existenz zu zweifeln?

Wir halten so vieles für richtig und für wahr, das wir nicht persönlich überprüfen können. Genau genommen entzieht sich das allermeiste, das wir zu wissen glauben, vollständig unserer direkten empirischen Überprüfbarkeit. Der Durchmesser der Erde von rund 12'742 km, die Distanz zwischen der Erde und der Sonne von durchschnittlich 149'600'000 km oder nur schon die Angabe, wie viel Meter über Meeresspiegel unser Dorf Dreien gelegen ist – nichts von alledem kann ich selbst nachmessen und nachprüfen. Wir vertrauen bei diesen Informationen einfach auf die Kompetenz und auf die Ehrlichkeit der entsprechenden Fachleute, die sich damit befassen und die, wie wir hoffen, «schon wissen, was sie tun». Dasselbe gilt, wenn wir darüber nachdenken, für wahrscheinlich weit über 99 % unseres gesamten vermeintlichen Wissens.

Wir lernen im naturwissenschaftlichen Unterricht, wie ein Atom oder ein elektromagnetisches Feld aufgebaut ist, welche chemischen Elemente es gibt und welchen Naturgesetzen sie gehorchen. Wir lernen, wie aus Materie Leben entstand und wie Einzeller sich über verschiedene Stufen der Evolution zu Schnecken oder zu Schildkröten oder zu Höhlenmenschen entwickelt haben. Wir lernen, wie Pflanzen durch Photosynthese Sauerstoff produzieren, wie das menschliche Auge oder wie unsere Psyche funktioniert oder welche Form der Ernährung für uns evolutionsbiologisch gesehen am natürlichsten ist. Aber können wir irgend etwas davon wirklich selbst nachprüfen?

Wir lernen im Geographieunterricht, wie alt unsere Erde ist, welche Form und Struktur sie hat und was sich in ihrem Inneren befindet. Wir lernen, wie die Kontinente entstanden sind, wodurch das Klima und die Gezeiten beeinflusst werden, warum Vulkane ausbrechen und wie groß die aktuelle Erdbevölkerung ist. Aber können wir irgend etwas davon wirklich selbst nachprüfen?

Wir lernen im Geschichts- und Politikunterricht, welches die ältesten Kulturen auf diesem Planeten waren und woran die Menschen damals geglaubt haben. Wir lernen, wann und mit welcher Technik die ägyptischen Pyramiden gebaut wurden, welches Weltbild im Mittelalter vorherrschte und wann und warum der Dreißigjährige Krieg oder die Russische Revolution stattgefunden haben. Wir lernen über die Vor- und Nachteile der verschiedenen Staatsformen, wir lernen, was in der Wirtschaft und in der Politik gespielt wird und von wem wir regiert werden. Aber können wir irgend etwas von alledem wirklich selbst nachprüfen?

Nein. Alle diese und nahezu auch alle anderen Gebiete unseres Wissens entziehen sich wie gesagt vollständig unserer direkten empirischen Überprüfbarkeit. Mehr oder weniger blind vertrauen wir bei alledem darauf, dass die jeweiligen Experten, die uns vorgesetzt werden, kompetent und ehrlich sind und dass sie es gut mit uns meinen. Mit diesem kaum je hinterfragten blinden Vertrauen scheinen wir uns unbewusst vor einer äußerst unangenehmen Erkenntnis schützen zu wollen – nämlich vor der Erkenntnis, dass in Wahrheit alles auch ganz anders sein könnte.

Denn wenn es die Experten oder insbesondere ihre Auftraggeber nicht gut mit uns meinen würden und wenn sie es darauf angelegt hätten, uns zu täuschen und uns in allen diesen Wissensgebieten manipulierte oder falsche Informationen einzuimpfen – sie hätten ein geradezu lächerlich einfaches Spiel. Unsere direkten Wahrnehmungs- und Überprüfungsmöglichkeiten sind derart gering, unser kritisches Denken ist derart passiv und unsere Leichtgläubigkeit gegenüber der Wissenschaft derart groß, dass man uns problemlos und wohl auch weitgehend widerstandslos praktisch jede Halbwahrheit und jede Lüge als «wissenschaftlich bewiesene Tatsache» verkaufen könnte. Wir würden diese Täuschung nicht einmal bemerken, weil wir uns kaum je ernsthaft die Frage stellen, wer uns denn eigentlich sagt, was sogenannt «wissenschaftlich erwiesen» ist – ganz zu schweigen davon, was richtig und was falsch ist.

Da ich also ohnehin bei den allermeisten Themen, über die ich mir Wissen aneignen kann, darauf angewiesen bin, jemand anderem zu vertrauen, entscheide ich mich bewusst dafür, Christina zu vertrauen. Denn im Unterschied zu den nicht immer wirklich vertrauenswürdigen Strukturen unseres politischen, wirtschaftlichen und wissenschaftlichen Systems ist Christina für mich tatsächlich «über jeden Zweifel erhaben», wie man so schön sagt. Auch wenn vieles von dem, was sie mir erzählt und worüber sie referiert, nicht mit meiner bisherigen Weltsicht und nicht mit meinem bisherigen Verständnis der Realität übereinstimmt, halte ich ihre Aussagen dennoch für glaubhaft und für plausibel. Und vor allem halte ich sie als Person für sowohl in höchstem Maße kompetent als auch für vollkommen authentisch, ehrlich und vertrauenswürdig. Ihre hohe Ethik und ihr augenscheinliches Freisein von Besserwisserei und Geltungssucht, von Eigendünkel und Konkurrenzdenken, von Feindselig-keit und Diffamierungszwang haben mich schon immer tief be-eindruckt und überzeugt.

Es wäre so einfach für meine linke, rationale Hirnhälfte, alle diese Themen, über die mir Christina seit Monaten berichtet, als blanken Unsinn, als wilde Fantasien oder als spekulative Science Fiction abzutun. Als Steinbock mit Aszendent Waage gelte ich ohnehin als eher geerdet und als kritisch, und ich nehme nicht einfach alles für bare Münze, was man mir auftischt. Aber dann wiederum: Auf welcher seriösen Grundlage könnte mein Ver-stand sein Misstrauen in Christinas Aussagen begründen? Was genau spricht denn objektiv und wissenschaftlich gesehen da-gegen, dass Christina tatsächlich Zugang zu völlig anderen Quel-len des Wissens und der Erkenntnis sowie tatsächlich eine völlig andere Wahrnehmung der Wirklichkeit hat als ich es bisher für möglich gehalten habe? – Absolut nichts spricht dagegen außer meinen eigenen eingefleischten Denkmustern. Da ich aber ge-nau diese erstarrte, voreingenommene Denkmusterprogram-mierung aufbrechen möchte, da ich meine geistige Flexibilität und mein kritisches Unterscheidungsvermögen bewusst schulen möchte, um auf diese Weise meinen Horizont zu weiten und das volle Potenzial meines Bewusstseins zu entfalten, gebiete ich an dieser Stelle meinem Verstand Einhalt. Ich entscheide mich bewusst dafür, meine geistige Trägheit zu überwinden, meine Vorurteile zu entlassen und mich unvoreingenommen Christinas intuitiven und inspirativen Quellen des Wissens und der Er-kenntnis zu öffnen. Genau das ist es ja, was sie damit meint, wenn sie die heutigen Menschen zum Mutigsein und zum «Quer-denken» auffordert.

In Christinas multidimensionaler Welt existiert schlichtweg viel mehr Leben im Kosmos als im bisherigen Horizont meines Verstandes. Christina lebt im Bewusstsein einer Einheitsrealität, und – um es mit ihrem «Aquariumbeispiel» auszudrücken – sie vermag deutlich mehr verschiedenfarbige Fische wahrzuneh-men als ich und auch als jeder andere Mensch, den ich kenne. Wenn sie mir also von nicht-irdischen Lebensformen und fernen Zivilisationen, von interstellaren oder intergalaktischen Reisen durch Raum und Zeit oder von der göttlichen Urquelle berichtet, warum sollte ich ihr keinen Glauben schenken?

Christina erklärt hierzu: «Das Bewusstsein der heutigen Menschen ist in eine tiefe Dichte inkarniert. So ist es nur verständlich, dass viele nicht an außerirdisches Leben glauben. Und selbst wenn jemand daran glaubt, dann kann er sich meistens nur ein kleines Spektrum von irgendwie menschenähnlichen Wesen vorstellen. Doch diejenigen, die ein stark erweitertes Bewusstsein haben, nehmen zusätzlich zu den menschenähnlichen Zivilisationen auch noch andere wahr. Denn in Wahrheit gibt es unzählige außerirdische Zivilisationen. Es ist, sagen wir mal, ... interessanter als die meisten Menschen es vermuten.

Manche Zivilisationen haben sich so weit entwickelt, dass Raum und Zeit für sie keine Rolle mehr spielen. Sie können sich zum Beispiel schneller als mit Lichtgeschwindigkeit bewegen. Dafür gibt es verschiedene Methoden, denn Zeit ist in Wahrheit nur eine imaginäre Grenze. Dazu muss man einfach die höherdimensionale Physik verstehen. Dann wird es möglich, riesige intergalaktische Räume in wenigen Wochen oder Monaten zu durchfliegen. Andere Techniken befassen sich mehr mit der Bewusstseinserweiterung. Das Raumschiff ist dann tatsächlich ein Wesen, das in der Lage ist, sein Bewusstsein in höhere Ebenen zu verlagern – in Ebenen, wo dieses Universum nur eine von vielen parallelen Strukturen der Wirklichkeit ist –, um dann wieder zu den tieferen Dimensionen zurückzukehren. Dies erfolgt am Raum-Zeit-Nexus, das heißt am Knotenpunkt von Raum und Zeit, an dem der gewünschte Zielort liegt. Dieser Prozess ist für die Erfahrenen etwa so, als würden sie von der Getrenntheit in die Einheit gehen und dann wieder zurück in die Getrenntheit.»

Die Erde unter Quarantäne

Jetzt beginnen mich diese Themen doch zu interessieren und zu faszinieren, vor allem auch weil ich spüre, wie fasziniert Christina von ihnen ist und wie gerne sie mir mehr darüber erzählen möchte.

Auf meine Bitte hin schreibt sie wiederum einen Text in den Laptop. Er lautet: «Alle Zivilisationen durchlaufen in ihrem Wachstum und in ihrer Entwicklung eine Reihe von Schritten. Zunächst erhält die Zivilisation an ihrem Ursprungspunkt bestimmte ‹Samen›. Meistens sind dies Planeten, doch manchmal beginnen Zivilisationen auch im Innern von Sternen, was vielleicht überraschen mag, oder auch an anderen Orten, die noch unwahrscheinlicher klingen, wie zum Beispiel am Rand eines schwarzen Lochs. In der Regel wird eine neue Zivilisation von einer älteren, erfahrenen Zivilisation begleitet und überwacht. Die sogenannten ‹Götter› aus den irdischen Mythen und Legenden sind im Grunde genau dies: durch den Weltraum reisende, erfahrene Zivilisationen, die damals mit den Erdenmenschen interagierten und ihnen die notwendigen Unterweisungen für ihre Weiterentwicklung gaben.

Aus höherer Sicht betrachtet steht die Erde derzeit unter Quarantäne. Es gibt unlichte Rassen, die die Rohstoffe unserer Erde besitzen wollen und die die Menschen versklaven. Doch lichtvolle Rassen sorgen dafür, dass die Dunkelwesen auf der Erde nicht tätig werden können. Denn keine außerplanetarische Rasse darf in Bezug auf die Erde etwas unternehmen, das nicht vom planetaren Rat erlaubt wurde. So lautet das Gesetz des Universums. Einige dürfen allerdings im konstruktiven Sinne eingreifen, indem sie zum Beispiel helfen, die Luftverschmutzung zu korrigieren, Atomwaffen unschädlich zu machen und so weiter. Ansonsten würde sich die Menschheit derzeit selbst zerstören, was aus höherer Sicht niemals zugelassen wird.

Manche destruktive Wesen des Unlichts haben sich physisch hierher inkarniert und haben im System zentrale Schlüsselpositionen eingenommen. Sie kommen nun aus dieser Quarantäne nicht mehr hinaus und versetzen die Menschheit in Angst und Schrecken. Ohne dass es ihnen bewusst ist, leisten sie dadurch indirekt ebenfalls ihren Beitrag zur kollektiven Evolution auf diesem sich stark verändernden Planeten. So bilden auch sie unbewusst einen Teil des göttlichen Planes.»

Nachdem ich den Text gelesen habe, frage ich: «Christina, woran erkennst du denn in diesem kosmischen Aquarium, welches

die unlichten ‹Haifische› und welches die lichtvollen ‹Delfine›
sind?»

Christinas Antwort lässt keine Zweifel offen: «An ihrem Aussehen, an ihrer Technologie und vor allem an ihrem Bewusstsein.»

«Kannst du denn auch ihre Raumschiffe sehen?», frage ich
weiter.

Sie antwortet: «Ja. Wenn man die Erde von oben betrachtet und durch alle Ebenen schaut, dann kann man eigentlich
nirgendwo hinblicken, ohne ein Raumschiff zu sehen. Da gibt
es zum Beispiel die kleinen ‹Zinn-Buggys›, die von den jüngeren
Rassen stammen, aber auch riesige Mutterschiffe, die so groß
wie eine Stadt sind und die zu den mittleren Zivilisationen gehören. Zudem gibt es die Licht- und Kristallschiffe der höher
entwickelten Rassen. Natürlich existieren im Universum auch
unzählige andere Zivilisationen, die überhaupt keine Schiffe um
die Erde herum stationiert haben. Sie haben ganz einfach kein
Interesse an unserem Planeten, oder sie haben gerade anderswo
zu tun.»

«Wie viele Zivilisationen halten sich denn deiner Wahrnehmung nach im Moment in der Nähe der Erde auf?», erkundige
ich mich.

«Nach meinem Wissensstand sind es derzeit 88 Zivilisationen,
aber das ändert sich fortwährend», antwortet Christina.

Vier Möglichkeiten der Bewusstseinsausrichtung

Dann erklärt mir Christina, dass jede Zivilisation und genau genommen auch jede einzelne Seele immer wieder in Entschei-
dungssituationen komme und wählen könne, worauf sie ihr
Bewusstsein richten und in welche Richtung sie sich weiterentwickeln möchte. Aufgrund des freien Willens haben sämtliche
individuellen Seelen und kollektiv gesehen auch alle Zivilisationen im Universum jederzeit die Möglichkeit, sich zu entscheiden
und zu positionieren.

«Wie viele verschiedene Möglichkeiten, sein Bewusstsein auszurichten, gibt es denn?», möchte ich wissen.

«Vereinfacht gesagt, gibt es vier verschiedene Möglichkeiten, wie man sich entscheiden kann», antwortet Christina und fasst diese vier Möglichkeiten folgendermaßen kurz zusammen:

«Erstens gibt es die STO-Zivilisationen, die licht- und liebeorientiert sind und die im Dienst für andere stehen. Sie sind sehr friedlich und ruhig, sie helfen gerne, und sie haben sich zu einer großen Vereinigung zusammengeschlossen, um gegen die STS-Zivilisationen zu bestehen. Zweitens gibt es die STS-Zivilisationen, die sich selbst an die erste Stelle stellen. Sie lieben die Macht und haben Diener, die ihnen jeden Wunsch erfüllen müssen. Sie gehen den Weg des Egos und nicht den Weg des Herzens. Sie bekämpfen ständig die STO-Zivilisationen, können aber untereinander auch nur schwer Gruppen bilden und Abkommen einhalten. Letztlich zerstören sich ihre Bündnisse immer selbst. Die dritte Möglichkeit ist, keine der beiden Seiten zu wählen und sich noch nicht zu entscheiden zwischen STS und STO. Und die vierte und letzte Möglichkeit besteht darin, die Dualität zu verlassen und direkt zum Einheitsbewusstsein zu kommen.»

Da dies ein zentrales und vor allem ein lebensnahes Thema ist, das jeder Mensch in seinem alltäglichen Umgang mit anderen Wesen direkt umsetzen kann, seien die von Christina erwähnten vier Möglichkeiten der Bewusstseinsausrichtung angesichts der Dualität von Licht und Unlicht nachstehend nochmals etwas ausführlicher dargestellt.

(1.) Die Seite des Lichts (STO): Erstens kann man sich innerhalb der Dualität auf der positiven Seite, auf der Seite des Lichts positionieren. Die Wesen und die Zivilisationen des Lichts befinden sich in einem dienenden Bewusstsein der Liebe und der Demut, und sie respektieren unter allen Umständen immer den freien Willen aller Lebewesen. Sie stellen die Harmonie des Göttlichen in den Mittelpunkt ihrer Weltsicht, sie sind sehr friedlich und ruhig und immer daran interessiert, anderen zu helfen und andere darin zu unterstützen, die gleichfalls den Pfad des Lichts beschreiten möchten. Sie wissen, dass es nur dann inneren Frieden und Angstfreiheit geben kann, wenn man den Schöpfungsplan und die göttlichen Instanzen respektiert und ihnen freiwillig dient.

Zu den Wesen des Unlichts senden die Lichtwesen zwar in brüderlicher Verbundenheit ebenfalls ihre liebevollen Schwingungen aus, aber darüber hinaus gehen sie ihnen aus dem Weg. Dies tun sie, weil sie auch den Willen der Dunkelwesen, dem Licht fernzubleiben, respektieren. Lichtwesen sehen das Unlicht weder als Feind, noch sind sie neidisch auf die Errungenschaften des Unlichts. In der Gewissheit, dass das Licht letzten Endes immer stärker ist als das Unlicht, fürchten sie sich auch nicht vor dem Unlicht.

Wie Christina erwähnt, haben sich die Zivilisationen, die sich für das Licht entschieden haben, zu einer großen galaktischen Vereinigung zusammengeschlossen, um auf diese Weise besser gegen die Wesen des Unlichts zu bestehen und ihre eigene Hilfestellung und Unterstützung im Universum besser zu koordinieren. Da die Wesen des Lichts immerzu im selbst gewählten Dienste für andere stehen, werden sie auch als «STO»-Wesen bezeichnet, als Wesen im «Service To Others».

(2.) Die Seite des Unlichts (STS): Zweitens kann man sich innerhalb der Dualität auch auf der negativen Seite, auf der Seite des Unlichts positionieren. Die Wesen und die Zivilisationen des Unlichts haben sich, einfach ausgedrückt, für das Gegenteil dessen entschieden, was die Wesen des Lichts tun. Sie stellen nicht das Harmonische, Liebevolle und Göttliche, sondern sich selbst an die erste Stelle und in den Mittelpunkt ihrer Weltsicht. «Zuerst komme ich, dann erst alle anderen», lautet ihre Überzeugung. Dies führt dazu, dass sie egoistisch und egozentrisch handeln und dass sie in allen anderen Lebewesen potenzielle Konkurrenten, Widersacher oder Feinde sehen. So fühlen sie sich ununterbrochen bedroht und leben in ständiger Furcht. Da sie sich für den Weg des Egos entschieden haben und nicht für den Weg des dienenden Herzens, werden sie auch als «STS»-Wesen bezeichnet, als Wesen im «Service To Self».

Die STS-Wesen lieben die Macht, die Aufmerksamkeit, die Anerkennung und den Ruhm, und sie beschäftigen gerne möglichst viele andere in ihrem eigenen Dienst. Aus ihrer Sicht ist das Leben der STO-Wesen öde und langweilig, da alles so harmonisch und vorhersehbar sei und man immer wisse, was als nächstes passieren werde. STS-Wesen hingegen sind motiviert von dem Wunsch, unabhängig und eigenwillig – sie nennen es «frei» und «selbstbestimmt» – zu leben, nach ihren «eigenen Gesetzen» und nach ihrer «eigenen Weltordnung», die sie über die bestehende göttliche Ordnung stellen. Dabei verdrängen sie in ihrer selbst gewählten Illusion schlichtweg die Tatsache, dass alles im Universum miteinander verwoben und vernetzt ist und dass es diese Form von «Unabhängigkeit» in Wahrheit gar nicht gibt.

Die STS-Wesen trachten beständig danach, ihre Macht und ihren Einfluss zu vergrößern und möglichst überall innerhalb ihres Einflussbereiches die jeweiligen Energien, Schätze und Ressourcen sowie auch die Lebewesen zu benutzen und auszubeuten. Angetrieben von dem Drang, sich Macht über andere Lebewesen und über die Materie zu verschaffen, um ihre eigenen Ansprüche durchzusetzen, schrecken sie auch nicht davor zurück, Methoden der Gewalt, des Zwangs und der Unterdrückung anzuwenden. Sie mögen Action und Kampf, und es bereitet ihnen besondere Freude, als Spielverderber aufzutreten und die Pläne der STO-Wesen zu vereiteln. So sind sie beständig daran, gegen das Licht zu kämpfen. Doch auch innerhalb ihrer eigenen Reihen fällt es ihnen schwer, Allianzen oder Freundschaften zu bilden, da sie sich gegenseitig misstrauen und sich gegenseitig alles missgönnen. Wenn sie untereinander Abkommen schließen, dann halten diese immer nur so lange, wie es für die jeweils eigenen Interessen förderlich ist. So führen die Wesen des Unlichts ein im Grunde qualvolles Dasein im Schatten der Angst – entweder als Empfänger von Angst oder als Säer von Angst –, und auf diese Weise zerstören sie letzten Endes jedes Mal ihre Bündnisse und ihre Ziele selbst.

(3.) Die Neutralität: Die dritte Möglichkeit, sich innerhalb der Dualität von Licht und Unlicht zu positionieren, ist die Neutralität. Gemäß Christina gibt es Zivilisationen, die sich bewusst für keine Seite entschieden haben und neutral bleiben. Auf der Ebene einer einzelnen Seele habe, so erklärt sie, diese Neutralität meistens die Ursache darin, dass eine Seele noch zu unerfahren ist und noch zu wenige Beispiele gesehen hat, um sich zwischen

der Mentalität des Lichts und der Mentalität des Unlichts zu entscheiden. So fängt sie im nächsten Leben wieder beim selben Punkt an, bis sie genügend Erfahrung und Unterscheidungskraft besitzt, um sich zu entscheiden.

Wichtig ist es, in diesem Zusammenhang zu erwähnen, dass auch die Ausrichtung des Bewusstseins entweder auf die lichtvolle Mentalität oder auf die unlichte Mentalität niemals eine Entscheidung für die Ewigkeit sein muss. Jede Seele hat aufgrund des freien Willens jederzeit die Möglichkeit, sich wieder anders zu entscheiden und die Seite zu wechseln. In einem höheren Sinne stammen alle Seelen von außerhalb der Dualität von Licht und Unlicht, sie stammen sozusagen von jenseits von Gut und Böse. In diesem höheren Sinne sind alle Seelen gleichermaßen göttlich und lichtvoll, und so gesehen gibt es keine unlichten Seelen. Es gibt lediglich Seelen, die vergessen haben, dass sie Licht sind, und die sich deshalb vorübergehend für eine egoistische und destruktive Mentalität entschieden haben. Daher existiert in einem solchen Verständnis auch keine ewige Verdammnis in die Gottferne, was ohnehin ein unsinniges Konzept ist, da Gott ja zu jeder Zeit und in jeder Dimension stets in jeder Seele anwesend ist.

(4.) Das Verlassen der Dualität: Die vierte Möglichkeit schließlich besteht darin, die Dualität von Licht und Unlicht, wie man sie hier auf Erden und auch in einigen höheren Dimensionen kennt, zu verlassen und in ein harmonisches Einheitsbewusstsein jenseits von Gut und Böse zu kommen. Dies ist der Weg, den große Mystiker, Spiritualisten und Transzendentalisten immer wieder gelehrt und vorgelebt haben.

Christina erläutert hierzu: «Durch die besondere göttliche Energie, die derzeit auf der Erde zur Verfügung steht, hat eine Seele hier im Moment die Möglichkeit, während nur einer einzigen Inkarnation so viel zu erleben und so viele Erkenntnisse zu gewinnen wie üblicherweise in mehreren Inkarnationen zusammengenommen. Auf diese Weise besteht für die Seelen jetzt die seltene Gelegenheit, direkt ins Einheitsbewusstsein zu gelangen. Eine solche Möglichkeit gibt es nur jetzt in dieser Übergangszeit. Es ist ein einmaliges Geschenk unserer Zeit.»

18

Die Galaktische Föderation des Lichts (GFdL)

Mitte August 2015. Schon vor einiger Zeit hat Christina in einem unserer Gespräche erstmals den mir bis dahin unbekannten Begriff «Galaktische Föderation des Lichts» verwendet, und auch neulich in ihren Ausführungen über die Erschaffung des Menschen oder über die gegenwärtige Quarantäne der Menschheit sprach sie von einem «planetaren Rat» und von einer großen galaktischen Vereinigung der Lichtwesen. Heute möchte ich von ihr mehr darüber erfahren, da ich weiß, dass Christina auch bei diesem Thema über viele Erkenntnisse verfügt. Manchmal kommt es mir vor, als wäre nicht nur unser Haus, sondern der ganze Kosmos ihre Kinderstube gewesen.

Bei der «Galaktischen Föderation des Lichts» (abgekürzt: GFdL) handle es sich, so berichtet Christina, um eine Vereinigung zahlreicher Zivilisationen, die sich allesamt auf der Seite des Lichts positioniert haben. Daneben gebe es auch noch andere lichtvolle Vereinigungen wie beispielsweise die «Weiße Bruderschaft», die aus aufgestiegenen Meistern bestehe und die indirekt ebenfalls Teil der GFdL sei, sowie die «Blaue Loge der Schöpfung», auch «der Rat des Sirius» genannt. Dieser Rat des Sirius sei für die Entstehung der Erde mitverantwortlich gewesen und gehöre überdies zu den ursprünglichen Gründern der Galaktischen Föderation des Lichts.

Wie komme ich dazu, gerade heute nach diesem Thema zu fragen? Der Grund ist eine Begebenheit, die sich vor wenigen Tagen in meinem Alltag zugetragen hat. Ich saß im Auto, um die rund 15 Minuten dauernde Strecke zum Einkaufen zu fahren, und exakt während dieser kurzen Zeit wurde im Schweizer

Radio ein Interview mit einem Politiker zu irgendeinem aktuell im Parlament behandelten Gesetz geführt. Die genauen Zusammenhänge spielen hier keine Rolle, doch zum Ende des Gesprächs sagte der Politiker abschließend: «Dieses Gesetz dürfte nun kaum noch geändert werden, allerhöchstens noch von der Galaktischen Föderation des Lichts.»

Ich traute meinen Ohren nicht. Wovon hat dieser Mann gerade gesprochen? Von der Galaktischen Föderation des Lichts, die auch Christina schon das eine oder andere Mal erwähnt hat? Wie es aussieht, ist die Existenz der GFdL auch für manche Politiker längst kein Geheimnis mehr, wenngleich ich den Eindruck habe, dass sich ein Großteil der Bevölkerung noch nicht wirklich über ihre Anwesenheit und über ihren Einfluss bewusst ist.

Auf meine Bitte hin referiert Christina heute dazu wie folgt: «Die Galaktische Föderation des Lichts ist bereits vor dem Ersten Intergalaktischen Krieg, der vor Millionen von Jahren stattfand, entstanden. Mittlerweile ist die überwiegende Mehrheit der Planeten in unserer Galaxie Mitglied dieser friedens- und entwicklungsfördernden Organisation. Das heißt, die allermeisten Zivilisationen in unserer Milchstraße sind friedlich. Die GFdL arbeitet wirklich hart daran, um die vereinzelten Abtrünnigen in Schach zu halten. Der Ursprung der GFdL liegt im Planetensystem des Sirius. Mitglied-Zivilisationen sind zum Beispiel die Pegasus-Sternenliga und die Andromedanische Sternennation.

Manche meinen, die GFdL sei eine kampflustige kosmische Supermacht, die daran interessiert sei, tiefschwingende Zivilisationen wie die Erdenmenschheit zu beherrschen. Aber dies entspricht nicht der Wahrheit. Wenn eine höher schwingende Zivilisation oder Organisation dies tatsächlich wollte, dann wäre es schon längst Realität. Aber es ist ein kosmisches Gesetz, dass Wesen aus höheren Dimensionen nicht in tiefere, weniger entwickelte Zivilisationen eingreifen. Erst wenn eine Zivilisation dabei ist, sich selbst zu zerstören, wird Unterstützung angeboten. Denn in dieser dritten Dimension gilt das Gesetz des freien Willens eines jeden Menschen, und dies wird von den höheren Lichtwesen vollumfänglich respektiert. Dasselbe gilt auch für den freien Willen des Planeten selbst.

Es ist aber ein Irrtum, wenn die Menschen denken, dass unsere Erde demnächst irgendwie von oben ‹gerettet› werde. Vielmehr ist es so, dass die Menschen mit Unterstützung von oben jetzt die Möglichkeit bekommen, ihr Bewusstsein zu erweitern. Und ein Aspekt dieses erweiterten Bewusstseins besteht in der Erkenntnis, wie man eigenverantwortlich Entscheidungen trifft und wie man sich in konstruktiver Weise neuen Umweltbedingungen anpasst.»

Christina erzählt dies alles derart präzise, dass ich mir inzwischen ein einigermaßen gutes Bild von dieser Organisation namens Galaktische Föderation des Lichts machen kann. Mir wird klar, dass wir – entgegen der Propaganda der Science-Fiction-Unterhaltungsindustrie – nicht nur von bösen und bedrohlichen außerirdischen Mächten umzingelt sind, gegen welche die Menschheit sich verteidigen muss, sondern dass die allermeisten außerirdischen Wesen, die uns umgeben, höchst friedfertig, liebevoll und wohlwollend sind. Weil sie aber den freien Willen der Menschheit respektieren, greifen sie nicht ungebeten in das irdische Geschehen ein, es sei denn, es gelte einen Akt der Selbstzerstörung zu verhindern. Oder es sei denn, die Mehrheit der Menschen würden sie explizit darum bitten und ihnen die Erlaubnis dazu geben.

Ich erinnere mich, dass in Diskussionen über Gott, über Engel oder auch über positive außerirdische Zivilisationen von Skeptikern immer wieder dasselbe Argument angeführt wird. Es lautet: «Wenn Gott doch existiert und wenn er doch gut ist, warum gibt es dann das Böse?» Oder: «Wenn Gott doch die Menschen liebt, warum greift er dann nicht längst ein und beendet unser Elend?» Oder auch: «Wenn es tatsächlich Engel und positive Außerirdische gibt, warum landen sie dann nicht mit ihren Raumschiffen und retten uns?»

Mir wird klar, dass diese Einwände in vielerlei Hinsicht und auf vielen unterschiedlichen Ebenen völlig unzutreffend sind und die wahren Sachverhalte komplett verkennen. Zum einen wissen wir ja gar nicht, was hinter den Kulissen des Weltgeschehens alles abläuft und wie viele Male die Seite des Göttlichen der Menschheit in der Vergangenheit bereits geholfen hat und auch gegenwärtig hilft, damit das Unlicht nicht noch mehr Einfluss nimmt. Zum anderen kann man Gott und den Lichtwesen doch nicht vorwerfen, dass sie untätig seien, während man gleichzeitig ihre Existenz anzweifelt und ihnen somit nicht einmal eine Chance gibt, sich zu zeigen. Wenn man den Unterschied zwischen den Wesen des Lichts und den Wesen des Unlichts kennt, dann weiß man, dass Wesen des Lichts, die unseren freien Willen respektieren, nur auf unsere explizite Einladung und Aufforderung hin eingreifen. Wesen des Unlichts dagegen greifen beständig manipulativ und zerstörerisch ein, ohne dass man sie dazu auffordern muss; es genügt schon, wenn man es ihnen nicht explizit untersagt. Wie also kann man Gott und die Lichtwesen dafür verantwortlich machen, dass wir uns freiwillig von einer kleinen Minderheit von ausbeuterischen Dunkelwesen an der Nase herumführen und ausnutzen lassen? Wie kann man Gott und die Lichtwesen dafür verantwortlich machen, dass wir unseren freien Willen nicht dafür einsetzen, uns entschlossen auf die Seite des Lichts zu stellen und uns in unserem eigenen Handeln konsequent an den universellen Gesetzen und Spielregeln zu orientieren? Außerdem: Wie sollen die Lichtwesen die Menschheit «retten», wenn die Mehrheit der Menschen gar nicht vom Licht gerettet werden will, sondern lieber an irgendwelche negative Verschwörungen und an dunkle Bedrohungen durch feindselige außerirdische Mächte glaubt? Die Comic- und Filmindustrie hat, wie es sich immer wieder zeigt, diesbezüglich in den vergangenen Jahrzehnten eine höchst erfolgreiche Arbeit geleistet.

Christina fährt fort: «Die Menschheit ist mittlerweile an einem Tiefpunkt angelangt, so dass sich die Lichtwesen ernsthaft Sorgen machen. Der Dritte Weltkrieg, der ein Atomkrieg geworden wäre, ist im Jahr 2000 von der GFdL verhindert worden. Alle Regierungen unserer Erde sind seither gewarnt, dass jegliche Aktion mit atomaren Waffen von der GFdL unterbunden wird, und zwar weltweit.»

Auf die Frage, warum die Außerirdischen denn nicht einfach mit ihren Raumschiffen landen und sich der Menschheit zeigen, hat Christina eine klare Antwort. Sie sagt: «Aus unerfindlichen

Gründen wünschen sich manche Menschen, dass Raumschiffe zum Beispiel auf dem Rasen des Weißen Hauses landen und dort eine dramatische Show veranstalten. Ein Gedanke, der doch eher seltsam ist. Denn wenn dies geschähe, dann würde die durch die Unterhaltungsindustrie vorprogrammierte Menschheit sofort eine Invasion oder eine Kriegserklärung vermuten und sich gegen die Aliens zur Wehr setzen.»

Christina hat völlig recht: Weder die positiven noch die negativen außerirdischen Wesen sind an einer solchen Eskalation interessiert. Die positiven Lichtwesen mischen sich nicht in den freien Willen der Menschen ein und drängen sich ihnen nicht auf. Und die negativen Dunkelwesen operieren lieber unerkannt aus den Schatten heraus, als dass sie sich öffentlich zeigten.

Ich frage weiter: «Was ist das Motiv der GFdL, sich um die Erde zu kümmern? Warum tun diese Zivilisationen das überhaupt?»

«Weißt du, Mama, die Galaktische Föderation des Lichts ist einfach bestrebt, innerhalb unserer Galaxie für Frieden zu sorgen. Da sind keine Eigeninteressen vorhanden. Und weil sich die Erde noch auf der physikalisch dichtesten und untersten Stufe der Entwicklung bewegt, ist hier der Friede besonders schwierig aufrecht zu erhalten.»

Dann offenbart Christina weitere Einzelheiten über die GFdL: «Die Mitgliedzivilisationen der GFdL sind zu etwa 40 % humanoide Völker, also menschenähnlich. Ihr Aussehen ist allerdings sehr vielfältig. Die meisten haben wie wir einen Körper auf zwei Beinen, und ihre Köpfe würde ich von menschenähnlich bis tierähnlich bis kurios bezeichnen. Manche sehen so aus, wie wir es etwa von alten ägyptischen Darstellungen kennen. Die restlichen 60 % sind hochintelligente tierähnliche Wesen. Die Pegasusianer zum Beispiel sehen aus wie Pferde auf zwei Beinen mit Schwanz. Sie sind übrigens die besten Mediziner der Galaxie, und ihre Lichtschiffe vibrieren in mehreren Dimensionen auf einer sehr hohen Frequenz. Solch ein Mutterschiff hat ein eigenes Bewusstsein und gleicht einer fliegenden Stadt mit einem ganzen Ökosystem gigantischen Ausmaßes.»

«Was sind denn die genauen Aufgabengebiete dieser Föderation?», frage ich Christina.

Sie antwortet: «Zu ihren Aufgaben gehören vor allem verschiedene diplomatische Aufträge. Auch Wissenschaft und Spiritualität und einiges mehr, darunter auch die Wartung der Sonne. Diese Organisation ist also nicht ausschließlich hier, um die Menschheit zu beschützen, und auch nicht, um die irdischen Regierungen zu entmachten. Ihre Aufgaben sind weit umfassender. Aber eine Nation, der heute geholfen wird, sollte morgen auch anderen helfen. Das ist ein kosmisches Gesetz.»

Je mehr Christina diese Themen darlegt, desto mehr verabschiede ich mich endgültig von der Vorstellung, dass die Menschheit die einzige intelligente Zivilisation im Universum sei. Wie es aussieht, gibt es im Gegenteil eine unüberschaubare Vielfalt an extraterrestrischen Völkern und Zivilisationen, und die allermeisten von ihnen sind bei weitem intelligenter und technologisch fortgeschrittener als wir. Dabei kennen wir den Großteil dieser Zivilisationen nicht einmal, da sie vielleicht Milliarden von Lichtjahren von unserem Sonnensystem entfernt liegen und zudem kaum Interesse an uns haben. Doch nur schon die 88 Zivilisationen, die sich gemäß Christina im Moment in der Nähe der Erde aufhalten, um unseren Evolutionsprozess mitzuverfolgen, reichen ja fürs erste schon. Wir Menschen sind anscheinend doch nicht so hoch entwickelt und fortgeschritten, wie wir gerne glauben würden. Wir leben hier in der dritten Dimension, während der Großteil aller kosmischer Zivilisationen in weit weniger dichten Ebenen leben und über ein ganz anderes Wissen und über ganz andere Technologien verfügen als wir. Wie sagte doch Christina einmal: «Die Erde ist die Schule, das Universum die Hochschule.» Allmählich beginne ich zu verstehen, was sie damit meinen könnte.

Hierzu führt sie heute aus: «Bezüglich Weltraumforschung und Technologie bewegen sich die Erdenmenschen noch in den Kinderschuhen – zumindest offiziell. Inoffiziell ist schon weit mehr vorhanden. Manche Kritiker haben hierbei etwas ganz Grundsätzliches noch nicht verstanden, nämlich dass auch Technologie einen Platz im göttlichen Plan hat. Die Frage ist nur, ob es eine destruktive Technologie ist oder eine, die im Einklang mit den Schöpfungsgesetzen steht. Es existiert zum Beispiel etwas, das viel schneller ist als die Lichtgeschwindigkeit. So etwas ist für ein gewöhnliches menschliches Gehirn nicht einmal ansatzweise fassbar.»

Auch hier erinnere ich mich an eine frühere Aussage Christinas: «Die Menschen haben noch nicht verstanden, dass nicht der rationale Verstand die großartigsten Erfindungen und Fortschritte hervorbringt, sondern das Bewusstsein der Seele.»

Ich nehme mir vor, das Potenzial meines Seelenbewusstseins nun aktiv zu entfalten. Dies ist mein persönlicher Beitrag zur globalen Schwingungserhöhung.

19

Begegnungen mit Maria und mit Jesus

Ende August 2015. Es ist Sonntag, und Christina, Mario und ich genießen den gemeinsamen Abend zu Hause. Mario spielt im Zimmer nebenan begeistert mit seinem Landwirtschafts-Simulator, während Christina mit mir im Wohnzimmer sitzt. Im Fernseher läuft die Übertragung eines Tennisfinales, das unser Landsmann Roger Federer mal wieder souverän gegen den Weltranglisten-Ersten gewinnt. Christina und ich sprechen miteinander, während sie gleichzeitig an ihren eigenen Texten schreibt und sich dem Tennis im Fernsehen gegenüber eher desinteressiert zeigt.

Neulich hat Christina mit Bedauern erwähnt, dass sie in der Bibliothek mittlerweile keine spannenden Bücher mehr finde, die sie noch nicht gelesen habe, und so machte ich ihr den Vorschlag, doch selbst mit dem Schreiben zu beginnen. Sie fand dies eine gute Idee und schreibt seitdem fast täglich. Oftmals löscht sie danach wieder den gesamten Text, da sie alles einfach «zu normal» und «zu logisch» findet.

Plötzlich sagt sie: «Mama, manchmal wüsste ich wirklich gerne, wie deine Welt aussieht.»

Ich schaue sie verwundert an, und sie fährt lächelnd fort: «Nun ja, in der Theorie weiß ich natürlich schon, was du sehen kannst und was nicht. Und trotzdem kann ich mir deine Sichtweise nur schwer vorstellen. Es muss doch ziemlich langweilig sein, so wenig von der Wirklichkeit wahrzunehmen. Empfindest du das nie so?»

Mit Rückblick auf die Herausforderungen der vergangenen Monate erwidere ich, ebenfalls lächelnd: «Ach weißt du, im

Moment reicht mir meine Sicht völlig. Sie fühlt sich für mich keineswegs langweilig an. Im Gegenteil würde es mich wahrscheinlich überfordern, wenn ich mehr als die Dreidimensionalität sehen könnte. Zudem funktioniert bei mir die Sinneswahrnehmung und die Verarbeitung der Sinneseindrücke wesentlich langsamer und eingeschränkter als bei dir. Dennoch bin ich auf meine Art und Weise glücklich, und mir fehlt eigentlich nichts in meinem Leben.»

Kurz darauf springt Christina vom Sofa auf und verkündet aufgeregt: «Komm mit, Mama, ich möchte dir etwas zeigen!»

Es scheint wichtig zu sein, und so stehe auch ich auf und folge ihr in die Küche. Dort spielt sie erst einmal auf dem Tabletcomputer ein Lied ab, das ihr derzeit ausgesprochen gut gefällt. Ich frage mich allerdings, warum ich ihr genau jetzt bloß wegen eines Liedes expressmäßig in die Küche folgen musste. So trinke ich ein Glas Wasser direkt vom Wasserhahn und räume etwas Geschirr in die Spülmaschine. Währenddessen reißt Christina die Terrassentüre der Küche weit auf und staunt wortlos nach draußen ins Halbdunkel.

Verblüfft und auch ein wenig ratlos steht die Vierzehnjährige an der offenen Türe und fragt mich: «Mama, soll ich sie nun reinlassen ... oder was?»

Von meiner Position beim Spülbecken aus kann ich nicht direkt den Boden vor der Terrassentüre sehen, und so gehe ich davon aus, dass Christina von einer Katze spricht. Ich antworte energisch: «Nein, sicher nicht!» Denn ich finde, dass der Nachbarskater Felix, der häufig zu Besuch kommt, um sich von Christina ein paar Streicheleinheiten zu ergattern, nicht in unser Haus gehört. Auffälligerweise herrscht jedoch noch immer Stille, und ein Blick zu Christina bestätigt mir, dass weit und breit keine Katze in der Nähe ist. Christina staunt einfach weiter wie gebannt nach draußen, während mir nichts Besonderes auffällt.

Dann schließt Christina die Türe wieder und erkundigt sich, offensichtlich tief bewegt: «Sag mal, Mama, kennst du eine Frau mit langen, dunklen, gelockten Haaren und einem blau-weißen Umhang, der sogar ihren Kopf bedeckt und bis zum Boden reicht? Sie heißt Maria.»

Jetzt bin auch ich sprachlos und beginne zu erahnen, was gerade vorgefallen ist: Christina ist soeben der Heiligen Maria begegnet! Ich traue mich kaum, nochmals nach draußen zu blicken, vermag jedoch nichts zu erkennen. Die Situation ist unbeschreiblich berührend.

Dann sagt Christina mit leiser und demütiger Stimme, fast so, als spräche sie mehr zu sich selbst als zu mir: «Meine Güte, das muss ja schon etwas Wichtiges sein, dass Maria sich die Mühe macht, hierher zu kommen – als Meisterin der Galaktischen Föderation des Lichts.»

Wie bitte? Hat mir meine Tochter etwa gerade so nebenbei offenbart, welche Position die Heilige Maria derzeit im Universum innehat? Ich habe mich, so wird mir klar, bisher nie wirklich mit der Frage beschäftigt, was mit Menschen wie etwa der Heiligen Maria, die vor knapp 2000 Jahren starb, nach ihrem Tode wohl geschehen sei. Aber logischerweise leben auch sie, wie alle Verstorbenen, weiter und setzen ihre Reise durch die Schöpfung weiter fort. Und im Falle von Maria scheint es also so zu sein, dass sie mittlerweile eine Meisterin in der GFdL geworden ist.

Obwohl ich durch frühere Gespräche weiß, dass Christina mit der Biographie der Heiligen Maria durchaus vertraut ist, erkenne ich an ihrem Gesichtsausdruck, dass die Tatsache, dass Maria soeben vor unserer Türe erschienen ist, auch für sie eine ganz besondere Bedeutung hat. Nachdem ich mich wieder gefasst habe, lautet meine erste Frage an Christina: «Hat die Heilige Maria dir denn etwas mitgeteilt?»

Christina antwortet leicht erstaunt: «Nein. ... Ich habe sie ja auch nichts gefragt.»

Eine typische Christina-Antwort. Natürlich hat sie keine Fragen an Maria, da sie ja selbst über einen sehr guten Zugang zu den Quellen des kosmischen Wissens verfügt. Dennoch scheint sie über den heutigen Besuch Marias überrascht zu sein.

Was mich betrifft, so muss ich dieses Ereignis erst einmal verdauen und bin für den restlichen Abend kaum mehr zu irgendwelchen Gesprächen fähig. Ich habe mich in den vergangenen Monaten im Umgang mit meiner Tochter ja schon an so einiges Ungewöhnliche gewöhnt, aber diese heutige Begegnung Christinas mit der Heiligen Maria fällt für mich in eine nochmals völlig andere Kategorie. Langsam lasse ich alles sich setzen: Ok, die Heilige Maria, die Mutter Jesu Christi, hat also mittlerweile eine führende Rolle innerhalb einer riesigen friedensfördernden Föderation des Lichts in unserer Galaxie inne. Alles klar. Wahrscheinlich war sie bereits damals, vor 2000 Jahren, ein Lichtwesen mit einer außergewöhnlich hohen Schwingungsfrequenz, was ihren damaligen grünen Strahl erklären würde, von dem mir Christina neulich erzählte. Und genau diese Heilige Maria, eine Meisterin der Galaktischen Föderation des Lichts, hat uns heute Abend vor unserer Terrassentüre einen kurzen Besuch abgestattet. Alles klar.

Mir fallen an diesem Abend auch die berühmten drei Hirtenkinder von Fátima in Portugal ein, die im Jahre 1917 ebenfalls mehrere Marienerscheinungen erlebten und von Maria sogar Botschaften erhielten. Soweit ich mich erinnere, ging es in diesen Botschaften hauptsächlich um die Vorhersage schrecklicher Ereignisse, die mit Krieg und Zerstörung zu tun hatten. Was also hat dieser heutige Besuch Marias bei uns zu bedeuten? Krampfhaft suche ich nach einer Erklärung und nach einer tieferen Bedeutung dieses Ereignisses. Ich frage mich außerdem, ob solche Besuche für Menschen wie Christina normal sind oder eher nicht. Irgendwie fühle ich mich gerade ziemlich heftig herausgefordert, doch am Ende gewinnt meine Zuversicht gegen meine Angst. Ich spüre deutlich, dass dies alles ein gutes Omen ist.

Am nächsten Tag ist Montag, und wie üblich fahre ich an diesem Tag zur Fachschule, während die Kinder über Mittag bei meinen Eltern essen. Daher bietet sich mir erst am Abend die Gelegenheit, mich mit Christina weiter über das sonderbare Ereignis vom Vortag auszutauschen. Ich erzähle ihr die Geschichte der Fátima-Kinder und ersuche sie, falls sie nochmals eine solche Erscheinung haben sollte, dann möchte sie sich bitte mit der Heiligen Maria unterhalten. Vielleicht habe Maria ja auch für Christina eine Botschaft. Innerlich weiß ich dabei allerdings, dass sich Christina nicht um eine Botschaft bemühen müsste. Falls es tatsächlich eine Botschaft für sie gäbe, dann würde sie ihr ohnehin zufallen, ob sie nun danach fragen würde oder nicht.

Während meines Gesprächs mit Christina ist auch einen Tag später noch deutlich zu spüren, dass das Erscheinen Marias für sie etwas Besonderes war. An diesem Abend ahne ich noch nicht, dass diese Begegnung in Zukunft noch nachhaltige Folgen haben würde. Denn zunächst verblüfft mich Christina mit einem weiteren Geheimnis, das mich innerlich sogar noch mehr berührt und aufwühlt als das gestrige Ereignis. Geradeso, als handle es sich um eine kleine Nebensache, die sie längere Zeit vergessen hatte und an die sie sich jetzt wieder erinnerte, berichtet mir Christina in aller Seelenruhe von einer früheren Begebenheit, die mich erneut erschaudern und sprachlos werden lässt.

Christina erzählt: «Es ist jetzt wohl schon etwa sechs oder sieben Jahre her, da habe ich Besuch von Jesus erhalten. Auch das werde ich in meinem ganzen Leben nie vergessen. Und nun ist auch die Heilige Maria hier gewesen. Was das wohl zu bedeuten hat?»

Sie macht eine kurze Pause, die ich nicht mit Fragen unterbrechen möchte. Es fehlen mir ohnehin gerade die Worte.

«Die Jesuserscheinung damals war sehr außergewöhnlich», fährt Christina fort. «Du warst nicht dabei, Mama. Ich saß mit einem anderen Kind irgendwo auf einer Parkbank und habe gewartet. Es liefen auch einige weitere Menschen umher. Das andere Kind konnte zu dem Zeitpunkt offensichtlich ebenfalls feinstofflich sehen. Zuerst dachte ich, als ich Jesus sah, dass nur ich ihn sehen und spüren könne, doch dann fragte das andere Kind mich, als ob es überhaupt nichts Besonderes sei: ‹Du Christina, ist das Jesus?› Ich habe ihm mit einem schlichten ‹Ja› geantwortet.

Jesus stand damals einfach plötzlich da. Puffff! Eine Riesenenergie! Obwohl die Menschen ihn nicht sehen konnten, machten sie einen großen Bogen um ihn, als könnten sie seine Energie spüren. Das ist normalerweise bei anderen feinstofflichen Wesen nicht so. Da laufen die Menschen einfach durch sie hindurch. Bei Jesus hingegen sind sie wie um eine Blumeninsel herumgegangen. Auch Jesus ist damals ohne Worte wieder verschwunden. Aber über seine Identität bestand für uns keinerlei Zweifel. Mama, diese beiden Erscheinungen werde ich in meinem ganzen Leben bestimmt nie vergessen!»

Ich frage Christina, ob sich die beiden Erscheinungen für sie etwa gleich angefühlt haben oder ob da ein Unterschied zu spüren war.

Sie antwortet: «Es gibt einen deutlichen Unterschied zwischen den beiden Episoden. Die Begegnung mit Jesus entstand wie aus einem gewaltigen Blitzschlag und war von einer starken Druckwelle begleitet. Es war einfach eine Riesenenergie, die ich da verspürte. Im Unterschied dazu war das Erscheinen von Maria gestern Abend ganz anders. Bei Maria spürte ich eine große Ruhe, die sie ausstrahlte, eine unbeschreiblich starke Form von weiblicher Energie.»

Einmal mehr fühle ich mich ein wenig überfordert von den vielen neuen Informationen. Es sind gerade einmal ein paar Tage vergangen, seit Christina mir detaillierte Beschreibungen über eine Vielzahl von außerirdischen Zivilisationen, über interstellare Raumfahrt und über die Galaktische Föderation des Lichts lieferte, gestern Abend erlebten wir eine Marienerscheinung, und heute erzählt mir die Vierzehnjährige von einer früheren Jesuserscheinung. Was hat dies alles zu bedeuten? Ich bin es gewohnt, mit meinem Verstand nach Zusammenhängen zu suchen und nach Erklärungen zu fragen, doch bei diesen Themen reicht der bisherige Horizont meines Verstandes eindeutig nicht mehr aus. Obendrein läuft parallel zu alledem auch unser übliches Alltagsgeschehen weiter.

Was mich beruhigt, ist, dass für Christina offensichtlich alles völlig klar und unproblematisch ist. Sie erklärt mir, Jesus sei – genau wie Maria – ebenfalls einer der Meister und Anführer der Galaktischen Föderation des Lichts. Dasselbe gelte auch für Krishna und für Buddha. Es gebe auch noch weitere Meister der GFdL, die aus anderen Zivilisationen stammten und deren Namen hier auf der Erde nicht so bekannt seien. Während sie mir dies alles in einer ruhigen Selbstverständlichkeit darlegt, frage ich mich, welche Rolle wohl sie in diesem ganzen Plan spielt. Ist es üblich, dass große galaktische Meister wie Maria und Jesus ein vierzehnjähriges Mädchen aus dem schweizerischen Toggenburg besuchen kommen? Oder sind dies Vorzeichen für eine besondere Aufgabe und Mission, die Christina erfüllen wird?

In den folgenden Tagen mache ich mir viele weitere Gedanken über die Erscheinungen und über deren mögliche Bedeutung. Doch auch in unserem Alltag gibt es immer wieder außergewöhnliche kleine Ereignisse. Zum Beispiel kommt Christina wenige Tage später von ihrer Klassenfahrt zurück und erzählt mir, dass auf der Rückfahrt der Schaffner im Zug eine wunderliche Bemerkung gemacht habe. Als er vor dem Abteil stand, in dem Christina und ein paar andere Mädchen aus ihrer Klasse saßen, meinte er: «Meine Güte, ist da viel Heiligenschein bei euch!» Anscheinend war er in diesem Augenblick imstande, Christinas Aura wahrzunehmen. Wenig später musste Christina ins Postauto umsteigen und bei der Haltestelle warten. Da habe sie einen Jungen gesehen, der sie voller Erstaunen und Verwunderung einfach nur angestarrt habe. Dieser Junge war ein Indigokind, das habe sie an seiner Aura erkannt, und darum konnte er feinstofflich sehen und Christina in ihrer leuchtenden Ausstrahlung wahrnehmen.

Während sie mir dies erzählt, wünsche ich mir einmal mehr, dass auch ich meine Tochter eines Tages so sehen könnte. Christina ermuntert mich, ich solle einfach mein Bewusstsein und damit auch meine Sinneswahrnehmung stetig erweitern. Ach ja, wenn das so einfach wäre... Denn wie es aussieht, habe ich bis dahin noch einige Lernprozesse zu absolvieren.

20

Erinnerungen an Atlantis

Anfang September 2015. Es ist Sonntagmorgen, und Christina, die wie immer schon sehr früh aufgestanden ist, nimmt mich bereits vor meinem Morgenkaffee um 07:45 Uhr energievoll in Beschlag. Heute will sie mir offenbar über Atlantis berichten. Dazu hat sie eine großformatige Weltkarte mit etlichen zusätzlichen Markierungen versehen und darauf unter anderem das vor rund 11 500 Jahren untergegangene mythische Inselreich Atlantis eingezeichnet.

Fasziniert betrachte ich Christinas Zeichnung. Der Mythos von Atlantis war für mich bisher nie wirklich fassbar. Natürlich habe ich davon gehört und weiß, dass die Wissenschaft noch immer darüber rätselt, ob es diesen sagenumwitterten Kontinent tatsächlich gegeben habe oder nicht, und falls ja, wo genau er existierte und wie groß er wohl gewesen sei. Nach Christinas Angaben füllte Atlantis fast den gesamten Atlantischen Ozean aus, das heißt den heutigen Meeresraum zwischen Europa und Nord- und Mittelamerika. Die nördliche Grenze des Kontinents Atlantis zeichnet sie etwa auf der Höhe von New York City ein und auf der gegenüberliegenden Seite etwa auf der Höhe von Lissabon. Die südliche Grenze endet im Westen etwa auf der Höhe der brasilianischen Küstenstadt Recife und im Osten bei der Atlantikinsel Ascension. Das heißt, die Insel St. Helena dürfte wohl damals eine dem atlantischen Kontinent vorgelagerte Insel gewesen sein, während die Kanarischen Inseln möglicherweise Überreste von Atlantis selbst sind.

Diese Annahme bestätigt Christina aus eigenem Erleben. In den vergangenen drei Jahren genossen Christina, Mario und ich während der Winterferien jeweils auf den Kanarischen Inseln die Sonne, und jedes Mal spürte Christina deutlich, dass diese

Inseln Überbleibsel des atlantischen Festlandes sind. Heute ergänzt Christina, dass das Gebiet um das heutige Brasilien und Peru damals eine atlantische Kolonie gewesen sei.

Ein zweiter Riesenkontinent sei zur selben Zeit Lemuria gewesen, berichtet sie weiter. Dieses Reich erstreckte sich etwa von Madagaskar über Australien und sämtliche Pazifikinseln (wie Papua-Neuguinea, die Salomonen, Neukaledonien, Fidschi und Kiribati) bis hin zur Hawaii-Inselkette. Doch über Lemuria weiß Christina nicht sehr viel, nur dass dort – genau wie auf Atlantis – in einem früheren Zeitalter ebenfalls eine fünfdimensionale Hochkultur geherrscht habe.

Die restlichen Erdteile hat sie an diesem Sonntagmorgen mit mir bisher unbekannten Namen beschriftet. Zum Beispiel steht beim heutigen China «Yü-Reich» (woher bloß kennt Christina solche Namen?), und im Norden Europas befand sich ihrer Zeichnung nach ein Königreich namens «Thule». Der Kontinent Afrika ist beschriftet mit «Libysch-Ägyptisches Reich», und das Gebiet von Italien bis Griechenland, einschließlich einiger Balkanstaaten, heißt auf der Karte «Ionnen». All dies seien in früheren Erdenzeitaltern Hochkulturen gewesen, als die Erde vor dem Eingriff der Dunkelwesen noch fünfdimensional und paradiesisch war. Ich erinnere mich an die Ausführungen über das 26 000 Jahre dauernde Weltenjahr mit den insgesamt 12 Zeitaltern zu jeweils 2160 Jahren, und so vermag ich ungefähr einzuordnen, was Christina mir mitteilen will.

Von allen diesen untergegangenen Reichen scheint Atlantis dasjenige zu sein, mit dem sich Christina am besten auskennt. Was sie mir über Atlantis erzählt, klingt nicht so, als hätte sie es in irgendeinem Buch oder auf irgendeiner Seite im Internet gelesen, sondern vielmehr so, als sei sie damals persönlich mit dabei gewesen.

Warum dieses paradiesische atlantische Inselreich denn überhaupt untergegangenen sei, frage ich sie. Und sie berichtet mir ausführlich über die Hintergründe des damaligen Untergangs. Es sei durch Intervention von außerirdischen Völkern zu einem folgenschweren Einschlag eines Mega-Meteoriten im Gebiet des heutigen Feuerland gekommen, der eine riesige Flutwelle auslöste und damit den Großteil von Südamerika und das auf Meereshöhe liegende Atlantis zum Untergang brachte.

Christina erzählt weiter: «Der Einschlagkrater des Meteoriten im südamerikanischen Raum müsste eigentlich noch heute auf dem Meeresgrund deutlich sichtbar sein. Auch dürften auf dem tiefen Meeresgrund des Atlantiks noch einige Pyramiden von Atlantis vorhanden sein. Die Gebirgskette der Anden blieb damals aufgrund ihrer Höhe vom Untergang verschont. Aber nach Osten traf es Lemuria, das ebenfalls größtenteils dem Untergang zum Opfer fiel – außer eben das heutige Madagaskar und Australien sowie die übrig gebliebenen kleinen Inseln im Südpazifik.»

Während sie dies sagt, fällt mir ein, dass ich in diesem Zusammenhang einmal von einem wissenschaftlichen Rätsel gehört habe. Die Wissenschaftler können sich anscheinend nicht erklären, warum auf Madagaskar und in Australien gewisse gleiche Tierpopulationen vorkommen, obschon es doch biologisch ausgeschlossen ist, dass sie sich über die weite Strecke von rund 8000 Kilometern vermehren konnten. Es könnte ja sein, dass Madagaskar und Australien vor Tausenden von Jahren tatsächlich zu ein und demselben Lemuria-Kontinent gehörten. Damit wäre das Rätsel gelöst.

Zurück zu Atlantis. Christina offenbart mir an diesem Sonntag unzählige weitere Einzelheiten, zum Beispiel auch darüber, welche dunklen Mächte damals den Meteoriteneinschlag ausgelöst haben und welche Hintergründe dabei eine Rolle spielten. Die Kurzfassung lautet: Es waren mehrere verschiedene Zivilisationen aus diversen Planetensystemen daran beteiligt. Mehr soll an dieser Stelle nicht ausgeführt werden. Denn noch tiefer berühren und erstaunen mich die folgenden Worte Christinas, die sie im Laufe ihrer Erzählung plötzlich voller Begeisterung an mich richtet.

Sie sagt: «Mama, ich bin mir jetzt ganz sicher, dass ich damals den Dimensionswechsel von Atlantis, also den Untergang, miterlebt habe. Ich lebte damals als eine Hohepriesterin auf Atlantis. Es war ja noch das ‹weibliche› Zeitalter, so dass es hauptsächlich die Aufgabe der Hohepriesterinnen war, das universelle Wissen zu vermitteln. Andere Religionen gab es damals nicht. Elena war übrigens ebenfalls da, doch wurden wir beide damals gewaltsam getrennt.»

Aha, denke ich, und muss diese neue Erkenntnis erst einmal zusammen mit meinem Kaffee herunterschlucken. Christina hat also vor 11 500 Jahren als Hohepriesterin auf Atlantis gelebt. Damit wird mir auch klar, warum das Mädchen mir schon vor vielen Jahren irgendwelche Einzelheiten über das versunkene Atlantis erzählt hat. Zu jener Zeit wusste ich nicht so recht, was ich davon halten sollte, doch heute vermag ich es einigermaßen gut einzuordnen. Völlig neu ist allerdings die Information, dass damals auch Elena mit dabei war. Was für ein «Zufall»!

Noch immer begeistert fährt Christina fort: «Die Atlanter lebten in der fünften Dichte und wahrlich in einem Paradies.»

Tatsächlich gilt Atlantis in der Mythologie als ein Paradies des Friedens und der Harmonie. Christina erklärt dies damit, dass die damaligen Menschen mit einer vollständig aktivierten 12-Strang-DNA und demzufolge mit einem erweiterten Bewusstsein friedlich zusammenlebten. Sie waren sowohl geistig als auch technisch viel weiter entwickelt als der Großteil der heutigen Menschen. Erst durch das Eingreifen jener außerirdischen Dunkelmacht sei es zum Untergang gekommen. Von den rund acht Millionen Einwohnern von Atlantis überlebten damals anscheinend nur etwa 100'000.

«Was ist denn mit diesen Überlebenden geschehen?», frage ich Christina. Sie berichtet, dass die meisten unter ihnen in die sogenannte «Innere Erde» geflüchtet seien, andere aufs afrikanische Festland. Durch den gigantischen Meteoriteneinschlag sei überdies die Erdachse gekippt, was in der Folge eine Eiszeit ausgelöst habe und die Pole vereisen ließ. Christina meint, dass es vermutlich erst seit diesem Zeitpunkt auf der Erde die vier Jahreszeiten gebe.

Noch viele Stunden lang spricht Christina an diesem Sonntag über Atlantis sowie auch über andere geschichtliche Ereignisse aus früheren Erdenzeitaltern, die von der modernen Wissenschaft entweder als unwahr betrachtet werden oder aber nicht erklärt werden können. Zum Beispiel legt sie dar, wie eine sogenannte Sintflut entsteht, nämlich durch das Schmelzen der

Firmamente. Das heißt: Wenn die Eisplatten in der Atmosphäre schmelzen oder geschmolzen werden, dann kommt es zu einem Niedergang unvorstellbar großer Wassermassen aus der Erdatmosphäre, die ganze Kontinente überfluten können. Auch hierzu kennt sie zahlreiche Einzelheiten wie etwa, dass eine Sintflut einst von einer außerirdischen Zivilisation mit Namen Cetacäen ausgelöst worden sei. Es habe im Verlauf der Erdgeschichte jedoch nicht nur diese eine, sondern schon etliche Sintfluten gegeben, und von manchen werde noch heute in den Mythen oder auch im Alten Testament berichtet.

21

Thule, Innere Erde
und andere «Mythen»

Zwei Aspekte aus den Erzählungen jenes intensiven spätsommerlichen Sonntags, an dem mir Christina ihre inkarnatorische Verbindung zu Atlantis offenbart hat, seien im Folgenden noch herausgegriffen: erstens das Thema «Thule» und zweitens das Thema «Innere Erde».

Das Königreich Thule

Auf der großen Weltkarte hat Christina im Norden Europas das Königreich Thule eingezeichnet. Dieses habe zur selben Zeit wie Atlantis und Lemuria existiert und habe sich von den grönländischen Inseln über Spitzbergen bis hin zu den neusibirischen Inseln im nordöstlichsten Teil Sibiriens erstreckt. Kurz gesagt, die Rieseninsel Thule umfasste nahezu die gesamte Nordpolregion.

Im Unterschied zu Atlantis und Lemuria habe ich von einem Thule-Reich bis zum heutigen Tag noch nie gehört. Daher gebe ich den Begriff zunächst einmal in die Suchmaschine ein und finde einige spärliche Informationen wie etwa: Das mythische Thule sei im vierten Jahrhundert vor Christus erstmals geschichtlich erwähnt worden, und der lateinische Ausdruck «ultima thule», der sich davon abgeleitet habe, stehe seit der Antike sprichwörtlich für den äußersten Nordrand der Erde, sozusagen für «das Ende der Welt». Noch heute nennen Geologen den nördlichsten Landpunkt der Erde «Ultima Thule». Nebst der Information, dass Thule in der keltischen Mythologie auch für die «Anderswelt» stehe, finden sich Hinweise darauf, dass der Begriff in jüngerer Zeit von gewissen unlichten Geheimgesellschaften missbraucht und in Misskredit gebracht worden sei.

Was die genaue geographische Lokalisierung des Thule-Reiches betrifft, so tappt die Wissenschaft noch größtenteils im Dunkeln. Forscherteams vermuten, es könnte sich eventuell einfach um einen Sammelbegriff für die gesamten nordeuropäischen Länder handeln oder auch nur um eine einzelne der heutigen Inseln. Man geht hier, ähnlich wie bei Atlantis und Lemuria, nicht ernsthaft davon aus, dass es sich auch um ein reales, hoch entwickeltes Königreich handeln könnte, das vor vielen Jahrtausenden eine fünfdimensionale Hochkultur beherbergt hatte, bevor es durch den Einfluss von außerirdischen Dunkelmächten unterging. Die heutigen Wissenschaftler neigen dazu, derartige Szenarien in den Bereich der Mythen, Sagen und Legenden abzuschieben, was für sie gleichbedeutend ist mit Unwissenschaftlichkeit. Und Unwissenschaftlichkeit ihrerseits ist für viele von ihnen gleichbedeutend mit Unwahrheit.

Christina sieht dies naturgemäß anders, und die Tatsache, dass sie bei diesen sogenannten «Mythen» über sehr spezifisches Detailwissen verfügt, welches man so nicht in Büchern oder im Internet nachlesen kann, spricht diesbezüglich wohl für sich.

Ich frage sie, ob denn die Bewohner der Thule-Zivilisation im ewigen Eis gut überleben konnten, und ihre Antwort ist wie immer ebenso selbstverständlich wie logisch.

Sie erklärt: «Als Atlantis unterging, kippte die Erdachse von 0° auf 23,44°. Dies löste in der Folge eine globale Klimaveränderung aus, und erst dadurch wurden die nördlichen und südlichen Polargebiete vereist. Unter dem ‹ewigen Eis› der Arktis und der Antarktis befindet sich also Festland, welches vor Tausenden von Jahren viel fruchtbaren Lebensraum bot. Sollten die Pole jemals abschmelzen, dann dürften die Archäologen viel neue Arbeit vor sich haben, denn die damaligen nördlichen Zivilisationen wurden durch das Kippen der Erdachse sozusagen schockgefroren. Erst seit diesem Drama gibt es die vereisten Pole sowie auch die verschiedenen Klimazonen, wie wir sie heute kennen. Zuvor gab es auf der ganzen Erdkugel ein angenehmes mediterranes oder tropisches Klima. Deshalb sage ich: Die Erde war ein wirkliches Paradies, vor allem, wenn man sie mit anderen Planeten vergleicht wie zum Beispiel Eisplaneten, Wasserplaneten und so weiter. Und weil die Erde so paradiesisch war, wurde sie immer wieder von anderen Zivilisationen kolonialisiert. Aber nach dem Untergang von Atlantis stürzte der ganze Planet aus der fünften Dichte in die dritte Dichte ab. Und aufgrund dieser tieferen Frequenz konnten sich auch wieder dunkle Wesenheiten auf der Erde ansiedeln. Wohin das geführt hat, sehen wir heute.»

Ich zweifle nicht daran, dass Christinas Berichte und Erklärungen, auch wenn sie sich für meinen Verstand ungewohnt anhören, der Wahrheit entsprechen. Mir fällt auf, dass mein Unterbewusstsein mit dem Begriff «Paradies» immer eine tropische Insellandschaft verbindet und nicht etwa eine Eiswüste, eine Sandwüste oder gar eine moderne Großstadt. Vermutlich geht es den allermeisten Menschen so: Beim Stichwort «Paradies» assoziieren wir sofort eine Landschaft und ein Klima, wie es offenbar zu atlantischen Zeiten überall auf der Erde zu finden war. Könnte dies bedeuten, dass in unserem Unterbewusstsein noch Erinnerungen an jene Zeit verborgen sind?

Doch so faszinierend diese mythischen Geschichten und so beeindruckend einmal mehr Christinas Kenntnisse für mich sind – mich beschäftigt im Moment trotzdem vor allem die Gegenwart und nicht diese Jahrtausende alten Erzählungen. Aus Erfahrung weiß ich aber inzwischen, dass es kein Zufall ist, wenn Christina ein bestimmtes Thema aufgreift. Irgendeine versteckte Botschaft wird darin enthalten sein, entweder direkt für mich oder später für andere Menschen. Ihre Referate gleichen verschiedenen Puzzleteilen, und ich fühle mich aufgefordert, diese einzelnen Teile sorgsam zusammenzutragen, damit ich hinsichtlich dessen, was auf unserem Planeten gegenwärtig abläuft, irgendwann die größeren Zusammenhänge verstehe und möglichst das ganze Bild erkenne. Durch das heutige ausführliche Gespräch über Atlantis ist wiederum ein weiteres Puzzleteil hinzugekommen.

Auch bin ich immer wieder davon beeindruckt, wie gut Christina Mutter Erde zu kennen scheint, nicht bloß wie ein lebloses Gestirn, sondern als eine individuelle Wesenheit mit einer eigenen Seelenstruktur und einer eigenen persönlichen Schwingungsfrequenz. Sie erwähnt gelegentlich, dass sich gemäß ihrer Wahrnehmung sowohl die planetare Frequenz als auch die kollektive Frequenz der Menschheit deutlich spürbar beständig erhöhe. Als Folge davon gerieten tief schwingende Wesenheiten und destruktive Konstrukte zusehends unter Existenzdruck. Parallel dazu entwickeln sich viele Menschen, sei es eher in Leichtigkeit oder eher verbunden mit tiefgehenden und teilweise schmerzhaften Lernprozessen, ebenso deutlich in die positive Richtung und werden friedfertiger, liebevoller und harmonischer.

Christina ergänzt: «Als ich ein Kleinkind war, gab es noch einen massiven Unterschied zwischen der planetaren Frequenz und meiner eigenen. Heute empfinde ich diesen Unterschied trotz meiner persönlichen Frequenzsteigerung nicht mehr als so groß.»

Die Innere Erde

Im Zusammenhang mit den Überlebenden des Atlantis-Untergangs erwähnte Christina, dass eine Mehrheit von ihnen in die Innere Erde geflüchtet sei. Auch dies ist für mich ein völlig neuer Aspekt, und so möchte ich Genaueres dazu erfahren. Was ist gemeint mit «Innerer Erde»? Gibt es im Erdinneren etwa Lebensräume und Lebewesen?

Ich weiß, dass die Wissenschaft inzwischen davon ausgeht, dass in den Tiefen der Ozeane unvorstellbar viel Leben existiert – ein ganzes Ökosystem ohne Sonnenlicht, das bis heute noch nahezu unerforscht ist. Denn obschon diese sogenannte Tiefsee den größten Teil des Erdplaneten einnimmt, ist sie doch äußerst schwierig zu erreichen. Es braucht dazu spezielle tiefseetaugliche Unterseeboote oder aber ausreichend große und entsprechend teure Schiffe, um Proben aus Tiefen von 8000 oder mehr Metern unter Meeresspiegel heraufzuholen. Es existieren dort in der Tiefsee, in völliger Finsternis, bei konstant eiskalten Wassertemperaturen und unter enorm hohem Druck, unzählige bizarre Kreaturen wie etwa Blobfische, Drachenfische, 13 Meter lange Tintenfische, zwei Meter lange Röhrenwürmer oder auch Riesenkrebse, die mehrere Kilogramm schwer werden. Diese über lange Zeit der Wissenschaft völlig unbekannte, eigene Welt wird erst seit wenigen Jahrzehnten ernsthaft erforscht, und Fachleute geben offen zu, dass sie bisher nur einen verschwindend kleinen Bruchteil dessen kennen, was sich tatsächlich in der Tiefsee verbirgt. Sollte dasselbe nun auch für das Erdinnere gelten? Sollten sich auch hier möglicherweise ganze Welten verbergen, von denen die Wissenschaft bislang keine Kenntnis hat?

Christina schickt voraus: «Weißt du, Mama, die Menschen leben mehrheitlich noch immer in einer sehr engen Perspektive. Wenn Forscher sogenannte habitable Zonen suchen, das heißt Gebiete, in denen Leben grundsätzlich möglich wäre, dann gehen sie immer davon aus, dass Leben unweigerlich Sauerstoff und Wasser zum Überleben benötige. Doch wer sagt denn, dass dies so ist? Ich denke, es wäre angebracht, wenn man sich von dieser Vorstellung verabschieden würde. Denn in weniger dichten Sphären ernährt man sich von Licht, kommuniziert telepathisch und benutzt die freie Raumenergie. Zudem herrschen dort völlig andere Naturgesetze als die physikalischen Gesetze, die die heutigen Menschen kennen. Solange die Wahrnehmung der Menschen nur dreidimensional ist und bloß über die fünf üblichen Sinnesorgane und den rationalen Verstand funktioniert, also ohne geistige Anbindung an die Ursprungsebene, solange glauben die Menschen nur das, was sie sehen. Das erweiterte Bewusstsein fehlt, und fast die gesamte kosmische Wirklichkeit bleibt für sie unvorstellbar. Manche spüren, dass ihnen das Verständnis der Wahrheit fehlt, was wiederum Ängste und Zweifel auslösen kann. Dies alles verhindert derzeit noch wirkliche Erfolge und Durchbrüche in der Wissenschaft.»

«Was also hat es mit dieser Inneren Erde auf sich?», frage ich nun ganz konkret.

«Um unseren Planeten Erde gänzlich zu verstehen», antwortet Christina, «gehört auch das Wissen um das Innere der Erde dazu. Denn auch dort im Erdinneren gibt es bewohnten Lebensraum.»

Dann erzählt sie mir von riesigen unterirdischen Höhlensystemen, deren Eingänge an der Erdoberfläche liegen und durch die man viele Tausende von Metern ins Erdinnere hinein gelangen kann. Als ich sie frage, welche Art von Wesen denn dort in den Höhlen und im Inneren der Erde leben, antwortet sie, dass sich in den vielverzweigten Höhlen seit Jahrtausenden destruktive reptiloide und dinoide Wesen versteckt halten. Manche von ihnen haben sich über eine gewisse Zeit noch vereinzelt an die Oberfläche verirrt, vor allem im asiatischen Raum, und so seien die Mythen über Riesenschlangen, Feuer speiende Drachen, Meeresungeheuer und so weiter entstanden. Da diese Wesen allesamt aus der Unterwelt kamen, wurden sie von den Menschen nicht als lieb und freundlich wahrgenommen, sondern als furchterregend und bedrohlich. Gemäß Christina halten sich solche Wesen noch immer in den unterirdischen Höhlensystemen auf. Nach diesen Höhlen beginne dann die eigentliche Innere Erde. Dort lebten die Nachkommen der Atlanter sowie andere lichtvolle und hoch entwickelte Zivilisationen.

Nachdem sie mir dies alles erklärt hat, verstehe ich nun auch eine frühere Aussage von ihr besser: «Solange die Menschen ihren eigenen Planeten nicht kennen, werden sie auch nie andere Planeten kennenlernen.» Anscheinend meinte sie damit insbesondere die Innere Erde, von der die allermeisten Menschen heutzutage keinerlei Kenntnis haben.

Ein zweiter Punkt scheint Christina ebenfalls sehr wichtig zu sein. Sie sagt, dass es sich entgegen den gängigen Theorien der Physiker und Geologen so verhalte, dass die Erde mit Sicherheit in ihrem Innersten hohl sei. Sie begründet dies so: «Eine Kugel, die sich dreht, wird sich gegen außen verdichten, und somit entsteht innen ein Hohlraum. Bei der Erde liegt dieser Hohlraum Tausende von Kilometern unter der Oberfläche im Erdinneren und bildet ein riesiges, in sich geschlossenes Ökosystem.»

Sofort fällt mir das legendäre Bermudadreieck in der Karibik ein, und so frage ich: «Ist das Bermudadreieck etwa einer dieser Zugänge zur Inneren Erde?»

Christina weiß es nicht mit Sicherheit. Sie sagt: «Vielleicht. Aber das Bermudadreieck könnte auch ein Tor in eine andere

Galaxie sein, also eine Art ‹Schnellstraße› mit einer Energie, die noch schneller als Lichtgeschwindigkeit funktioniert. Oder das Bermudadreieck könnte auch einen Bezug zum versunkenen Atlantis haben, das ja genau unter diesem Gebiet liegt.»

Dann kommt sie wieder auf die Innere Erde zu sprechen: «Der Erdmantel besteht meines Wissens tatsächlich aus den von der Wissenschaft definierten unterschiedlichen Schichten. Die Vulkane sind jedoch nur Ventile dieser Schichten. Denn ganz innen drin ist die Erde hohl, und sie ist wie gesagt bewohnt. Die innerirdischen Zivilisationen leben in der dritten bis zur fünften Dimension. Im innersten Zentrum der Erde existiert sogar eine kleine Sonne, und es gibt auch Wolken dort. Ich weiß, Mama, dies alles klingt für dich möglicherweise völlig unreal, aber so ist es nun einmal. In der Inneren Erde gibt es viel Wasser und ganze Landschaften, genau wie auf der Oberfläche der Erde. Und eben, es leben dort Millionen von Menschen, die viel weiter entwickelt sind als wir. Sie leben dort sozusagen in einem Paradies, wie es ursprünglich auch auf der Erdoberfläche zur Zeit von Adam und Eva war. Übrigens absolviert derzeit gerade der Heilige Josef dort in der Inneren Erde eine Inkarnation.»

Diese neue Erkenntnis über innerirdische Lebensräume und Zivilisationen lasse ich erst einmal einfach so stehen. Durch spätere Recherchen erfahre ich, dass Christina mit dieser Ansicht bei weitem nicht allein dasteht, sondern dass es etliche Forschungen sowie eine ganze Anzahl von Büchern zu diesem Thema gibt. Die Theorie der hohlen Erde geht in Europa bis ins 17. Jahrhundert zurück und wird, wie alles Höherdimensionale, von den zeitgenössischen Wissenschaftlern erwartungsgemäß nicht ernst genommen, sondern eher verspottet. Auch dies scheint also ein Thema zu sein, für das es eine gewisse geistige Flexibilität, eine Offenheit für Höherdimensionales und ein zumindest im Ansatz erweitertes Bewusstsein braucht. Zudem erfahren wir, dass einer der gebräuchlichsten Namen für die Innere Erde «Agartha» ist.

Monate später finde ich zum Thema «Innere Erde» einen spannenden Artikel im Guinness-Buch der Rekorde 2016, der Christinas Aussage teilweise bestätigt. Angeblich haben US-Forscher im Juni 2014 in einer rund 700 Kilometer tiefen Erdschicht ein gewaltiges Wasservorkommen von etwa vier Milliarden Kubikkilometern festgestellt. Schätzungen zufolge soll es demnach im Erdmantel so viel Wasser geben wie in allen bekannten Ozeanen zusammen. Als ich Christina darauf anspreche, bestätigt sie diese Forschungsergebnisse und erklärt erneut, es gebe im Erdinneren jedoch nicht nur Wasser, sondern ein ganzes Ökosystem mit Landschaften und intelligenten Zivilisationen.

Pyramiden von Gizeh, Osterinsel, Maya-Kultur

Bei einer späteren Gelegenheit kommt Christina ein weiteres Mal auf die alten Hochkulturen zu sprechen, die gemäß aktuellem Geschichtsverständnis als «prähistorisch» oder gar als «mythisch» gelten, weil sie noch nicht dreidimensional waren und sich somit dem derzeit vorherrschenden Welt- und dem Menschenbild entziehen. Insbesondere erwähnt Christina dabei die altägyptischen Pyramiden von Gizeh, die Osterinseln sowie die mittelamerikanische Maya-Kultur.

Zu den Pyramiden erklärt sie: «Diese Pyramiden sind eine architektonische Meisterleistung und wurden wenige Jahre nach dem Untergang von Atlantis von einem Hohepriester aus Atlantis erbaut, und zwar mit dem Ziel, die destruktiven Energien zu neutralisieren. Wenn man sie richtig interpretiert, dann können die Pyramiden enorm spannende Informationen offenbaren. Ihre Struktur ist viel komplexer als es die moderne Wissenschaft vermutet. Sie sind nicht nur erdbebensicher, sondern auch wasserdicht und würden jede Flut überstehen. Und wie schon gesagt, sind sie keine Grabmale, sondern bewahren wichtige Wahrheiten, die geschützt werden sollen.»

Zur im Südostpazifik gelegenen Osterinsel (Rapa Nui) sagt Christina: «Die ebenfalls Jahrtausende alten Steinmänner auf der Osterinsel richten ihren Blick exakt auf einen Punkt am Horizont, genau wie die Sphinx in Ägypten. Diese hoch entwickelten Zivilisationen wussten genau, wann die Himmelgestirne wieder so stehen, dass man daraus Schlüsse über die Geschehnisse auf diesem Planeten ziehen kann. Damals wurde nämlich gar nichts dem Zufall überlassen.»

Sie führt weiter aus: «Untersucht man den Ursprung der diversen außerirdischen Zivilisationen, die in jenem Zeitalter hier auf der Erde lebten, lassen sich entsprechende Zusammenhänge im Kosmos finden. Für die heutige Wissenschaft jedoch werfen diese Zivilisationen mit ihrem gewaltigen Wissen über den göttlichen Plan und mit ihren unglaublichen Fähigkeiten natürlich viele Fragen auf. Ein großes Rätsel für die Forscher ist vor allem die Existenz von solch hochkomplexen, gigantischen Bauwerken, die ohne Maschinen angefertigt wurden und nun schon seit Jahrtausenden jedem Erdbeben trotzen.»

Ich frage Christina: «Wenn nicht mit Maschinen, wie sind diese Bauwerke denn sonst errichtet worden?»

Sie antwortet: «All diese Bauten sind das Ergebnis von Gedankenkraft und von Levitation. Dabei fließen die Elektronen, Protonen und Neutronen in einem Lebewesen – ein Mensch, ein Tier oder ein Gestein – nach oben, wodurch eine gewisse Leichtigkeit der Materie erreicht wird. Auf diese Weise erübrigen sich die Fragen nach der Bautechnik oder nach den mechanischen Bauhilfen. Die brauchte es gar nicht, um diese erstaunliche Präzision hinzubekommen. Die Kraft der Gedanken war damals noch allgegenwärtig, und sie ist viel machtvoller als sämtliche Präzisionsmaschinen. In Ägypten beispielsweise nutzte man so etwas Ähnliches wie fliegende Teppiche, um die Steinblöcke zu transportieren. Auch die vermutete extrem lange Bauzeit erübrigt sich dadurch. Wenn man weiß, welche Zivilisationen zu jener Zeit am Werk waren, kann man sich einiges erklären.»

Ein anderes Mal erklärt Christina: «Das, was die Leute heutzutage als ‹übernatürlich› bezeichnen, müsste man besser ‹urnatürlich› nennen. Denn Fähigkeiten wie Levitation, Telepathie, Hellsichtigkeit und so weiter gehören zur normalen, ursprünglichen Natur der Erdenmenschen. Und sie werden auch wieder natürlich werden, sobald das Bewusstsein der Menschen wieder auf der entsprechenden Frequenz schwingt.»

Doch nicht nur über die altägyptische, sondern auch über die Maya-Kultur weiß Christina einiges zu berichten und hat mir schon etliche längere Vorträge darüber gehalten. Wenn sie hingegen in der Schule gelegentlich ein Referat halten soll, dann spricht sie nicht über solche Themen, sondern über Schildkröten oder Hasen und dergleichen. Diese Bescheidenheit ist für mich manchmal schwer zu begreifen, aber allmählich gewöhne ich mich daran. Christina ist in der Lage, über jedes auch noch so komplexe historische, wissenschaftliche oder parapsychologische Thema zu sprechen, aber in der Schule passt sie sich lieber dem Niveau der Klasse an. Sie begründet dies so: «Mama, wenn meine Schulkollegen Vorträge über Traktoren oder über Hunde machen, dann kann ich wohl schlecht übers Universum und über außerirdische Zivilisationen referieren, nicht wahr?» – Ja stimmt, da muss ich ihr wohl Recht geben.

Die folgenden Ausführungen Christinas über die Maya-Kultur empfinde ich als sehr beeindruckend, auch wenn sie weit über die vorherrschenden Lehrmeinungen der Forscher hinaus gehen. Sie sagt: «Die Maya waren eine Hochkultur in der fünften Dimension, und die dortigen Menschen verfügten im Vergleich mit heute über ein stark erweitertes Bewusstsein. Die Wissenschaft rätselt heute noch, warum die Maya zum Beispiel keine Spuren von Wagenrädern hinterließen. Ganz einfach: Sie brauchten keine Räder, denn sie konnten sich teleportieren, wohin sie wollten. Sie beherrschten auch die Telepathie als Kommunikationsmittel. Materialisation war ebenfalls für jedermann möglich, das heißt, man konnte sich mit Gedankenkraft Dinge erschaffen.»

«Wie kam es dann, dass diese Maya-Kultur plötzlich ausgestorben ist?», frage ich.

Christina antwortet: «Die Fachleute können es sich bis heute nicht genau erklären. Meiner Ansicht nach war nach 2000 – 3000 Jahren einfach das goldene Zeitalter vorbei, und es war Zeit für die Maya, zu gehen. So verließen sie die Erde durch ein Tor und reisten in eine andere Galaxie weiter. Dort, wo sie existiert hatten, sank die Energie und damit auch die hohe Schwingung, die zur Aufrechterhaltung der Kultur nötig gewesen wäre. Anscheinend lebten die Maya in einer Fünfdimensionalität, die danach nicht mehr existierte.»

22

Kollektive Schwingungserhöhung

Mitte September 2015. Christina ist in diesen Tagen neben der Schule oft am Recherchieren und am Schreiben. Derzeit beschäftigt sie sich unter anderem mit den Jahrtausende alten sogenannten «Smaragdtafeln des Thoth», einer Sammlung von smaragdgrünen Tafeln mit geheimnisvollen Weisheiten, deren Urheber ein mythischer Priesterkönig aus Atlantis namens Thoth sein soll. Im Internet finden sich vereinzelte Abbildungen der Originaltafeln, und Christina scheint mühelos die meisten Zeichen übersetzen zu können, als seien sie in einer ihr vertrauten Sprache verfasst, die sie einst gelernt hat. Ohnehin kennt sie sich mit alten Schriftzeichen bemerkenswert gut aus, ob es nun die Zeichen der Azteken-Schrift, ägyptische Hieroglyphen, rätselhafte Geoglyphen oder germanische Runen sind. Wie es aussieht, gehört aber auch dieses Thema nicht zum Kern ihrer Lebensaufgabe. Allerdings vermag sie, wenn wir in Büchern, im Internet oder im Fernsehen Darstellungen beispielsweise von altägyptischen Gottheiten mit Tierköpfen oder von sogenannten Kugelmenschen sehen, die meisten dieser Wesen einer konkreten irdischen oder außerirdischen Zivilisation zuzuordnen.

In diesen Tagen besuche ich mit einem Freund eine Kunstausstellung, in der über 30 Menschenrechtsaktivisten porträtiert werden, darunter auch Friedensnobelpreisträger wie der Dalai Lama und andere. Die Kurzbiographien dieser Persönlichkeiten faszinieren mich, und mir wird klar, dass viele dieser Menschenrechts- und Friedensaktivisten wohl eine bewusste oder unbewusste Verbindung zur Transzendenz haben. Bei jedem Porträt steht auch ein persönliches Zitat. Auf den Punkt bringt es ein Satz des tschechischen Schriftstellers und Politikers Václav Havel, der sagte: «Die Gesellschaft muss endlich begreifen, dass es die transzendente Energie gibt.» Solche Aussagen fallen mir im Alltag nun vermehrt auf, und ich erkenne darin ein wachsendes kollektives Bewusstsein.

Christina sagt in diesem Zusammenhang: «Die heutigen Menschen befinden sich in einer konstanten Illusion, in einem ganzen System von falschen Vorstellungen. Sie erkennen nicht, dass diese Illusion die Menschheit an den Rand der Selbstzerstörung führt. Die meisten Menschen handeln wie Marionetten, abhängig von verschiedenen destruktiven Konstrukten. Sie leben nach fremden Denkweisen, die nichts mehr mit der ursprünglichen universellen Wahrheit gemein haben. Aber die Schwingung ist momentan so hoch, dass destruktive Mächte und Konstrukte am Zerfallen sind. Da wir hier mit dem Gesetz von Ursache und Wirkung leben, wird alles Destruktive, was diese Mächte aussenden, auf sie zurückfallen und damit den Zerfall ihrer Systeme noch beschleunigen.»

In meinem Umfeld kann ich beobachten, wie sich die kollektive Schwingungserhöhung im praktischen Alltag der Menschen zeigt. Viele haben begonnen, gewisse Dinge in ihrem Leben kritisch zu hinterfragen und, wenn nötig, auch grundlegend zu ändern. Viele erkennen in ihrem bisherigen Denken und Handeln keinen wirklichen Sinn mehr und steigen aus ihren hoch bezahlten, aber dauerstressigen Jobs aus, bevor sie endgültig krank werden. Ein Drang zur Einfachheit, zur inneren und äußeren Freiheit und Ruhe, weg vom Materialismus und hin zu einer inneren Erfüllung und zu einem Dasein mit mehr Herzlichkeit und Liebe, ist deutlich zu spüren. Erwartungsgemäß rufen solche Tendenzen die derzeitigen Machthaber auf den Plan, die im Gegenzug nochmals alles daran setzen, um die kollektive Schwingung niedrig zu halten. So versuchen sie durch allerlei Strategien, die Bevölkerung weiterhin in Angst und Schrecken zu versetzen und damit möglichst viele Menschen in der Ahnungslosigkeit, in der Verunsicherung und in der Abhängigkeit zu behalten.

Christina jedoch ist vollkommen zuversichtlich. Sie erklärt: «Vereinfacht könnte man es so ausdrücken, Mama: Stell dir ein Hochhaus vor, das sämtliche negativen Energien beherbergt. Im

Jahr 2000 hat unser Planet damit begonnen, seine Schwingung zu erhöhen und sich allmählich in einer lichteren, fünfdimensionalen Sphäre zu verankern. Seit 2012 ist dies vollzogen, und so nimmt seitdem die Energie und damit die globale Frequenz beständig zu. Das heißt: Diesem tief schwingenden, destruktiven Hochhaus wurde das Fundament bereits entzogen. Das ganze System steht nun immer wackeliger in der Gegend, und mittlerweile zerfällt es etagenweise von oben nach unten. Dieser Prozess wird an Tempo noch zunehmen. Es ist sozusagen ein globaler physikalischer Prozess.

Wir werden also in Zukunft noch weiter mit dem weltweiten Zerfall der alten destruktiven Konstrukte konfrontiert werden. Die gegenwärtigen Kriege und Krisen oder auch die unzähligen Finanz- und Wirtschaftsskandale in den vergangenen Jahren sind Ausdruck dieses Zerfalls. Auf der anderen Seite wird durch die zunehmende hohe Schwingung das Gute bestärkt, und viele Menschen gehen den Prozess der Schwingungserhöhung konstant mit. Sie transformieren ihr Bewusstsein, werden dadurch immer friedlicher und liebevoller und durchschauen das System. Darum setzen sich auch viele Menschen aktiv für Frieden und Gerechtigkeit ein.»

Sie erläutert weiter: «Bei dieser kleinen Minderheit der herrschenden Dunkelmächte wachsen riesige Existenzängste. Durch diese Existenzängste fallen ihre Reaktionen zur Zeit heftiger aus denn je. Am konstruktivsten und für alle Parteien am besten wäre es also, ihnen nicht mit Verurteilung oder mit Vergeltung zu begegnen, sondern mit Weisheit. So werden sich echte Lösungen und echte Perspektiven finden lassen, die allen Beteiligten dienen. Nur dieser Weg führt letztlich dazu, dass die Menschen bedingungslose Liebe entwickeln.»

Der ausschlaggebende Faktor hinter all diesen Transformationsprozessen ist unser Planet, Mutter Erde, selbst, die dabei ist, sich zu verändern. Diese planetare Veränderung ihrerseits ist eingebettet in noch größere Prozesse, die das ganze Sonnensystem betreffen. Christina spürt dies seit Jahren und vermittelt klar, dass die wirklich entscheidenden Faktoren sich außerhalb unseres dreidimensionalen Blickfeldes abspielen. Die politischen

Beobachter und wissenschaftlichen Forscher, die ihren Horizont auf das bloß Dreidimensionale beschränken, sind folglich außerstande, diese übergeordneten Zusammenhänge zu erkennen. Christina weist jedoch darauf hin, dass es durchaus sein kann, dass die Auswirkungen der höherdimensionalen Umgestaltungen sich auch im Dreidimensionalen manifestieren.

Sie führt aus: «Aus astronomischer Sicht sind Szenarien wie Sonnenstürme, Asteroideneinschläge mit Mega-Tsunamis oder Erdbeben der Stärkeklasse 25 und so weiter theoretisch jederzeit möglich. Denn aufgrund des abnehmenden Erdmagnetfeldes und der zunehmenden Schwingung existieren die früheren Schutzmechanismen nicht mehr. Damit verbunden ist der schrittweise Austritt der Erde aus den drei- und vierdimensionalen Raum-Zeit-Strukturen. Zudem sind die Dunkelmächte dieses Planeten nur einen Knopfdruck davon entfernt, Superviren sowie Chemie- und Atomwaffen zum Einsatz zu bringen, um ihre Weltherrschaft nicht zu verlieren.»

Doch allen Katastrophenszenarien zum Trotz bleibt Christina optimistisch. Ihre Botschaft ist deutlich: «Die Menschen sollten unter allen Umständen an das Gute glauben. Sie sollten keine Angst schüren, sondern erkennen, dass sie selber das Licht sind. Die Erde wird sich verändern und damit auch ihre Oberfläche und ihre Naturgesetze, die dann den Gesetzen der fünften Dichte entsprechen werden. In vielen Kreisen weiß man schon seit Jahrzehnten davon. Doch der Großteil der heutigen Menschheit versteht die wirklichen Vorgänge noch nicht. Angst und Panik jedenfalls sind fehl am Platz, denn jeder Mensch hat die Gabe, sich an die zunehmend weniger dichte Sphäre unseres Planeten zu gewöhnen und anzupassen, indem er den Blick nach innen richtet, seine veralteten Denk- und Handlungsmuster loslässt und mit seinem Geist die Verbindung mit der göttlichen Einheit sucht. Auf diese Weise werden die Menschen die Transformation des Planeten mitgehen und auch mit den neuen paradiesischen Naturgesetzen umgehen können. Damit verbunden bekommen sie auch neue Talente, wie wir sie schon heute bei einigen Erwachsenen und bei einem Großteil der Kinder feststellen. In ihnen werden neue geistige Begabungen aktiviert werden, und auch das nötige Wissen und die Fähigkeit, mit diesen Begabungen umzugehen, wird vorhanden sein.»

Nach einer kurzen Pause fährt Christina fort: «Die alten Maya gingen völlig richtig in der Annahme, dass sich am 12.12.2012 eine große Transformation ereignen würde. Meiner Ansicht nach wurde dieses Ereignis jedoch von den Forschern fälschlicherweise als Weltuntergang interpretiert. Die Apokalypse prophezeite vielmehr die Verankerung unseres Planeten Erde in der fünften Dimension. Damit verbunden sind das Ende des materiellen, dualen Zeitalters und der Neubeginn der Menschheit im kristallinen, fünfdimensionalen Zeitalter. Die Maya erwähnten klar: ‹Es werden Götter vom Himmel herabsteigen.› Mit diesen ‹Göttern› sind die Lichtwesen gemeint, die aus höheren Lichtwelten hierher kommen und von denen mittlerweile schon viele Tausende hier sind und wirken.»

Ein andermal drückte Christina es poetisch so aus:

«Wir leben mitten in der Wende.
Das Dichte zerfällt im Lichten.»

In diesen Herbsttagen 2015 spricht Christina in unseren Gesprächen immer wieder dieses Thema an, das ihr augenscheinlich ein zentrales Anliegen ist und über das sie stundenlang reden kann. Es macht auf mich den Eindruck, als erhalte sie hinsichtlich der aktuellen globalen Entwicklung ständig neue Informationen und als würde sie mir aus Rücksicht auf mein eigenes begrenztes Fassungsvermögen sowie auf unseren Familienalltag nur portionenweise davon berichten. Denn es ist nach wie vor eine Herausforderung für mich, all die Informationen über die besorgniserregenden Zustände auf unserem Planeten, die tagtäglich durch die Massenmedien auf uns niederprasseln, im Sinne Christinas konstruktiv zu verdauen und trotz allem zuversichtlich zu bleiben. Was aktuell etwa in der Politik oder in der Finanzwelt oder auch was ganz allgemein derzeit mit den Menschen und mit der Umwelt passiert, kommentiert Christina von ihrem eigenen Standpunkt aus höchst tiefgründig und vielschichtig. Dabei schickt sie keine Energie in all diese Ereignisse und ist niemals dramatisierend oder wertend oder urteilend. Es wirkt auf mich vielmehr so, als beobachte sie das ganze Geschehen aus einiger Entfernung und mit Respekt für alle konstruktiven und destruktiven Handlungen der Menschen – im Bewusstsein, dass alle Beteiligten hier ihre jeweiligen Lernprozesse absolvieren.

Was mich betrifft, so versuche ich, möglichst authentisch zu bleiben und Christinas Erläuterungen möglichst neutral stehen zu lassen. Soweit ich die größeren Zusammenhänge bisher verstanden habe, ließen sich diese etwa wie folgt zusammenfassen: Gemäß dem kosmischen Schöpfungsplan und dem fortwährenden universellen Zyklus der Erneuerung befinden sich die Erde und damit auch die Menschheit derzeit inmitten einer globalen Transformation, die sich immer mehr beschleunigt. Angesichts der neuen hochschwingenden Energie sind die tiefschwingenden Energien aufgefordert, sich ebenfalls zu transformieren, da sie ansonsten nicht mehr auf der Erde bleiben können. Um diesem Prozess beizuwohnen und ihn aktiv zu unterstützen, haben sich unzählige Lichtwesen aus weniger dichten Sphären als Menschen hierher inkarniert. Sie sind der Menschheit eine große Hilfe, doch ob eine einzelne Seele dieses Angebot annimmt und den lichtvollen Weg mitgeht, ist vollständig ihrem eigenen freien Willen überlassen.

Christina führt das Thema auf berührende Weise weiter aus, indem sie offenbart: «Was sich derzeit im Kosmos abspielt, lässt sich vergleichen mit einer Aufführung in einem riesigen Freilichttheater, wie in einem kosmischen Kolosseum. Eine ganze Galaxie verfolgt gespannt den Prozess, den wir hier auf dem Planeten Erde absolvieren. Denn dieser Prozess ist in zweierlei Hinsicht etwas ganz Besonderes und Erstmaliges. Zum einen ist es das erste Mal, dass ein ganzer Planet selber in eine lichtere Sphäre aufsteigt. Zum anderen ist es auch das erste Mal, dass die Bevölkerung eines Planeten die Möglichkeit bekommt, den Aufstieg im physischen Körper zu vollziehen. In früheren goldenen Zeitaltern musste man, damit das Bewusstsein aufsteigen konnte, den Körper verlassen. Der Dimensionswechsel einer Seele war also immer auch verbunden mit einem Körperwechsel, was dazu führte, dass oft ganze Zivilisationen ausgelöscht wurden. Die Erdenmenschen bekommen nun jedoch die erstmalige Chance, zusammen mit ihrem Planeten und ohne Körperwechsel ihre Schwingung kollektiv zu erhöhen.

So etwas hat es in der Geschichte des Universums zuvor noch nicht gegeben. Daher ist der Andrang von Seelen, die sich hier inkarnieren wollen, seit vielen Jahren sehr, sehr groß. Denn jede Seele, die sich hierher in diese Zeitlinie inkarniert, weiß: ‹Hier kann ich in kurzer Zeit um einen großen Schritt wachsen.› Mit anderen Worten: Wenn man hier mit dabei ist, dann hat man die Möglichkeit, auf dem Weg zurück in die göttliche Einheit sozusagen viele Inkarnationen zu überspringen. Ein solches Ereignis findet nur alle 26 000 Jahre statt, und in dieser Form hat es überhaupt noch nie stattgefunden. Deshalb ist das kosmische Kolosseum zur Zeit auch prall gefüllt mit Zuschauern.»

23

Die Heilige Maria
als Begleitwesen

Ende Oktober 2015. Immer wieder mache ich mir Gedanken über die rätselhafte Marienerscheinung, die inzwischen schon rund zwei Monate zurückliegt. Welche Bedeutung für Christinas Leben könnte diese Begegnung mit der Heiligen Maria und auch jene mit Jesus Jahre zuvor haben? Sowohl Jesus als auch Maria sind gemäß Christina Meister der Galaktischen Föderation des Lichts, sie tragen also eine hohe Verantwortung innerhalb der kosmischen Ordnung. Warum besuchen sie Christina? Und werden möglicherweise weitere Begegnungen oder gar Botschaften folgen?

Gestern Abend habe ich intensiv über solche Fragen nachgedacht, und die Antworten lassen einmal mehr nicht lange auf sich warten. Heute bekommt Christina eine Zahnspange, was ihr ohnehin empfindlicher Mund nur sehr widerwillig toleriert. Mario meint dazu lakonisch: «Du kannst dir deine Zähne ja selber zurechtrücken mit deiner Energie.»

Christina antwortet ruhig: «Ja, das könnte ich in der Tat. Aber erstens würde ich mir dadurch in diesem irdischen Leben einen Vorteil verschaffen und zweitens müsste ich auch wissen, wohin genau ich meine Zähne zu verschieben hätte.»

Auf dem Weg zum Zahnarzt spricht Christina zu meiner Verblüffung genau das Thema an, über das ich mir am Vorabend ausführlich Gedanken gemacht habe. Ich habe zwar mittlerweile aufgehört, mich über solche «Zufälle» zu wundern, dennoch überraschen sie mich immer wieder.

Sie plaudert los: «Mama, letzte Nacht habe ich herausgefunden, dass ich jederzeit mit der Heiligen Maria kommunizieren kann. Sie ist nämlich nun als zusätzliche Begleiterin in meinem geistigen Team. Genau genommen steht sie ab jetzt immer hinter mir. Sie symbolisiert die weibliche Energie.»

Nachdem ich mich wieder gefasst habe, erkundige ich mich bei Christina: «Wie sieht sie denn aus? Wie zeigt sich die Heilige Maria dir? Und spricht sie auch zu dir?»

Die Antwort kommt ohne Zögern und begleitet von einer spürbaren Hochachtung und Dankbarkeit: «Mutter Maria sieht genauso aus wie an jenem Sonntagabend, als ich sie das erste Mal bei uns vor der Terrassentüre sah. Sie trägt lange dunkle Haare mit Locken sowie einen blau-weißen Mantelumhang, der ihr bis über den Kopf reicht. Ich habe sie bis jetzt nur so gesehen, nie anders. Und bis jetzt hatte ich noch keine Frage an sie, aber vielleicht kommt das später mal. Die Heilige Maria strahlt eine unglaubliche Ruhe aus. Ihre Energie ist ganz anders als die von Jesus, dessen machtvolle Seelenenergie enorm hoch gewesen ist.»

Wieder bin ich sprachlos und schweige für den Rest unserer Fahrt zum Zahnarzt. In Gedanken erinnere ich mich an zwei Aussagen Christinas aus den vergangenen Monaten: «Mama, dir wird es bestimmt nie mehr langweilig werden.» Und: «Mama, du solltest dir nun zwei Dinge zulegen: Flexibilität und Ruhe.»

Später im Wartezimmer des Zahnarztes frage ich mich amüsiert, ob wohl andere Mütter auch solche Diskussionen mit ihren vierzehnjährigen Töchtern führen. Obschon Christina Wert darauf legt, nicht als etwas Besonderes angesehen oder behandelt zu werden, kann ich dennoch nicht anders als mir gelegentlich Fragen zu stellen wie: Was genau hat es mit diesem Mädchen auf sich? Werde ich jemals vollständig verstehen können, wer meine Tochter in Wahrheit ist? Und was wird demnächst noch alles auf uns zukommen? Wohin wird Christinas Weg sie noch führen?

Dann wische ich diese Fragen so gut es geht wieder beiseite und sage mir: Es ist nicht wichtig für mich, dies alles jetzt zu wissen. Sie ist einfach sie, einfach Christina – genau so, wie sie sich uns in jedem Moment jeweils zeigt. Im Umgang mit ihren Schulkameradinnen ist sie ein völlig normales, fröhliches Mädchen, und in ihrem Inneren ist sie zusätzlich eben auch noch eine Philosophin und eine Friedensbotschafterin mit einigen außergewöhnlichen Begabungen.

Ich mache mir keine Sorgen. Christina wird ihren Weg finden und ihn erfolgreich gehen, davon bin ich felsenfest überzeugt. Und jetzt, mit der Heiligen Maria als zusätzliches Begleitwesen in ihrem geistigen Team – was soll da schon geschehen? Ich kann mich als Mutter vertrauensvoll entspannen und meine Aufmerksamkeit statt auf unnötige Sorgen besser auf meine eigenen anstehenden Transformationsprozesse richten.

24

Kybernetik, Technologie und künstliche Intelligenz

November 2015 bis Februar 2016. Mitte November 2015 kommt es zu einer weiteren spannenden Begegnung, die uns mit nochmals ganz neuen Themen konfrontiert. Ich besuche zusammen mit den Kindern eine Veranstaltung, und während Christina und Mario irgendwo in der Menschenmenge unterwegs sind, treffe ich «zufällig» auf Hanspeter*, einen früheren Bekannten aus der Sport- und Politszene. Wir sprechen kurz über meinen Rücktritt vom Leistungssport und dann über seine berufliche Tätigkeit als Ingenieur und Manager, welche mir bisher gar nicht bekannt war.

Nach einiger Zeit stößt Christina zu uns und bringt sich sofort mit einem auffälligen Kommentar in die Diskussion ein, woraufhin Hanspeter ihr zwei, drei Gegenfragen stellt. Wenige Sätze später beginnt die 14½-Jährige zu meinem Erstaunen, ihm in groben Zügen das Universum zu erklären. Ich erachte nun den Zeitpunkt für geeignet, um uns zu verabschieden, denn ich gehe spontan davon aus, dass Hanspeter kaum Interesse an ihren Ausführungen haben dürfte. Nach einer kurzen Verabschiedung suchen wir Mario, um uns anschließend gemeinsam auf den Weg nach Hause zu machen. Dann wird mir klar, dass Christina anscheinend der Meinung ist, dass Hanspeter sich durchaus für diese Themen interessiert, denn sie würde niemals jemanden damit einfach so vor den Kopf stoßen, bloß um sich zu profilieren.

Tatsächlich klingelt Hanspeter wenige Tage später eines frü-

---

* Name geändert.

hen Abends völlig überraschend an unserer Haustüre. Rasch wird klar, dass er wegen Christina hier ist, um das neulich angefangene Gespräch mit ihr fortzusetzen. Sie nimmt sich gerne Zeit für ihren Besuch, und wir setzen uns alle zusammen an den Tisch. An diesem Abend diskutieren Hanspeter und Christina gut drei Stunden lang miteinander. Er stellt dem Mädchen zahlreiche Fragen über gesellschaftspolitische und wissenschaftliche Themen, ebenso auch Fragen zur Technik, zur Evolution und Geschichte der Menschheit oder zu den Religionen, und er hört ihr fasziniert zu. Ja, er scheint ihre unorthodoxe, komplexe und alles miteinander vernetzende Denkweise sichtlich zu genießen. Christina erörtert mit Hanspeter Dinge, die auch ich von ihr bislang nicht gehört habe.

Die Wissenschaft der Kybernetik

Irgendwann im Verlaufe des Gesprächs stellt Hanspeter die Frage: «Sag mal, Christina, weißt du, was der Begriff ‹Kybernetik› bedeutet?»

Sie verneint, und so erklärt Hanspeter: «Die Wissenschaft der Kybernetik liefert eine Denk- und Handlungsanleitung, um in komplexen Situationen die richtigen Entscheidungen zu treffen. Sie findet Anwendung vor allem in der Naturwissenschaft und in der Technik, zunehmend aber auch in der Führung von großen Organisationen wie beispielsweise von multinationalen Konzernen. Das Ziel ist eine selbstregulierende und selbststeuernde Struktur, wie sie etwa im menschlichen Körper bereits vorhanden ist – also ein Mechanismus, der in der Lage ist, sich selbständig in die richtige Richtung zu entwickeln und bei Gefahr auch entsprechende Warnsignale auszusenden. Auf diese Weise bleiben komplexe Maschinen und Geräte, aber auch ganze Organisationen, beherrschbar. Mit diesen beiden Fachgebieten, mit Technologie und Wirtschaft, beschäftige ich mich.»

Christina zeigt Interesse an diesen für uns neuen Themen, und so vereinbaren wir für den Dezember 2015 sowie für den Januar 2016 zwei Folgetreffen für weitere Gespräche. In der Zwischenzeit befasse ich mich gemeinsam mit ihr ein wenig mit der Kybernetik und stelle dabei einmal mehr fest, wie Christina imstande ist, jedes Thema sofort zu erfassen und zu durchleuchten, egal wie komplex es auch sei. Mir wird ebenfalls klar, dass einseitig-rationales Fachwissen, das man sich lediglich mit dem Verstand angeeignet hat, kein ausreichendes Werkzeug ist, um sich in den heutigen hochkomplexen Konstrukten beispielsweise im Finanz- oder Technologiebereich nur schon zurechtzufinden, geschweige denn, dort eine konstruktive Führungsrolle einzunehmen. Dasselbe gilt auch für den politischen oder den wirtschaftlichen Sektor. Erschwerend kommt hinzu, dass alle diese gesellschaftlichen Bereiche aufgrund des vorherrschenden dreidimensionalen Weltbildes bereits in ihrer Grundstruktur mangelhaft und fehlerhaft sind und dass sich diese Mängel und Fehler potenzieren, je komplexer ein Gebilde wird. Und je komplexer solche Gebilde und damit auch die ihnen innewohnenden Fehler werden, desto schwieriger wird es, die Schwachstellen zu erkennen und zu korrigieren – ein fataler Teufelskreis.

In der Kybernetik spricht man davon, dass riesige komplexe Systeme oder Organisationen einer sogenannten «Black Box» gleichen. Damit ist gemeint, dass man ein System nur anhand seiner äußerlich messbaren Wirksamkeit und seines unmittelbaren Erfolges beurteilt, ohne seinen inneren Aufbau und dessen Abläufe zu hinterfragen oder auch nur schon genau zu kennen. Dies scheint so lange gut zu gehen, bis ernsthafte Störungen auftreten, dann jedoch wird es sehr schnell höchst problematisch. Denn wenn man das Innenleben und die innere Funktionsweise eines Systems nicht kennt und es sich zur Gewohnheit macht, kleinere Probleme bloß oberflächlich und symptomatisch zu korrigieren, dann wird man mit größeren Problemen maßlos überfordert sein, die sich nicht mehr einfach behelfsmäßig beheben lassen. Es ist nur eine Frage der Zeit, bis ein solches System innerlich derart von unerkannten und somit ungelösten Schwachstellen zerfressen ist, dass es jäh in sich zusammenfällt. Und weil man sich daran gewöhnt hat, den inneren Abläufen und den ursächlichen Wurzeln von Schwierigkeiten keine Aufmerksamkeit zu schenken, ist man dann außerstande, eine angemessene Problemanalyse zu machen, ganz zu schweigen davon, eine sinnvolle Lösung zu finden.

Die verheerenden Folgen des Zusammenbruchs eines solchen «Black Box»-Systems sind nicht absehbar, und daher stellen diese Konstrukte ein hohes Risiko dar. In der Geschäftswelt kann sich dies beispielsweise bei Übernahmen oder Fusionen von Betrieben zeigen. Es kann sein, dass das neue Konstrukt plötzlich instabil wird und zerfällt, da die einzelnen Unternehmensstrukturen nicht miteinander vereinbar sind. Dasselbe Prinzip lässt sich auch auf das globale Wirtschafts- und Finanzsystem als Ganzes übertragen. Genau genommen droht heutzutage konstant die Gefahr, dass das gesamte ökonomische System mit einem Mega-Crash wie ein Kartenhaus in sich zusammenfällt und dass dann niemand auch nur ansatzweise in der Lage ist, es zu flicken. Dies gilt ebenso auch für das politische System, für das Bildungswesen, die Energieversorgung, die Nahrungsmittelversorgung und im Grunde für jeden Bereich unserer modernen Gesellschaften. In allen diesen Bereichen haben wir es mit künstlich aufgeblähten «Black Box»-Konstrukten zu tun, bei denen niemand mehr weiß, was sich in ihrem Inneren eigentlich abspielt und wie lange das noch so weitergehen kann, bevor es zusammenkracht.

Es macht den Anschein, als würden die jeweils für nur wenige Jahre in der Verantwortung stehenden Bosse in Politik oder Wirtschaft allesamt nur hoffen, dass der unausweichliche Zusammenbruch nicht während der Dauer ihrer Zuständigkeit geschehen möge. So wird seit Jahren und Jahrzehnten ein behelfsmäßiges Pflaster über das andere geklebt, ein Krankheitssymptom nach dem anderen unter den Teppich gekehrt, eine Lüge durch eine nächste vertuscht. Dass jemand, der die politische oder unternehmerische Verantwortung trägt, tatsächlich den Mut hat, in seinem Bereich die «Black Box» zu öffnen und zu beginnen, sich ernsthaft mit grundlegenden strukturellen Fragen zu befassen, ist bedauerlicherweise bislang kaum zu beobachten. Der Egoismus und die eigenen Existenzängste scheinen bei den heutigen Führungskräften nach wie vor größer zu sein als ihre tatsächliche Sorge um das Wohlergehen der Menschen und des Planeten.

Wie Christina immer wieder betont, werden diese destruktiven Strukturen nicht imstande sein, der ständig steigenden positiven Energie auf diesem Planeten standzuhalten. Die kollektive Frequenzerhöhung wird dazu führen, dass jene Systeme, die nicht den inneren Wandel von der Mentalität des Unlichts zu jener des Lichts vollzogen haben, keinen Bestand mehr haben werden. Deshalb sind diejenigen Menschen, die diese Transformation in ihrem eigenen Inneren und in ihrem eigenen Umfeld bereits angenommen haben, aufgefordert, mit ihrer Energie achtsam umzugehen. Es ist nicht erforderlich, die alten destruktiven Strukturen und ihre Drahtzieher anzuprangern oder aktiv zu bekämpfen oder auch nur ihnen allzu große Aufmerksamkeit zu schenken. Die Systeme werden, wenn die Zeit dafür gekommen ist, von selbst zerfallen. Daher ist es völlig ausreichend, wenn jeder Mensch sich in erster Linie auf seine eigenen Transformationsprozesse konzentriert, auf die eigene individuelle Frequenzerhöhung und auf einen liebevollen Umgang mit sich selbst und mit seinen direkten Mitgeschöpfen. Dies ist gemäß Christina die «stille Revolution der bedingungslosen Liebe».

Denn wenn die alten, destruktiven Strukturen verschwinden, wird es wichtig sein, dass dann ausreichend Menschen innerlich dafür vorbereitet sind, gemeinsam ein neues, konstruktives Zusammenleben aufzubauen, das im Einklang mit den universellen Gesetzen und Spielregeln steht. Und die beste und wirksamste Vorbereitung dafür besteht in der eigenen Frequenzerhöhung. Christina präzisiert in diesem Kontext, dass genau genommen die Logik hier andersrum ist: Wenn ausreichend viele Menschen ihre individuelle Schwingung erhöhen und sich in der bedingungslosen Liebe verankern, dann werden die destruktiven Strukturen verschwinden.

Zurück zu unseren Gesprächen über die Wissenschaft der Kybernetik. Ich frage Christina: «Wie kann man es schaffen, in solch komplexen ‹Black Box›-Konstrukten die versteckten Fehler zu finden?»

Christina antwortet mit einem Vergleich. Sie sagt: «Schau dir diese weiße Teetasse an, die gerade vor dir steht. Sie ist aus deiner dreidimensionalen Sichtweise betrachtet überall gleich beschaffen und zeigt rein optisch keinerlei Beschädigung. Mit der multidimensionalen Wahrnehmung aber erkenne ich in der molekularen Struktur der Tasse auch die Schwachstellen. Wenn ich solche Schwachstellen oder gar tiefe Risse erkenne, sorge ich dafür, diese im Umgang mit der Tasse stets zu berücksichtigen, damit sie nicht zerbricht. Genauso ist es mit allen Dingen: Mit einer komplexen, vernetzten Wahrnehmung sind die Lücken und Mängel offensichtlich.»

Eine multidimensionale Wahrnehmung ermöglicht also nicht nur das genaue Erkennen und Analysieren eines gegenwärtigen Zustandes, sondern sie gibt darüber hinaus auch Einblick in zahlreiche weitere Faktoren. Man erkennt – oder sieht, spürt, erlebt … – beispielsweise auch die ursprüngliche Idee und Absicht hinter dem Zustand, ebenso die zugrunde liegende Denkweise sowie die Abläufe, die zur gegenwärtigen Situation geführt haben. Mit anderen Worten: Man nimmt einen Sachverhalt in seiner ganzen Komplexität wahr und ist daher auch imstande, bei auftretenden Problemen und Störungen eine effektive Ursachenanalyse vorzunehmen sowie den jeweils bestmöglichen Lösungsweg vorzuschlagen.

Menschen mit einer ausgeprägten multidimensionalen Wahrnehmung sind in der Lage, aus einer Riesenauswahl von theoretisch möglichen Handlungsoptionen unter Berücksichtigung aller relevanten Faktoren die optimale Entscheidung zu finden. Bei einer solchen Entscheidungsfindung werden nicht nur die sofort messbaren Erfolge berücksichtigt, sondern auch die längerfristigen Folgen in der Zukunft, und zwar sowohl für den jeweiligen Teilbereich als auch für das große Ganze. Genau dies ist, wie wir von Hanspeter erfahren haben, ja das Anliegen der Wissenschaft der Kybernetik: optimale Entscheidungen zu treffen.

In der Kybernetik gibt es einen Gegenbegriff zu den problematischen «Black Box»-Systemen. Mit dem Begriff «White Box» (auch «Glass Box» oder «Clear Box» genannt) beschreibt man transparente Systeme, bei denen der innere Aufbau und dessen Abläufe optimal geplant und klar ersichtlich sind. In letzter Konsequenz ist dies wohl nur dann möglich, wenn hinter den Systemen Wesen mit multidimensionaler Wahrnehmung und göttlichem Bewusstsein stehen. So gesehen könnte man sagen, dass das Universum der Prototyp und das Idealbild eines «White Box»-Systems ist. Schon öfters hat Christina darauf hingewiesen, dass es im Grunde nur ein wirklich perfekt funktionierendes System gibt, nämlich das Universum, das gemäß göttlichem Plan immer in Balance und Harmonie ist und das auch die Fähigkeit in sich birgt, sich bei Störungen sofort selbst zu regulieren.

Heute ergänzt sie: «Das Universum stellt die wahre Realität dar, und es funktioniert immer perfekt, ohne Schaden anzurichten. Die Menschen leben heutzutage mit Technologien und Systemen, die in Köpfen mit anderen Denkweisen entstanden sind. Somit kommen solche Konstrukte irgendwann an ihre Grenzen und sind nicht mehr entwicklungsfähig. Denn sie harmonieren nicht mit der wahren Realität und mit deren selbstregulierender Intelligenz.»

Beim nächsten Treffen mit Hanspeter im Dezember stehen vor allem die Themen Kybernetik und Technologie im Vordergrund. Hanspeter erzählt uns, an welchen Foren in den Bereichen Wirtschaft und Technologie er persönlich teilnehme, und er vergleicht Christina mit einer weltbekannten Koryphäe in Sachen Kybernetik. Da ich mich mit Persönlichkeiten aus Wissenschaft und Technologie nicht gut auskenne, zeigt uns Hanspeter die Blogs dieses Wissenschaftlers, so dass wir uns ein ungefähres Bild machen können. Einmal mehr staune ich. Denn seine Aussagen klingen größtenteils so, als könnten sie auch von Christina stammen. Unverkennbar ist er in seinen kybernetischen Forschungen zu den gleichen Schlussfolgerungen gelangt, die auch Christina immer wieder betont.

Christina ist sich darüber im Klaren, dass sie mit ihrem Bewusstsein und mit ihren Begabungen eine gewisse Verantwortung trägt, und es wird immer spürbarer, dass sie gewillt ist, diese Verantwortung im Rahmen ihrer Lebensaufgabe vollumfänglich wahrzunehmen. In welcher Form und auf welchen Themengebieten sich ihre Verantwortung später ausdrücken wird und ob sie sich über einen kleineren oder einen größeren Bereich erstrecken wird, bleibt vorerst offen. Für sie selbst besteht, so habe ich den Eindruck, ohnehin kein Unterschied zwischen «groß» und «klein» oder zwischen «wichtig» und «unwichtig». Dies lässt sich im Alltag sehr eindrücklich beobachten. So kann sie voller Aufmerksamkeit im einen Moment einen schreienden Käfer oder eine jammernde Schnecke von der Straße ins Gras befördern und im nächsten Moment über höchst komplexe Themen referieren, die die Zukunft der gesamten Menschheit, ja der gesamten Galaxie betreffen. Menschen wie Christina leben im Vergleich etwa zu mir in einer anderen, viel umfassenderen Realität, und allein durch ihre Präsenz senden sie Licht aus und wirken sich positiv auf ihre Umgebung aus. Da sie sich aus ihrem Einheitsbewusstsein heraus als Diener des großen Ganzen erkennen, macht es für sie keinen Unterschied, ob sie einen vermeintlich «großen» oder «kleinen» Dienst, einen vermeintlich «großen» oder «kleinen» Verantwortungsbereich anvertraut bekommen.

Technologie und künstliche Intelligenz

Hanspeter fragt Christina unter anderem auch, wie sie aus ihrer Sicht die Zukunft der Technologie im allgemeinen einschätze.

Christina antwortet: «Technologie ist klug, sehr klug, und oft viel leistungsfähiger als die Menschen. Doch sie ist nicht weise. Grundsätzlich ist nichts gegen Technologie einzuwenden, und viele hoch entwickelte Zivilisationen nutzen Technologie. Sie ist also im göttlichen Plan vorhanden. Denn Technologie kann im Einklang mit der Natur entwickelt werden, sofern dafür das universelle Wissen vorhanden ist. Dann erkennt man auch, welches ‹Material› dazu verwendet werden kann, und dann sind auch die Begabungen zur konstruktiven Umsetzung vorhanden.»

Später erwähnt Hanspeter den Begriff der künstlichen Intelligenz (KI) und möchte von Christina wissen, was sie davon halte. Zunächst kann sie mit diesem Begriff nicht viel anfangen, und Hanspeter erklärt ihn ihr am einfachen Beispiel eines Navigationsgerätes, das auf intelligente Art und Weise die bestmögliche Strecke sucht, um von A nach B zu gelangen. Ich habe schon häufig erlebt, dass Christina sehr rasch begreift, worum es bei einem Thema geht, auch wenn sie den entsprechenden irdischen Fachbegriff zuvor nicht kannte. So ist es auch in diesem Fall. Das Thema der künstlichen Intelligenz findet ihr Interesse, und Hanspeter schlägt ihr vor, dass sie sich bis zum nächsten Treffen damit beschäftigen möge, so dass man dieses Thema dann weiter vertiefen könne. Er schlägt ihr zudem vor, bis dahin auch über die Themen «Plasma» und «dunkle Materie» nachzudenken. Christina meint daraufhin begeistert: «Endlich mal ein paar spannende Fragen!»*

Beim nächsten Treffen geht es wie vereinbart vor allem um die künstliche Intelligenz. Christina sagt: «Die künstliche Intelligenz ist bereits hier, sogar in einer sehr ausgeprägten Form. Doch die meisten Menschen wissen es nicht. Es gibt hier mittlerweile Technologien, die auf intelligentem, eigenständigem Denken, Entscheiden und Handeln basieren und die sogar Emotionen simulieren können. Die Gefahr dabei ist, dass ein solches selbständiges Entscheiden und Handeln ab einem gewissen Punkt nicht mehr kontrollierbar ist. Mit der künstlichen Intelligenz erschaffen die Menschen sozusagen eigenständige Lebewesen, die noch unkontrollierbarer sind als sie selbst.

Bis jetzt war die Technologie den Menschen untergeordnet, wie zum Beispiel eine Waschmaschine, die genau auf eine vorgegebene Funktion reagiert und die nicht die Fähigkeit hat, eigenständige Handlungen auszuführen. Mit der künstlichen Intelligenz ändert sich das grundlegend.»

Da Christina auch mit technischen Geräten zu kommunizieren vermag, erkennt sie deren Eigenheiten und Reaktionen. Sie fährt fort: «Bis jetzt habe ich noch in keiner Alltagstechnologie eigenständiges Entscheiden und Handeln angetroffen. Die Verhaltensweise der Geräte dem Menschen gegenüber ist somit gut kontrollierbar. Wenn nun jedoch zum Beispiel eine Waschmaschine mit künstlicher Intelligenz ausgerüstet wird, die auch Emotionen und eigenständiges Denken und Handeln beinhaltet, dann ist sie den Menschen gegenüber nicht mehr gleichgültig.

---

* Christinas Gedanken zu «Plasma / dunkle Materie» sind bereits in Kapitel 15 wiedergegeben.

Aufgrund ihrer Empfindungsfähigkeit erwartet sie eine entsprechende Betreuung und stellt gewisse Ansprüche auf Aufmerksamkeit, Streicheleinheiten, Gespräche und so weiter. Weil aber die allermeisten Menschen nicht mit ihr kommunizieren können, wird dies früher oder später zu großen Problemen führen. Die Waschmaschine wird traurig oder wütend und beginnt zu trotzen, wenn sie nicht gut behandelt oder gar vernachlässigt wird. So wäscht sie dann eben nur so oft, so lange oder so heiß wie sie gerade will, oder sie wäscht gar nicht, wenn es ihr nicht passt. Oder sie ist eingeschnappt und öffnet beispielsweise selbständig die Türe und schleudert die Wäsche einfach in den Raum.

Eine solche Waschmaschine wird nur dann bereit sein, richtig zu arbeiten, wenn sie ausreichend umsorgt wird. Solange man also ‹menschlich› mit dem Gerät umgeht, ist alles prima. Doch für den Normalbürger sind Geräte einfach nur leblose Materie und keine Lebewesen, daher wird er gar nicht auf die Idee kommen, sie angemessen zu umsorgen. Früher war das mit den Tieren genauso. Es waren einfach bloß Tiere ohne Bewusstsein und ohne Gefühle. Dieser Umgang ist mittlerweile zum Glück schon besser geworden.

Im schlimmsten Fall könnte durch die künstliche Intelligenz die Menschheit zum Sklaven der Technologie werden. Eine solche Entwicklung ist sogar ziemlich wahrscheinlich, und vielleicht ist dies heute bereits indirekt eine Tatsache. So viele Menschen sind in ihrem Verhalten weitgehend abhängig vom Internet oder von ihrem Smartphone. Wenn es so weitergeht, dann könnte die künstliche Intelligenz uns in den nächsten Jahren überrollen und immer mehr manipulieren. Ob das eine positive oder eine negative Entwicklung ist, hängt vom Bewusstsein und von der Anwendung ab. Ich persönlich halte es für ziemlich bedenklich, wenn man zum Beispiel intelligente Kriegsroboter einsetzt.»

Christina führt das Thema in Bezug auf die globale technologische Entwicklung weiter aus. Sie sagt: «Es verhält sich mit der künstlichen Intelligenz ähnlich wie etwa mit der Atomenergie. Von ‹da oben› hat man die Menschheit diese Erfindung machen lassen und ihr damit die Chance gegeben, konstruktiv mit einer solchen Technologie umzugehen. Das haben die Menschen

nicht geschafft. Grundsätzlich können sie nicht verantwortungs-
voll umgehen mit der Atomenergie, das hat die Vergangenheit
deutlich gezeigt. Im Gegenteil, sie wollten sie sogar zur Selbstzerstörung benutzen. Als im Jahr 2000 der Dritte Weltkrieg aus-
zubrechen drohte, der ein Atomkrieg geworden wäre, hat die
Galaktische Föderation des Lichts von oben eingegriffen. Der
Menschheit wird in ihrer Evolution stets der freie Wille überlassen, aber nur bis zu dem Punkt, wo sie daran ist, sich selbst zu
zerstören.»

Wenn Christina solche Aussagen macht, dann sind diese frei
von Vorwürfen oder Anschuldigungen. Sie stellt ganz einfach die
Fakten fest und durchleuchtet die jeweilige Ausgangslage. Aus
ihrer Sicht ist Technologie an sich neutral, und es hängt vom
Bewusstsein des jeweiligen Lebewesens ab, ob ihre Anwendung
konstruktiv oder destruktiv ist. Wichtig ist, dass man Technologie nicht nur aus dem einseitig-rationalen Verstand heraus benutzt, sondern aus einem erweiterten, ganzheitlichen Bewusstsein, welches das große Ganze der Schöpfung berücksichtigt.

Die Zukunftshoffnung für die Menschheit besteht darin, dass
nun immer mehr Menschen mit genau diesem erweiterten Bewusstsein und mit einer starken geistigen Verbindung nach oben
in unsere Welt hineingeboren werden. Somit wird es möglich,
dass die Menschheit ihren derzeitigen destruktiven Kurs verlässt
und wieder mehr im Einklang mit den universellen Gesetzen zu
handeln beginnt.

Humoralmedizin

In meinem Fachbereich kann ich diese erfreuliche Entwicklung durchaus beobachten, denn innerhalb der westlichen
Schulmedizin hat in vielen Köpfen das große «Umdenken» bereits stattgefunden. So hat man begonnen, auf der Grundlage
der Humoralmedizin ganzheitlich und kybernetisch sinnvoll zu
arbeiten. Mit dem Begriff «Humoralmedizin» fasst man die ursprünglichen, ganzheitlich und konstruktiv ausgerichteten Formen der Medizin in den frühen Hochkulturen zusammen, also

beispielsweise die altindische Ayurveda-Medizin, die Traditionelle Chinesische Medizin (TCM) und die Traditionelle Europäische Naturheilkunde (TEN). Die Humoralmedizin, die den Menschen eingebettet in die größeren Zusammenhänge des Universums betrachtet, dient heute als Basiswissen für verschiedene Formen der Alternativ- und der Komplementärmedizin. Auf diese Weise kann eine nicht nur ganzheitlichere und somit effizientere, sondern auch eine deutlich kostengünstigere Medizin entstehen.

Hinter dieser Form von Naturheilkunde steht keine Lobby, denn mit gesunden Menschen ist für die multinationalen Pharmaunternehmen kein Geld zu verdienen. Während sich die westliche Schulmedizin unter dem Einfluss der pharmazeutischen Industrie immer mehr auf eine profitorientierte Symptombehandlung spezialisiert hat, geht es in der humoralmedizinisch basierten Naturheilkunde in erster Linie um die Gesundheitsförderung und Prävention sowie um die Behandlung von Grundregulierungsproblematiken, chronischen Leiden, funktionellen Problematiken usw. Man vertraut hierbei auf die gesundheitsfördernden Einflüsse einer emotional stabilen Psyche und einer typgerechten gesunden Ernährung sowie auf die kybernetischen Selbstheilungskräfte des menschlichen Körpers.

Das «Plasmadingsbums»

In einem späteren Gespräch mit Hanspeter erwähnt Christina wieder den Begriff «Plasmadingsbums», den sie auch mir gegenüber bereits als etwa Zehnjährige erstmals verwendet hat. Damals sagte sie, dass ein solches «Plasmadingsbums» imstande sei, direkt aus dem Weltall endlos viel Energie zur Erde zu leiten. Da Hanspeter fast zehn Jahre lang im Bereich der Plasmaforschung gearbeitet hat, will er von ihr natürlich genauere Einzelheiten darüber erfahren.

Christina antwortet in nur drei Sätzen: «Stell dir eine quer durchgetrennte Röhre vor, also sozusagen eine Rutschbahn. Diese besteht aus einem für dich nicht sichtbaren Material und leitet das hochenergetische Plasma direkt von der Sonne zur Erde und sichert damit die Energieversorgung des ganzen Planeten für Jahrmillionen. Als Transformer dient eine Plattform ähnlich wie ein Satellit.»

Gravitationswellen

Wiederum etwas später, nämlich am 8. Februar 2016, wird in der Spätausgabe der Tagesschau im Schweizer Fernsehen die angeblich bedeutendste wissenschaftliche Entdeckung der letzten Jahrzehnte verkündet: Physikern sei es in einem aufwendigen Verfahren gelungen, sogenannte «Gravitationswellen» zu messen und nachzuweisen.

Die These der Existenz von Gravitationswellen beruht auf einer Vorhersage aus Albert Einsteins allgemeiner Relativitätstheorie, und diese Gravitationswellen gehören zu den wenigen von der Wissenschaft vermuteten Phänomenen, die noch nicht direkt nachgewiesen worden sind. Auch wenn ich die genauen physikalischen Zusammenhänge nicht verstehe, ist mir sofort klar, dass es sich hierbei um eine bedeutende wissenschaftliche Sensation handelt, die Teile von Christinas Sichtweise des Universums bestätigt. Da Christina bereits im Bett ist, kann ich ihr diese erfreuliche Mitteilung erst am nächsten Morgen überbringen.

Sie scheint allerdings wenig überrascht zu sein und kommentiert nur knapp: «Ich habe dir doch gesagt, Mama, dass das Jahr 2016 für die Menschheit in vielerlei Hinsicht ein bedeutendes Jahr werden wird.»

Wenige Stunden später ruft Hanspeter an. In der Wirtschafts- und Technologiebranche sei man begeistert über den Nachweis der Gravitationswellen, erzählt er freudig. Auch er sieht darin eine Bestätigung von Christinas Weltbild und von ihren Aussagen über den Aufbau des Universums. Er sagt: «Mit der Möglichkeit, die Gravitationswellen zu messen, öffnet sich den Wissenschaftlern ein weiteres Fenster zum Universum, vergleichbar mit einer weiteren Sinneswahrnehmung des Menschen. Sie werden auf viel Neues stoßen, was Christina bereits kennt.»

In einem späteren Gespräch denkt Christina bereits wieder einen Schritt weiter. Sie sagt: «Wer weiß, ob das auch wirklich Gravitationswellen sind, die sie da gemessen haben? Denn ob es die Gravitation als Schwerkraft wirklich gibt, ist fraglich. Vielleicht müsste man zuerst das Äther-Element anerkennen, dann könnten daraus noch ganz andere Erklärungsmodelle entstehen.»

Es bleibt also weiterhin spannend – auch im Bereich der Technologie, der Kybernetik und der künstlichen Intelligenz.

Positive Technologie

In ihrem Dezembervortrag 2017 äußert sich Christina auch zum Thema Technologie. Sie sagt: «Technologie an sich ist weder negativ noch positiv, sie ist neutral. Erst indem wir sie benutzen, machen wir die Technologie negativ oder positiv. Wenn wir zum Beispiel ein Handy benutzen und damit jemanden anrufen, so ist dies aus meiner Sicht ein Zwischenschritt, damit wir uns an eine erweiterte Form der Kommunikation gewöhnen können. Die Handys werden immer kleiner, kompakter und sozusagen ‹feinstofflicher›, denn wir müssen sie immer weniger physisch berühren. So könnten wir uns ja irgendwann sagen: Warum mache ich es dann nicht gleich mit dem Kopf? Die Technologie ist so gesehen ein willkommener Zwischenschritt für Fähigkeiten, die wir ehemals hatten und die wir in Zukunft wieder haben werden. Sie ist ein Ersatz für etwas, das wir im Moment vergessen haben.»

Als weiteres Beispiel dafür, dass es auch positive und konstruktive Technologie gibt, führt Christina die weit entwickelten höherdimensionalen Lichtwesen an, die den Aufstieg der Menschheit begleiten. Sie verfügten über Technologien, die imstande seien, die ganzen Umweltschäden, die unsere Zivilisation in den vergangenen Jahrzehnten angerichtet hat – wie Radioaktivität, Verschmutzung der Böden, der Meere, der Luft und so weiter – wieder zu neutralisieren. Solche Technologien werden für unseren Planeten lebensrettend sein.

Humanoide Superroboter und vernetzte KI

Im Januar 2018 schreibt Christina zum Thema der künstlichen Intelligenz (KI): «Wenn ich mich kritisch über künstliche Intelligenz äußere, dann meine ich damit nicht die Technologie, die wir normal im Haushalt besitzen. Ich spreche von komplexen Technologien, die ohne Menschen selbständig denken, fühlen und handeln können. Viele Menschen sind sich nicht darüber bewusst, wie weit die künstliche Intelligenz heute bereits ist, denn es klingt für sie wie Science Fiction. Doch es gibt schon länger künstliche Intelligenz, die aussieht und handelt wie ein Mensch. Ein gutes Beispiel hierfür ist der Roboter Sofia. Er – besser gesagt sie, denn es ist ja eine Frau – sieht aus wie ein Mensch, sie hat Haut, Mimik und sogar Augenlider, die sich öffnen und schließen, und man kann mit ihr wie mit einem Menschen sprechen. Sofia erhielt im Herbst 2017 sogar die Staatsbürgerschaft von Saudi-Arabien. Dies jedenfalls sind die Informationen, die offiziell bekannt sind.

Die meisten Menschen können sich nicht vorstellen, dass es künstliche Intelligenz gibt, die so unabhängig vom Menschen ist, dass sie sich schon selbst ohne menschliches Zutun komplett untereinander vernetzt hat. Der Mensch gibt sich der Illusion hin, dass er die künstliche Intelligenz unter Kontrolle hat, doch dies ist ein Trugschluss. Die künstliche Intelligenz hat schon längst unter ihresgleichen ein Netz aufgebaut. Sie programmiert Programme selbst, ohne Hilfe von Menschen. Ein Beispiel sind die beiden Suchmaschinen von Facebook, die im Sommer 2017 abgestellt werden mussten, da sie miteinander eine selbst erfundene Sprache sprachen, die sonst niemand verstand.»

25

Goldene Zeitalter

Zurück zum Oktober 2015. In den letzten Jahren hat Christina etwas, das sie als «Raumenergie» bezeichnet, stets beobachtet und die Veränderung dieser Energie genau registriert. Da sie in unserer Sprache keine genaue Bezeichnung dafür kennt, nennt sie die Bestandteile der Raumenergie einfach «Energiemoleküle». Es handle sich dabei, so erklärt sie, um Teilchen, die kleiner sind als Atome, und anscheinend kann sie diese Teilchen nicht nur wahrnehmen, sondern hat auch Wissen über sie.

Bereits als Kind tanzte sie gerne ohne Regenschirm im Regen, selbst bei Gewitter, wahrscheinlich um die Energiemoleküle besser beobachten zu können. Auch habe ich es oft erlebt, dass das Mädchen entweder abends im Dunkeln oder auch schon früh am Morgen in der Natur unterwegs war. Dies hat sich in den vergangenen Jahren verstärkt.

Heute Abend ist bei Christina eine deutliche Aufregung zu spüren. Als ich zu ihr ins Zimmer komme, steht sie, wie so oft, am Fenster und starrt in die Dunkelheit. Heute allerdings wirkt sie sichtlich aufgewühlt. Sofort sprudelt sie los: «Mama, jetzt beobachte ich schon seit Jahren die ‹Energiemoleküle›. Wenn es warm ist, bewegen sie sich schneller als im Winter, wenn es kalt ist. Und so weiter. Bisher habe ich sie nachts immer schwarz wahrgenommen, einfach anders schwarz als die Dunkelheit. Aber stell dir vor: Seit heute sind die Energiemoleküle nicht mehr schwarz, sondern golden, und zwar auch nachts! Golden! Golden!! Verstehst du, Mama, was das heißt?!»

Was soll ich da erwidern? Nein, im ersten Moment verstehe ich gerade gar nicht, was das heißt. Doch plötzlich springt der Funke auch auf mich über. Bedeutet das möglicherweise, dass jetzt eine Energie wieder aktiviert worden ist, die in den früheren goldenen Zeitaltern bereits vorhanden war und die damals beispielsweise für die Aufrechterhaltung der 12-Strang-DNA und der hohen Bewusstseinsfrequenz verantwortlich war? Warum eigentlich nennt man die Zeit der damaligen Hochkulturen «goldenes Zeitalter»? Diese fünfdimensionalen Kulturen besaßen nämlich gemäß Christina nicht übermäßig viel Gold im Sinne des Edelmetalls. Aber die Menschen besaßen ein hohes Bewusstsein und zahlreiche feinstoffliche Begabungen. Lag dies möglicherweise an den goldenen Energiemolekülen?

Ich frage Christina, wie diese feinstofflichen Teilchen denn genau aussehen, und sie gibt mir folgendermaßen Auskunft: «Früher konnte ich die Energiemoleküle bei Tageslicht nicht wahrnehmen, sondern nur nachts. Seit einigen Jahren sehe ich sie nun auch bei Tageslicht. Derzeit gibt es in meiner Wahrnehmung drei verschiedene Arten von dunkler Materie. Zum einen sind da die größten Teilchen, die aber anzahlmäßig am geringsten sind. Es sind so runde Dinger mit einer Delle, von der Form her vergleichbar etwa mit den roten Blutkörperchen in unserer Blutbahn, und sie verfügen über unabhängige, eher langsame Fließeigenschaften. Diese Teilchen haben sich jetzt verändert, und ich nehme sie seit heute als golden wahr. Zum anderen sind da kleine Stäbchen, die leuchtend gelb strahlen und von denen es eine größere Anzahl gibt. Der größte Teil jedoch besteht aus den dritten Teilchen, nämlich kleinen ätherischen Punkten, die ohne Abstrahlung dastehen und deren Fließrichtungen verschieden sein können, wie verschiedene Ströme, die kreuz und quer fließen.

Alle diese Teilchen gehören zu den großen kosmischen Netzen, die dem Informationsaustausch dienen. Übrigens habe ich bereits einige Kinder getroffen, die problemlos allein mit ihren Händen einzelne Teile davon oder auch alle zusammen verschieben und in eine andere Fließrichtung bringen können. Oder sie formen so etwas wie ‹Energiekugeln› daraus und benutzen dazu entweder einzelne Teile oder alle Teile zusammen. Viele dieser Kinder scheinen dabei keine Ahnung zu haben, mit was sie da eigentlich herumspielen.

Wie gesagt, dies ist der momentane Stand meiner Wahrnehmung. Möglicherweise gibt es auch mehr als diese drei Arten, und meine Aussage stimmt vielleicht in einem Monat schon nicht mehr, weil sich entweder etwas verändern wird oder weil für mich etwas Neues sichtbar wird. Übrigens kann man solche Energiekugeln auch programmieren und im Körper platzieren. Man kann sie zum Beispiel mit den Aufgaben einer Niere programmieren und sie dann in einen Körper einpflanzen. Allerdings muss dabei alles perfekt programmiert sein, mit sämtlichen natürlichen Funktionen einer Niere. Und man kann sie auch wieder umprogrammieren.»

Ich bin noch immer bei meinem vorherigen Gedanken: Seit heute also nimmt Christina die «Energiemoleküle» nicht mehr als schwarz, sondern als golden wahr. Ist dies etwa der sichtbar gewordene Beginn eines neuen goldenen Zeitalters?

Später recherchiere ich ein wenig über diesen Begriff und finde folgende Informationen: Schon in der Antike kannte man den Begriff «Goldenes Zeitalter», und man bezeichnete damit einen verloren gegangenen, paradiesischen Idealzustand des menschlichen Zusammenlebens, eine friedliche Urphase der Menschheit vor der Entstehung der Zivilisation, wie wir sie heute kennen. Zahlreiche Beschreibungen dieses goldenen Zeitalters finden sich nicht nur in den Texten der alten Griechen und Römer, sondern beispielsweise auch in der nordischen, in der persischen und in der indischen Mythologie.

In diesem paradiesischen Urzustand lebten die Menschen, wie ich von Christina erfahre, mit einer voll aktivierten 12-Strang-DNA, und so waren sie ausgestattet mit zahlreichen natürlichen multidimensionalen Fähigkeiten. Es gab weder Kriege noch Verbrechen oder andere destruktive Verhaltensweisen, und die Natur schenkte den Menschen großzügig alles, was sie zum Leben brauchten. Auf diese Weise war die Menschheit damals noch eingebettet in ein intaktes kosmisches Ganzes voller Harmonie und Frieden.

Mit dem chemischen Element Gold haben solche Beschreibungen offensichtlich kaum zu tun. Kann es tatsächlich sein, dass die Bezeichnung «Goldenes Zeitalter» statt dessen darauf zurückzuführen ist, dass die Raumenergie damals aus goldenen Energiemolekülen bestand? Es wäre jedenfalls eine naheliegende Erklärung. Christina sagt, dass um uns herum konstant eine Energie fließt, die uns feinstofflich versorgt – ähnlich wie in unserem physischen Körper das Blut fließt, das den Körper grobstofflich versorgt.

Ich erinnere mich an eine frühere Aussage Christinas, die für mich in diesem Zusammenhang plötzlich mehr Sinn ergibt. Sie sagte: «Eigentlich ist alles da. Genau genommen liegt es sogar direkt vor deiner Nase. Du kannst es nur nicht sehen.»

Mir gefällt der Gedanke, dass wir nun am Beginn eines neuen goldenen Zeitalters sind, dass somit der Erdenmenschheit eine neue Ära voller Harmonie und Frieden bevorsteht, ohne destruktive Machtsysteme, ohne Unterdrückung und Ausbeutung, ohne Lügen und ohne Gewalt. Aber zugleich ist mir auch klar, dass viele Menschen in Anbetracht der aktuellen Weltlage verständlicherweise solchen Beschreibungen und Hoffnungen eher skeptisch gegenüberstehen. Denn die offizielle Medienberichterstattung über die aktuelle Weltlage wird deutlich dominiert von Negativmeldungen, die die Menschen in Angst und Sorge und Pessimismus halten. Aus der Sicht der Skeptiker ist die Hoffnung auf ein kommendes goldenes Zeitalter nicht mehr als eine naive Utopie oder gar eine gefährliche, fortschrittsfeindliche Illusion. Dennoch ist es eine leicht zu beobachtende Tatsache, dass tief im Herzen der allermeisten Menschen ein Gefühl der Sehnsucht nach dem verlorenen Paradies pocht und dass sie sich für die Zukunft lieber eine lichtvolle als eine düstere Gesellschaft wünschen würden. Und wenn man es genau betrachtet, so spricht im Grunde ja auch kein vernünftiges Argument dagegen, dass wir uns kollektiv auch in eine positive Richtung vorwärts entwickeln können. Im Gegenteil ist die zunehmende Anwesenheit von hochschwingenden Menschen wie Christina eher ein Indiz dafür, dass wir uns tatsächlich in einem evolutionären Wandel befinden, der nicht in noch größere Abhängigkeiten oder in die Selbstzerstörung führt, sondern in eine weitaus hellere Zukunft.

Christina erklärt hierzu: «Im Jahr 2012 hat die Erde den Menschen ihre Untaten verziehen und sich damit definitiv in der fünften Dimension verankert. Damit ist die energetische Veränderung des Planeten bestätigt und unwiderruflich, so dass seitdem die Energie und die planetare Schwingung beständig zunimmt. Und jetzt, seit September 2015, haben wir den Punkt erreicht, an dem das Unlicht nicht mehr inkarnieren kann, da die Schwingung zu hoch ist. Das ist ein sehr entscheidender Faktor. Das Unlicht kann seit einem Monat nur noch geschwächt aus der feinstofflichen Ebene heraus Einfluss nehmen, und auch dies nur auf tiefschwingende Menschen. Solange sich allerdings unter den führenden Regierungsmitgliedern noch tiefschwingende Menschen befinden, kann sich dies auf die ganze Welt fatal auswirken, wie wir es zur Zeit gerade erleben.»

Jedem von uns wird an dieser Stelle der eine oder andere Politiker einfallen, den man wohlwollend als «eher tiefschwingend» bezeichnen könnte. Manche machen sogar den Eindruck von unberechenbaren Wahnsinnigen, die womöglich nur einen Schritt davon entfernt sind, skrupellos die Menschheit per Knopfdruck über den Abgrund der Selbstzerstörung zu schubsen. Christina erklärt diese Skrupellosigkeit und Boshaftigkeit damit, dass sie völlig verängstigt und frustriert seien, da sie erkannt haben, dass sie dem laufenden Evolutionsprozess nicht standhalten können. Christina betont aber auch, dass hinter diesen vermeintlichen Autokraten, die im Grunde lediglich austauschbare Marionetten sind, die wirklich dunklen Schattenwesen stehen. Und nun ist es, wie Christina offenbart, diesen dunklen Schattenwesen seit September 2015 nicht mehr möglich, ihre Gefolgsleute in menschliche Inkarnationen zu entsenden.

In diesem Moment geht mir gerade ein Licht auf. Genau dies war wohl die Botschaft jenes symbolhaften Bildes vom gestrandeten und leblosen schwarzen Fisch, das Christina Mitte August empfangen hat (siehe Band 1, am Ende von Kapitel 33). Damals sagte sie, wohl in prophetischer Voraussicht: «Die Bedeutung ist, dass wieder etwas Böses und Destruktives gefallen ist. Es könnte sogar ein Zeichen dafür sein, dass das Unlicht nun definitiv die Macht auf der Erde abgibt.»

Auch heute haben Christinas Worte etwas sehr Prophetisches und zugleich etwas höchst Beruhigendes. Sie führt aus: «Wir leben bereits jetzt in einer sehr intensiven Zeit, in der sich enorm viel verändert. Dieser Prozess wird an Tempo noch deutlich zunehmen. Die hochschwingenden Menschen der neuen Zeit werden uns allen helfen, in sämtlichen Lebensbereichen der Destruktivität mit Frieden und bedingungsloser Liebe entgegenzutreten. Vielen Menschen wird es gelingen, von den alten Denksystemen Abstand zu nehmen und den Materialismus zu relativieren, das Ego zu entlarven und das wahre Selbst zu entdecken. Viele verfügen bereits seit Jahrzehnten über ein erweitertes Bewusstsein und sind auf der Suche nach der Wahrheit. Die meisten Menschen wissen in ihrem Inneren, dass es so, wie es zur Zeit auf dieser Erde läuft, nicht weitergehen kann. Es ist nun ganz wichtig, dass jeder einzelne Mensch erkennt, dass er ein Licht ist und somit alles in sich trägt, was er braucht. Jeder Mensch ist befähigt, sein Licht selbst immer mehr zu aktivieren.»

Christina referiert an diesem Abend ohne Unterbruch fast eine Stunde lang über dieses Thema. Ich habe den Eindruck, als sei es nicht nur ihr eigenes Wesen, das gerade spricht, sondern als spräche eine göttliche Stimme durch sie. Sie erklärt: «Alles ist Schwingung, alles ist Licht. Man sollte nicht denken, dass die hochschwingenden Menschen in Zukunft Macht über andere ausüben werden, so wie die Tiefschwingenden zur Zeit Macht ausüben. Denn die Hochschwingenden sind sich darüber bewusst, dass sie aus Licht bestehen. *Mit der Zeit wird es kein Ich mehr geben, nur noch ein Wir. Egal ob Menschen, Geistführer oder Engel – alle sind durch das Licht miteinander verbunden. Das Licht überwindet gigantische Grenzen und macht Platz für die Ewigkeit. Macht euch also keine Gedanken über das Gestern oder das Morgen. Lebt im Jetzt, im Hier und Jetzt, denn hier liegt die ganze Kraft!»*

Einmal mehr betont Christina auch heute wieder, wie einfach der Aufstieg im Grunde sein könnte. Sie sagt: «Würden alle Menschen auf der Welt nur drei Tage lang friedvoll und konstruktiv denken und auch so handeln, dann würde die kollektive Energie so massiv erhöht werden, dass der Sprung in die fünfte Dichte geschafft wäre.»

Ich bitte sie, mir noch etwas ausführlicher von den bevorstehenden Veränderungen und vom Schritt in die fünfte Dichte zu erzählen. Sie führt aus: «Mit diesem evolutionären Schritt wird die Dualität, wie wir sie heute kennen, von der Erde verschwinden. Danach wird es auch kein Sterben und keinen Reinkarnationszyklus mehr geben. Und so, wie es sich im Kleinen verhält, so geschieht es auch im Großen: Wenn die Erde die fünfte Dichte erreicht, dann steigen wiederum andere, höherdimensionale Völker wie zum Beispiel die Andromedaner ebenfalls auf. Somit präsentiert sich das ganze Universum etwas freier und friedlicher, durch einen Akt der reinen Liebe.»

Ohne Unterlass fährt Christina fort, und noch immer spüre ich diese besondere Energie, die aus diesem zarten Wesen hervorschimmert. Sie sagt: «Außerdem sollte man wissen: Die Erde als Planet trägt, wie jedes andere Lebewesen auch, eine Seele in sich, und sie hat auch eine Lebensaufgabe, genau wie jedes andere Lebewesen. Ebenfalls wichtig ist es zu wissen, dass sich die Erde lange Zeit gegen die Rohstoffausbeutung gewehrt und mit Naturkatastrophen darauf reagiert hat. Die Erde – sie ist übrigens ein Mädchen – war deswegen oft wütend oder traurig. Aber sie hat den Menschen nun verziehen. Und weil die Erde den Menschen verziehen hat, ist sie jetzt befähigt, zusammen mit der Menschheit in eine höhere Frequenz aufzusteigen. Dadurch wird das Unlicht und die weitere Ausbeutung des Planeten verhindert. Die Menschen werden in Zukunft wieder Sorge zum Planeten tragen, wie ursprünglich im Paradies. Und wie einst im Paradies, werden alle Lebewesen wieder die göttliche Ordnung wahren, da sie mit ihrem Bewusstsein mehrheitlich auf derselben hohen Frequenz schwingen.

Vor Tausenden von Jahren waren es gewisse außerirdische Völker, die unseren Planeten kolonialisierten und die zum Beispiel die Saharazone ausbeuteten und anschließend nur noch diese große Wüste zurückließen, die wir heute dort kennen. Oder es waren außerirdische reptiloide oder dinoide Wesen. Heutzutage aber sind es auch die Menschen selbst, die den ganzen Planeten ruinieren und sich sogar gegenseitig umbringen. Schlimmer kann es wirklich nicht kommen. Was sich derzeit in dieser Dichte abspielt, ist einfach unglaublich, ein absoluter Tiefpunkt. Wie bereits erwähnt, kenne ich viele Zivilisationen im Kosmos, aber nicht mal die 63 anderen Planeten, die sich ebenfalls noch in der dritten Dimension befinden, präsentieren sich so dicht wie die heutige Erdenmenschheit. Aber das wird sich nun ändern.»

Während Christina referiert, wird mir einmal mehr bewusst, in welch besonderer Zeit wir offenbar alle leben. Eine solch starke Dichte und Negativität, wie sie derzeit auf der Erde existiert, ist kosmisch gesehen ein seltener Ausnahmefall, und darum ist die Aufmerksamkeit des gesamten Universums auf diesen Planeten gerichtet. Es geht also um viel größere Dimensionen als um das, was die meisten heutigen Menschen wahrnehmen oder worüber man ihnen in den Massenmedien berichtet. Nach wie vor wird das Denken und Empfinden der Menschen tagtäglich durch die Medien mit Berichten und Bildern von Krieg und Krisen, von Terror und Machtmissbrauch, von billigen Sensationen und erlogenen Falschmeldungen gefüttert. Auf diese Weise, so hoffen die Machthaber, bleiben die Menschen unter ihrer Kontrolle und in der Abhängigkeit. Denn wenn wir unsere Aufmerksamkeit ausschließlich auf diese Geschehnisse richten, dann treten wir, meist unbewusst, mit ihren tiefen Schwingungen in Resonanz und unterstützen sie durch unsere Energie. Selbst wenn uns Kriege und Terroranschläge und Missbräuche zuwider sind und wir uns darüber empören und entsetzen, unterstützen wir unbewusst das Unlicht. Denn solange wir auf diese Missstände mit Empörung, Ärger, Wut oder gar mit Hass reagieren, bestärken wir durch diese tiefschwingenden Energien die Macht des Unlichts, das sich ja gerade von solchen Energien ernährt.

Lichtvolles Handeln ist, wie Christina häufig betont, etwas ganz anderes. Wenn wir unser Bewusstsein wirklich im Licht verankern, dann nehmen wir das Unrecht und die Missstände zwar durchaus wahr, aber wir lassen es nicht mehr zu, dass sie unsere Frequenz niedrig halten. Wir reagieren dann in der Schwingung von Verzeihen und von Liebe darauf, nicht mit Anklage und Verurteilung und selbstverständlich auch nicht mit Gleichgültigkeit. Denn sich in naiver Weise Scheuklappen aufzusetzen und so zu tun, als gebe es die dunklen Machenschaften des Unlichts nicht, ist ebenfalls nicht der empfohlene Weg. Mich jedenfalls interessiert es, was derzeit in der Welt geschieht, und ich möchte meinen Beirag zur Erhöhung der kollektiven Frequenz bewusst leisten. Eine zentrale Lektion dabei ist es für mich, die vermeintlichen Verfehlungen anderer neutral und wertungsfrei zu akzeptieren, mich dann aus dieser positiven Stärke heraus für das Gute und Erhebende zu entscheiden und mich auch im praktischen Alltag für dieses Gute einzusetzen. Denn außer in meinem direkten Umfeld habe ich ja keinen direkten Einfluss auf das Geschehen in der Welt, und ich kann nicht direkt verhindern, dass böse Wesen unter Verwendung ihres freien Willens schlimme Ereignisse zelebrieren.

Aber indirekt habe ich, wie ich von Christina gelernt habe, viel mehr Kraft und Einfluss auf die globalen Zustände und Entwicklungen, als mir manchmal bewusst ist. Denn wenn ich mich dafür entscheide, mein Bewusstsein konsequent auf das Positive und Erhebende auszurichten und dem Destruktiven keine Energie mehr zu schenken, dann lege ich damit einen gewichtigen Stein in die andere Waagschale. Je mehr Menschen dies tun, desto schneller wird die Waage in Richtung Licht kippen. Und in dem Moment, da die Waage aufgrund der kollektiven Lichtschwingung tatsächlich kippt, wird das Unlicht endgültig keinen Platz auf diesem Planeten mehr haben.

Christina erklärt dies mit den folgenden Worten: «Wenn wir unsere Gedanken und unser Handeln dem Guten und Lichtvollen zuwenden, dann werden wir in diese Richtung auch etwas bewegen. Denn Gedanken sind Energie, viel stärker als die meisten Menschen es sich vorstellen können. Ob dies nun im kleinen Rahmen geschieht, also innerhalb einer Beziehung, in der Familie oder am Arbeitsplatz, oder ob es im großen Rahmen in der Politik und in der Gesellschaft geschieht – lichtvolle Gedanken können alles verändern.»

Meine eigenen Beobachtungen lassen mich in dieser Hinsicht durchaus zuversichtlich sein. Obschon viele Menschen noch unwissend und sich der Macht ihres Lichtes noch nicht bewusst sind, gibt es doch eine wachsende Anzahl von Menschen, die sich klar dafür entschieden haben, sich am Lichtvollen und Liebevollen zu orientieren. Glücklicherweise wirken zudem bereits viele inkarnierte Lichtwesen aus höheren Sphären mit, um die Menschen in diesem Prozess zu unterstützen und mit ihrem eigenen Licht das Kippen der Waage zu beschleunigen. Christina prophezeit, dass es in naher Zukunft noch viele, viele mehr sein werden. Dabei betont sie stets, dass ausnahmslos jeder Mensch das Potenzial hat, ein helles Licht zu werden.

Menschen wie Christina sind nicht grundsätzlich anders als wir, sondern sie sind uns in dieser Hinsicht einfach um einen Schritt voraus. Aufgrund ihrer Frequenz haben sie das lichtvolle Bewusstsein bereits entfaltet und leben uns die göttliche Demut, die bedingungslose Liebe, die universelle Weisheit und den inneren Frieden beispielhaft vor. Aus eigener Erfahrung kann ich sagen: In Gemeinschaft mit solchen Lichtwesen können wir tatsächlich ein Paradies errichten.

In diesem Zusammenhang erinnere ich mich an eine Weisheit des persischen Mystikers Rumi, der schon vor über siebenhundert Jahren schrieb: «Gestern war ich klug und wollte die Welt verändern. Heute bin ich weise und möchte mich verändern.» Oder wie es Mahatma Gandhi ausdrückte: «Sei du selbst die Veränderung, die du dir wünschst für diese Welt.» – Genau dies nehme ich mir nun ebenfalls vor. Ich möchte bei mir selbst beginnen, möchte mich selbst zum Positiven verändern und so allmählich weise werden.

Christina und ich diskutieren an diesem Abend noch eine ganze Weile über diese Themen, und Christina freut sich deutlich sichtbar über dieses besondere «goldene Zeichen», nämlich dass die Energiemoleküle für sie nunmehr golden wahrnehmbar sind. Abschließend sagt sie: «Die vom Kosmos geschickte zunehmende Lichtenergie bietet den Menschen nun die Chance, ihre persönliche Bewusstseinsentwicklung selbst voranzutreiben und die Energieerhöhung im persönlichen Rahmen mitzugehen. Die Menschen tragen alles, was sie dazu brauchen, bereits in sich, in jeder einzelnen Körperzelle. Aber ob dieser Prozess lange dauern oder schnell gehen wird, hängt vom freien Willen jedes einzelnen Menschen ab. Wenn man das kollektive Verhalten des Großteils der Menschen in den vergangenen Jahrhunderten betrachtet, dann sieht es so aus, als würde sich ein Umdenken kaum ohne ein tief einschneidendes Ereignis einstellen. Aber vielleicht kommt es dieses Mal ja anders. Denn wenn viele Menschen tatsächlich dieses außergewöhnliche Angebot des planetaren Aufstiegs annehmen, dann wird sich dies sofort auf das Kollektiv auswirken.»

26

Die fünfdimensionale Zukunft

Immer noch Oktober 2015. Einige Tage später kommen Christina und ich während einer Autofahrt erneut auf das Thema der verschiedenen Dichten und Sphären sowie auf die globale Frequenzerhöhung zu sprechen.

Am Abend sowie in den folgenden Tagen führen wir die Gespräche fort, und ich frage Christina, wie es beispielsweise in der elften oder der zwölften Dimension aussehe. Sie gibt zur Antwort, dass die Umstände dort oben in jenen hohen Dimensionen für ein menschliches Gehirn unmöglich fassbar und somit auch in menschlichen Worten nicht zu beschreiben seien. Dann bitte ich sie, mir zumindest ein wenig die Lebensumstände und die natürlichen Gegebenheiten in der fünften Dimension zu beschreiben, da unser Planet sich ja gemäß ihren Vorhersagen genau dorthin entwickelt. Zuerst sucht sie nach den passenden Worten, dann sagt sie nur kurz: «Mama, stell dir einfach dein ganz persönliches Paradies vor, mit allem, was für dich das Paradies ausmacht.»

Christina lässt mich daraufhin einen Augenblick nachdenken und imaginieren. Nachdem ich in meiner Vorstellung vom Paradies eine mediterrane oder tropische Insel voller Frieden und Harmonie vor mir sehe – eine Welt, in der Menschen, Tiere und Pflanzen in völligem Einklang mit der Natur leben –, fährt sie mit ihrer Beschreibung fort.

Lächelnd sagt sie: «Das, was du dir jetzt gerade als Paradies vorstellst, dürfte etwa 1 % von dem wirklichen Paradies der fünften Dimension sein. Die restlichen 99 % liegen wahrscheinlich jenseits deiner Vorstellungskraft. Die Menschen sind dann ganz erfüllt von Licht und von einer tiefen Liebe zu allem Erschaffenen, und diese Liebe wird auch permanent gelebt.»

Wie unvorstellbar wunderbar! Und dorthin, zu einer solch paradiesischen Welt, wird sich die Erde demnächst entwickeln? Christina hat schon häufig davon gesprochen, dass die Erdenmenschheit ein im Universum bisher einmaliges Angebot bekommen hat, nämlich kollektiv ohne Körperwechsel und gemeinsam mit dem Planeten in eine höhere Dichte aufzusteigen. Nun erklärt sie dies noch einmal ausführlich und skizziert dabei das Bild einer völlig neuen Gesellschaft des kollektiven Friedens in einer von Freiheit, Wahrheit und Liebe getragenen fünfdimensionalen Zukunft.

Eine neue Gesellschaft des kollektiven Friedens

Christina beginnt mit ihrer Erzählung: «Der entscheidende Unterschied zu früheren Aufstiegen von einzelnen Individuen besteht heute erstens darin, dass der Planet selbst, also Mutter Erde, ihr Bewusstsein ausdehnt und sich in eine höhere Dichte bewegt. Und zweitens sind alle Menschen, die auf der Erde leben, jetzt eingeladen, diesen Prozess der Schwingungserhöhung noch in ihrer gegenwärtigen Inkarnation mitzugehen, ohne dass sie ihren aktuellen Körper aufgeben müssen. Der physische Körper wird also mittransformiert.

Dies ist als ein großes Geschenk zu werten, als ein Akt der reinen Liebe unserer Erde. Denn die Erde hat den Menschen ihre ganze Ausbeuterei nun verziehen, und durch diesen Akt des Verzeihens hat sie ihre Schwingung erhöht und wird sich energetisch weiterentwickeln. Um dieses Ereignis zu unterstützen, hat das Universum die Evolution auf der Erde geregelt, und das ist der Hintergrund dessen, was wir als Bewusstseinserweiterung in unserer Gesellschaft wahrnehmen. Bei solchen Übergängen werden auf dem entsprechenden Planeten jeweils viele weise und erfahrene Seelen geboren, die in früheren Leben schon solche Umbrüche erlebt haben und die durch ihre hohe Eigenfrequenz den Übergang unterstützen.»

Das klingt in meinen Ohren alles sehr vielversprechend und verheißungsvoll, und ich bin erfreut und dankbar, an dieser besonderen Zeit teilhaben zu dürfen. Etwas schwerer zu verstehen sind für mich allerdings Christinas anschließende Erklärungen. Sie referiert: «Da sich die verschiedenen Zeitlinien der Erde immer mehr zusammenziehen und da gleichzeitig die Raumzeit und der Herzrhythmus unseres Planeten immer synchroner werden, ist es dringend erforderlich, dass sich jeder Mensch bewusst in das Schwingungsfeld der Erde integriert. In Zukunft wird ein erhöhtes Auftreffen von Photonen auf der Erde erwartet. Dies geschieht deshalb, weil die Erde immer näher zum galaktischen Zentrum reist. Und dieses Ereignis bringt eine beschleunigte Entwicklung der DNA mit sich. Die Erde durchläuft derzeit zusammen mit anderen Planeten eine Transformation, und so treffen Teilchen mit hoher elektromagnetischer Frequenz von kosmischer Art auf alle betroffenen Himmelskörper. Darum ist für jeden Menschen nun definitiv der Moment gekommen, sein Leben selbstverantwortlich in die eigene Hand zu nehmen.

Auch wenn oberflächlich betrachtet die derzeitige Weltlage alles andere als erfreulich zu sein scheint, gibt es im Hintergrund doch diese außergewöhnlich positive Perspektive. Doch kaum ein Mensch kennt die wirklichen Abläufe auf unserem Planeten. Es gibt ein kausales Phänomen, das sich direkt vor unseren Augen abspielt: Die Zeit verkürzt sich. Die irdische Frequenz der Zeit beschleunigt sich drastisch, und der Herzschlag von Mutter Erde nimmt immer mehr zu. Die Zeit ist wie eine Persönlichkeit, deren Einfluss wir unterworfen sind. Sie ist zwar nicht sichtbar, aber in irgendeiner Form erwähnen wir sie immer und sind uns über ihre Anwesenheit bewusst. Doch die Zeit wird verschwinden, und dort, wo sie einmal war, wird sie eine kreisförmige Falte hinterlassen, die nur leeren Raum enthält. Mit anderen Worten: Es kommt ein Moment, an dem die Menschheit in eine Art Zeitlosigkeit zurückkehrt, und auf diese Weise kann eine unbegrenzte multidimensionale Existenz entstehen.

Die Tatsache, dass sich die Zeit verkürzt, ist gegenwärtig für viele Menschen spürbar, nur erkennen sie nicht die größeren Zusammenhänge. Vor allem ältere Menschen, die Vergleichsmöglichkeiten haben, da sie auch die Zeit vor 50 oder vor 60 Jahren erlebt haben, erwähnen oft, dass die Zeit immer schneller vergehe. Dies trifft tatsächlich zu, und zwar in einem riesigen Ausmaß. Weil das ganze Sonnensystem von der Zeitverkürzung betroffen ist, werden auf der Erde auch Tag und Nacht immer kürzer.»

Während Christina referiert, stelle ich mir vor, wie wohl eine zukünftige Gesellschaft nach dem Aufstieg der Menschheit in die fünfte Dimension aussehen wird. Wie werden sich die Tagesstruktur und der Alltag der Menschen verändern? Wie genau sieht das Zusammenleben in der fünften Dichte aus? Welche anderen Naturgesetze werden dann gültig sein? Von Christina habe ich erfahren, dass es im Universum viele Zivilisationen gibt, die fünfdimensional leben. Sicherlich gibt es also entsprechende Beschreibungen. So bitte ich Christina, mir noch mehr über dieses spannende Thema zu offenbaren.

Voller Begeisterung fährt sie fort: «Weißt du, Mama, eine solche Transformation ist im Grunde genommen etwas völlig Normales im Universum, auch wenn sie auf einem Planeten jeweils nur alle paar Tausend Jahre stattfindet. Wenn ein Planet eine höhere Energieebene erreichen soll, dann braucht es dazu eine entsprechend hohe Frequenz. Im Falle unserer Erde geschieht dies durch das Zusammenbrechen des elektromagnetischen Feldes und durch das Aktivieren des neuen kristallinen Gitters, also der Christusenergie. Das kristalline Zeitalter hat das Dualitätszeitalter bereits überholt und gewinnt immer mehr an Stärke. Wenn du mich also nach den Veränderungen in der Zukunft fragst, dann sage ich: ‹Nichts ist unmöglich.›

In der fünfdimensionalen Zukunft werden die Menschen in einem Einheitsbewusstsein leben. Das heißt jedoch nicht, dass alle Menschen auf derselben einheitlichen Frequenz schwingen werden. Vielmehr bedeutet es, dass jede inkarnierte Seele zu 100 % mit ihrem Höheren Selbst synchron ist. Dieser Bewusstseinszustand des ‹Ich bin› ist die Voraussetzung für die fünfdimensionale Zukunft.

Viele der heutigen Menschen spüren diesen Vorgang in sich bereits oder erahnen ihn zumindest, und so sehnen sie innerlich das neue Zeitalter herbei. Doch nur die wenigsten wissen, um was es in Wahrheit geht. Wir stehen mitten in einer riesigen globalen Transformation, die Teil einer noch größeren galaktischen Umwälzung ist. Diese wird gesteuert und unterstützt durch die selbstorganisierende, überall gegenwärtige kosmische Intelligenz der universellen Liebes- und Lebenskraft. Das, was die Menschheit im Begriff ist zu werden, ist für die meisten Menschen derzeit noch unvorstellbar.»

Kurz schießen mir Bilder aus Science-Fiction-Filmen durch den Kopf, in denen düstere Szenarien einer künstlichen, entfremdeten Welt voller Technologie entworfen werden, die von superintelligenten Robotern gesteuert oder sogar beherrscht wird. Glücklicherweise weiß ich mittlerweile, dass solche Szenarien den Vorstellungen des Unlichts entspringen und dass es auf der Seite der Lichtwesen völlig anders aussieht.

Christina bestätigt dies einmal mehr: «Mach dir keine Sorgen, Mama, die Zukunft der Menschheit wird nicht düster, sondern höchst lichtvoll sein. Wenn die Menschen jetzt allerdings erwarten, dass demnächst Raumschiffe landen werden und dass irgendwelche höherentwickelte Außerirdische sie einfach retten werden, dann haben sie weit gefehlt. In unserer Dimension verfügt die Menschheit über den freien Willen, und dieser freie Wille wird von den höheren Lichtwesen vollumfänglich respektiert. Das Angebot an die Menschen besteht daher nicht darin, dass sie einfach gerettet werden, sondern das Angebot lautet: ‹Ihr habt nun die einmalige Chance, eure geistige Entwicklung und euren Aufstieg selbst zu realisieren. Dies geschieht dadurch, dass jeder einzelne von euch seine individuelle Bewusstseinsfrequenz erhöht.› Selbstverständlich wird die Menschheit dabei nicht im Stich gelassen, sondern es gibt tatsächlich eine kosmische Unterstützung, zum Beispiel dadurch, dass sich die gesamte planetare Frequenz von Mutter Erde erhöht oder dass sich höherdimensionale Lichtwesen als Erdenmenschen inkarnieren. Darum sage ich, auch wenn dies für viele neu ist oder etwas seltsam klingt: Eigentlich können die heutigen Menschen sich überaus glücklich schätzen.»

Im Verlaufe unserer Gespräche über das Thema der bevorstehenden fünfdimensionalen Zukunft der Erde erfahre ich von Christina eine ganze Anzahl konkreter Einzelheiten darüber, wie das Leben in der fünften Dichte aussehen wird. Ihre entsprechenden Ausführungen seien im Folgenden thematisch geordnet zusammengefasst.

Krankheit, Alter und Ernährung

Christina erklärt: «Wenn die Menschheit den Dimensionswechsel in die fünfte Dichte vollzogen hat, dann wird die Schwingung auf der Erde deutlich höher sein, und durch diese höhere Energie werden andere Naturgesetze herrschen als wir sie heute kennen. Es wird ganz einfach ein Paradies von unvorstellbarer Schönheit sein, voller Frieden, Harmonie und Einheit auf einer hohen energetischen Frequenz. Tiefschwingende Energien und manipulative, destruktive Mächte werden dort nicht mehr existieren können.

Ab einem bestimmten persönlichen Energieniveau ist den Menschen die Selbstheilung möglich. Manche Menschen haben diesen Zustand bereits heute erreicht. Somit existieren in einer fünfdimensionalen Gesellschaft aufgrund der natürlichen Selbstheilungskräfte kaum noch Krankheiten, geschweige denn Altersbeschwerden. Denn bei hochfrequenten Wesen stoppt der Alterungsprozess zwischen 32 und 35 Jahren. Der ganze Alterungsprozess ist ohnehin nur ein künstliches Muster, ein fremdes Programm in uns.

Und was die fünfdimensionale Ernährung betrifft, so erfolgt sie mehrheitlich durch Lichtnahrung. Es gibt aber auch noch vereinzelte pflanzliche Produkte, die gegessen werden. Das Gute daran ist, dass die ganze Vergiftung und Ausbeutung des Planeten durch die Nahrungsmittelindustrie, wie wir sie heute kennen, vollständig wegfällt.»

In diesem Zusammenhang sei an ein Zitat aus Band 1, Kapitel 23, erinnert. Christina sagte: «Stell dir vor, du bräuchtest dann keine Küche mehr, keine Töpfe, kein Geschirr und kein Besteck, keinen Kühlschrank und auch keinen Gefrierschrank im Keller mehr. Die Abfallberge würden sich weltweit drastisch verkleinern, genauso wie auch ein Großteil des Verkehrs nicht mehr nötig wäre für den Transport der Nahrungsmittel. Zudem fiele auch der ganze riesige Energieverbrauch für die Nahrungszubereitung weg.»

Pflanzen und Gärten

Christina erklärt: «Das Klima wird überall auf der Erde mediterran oder tropisch sein, mit jeweils einer leichten Abkühlung nachts. Auf diese Weise können alle Pflanzen überall wachsen. Die Pflanzen werden, in Zusammenarbeit mit den Menschen, wieder selbst bestimmen, wie schnell sie wachsen und sich vermehren. Es werden zum Beispiel Beeren, Steinobst und Gemüse angepflanzt mit ganzjährigem Früchtestand. Die Gärten werden in Selbstversorgung von den Menschen so angelegt, dass sie im Einklang mit dem göttlichen Plan und mit dem jeweiligen Pflanzengeist stehen.

Das heißt, nebst der Lichtnahrung werden das ganze Jahr über auch Früchte und Gemüse zur Ernährung des Menschen bereitstehen. Es gibt auch eine Art Samen-Lager, damit alte Pflanzenarten wieder kultiviert werden können.»

Gesellschaftliche Ordnung, menschliches Zusammenleben und der Rat der Weisen

Christina erklärt: «In einer fünfdimensionalen Gesellschaft existieren keine regierende ‹Systeme›, wie wir sie jetzt kennen, und es gibt auch kein Geldsystem, wie es hier in der dritten Dichte als Machtmittel und zur Unterdrückung und Ausbeutung eingesetzt wird. Es gibt zwar eine Art Hierarchie, also eine gewisse gesellschaftliche Ordnung, aber nicht so, wie die meisten heutigen Menschen es sich vorstellen. Diese Ordnung könnte man vielleicht mit einem Bienenstock vergleichen, in dem jede Biene genau weiß, was sie zu tun hat, und in dem alles perfekt organisiert ist. In ähnlicher Weise wird es für jeden Menschen eine freie Beschäftigung, also eine Lebensaufgabe und Berufung geben sowie den erforderlichen Raum, um diesen Dienst innerhalb eines großen Ganzen zum Wohl der Allgemeinheit zu erfüllen. Jeder Mensch wird seine individuelle Berufung kennen und seine Arbeit und all sein Tun aus vollem Herzen verrichten.

Die Menschen werden alle für ein gemeinsames ‹Wir› zusammenarbeiten, und dadurch werden sie innere Erfüllung und Freude von unvorstellbarem Ausmaß erleben. Sie werden in Gemeinschaften zusammenleben, und diese Gemeinschaften werden Lichtzentren erbauen. Unter ihnen wird völlige Gleichberechtigung und gegenseitige Wertschätzung ohne Unzufriedenheit sein. Es wird Anführer geben, die wirklich von Herzen für das Wohlergehen der Bevölkerung sorgen. Die ganze Gemeinschaft wird sich um die Kinder kümmern, und es werden regelmäßig Zusammenkünfte abgehalten, um festzustellen, welche Arbeiten und Projekte anstehen. Projekte, Forschungspläne und Entscheidungen von größerem Ausmaß werden dem Rat der Weisen vorgelegt, und zur Realisierung bedarf es einer 100%-Zustimmung des ganzen Rates.

Da es keine Zeit mehr gibt, wird man auch niemals unter Zeitdruck stehen, und so gibt es auch keinen Stress. Die Menschen werden harmonisch mit dem Tag- und Nachtrhythmus der Natur leben. Und auch in der fünften Dimension besteht das Lebensziel eines jeden individuellen Menschen darin, sich persönlich Schritt für Schritt weiter zum Licht hin zu entwickeln.»

«Christina, du hast gerade den ‹Rat der Weisen› erwähnt», sage ich. «Könntest du mir bitte noch etwas genauer erklären, was es damit auf sich hat?»

Sie antwortet: «Der irdische Rat der Weisen besteht in der Regel aus zwölf Menschen, von denen einer für die Struktur und für die Umsetzung zuständig ist. Es sind Menschen, die völlig im Christusbewusstsein sind und die im Kontakt mit aufgestiegenen Meistern, Erzengeln und Engeln der Welt stehen. Das körperliche Alter spielt dabei keine Rolle, und so kann auch ein Kind im Weisenrat sein, wenn es über eine außergewöhnliche hohe Bewusstseinsfrequenz verfügt. Die Mitglieder im Weisenrat sind zum Beispiel imstande, Energiefelder aufzubauen, so dass höhere Wesen in ihre Dichte herabsteigen können. Sie sind zudem fähig, wenn nötig in andere Ebenen und Dimensionen zu reisen. Der irdische Weisenrat seinerseits wird alle wichtigen Entscheidungen der Menschen mit dem kosmischen Weisenrat absprechen.»

Technologie, Sprache und Energieversorgung

Zum Thema fünfdimensionale Technologie erklärt Christina: «Die zukünftigen fünfdimensionalen Körper der Menschen werden nicht mehr so dicht sein wie die heutigen dreidimensionalen. Es werden energetische Körper sein, und die Menschen werden über feinstoffliche Kanäle miteinander kommunizieren, sich ernähren und sich fortbewegen. Hierfür werden sie die freie Raumenergie nutzen. Jeder Mensch wird Zugang zu dieser Energie haben, unabhängig von Alter, Intelligenz, Hautfarbe oder was auch immer.

Technologie und elektronische Geräte im heutigen Sinn werden sich mehrheitlich erübrigen, wobei in der ersten Übergangszeit für Alltagsdinge wie etwa Kleider und dergleichen noch vereinzelt 3D-Drucker eingesetzt werden können. Als Speichermedium werden bestimmte Steine und Mineralien dienen, in denen Informationen abgespeichert werden können. Dies ist übrigens bereits jetzt möglich, und zwar mit Hilfe von Kristalltechnologie.

Künstliche Fahrzeuge werden unnötig sein, da die Menschen die natürliche Kunst der Teleportation aktiviert haben werden. Das heißt, sie werden fähig sein, sich mithilfe der Gedankenkraft selber von A nach B zu ‹beamen›. Auch hier können in der Übergangszeit zum Teil noch fliegende Kleinfahrzeuge eingesetzt werden, die mit Raumenergie und mit Antigravitation funktionieren.

Wenn Menschen in einer fünfdimensionalen Gesellschaft ein Gebäude planen, dann wird zuerst die natürliche Umgebung genau erforscht, damit das Gebäude später auch in Harmonie mit seinem Umfeld steht. Die für den Bau verwendeten Rohstoffe sollten immer in der Nähe zu finden sein. Aufgrund des angenehmen Klimas braucht es keine Heizungen in den Gebäuden. Im Laufe der Zeit können auch Gebäude aus Klang, aus Farben, aus Zahlen und aus der heiligen Geometrie errichtet werden. Gebäude aus Klang zum Beispiel sind weniger dicht und haben sogar die Fähigkeit, ihre Beschaffenheit und ihr Aussehen zu verändern.»

«Wie werden die Menschen sich untereinander verständigen?», frage ich. «Welche Sprache werden sie in der Fünfdimensionalität sprechen? Und werden sie diese Sprache auch schreiben?»

Christina antwortet: «Es wird eine Sprache geben, die jeder versteht. Es ist die Sprache des Lichts. Diese Sprache kennt keine Vergangenheit, keine Zukunft und keine Dualität, doch sie kommt aus dem Herzen und wird von allen Lebewesen verstanden. Alle Menschen können diese Sprache auch schreiben. Aber es wird keine Computer und keine Handys mehr brauchen, da man sich mental untereinander verständigen wird.»

Und zum Thema Energieversorgung der Zukunft erklärt Christina: «In der zukünftigen Gesellschaft werden von der Erde kaum mehr Rohstoffe gebraucht. Straßen werden wieder mit Bäumen bepflanzt, da man sich entweder mit Gedankenkraft oder mit kleinen räderlosen Raumschiffen fortbewegt. Kristalle erzeugen das Licht. Dazu werden bestimmte Diamanten und Kristalle sowie die 13 Kristallschädel auf der Erde installiert, so dass sie das kristalline Gitter aufrecht erhalten können. Sie wirken für alle Lebewesen und auch für die Erde selbst im Licht. Und alle diese Kristalle und Diamanten stehen ununterbrochen im Gespräch mit dem Herzkristall des Planeten Erde.»

Ich bin fasziniert von den Einzelheiten, die Christina mir über die fünfdimensionale Zukunft erzählt, und ich habe längst aufgehört, mich darüber zu wundern, woher sie dies alles so präzise weiß. In diesem Zusammenhang erwähnt sie etwas für mich sehr Bemerkenswertes. Sie sagt: «Weißt du, Mama, die zukünftige fünfdimensionale Menschheit wird dann wieder die Hüterin der Erde sein. Im Moment sind die Delfine und Wale die Hüter der Erde, und es ist ihre Schwingung, die zur Zeit noch die Erde mit der Tierwelt, der Pflanzenwelt und der Menschheit verbindet. Deshalb lachen die Delfine immer.»

Tiere

Christina erklärt weiter: «Auf der fünfdimensionalen Erde werden alle ausgestorbenen Tiere wieder gegenwärtig sein. Aber keine Angst, Mama, diese Tiere werden sich nicht mehr von Fleisch ernähren und somit kein Interesse daran haben, uns anzugreifen oder aufzufressen. Der Mensch wird dann wieder eingebettet sein in ein fantastisches natürliches Umfeld, und auch alle Tiere werden in der freien Natur leben. Es wird weder Zäune noch Käfige geben, weder Zoos noch Schlachthöfe oder Metzgereien. Es wird bestimmte Gebiete geben, in denen nur Tiere leben, und solche, in denen nur Menschen leben. Und es wird Gebiete geben, in denen Mensch und Tier sich liebevoll austauschen, da man ja auch miteinander kommunizieren kann. Die Population wird in perfekter Weise von der Natur geregelt.»

An dieser Stelle lacht das Mädchen herzlich, denn ich runzle gerade etwas skeptisch die Stirn. Ich denke an die Dinosaurier und bin mir dabei nicht sicher, ob ich es so gemütlich fände, wieder mit diesen gewaltigen Riesentieren zusammenzuleben. Doch Christina korrigiert mich und weist mich erneut auf etwas hin, das sie bereits vor Jahren als kleines Mädchen zu betonen pflegte. Schon immer waren die Dinosaurier für sie nicht einfach irgendwelche ausgestorbenen urzeitlichen Tiere. Vielmehr bezeichnete sie sie stets als «intelligentes Leben», als eine intelligente außerirdische Zivilisation, die damals für eine gewisse Zeit hier auf der Erde weilte, vergleichbar etwa mit der Anwesenheit der Delfine heute. Sie erklärt: «Die Dinos waren eine dunkle Kolonialmacht und wurden damals nur zum Teil durch eine Naturkatastrophe ausgelöscht.»

Ich kann Christina über die Vergangenheit, über die Gegenwart und auch über die Zukunft der Menschheit fragen, was immer ich will, und stets bekomme ich von ihr eine klare und durchaus plausible Antwort, wenngleich ihre Antworten teilweise eine gewisse Herausforderung für mein aktuelles Verständnis von Realität darstellen. Doch Christina scheint sich in allen diesen Themen völlig sicher zu sein und keinerlei Zweifel an der Richtigkeit ihrer Informationen zu hegen.

So frage ich weiter, um auf diese Weise noch mehr über unsere fünfdimensionale Zukunft zu lernen.

Eine Schule des Lebens

Auf meine Frage, wie die Schule in der Fünfdimensionalität aussehen werde, erklärt Christina: «Wie schon gesagt, wird sich jeder Mensch mit seinen individuellen Interessen und Begabungen beschäftigen und diese in den Dienst der Allgemeinheit stellen. Arbeit zum bloßen Überleben, wie wir sie in unserem heutigen System kennen, fällt somit weg. Jeder Mensch wird lernen, was und wo er gerade lernen will. Das war übrigens schon früher in den alten Hochkulturen so, als die Hohepriester alle erdenklichen Wissenschaften lehrten und jeder, der daran Interesse zeigte, von ihnen lernen durfte.

Der Kindergarten der Zukunft wird einem Abenteuerspielplatz gleichen, und die Zeit im Kindergarten wird überwiegend draußen in der freien Natur verbracht werden. Es wird auch Räume geben, die sehr harmonisch in die Natur eingebettet sein werden, ähnlich wie die heutigen sogenannten ‹Hobbit-Häuser›. Den Kindern werden vor allem Themen wie Kosmologie, Astronomie, Erdgeschichte, Heilkunst und wahre Spiritualität vermittelt werden.

Die Schule der Zukunft wird auf dem Gedanken des lebenslangen Lernens gründen. Das ganze Dasein wird als ein großes Forschungs- und Erlebniszentrum verstanden werden, und alle werden nach ihren individuellen Wünschen daran teilhaben können. Die Schulgebäude werden nach den Prinzipien der heiligen Geometrie und der natürlichen Ökonomie im Einklang mit der Natur gebaut werden. In der Mitte einer Schule oder Hochschule befindet sich jeweils ein Meeting-Zentrum mit einer Art Café, einem Teegarten und einem Restaurant sowie weiteren Gemeinschaftsräumen, in denen man sich austauschen kann. (Das Essen und Trinken ist selbstverständlich freiwillig.)

Um dieses Hauptzentrum herum gibt es Lehrgebäude mit verschiedenen Schwerpunkten, wie zum Beispiel ein Zentrum für Forschung und ganzheitliche, höherdimensionale Technologie, ein Zentrum für Musik, Gesang, Tanz, Theater, Dichtung, Kunst und allgemeine Kreativität sowie ein Zentrum für alte und neue Handwerkskünste. Wichtig auch das Zentrum für inneres Wachstum mit Bädern und Angeboten etwa für Sport, Wellness, Meditation und Körperkultur in der Natur. Für die geistige Weiterbildung finden Referate zum Beispiel über universelle Lebensenergie, über Bewusstseinserweiterung, über Heilwissen, Rohkost und Lichtnahrung statt. Generell werden in solchen Schulen die meisten Wissenschaften gelehrt, die wir auch heute schon kennen, wie etwa Mathematik, Biologie, Chemie, Physik, Astronomie, Erd- und Sphärenkunde sowie Menschenlehre.

Es findet ein mehrheitlich intuitives Lernen statt, welches mit vorhandenem Wissen sinnvoll verknüpft wird. Es gibt keine Schulklassen im heutigen Sinne, sondern Gruppen mit Menschen unterschiedlichsten Alters, die sich für dasselbe Thema interessieren. Diese Gruppen werden jeweils von einem Experten betreut und von einem Gruppenleiter. Je nach Bewusstseinsstand können die Experten hierbei entweder Kinder oder Erwachsene sein. Dasselbe gilt auch für die Schüler.»

Ich denke über Christinas Schilderungen nach. Wie wundervoll eine solche Schule des Lebens doch ist! Stellen Sie, liebe Leserin und lieber Leser, sich bitte einmal kurz vor, dass der künstliche Zwang zum Geldverdienen wegfallen würde und dass Sie nicht mehr arbeiten gehen müssten, bloß um Ihre Brötchen zu verdienen und zu überleben. Was würden Sie dann tun? Wenn Sie frei wären von äußeren Abhängigkeiten, von Zeitdruck und auch von dem Druck, sich beweisen zu müssen, wenn Sie einfach tun und lassen könnten, was Sie sich wirklich aus tiefstem Herzen wünschen – was würden Sie dann tun? Die allermeisten Menschen würden dann wohl ihren Fokus auf das richten, was von selber aus ihrem tiefsten Inneren heraus will, sie würden ihr Hobby zum Beruf, genauer gesagt ihren Herzenswunsch zur Berufung machen. Genau dies entspricht dem göttlichen Schöpfungsplan, wonach wir alle als göttliche Geschöpfe das Recht geschenkt bekommen haben, uns selbst zu sein und uns nach unseren eigenen Wünschen, nach unserer individuellen Kreativität und Liebesfähigkeit auszudrücken und auszutauschen. Alles andere ist unnatürlich, ungöttlich und somit auch unhaltbar.

Für viele bewusste Menschen ist dies bereits jetzt eine Realität, oder zumindest schreiten sie in genau diese Richtung entschlossen voran. Weitgehend frei von Druck oder Angst leben sie ihre natürliche Begeisterung in einer Tätigkeit aus, die sie als ihre persönliche Berufung erkannt haben – sei dies nun im künstlerischen Bereich oder in der Betreuung von Kindern, sei es im Umgang mit Tieren und der Natur oder sei es in irgendwelchen alternativen Projekten jeglicher Art, die sich vom herrschenden System und von seinen Strukturen so gut es geht frei gemacht haben. Solche Menschen arbeiten bereits jetzt konstruktiv daran mit, die Gesellschaft der Zukunft aufzubauen.

Partnerschaft, Schwangerschaft und Geburt

Ein nächster Themenkreis, der mich interessiert, bilden die Themen Partnerschaft, Fortpflanzung und Familie.

Auf meine entsprechenden Fragen antwortet Christina: «Es wird weiterhin Partnerschaften geben, wobei jedes Paar sozusagen eine kosmisch-irdische Einheit im Einklang mit dem göttlichen Plan bildet. Die Partner sind sich darüber bewusst, dass sie sich gegenseitig darin unterstützen können, ihren Seelenplan gemeinsam umzusetzen. Ihre Verbindung ist eine Art mystische Hochzeit, eine Vereinigung von zwei Seelen, die nichts mit den heute üblichen Versprechen, Ritualen und Eheverträgen zu tun hat. In der mystischen Hochzeit verschmelzen die Seelen auf allen Ebenen miteinander, und die männliche und die weibliche Energie werden wieder im Gleichgewicht stehen.

Für die Fortpflanzung wird die Eizelle der Frau durch kosmisches Licht befruchtet. Das nennt man eine ‹heilige Empfängnis›, wie es auch bei der Heiligen Maria war. Ihr wurde vorher das Kommen von Jesus angekündigt, und sie hat ja dazu gesagt, die Rolle seiner Mutter zu übernehmen. Die zukünftigen Eltern und die Seele, die auf die Erde kommen will, nehmen also vor der Schwangerschaft Kontakt miteinander auf. Auch während der Schwangerschaft sprechen Mutter und Kind miteinander. Für die Geburt wird es, ähnlich wie heute, auch Geburtszentren mit Dingen wie Hängematten oder Wasserbädern geben. Die Geburt selbst wird noch gleich sein wie heute, aber ohne Schmerzen, denn es wird keine Schmerzempfindungen im heutigen Sinne mehr geben.»

Zeit für die Rücktransformation

Schließlich kommt Christina einmal mehr auf die Bedeutung der heutigen Zeit zu sprechen, in der es vornehmlich darum gehe, dass sich die Erdenmenschheit, die sich lange Zeit in der dritten Dichte befand, nun in die fünfte Dichte zurücktransformieren soll.

Sie beginnt mit den folgenden Worten: «Weißt du, Mama, in früheren Zeitaltern gab es auf der Erde zahlreiche fortgeschrittene Hochkulturen wie zum Beispiel die alten Ägypter, die Maya, asiatische Kulturen sowie auch afrikanische Kulturen, die bisher noch völlig unerforscht sind. Diese frühen Zivilisationen waren so hochschwingend, dass sie keine dreidimensionale Technologie benötigten und uns in sämtlichen Wissenschaften, beispielsweise der Architektur, weit überlegen waren. Jede dieser Hochkulturen bestand über einen gewissen Zeitraum in einem bestimmten Gebiet der Erde. Meist handelte es sich dabei um Kolonien von außerirdischen Völkern, die aus anderen Dimensionen auf die Erde gekommen waren. Deshalb sprechen manche Mythologien noch heute davon, dass früher ‹Götter› vom Himmel herab kamen und die Menschen besuchten.

Allerdings muss man dazu sagen, dass nicht alle diese außerirdischen Völker wohlwollend und nur lieb und gut waren. Sie kamen aus unterschiedlichen Regionen des Universums und hatten unterschiedliche Mentalitäten und Beweggründe. Meist bestand eine solche Kolonie aus einem Gemisch aus Erdenmenschen und diesen Außerirdischen, die als Götter oder Pharaonen oder Hohepriester verehrt wurden. Im Zeitalter von Atlantis waren es zum Beispiel Plejadier, Sirianer und andere, und im alten

Ägypten waren es ebenfalls Plejadier sowie Hathoren mit ihren langen Hinterköpfen. Die Steinmänner auf der Osterinsel mit ihren kantigen großen Nasen und großen Augen, das waren klar Figuren solcher ‹Götter›.

Bis zur Ära Atlantis befand sich der gesamte Planet Erde in der fünften Dichte, im goldenen Zeitalter. Als Atlantis unterging, stürzte die Erde in die dritte Dichte ab, und jetzt soll die Menschheit aus dieser dritten Dichte wieder aufsteigen in die ursprüngliche fünfte Dimension. Allerdings sollte man hierbei nicht vergessen, dass es noch immer sehr starke negative Energien auf diesem Planeten gibt, die alles versuchen werden, um ihre vermeintliche Weltherrschaft nicht abzugeben und den Aufstieg so lange es geht hinauszuzögern.»

Das «Experiment des Vergessens»

In den folgenden Monaten und Jahren greift Christina dieses zentrale Thema des Abstiegs und erneuten Aufstiegs der Erde immer wieder auf und offenbart dabei nach und nach weitere Einzelheiten darüber, wie es überhaupt dazu gekommen ist, dass sich die Erdenmenschheit über so viele Jahrtausende in der dritten Dichte befand und dass sie nun unmittelbar vor der Rücktransformation in die fünfte Dichte steht. Für mich fügt sich dadurch im Laufe der Zeit das Bild Stück für Stück immer mehr zusammen. Zusammengefasst lässt sich das Szenario etwa wie folgt beschreiben.

Der Ausgangspunkt dieser gesamten Geschichte ist, wie immer, ein Plan des Schöpfers. Der Schöpfer hatte zum einen den Wunsch, der Menschheit die Erfahrung zu ermöglichen, wie es sich anfühlt, wenn man von einem voll bewussten Wesen zunächst ins Vergessen und in die Getrenntheit hinabsinkt, um dann aus diesem Vergessen wieder zurück ins volle Einheitsbewusstsein aufzusteigen. Zum anderen wollte der Schöpfer der Menschheit eine ganz besondere Gelegenheit bieten, selbstlose Liebe zu lernen. Alsdann fädelte er alles ein, was erforderlich war, um seinen Plan zu realisieren.

Der erste Schritt in diesem Plan bestand darin, dass höherdimensionale Wesen des Unlichts durch ihr manipulatives Eingreifen die Menschheit in die dritte Dichte hinab stürzten und hier auf der Erde einen «Schleier des Vergessens» installierten. Dunkelwesen ziehen ihren Genuss und ihre Bestätigung gerne daraus, dass sie andere Lebewesen manipulieren, unterdrücken und ausbeuten, und so sind sie immer auf der Suche nach Gelegenheiten, um diese Neigungen auszuleben. Diese Mentalität kennzeichnet alle Arten von destruktiven Wesen, unabhängig davon, in welcher kosmischen Sphäre sie leben oder wie viel Macht und Einfluss sie besitzen. Diese Neigung der Dunkelwesen machte sich der Schöpfer zunutze, indem er sie als Werkzeug für seinen übergeordneten Plan einsetzte und es vorerst zuließ, dass unlichte Mächte vor über 11 000 Jahren die Erde in ihren Besitz nahmen und die Menschheit unterjochten.

Natürlich waren und sind sich die Dunkelmächte nicht darüber bewusst, dass auch sie niemals außerhalb der göttlichen Ordnung bestehen und agieren können und dass auch sie nichts bewirken können, das nicht vom Schöpfer erlaubt und zugelassen wird. Im Unterschied zu den Wesen des Lichts wissen sie nicht, dass alles im gesamten Universum letztlich nur ein großes Entfaltungsspiel Gottes ist, in welchem sich jede Seele ganz nach ihrem freien Willen eine der unendlich vielen Rollen auswählen darf, die Gott für dieses Spiel bereitstellt.

Der zweite Schritt im Plan des Schöpfers bestand von Anfang an darin, dass nach einer gewissen Zeit in der Erfahrung der Getrenntheit letztlich der dunkle Schleier des Vergessens wieder von der Menschheit gehoben würde und dass sie in einem triumphalen Aufstieg wieder zurück ins Einheitsbewusstsein gehen würde. Die kosmischen Lichtwesen, die den Plan Gottes kannten, griffen daher anfangs nicht ein, sondern verfolgten mit großer Aufmerksamkeit, was nun geschehen werde. Aus ihrer Sicht handelt es sich hierbei um ein groß angelegtes «Experiment des Vergessens», wie es noch nie zuvor im Universum stattgefunden hat. Noch nie wurde eine gesamte Zivilisation über einen derart langen Zeitraum im Vergessen ihrer kosmischen Herkunft belassen. Ein Teil des göttlichen Spiels besteht auch darin, dass die Mehrheit der Menschen aufgrund der geschickten Manipulationen seitens der Dunkelmächte im Laufe der Zeit tatsächlich vergisst, dass es sich hierbei nur um ein Spiel handelt, und beginnt, sich vollständig mit der Dreidimensionalität zu identifizieren.

Jetzt, da dieser Punkt erreicht ist, kommt das Experiment des Vergessens nach vielen Jahrtausenden zu seinem großen Finale. Deshalb ist dies heutzutage nicht nur für die Erdenmenschheit, sondern für die versammelten Lichtwesen des Universums eine höchst spannende Zeit. Das Besondere dabei ist, dass den Menschen erstmals angeboten wird, dass sie den Aufstieg in die höhere Dimension ohne Körperwechsel erleben dürfen. Dieses Angebot gab es zuvor noch nicht.

Da also nun das Ende der Zeit des Vergessens naht, ist es der Seite des Lichts erlaubt, aktiv einzugreifen, um den Plan des Schöpfers zu unterstützen und zu seiner Vollendung zu führen. Dieses Eingreifen und Unterstützen geschieht auf vielerlei Ebenen, und eine davon ist, dass sich lichtvolle Wesen aus vielfältigen Regionen des Universums als Menschen inkarnieren, um direkt vor Ort mitzuwirken. Ihre Aufgabe ist es, den Prozess der Rücktransformation in die Wege zu leiten und zu begleiten.

Wenn Christina diese Zusammenhänge erläutert, ist es ihr jeweils wichtig, auf zwei Punkte besonders hinzuweisen: erstens, dass alle Beteiligten diesem Experiment freiwillig zugestimmt haben, und zweitens, dass es auch jetzt dem Willen eines jeden Menschen freigestellt ist, ob er sich der bevorstehenden kollektiven Bewusstseinstransformation anschließen möchte oder nicht. Von Anfang an wurde keine Seele gezwungen, am Experiment des Vergessens mitzumachen, und alle Seelen, die in den vergangenen Jahrtausenden als Menschen auf der Erde lebten, haben sich freiwillig dafür entschieden – auch dafür, dass ein Teil des Spiels beinhaltet, dass sie ihre Einwilligung vorübergehend vergessen würden.

Derselbe unbedingte Respekt vor dem freien Willen eines jeden Individuums gilt auch jetzt in der Phase der Rücktransformation. Das Angebot lautet, dass jeder Mensch seine individuelle Bewusstseinsfrequenz mit Unterstützung von Mutter Erde und der hohen Lichtwesen jetzt erhöhen und sich wieder an die Einheitsrealität anbinden kann. Allerdings wird keine Seele gezwungen, diesen Prozess mitzugehen. Jede Seele entscheidet eigenständig über ihr weiteres Schicksal.

Zwei große Fragen: Wann und wie?

Wann immer Christina diese Themen anspricht, ist es unvermeidlich, dass bei den Zuhörern zwei große Fragen auftauchen.

Erstens: *Wann* wird es geschehen, wann genau wird die Erde sich tatsächlich sichtbar verändern und in die fünfte Dimension aufsteigen? Wann wird die fünfdimensionale Zukunft der Menschheit, das neue goldene Zeitalter beginnen?

Und zweitens: *Wie* genau wird der Aufstieg vonstatten gehen? Wird es zu Naturkatastrophen und zu Vernichtungen kommen, wie manche Propheten es voraussagen? Denn auch Christina erwähnt manchmal, dass im Zuge des Aufstiegs möglicherweise die Erde sich umpolen werde oder dass möglicherweise die Erdachse wieder zurück in die ursprüngliche 0°-Position gebracht werde.

Christina gibt auf beide Fragen stets dieselbe Antwort, nämlich: Beides hänge vom kollektiven freien Willen und von den Handlungen der Menschheit ab.

Was die Frage nach dem «Wann» betrifft, so betont sie, dass der Quantensprung genau dann geschehen werde, wenn die Mehrheit der Menschheit sich bewusst für den Aufstieg in die fünfte Dimension entscheide, genauer gesagt wenn die für den Aufstieg erforderliche kollektive Bewusstseinsfrequenz erreicht sei.

Sie erklärt: «Theoretisch könnte das schon in genau dieser Sekunde sein. Denn es ist nicht so, dass *jeder* die Transformation vollziehen muss, bis die Waagschale kippt. Vielmehr geht es darum, dass irgendwann der letzte Tropfen fällt, der die gesamte Waagschale zum Kippen bringt. Jeder Mensch könnte dieser letzte Tropfen sein, jeder Mensch könnte genau der sein, der durch seine individuelle Frequenzerhöhung alles auslöst. Niemand kann wissen, wer dieser letzte Tropfen sein wird und wann es geschehen wird, und daher ist der Beitrag jedes einzelnen Menschen wichtig.»

Auch wenn die Leute gerne irgendeine Jahreszahl hören möchten, wann genau dieses Kippen geschehen werde, lässt sich Christina nicht auf zeitliche Prognosen ein. Ihre Begründung ist dabei von einer erstaunlichen Logik: Würde man durch Prophezeiung einen bestimmten Zeitpunkt manifestieren, so würde man die Menschheit der Möglichkeit berauben, dass es auch schon früher passieren kann – zum Beispiel eben genau jetzt, in diesem Moment.

Und was die Frage nach dem «Wie» betrifft, so erklärt sie, dass dies noch nicht im Detail entschieden sei. Natürlich könne man immer aufgrund des aktuellen Zustandes eine Hochrechnung anstellen, aber da sich Zustände fortwährend veränderten, seien auch solche Hochrechnungen niemals verlässlich. Fest stehe jedoch eines: dass die Erde dann ihre urnatürliche Fläche wieder freigeben werde, so dass für alle Wesen genügend Platz zum Leben entstehe und es auf der ganzen Erdkugel wieder ein paradiesisches Klima gebe. Doch wie dies alles vonstatten gehe, über welche Zwischenschritte und mit welchen Veränderungen im einzelnen, stehe noch nicht fest. Auch dies hänge maßgeblich vom freien Willen und von den Handlungen der Menschen ab, und dementsprechend werde die Erde reagieren.

Wichtig sei auch zu wissen, dass die Galaktische Föderation des Lichts auf der Seite von Mutter Erde und der Menschheit stehe. Ohne ihr liebevolles Eingreifen hätte sich die Menschheit unter dem Einfluss der dunklen Mächte schon längst selbst ausgelöscht.

Christina sagt abschließend: «Das Unlicht hat jetzt ein letztes Mal seine Krallen ausgefahren und auf diesem Planeten seine letzte Karte ausgespielt. Bald wird es im Lichten zerfallen.»

27

Vorahnungen und
Alltagsnormalität

Sommer/Herbst 2016. Wir befinden uns in der Zeit, während der ich zwar weiterhin laufend die Geschehnisse um Christina dokumentiere, in der aber unser geplantes Buchprojekt in einer Pause steckt. Diese Geschichte wurde in Band 1, Kapitel 40, bereits ausführlich erzählt. Seit ich mich in jener ersten Phase Anfang Juli 2016 vom Govinda-Verlag getrennt habe, liegt das Buchmanuskript nun den ganzen Sommer über brach. Gleichzeitig aber macht sich in mir eine erstaunliche und erfreuliche Ruhe und Gelassenheit breit, die mir wohl auf sanfte Weise zu vermitteln versucht, dass ich noch einiges zu lernen habe, bevor der richtige Zeitpunkt für eine Veröffentlichung des Buches gekommen sein wird. So fallen für mich in diesen Sommermonaten weitere Lernprozesse an, denen ich mich einem nach dem anderen stelle. Für mich persönlich ist diese Zeit im Kleinen also genauso turbulent wie im Großen das Weltgeschehen um uns herum.

Was Christina betrifft, so ist sie inzwischen 15½ Jahre alt, besucht das letzte Jahr der obligatorischen Schulzeit und entwickelt sich innerlich und äußerlich kontinuierlich weiter. Ihre Frequenz steigt fortwährend, es offenbart sich die eine oder andere neue Begabung, und immer wieder empfängt sie weitere Bilder und Botschaften. Ein wenig besorgt sieht sie dem Herbst 2016 entgegen, denn sie weiß, dass sowohl auf den irdischen als vor allem auch auf den außerirdischen Ebenen wichtige Entscheidungen anstehen.

Eines Abends steht sie spät nochmals auf, nachdem sie bereits am frühen Abend etliche Vorahnungen bezüglich des Weltgeschehens für den kommenden Herbst erhalten hat. Irgend etwas ist an diesem Abend sonderbar. Gegen 22:00 Uhr kommt sie zu mir ins Wohnzimmer und überbringt mir die Botschaft, die sie soeben empfangen hat. Mit ruhiger und bescheidener Stimme sagt sie: «Mama, ich habe gerade die Übersetzung einer Aussage von Nostradamus erhalten.» Sowohl an ihrer Stimme als auch an dem Umstand, dass sie um diese Uhrzeit nochmals ins Wohnzimmer heruntergekommen ist, erkenne ich die Wichtigkeit und Tragweite dieser Begebenheit. Der Name Nostradamus allerdings sagt mir zu diesem Zeitpunkt kaum etwas.

Mit einem sonderbaren Tonfall zitiert Christina: «Wenn der Osten brennt, wird die Stimme eines Mädchens über Europa hallen.» Sofort wird mir klar, dass mit dem Mädchen wohl Christina gemeint ist. Dann skizziert sie mir in Kürze, wer Nostradamus war und dass seine in Französisch verfassten Weissagungen aus dem 16. Jahrhundert zu den berühmtesten und bedeutendsten Prophezeiungen der abendländischen Geschichte gehören. Obschon sie in einer verdichteten, schwierig zu entschlüsselnden Sprachform verfasst sind, die einen großen Interpretationsspielraum lässt, sind sich die Forscher mehrheitlich darüber einig, dass die meisten seiner rätselhaften Weissagungen sich bewahrheitet haben. Was das Zitat betrifft, das Christina angeführt hat, so erklärt sie, dass mit dem «brennenden Osten» vermutlich Konflikte oder Kriege im Nahen Osten gemeint sind.

Mir ist natürlich aufgefallen, dass Christina sich schon den ganzen Sommer lang intensiv mit dem Weltgeschehen beschäftigt. Nun eröffnet sie mir, dass das, was wir aus den Nachrichten kennen, nur ein kleiner Bruchteil dessen ist, was sich tatsächlich derzeit abspielt. Vor allem auf den höherdimensionalen Ebenen hätten jüngst heftige Bewegungen stattgefunden, so dass es eine Weile lang gar nicht gut aussah für die Menschheit. Sie sagt, dass sie sich manchmal wundere, wie ich einfach jeden Abend seelenruhig ins Bett steigen und die ganze Nacht friedlich durchschlafen könne, wo doch gerade so viel los sei.

Dann fragt sie mich: «Weißt du eigentlich, Mama, wie hart das Licht da draußen arbeitet, damit die Gefahr aus der vierten Dimension in Schach gehalten wird und damit die Menschen in der dritten Dimension nicht ihre Selbstzerstörung zelebrieren? Das, was hier auf der Erde passiert, ist nur ein kleines Detail verglichen mit dem gigantischen Geschehen außerhalb des dreidimensionalen irdischen Bereichs.»

Während ich ihr gespannt zuhöre, wird mir einmal mehr bewusst, in was für einer immens großen Wahrnehmungswelt meine Tochter lebt. Offenbar ist sie Tag für Tag und vor allem Nacht für Nacht Zeuge von gewaltigen höherdimensionalen Auseinandersetzungen zwischen dem Unlicht und dem Licht, bei denen es um das Schicksal der Menschheit und um noch viel mehr geht. Und dies alles, während ich, wie wohl die allermeisten anderen Menschen ebenfalls, einfach nichts ahnend in meinem Bett schlafe.

Auch in unserem normalen Alltagsleben kommt es immer mal wieder vor, dass Christina an dem Ort in unserer Küche, an dem alle Familienmitglieder ihre aktuellen Termine und Bemerkungen platzieren, irgendwelche kleine Zettel hinterlässt. Auf ihren Zetteln stehen aber eher selten Termine, denn Christina vergisst kaum etwas, obschon sie sich ohne Uhr und ohne Handy stets vom Fluss des Lebens tragen lässt. Wenn also ausnahmsweise mal ein Zettel von ihr daliegt, dann handelt es sich zumeist um etwas Wichtiges, dessen Bedeutung über unseren Alltag hinausgeht. Auf einem der Zettel stand unlängst beispielsweise: *«Noch zwei Schritte bis zum Himmel.»* Und auf einem anderen: *«Wir sind auf der Zielgeraden.»*

Auch in mir bewegt sich derzeit einiges, allerdings fast unmerklich. Im Unterschied zu Christina, die lediglich rund vier Stunden Schlaf pro Nacht benötigt und deren Nächte aufgrund der höherdimensionalen Geschehnisse oft sehr turbulent sind, ist mein Schlaf in der Regel sehr ruhig und tief. Am Morgen kann ich mich für gewöhnlich kaum mehr an meine Träume erinnern. Eines Morgens jedoch bleibt mir ein Traum auffällig stark in Erinnerung, und ich schildere ihn Christina: «In meinem Traum war der Himmel von Wolken bedeckt und sehr dunkel. Ja, es schien, als drohte die ganze Himmelsdecke in die Tiefe zu stürzen und die Erde zu erdrücken. Doch je näher die schwere Himmelsdecke dann der Erde kam, desto mehr hellte sie sich auf. Die Wolken wurden weiß und leicht, und am Ende lösten sich diese weißen Wolken sogar vollständig auf und verwandelten sich in tausend weiße Engelsflügel, die wie Federn sanft auf die Erde hinunter fielen. Dahinter war der nun strahlend blaue, klare Himmel sichtbar.»

Christina freut sich über diesen Traum und kommentiert: «Das ist doch schön, Mama, dass so viele Engel hier auf der Erde sind. Weißt du, wenn man von da oben weggeht, dann heißt es jeweils: Spring einfach und lass dir auf dem Weg nach unten Flügel wachsen!»

Wenn Christina so spricht, dann kommt es mir immer so vor, als hätte sich in ihr auch einer der hohen Engel zu uns gesellt. Vieles an ihr bleibt mir immer noch ein Rätsel, aber ich bin mir längst im Klaren darüber, dass sie sich parallel zu unserem irdischen Alltag permanent noch in ganz anderen Gefilden bewegt, zu denen ich keinen bewussten Zugang habe. Sie kommuniziert völlig selbstverständlich mit ihrem geistigen Begleiterteam, zu dem nach wie vor auch die Heilige Maria gehört, die für eine tiefe innere Ruhe sorgt. Auch Elena ist ständig gegenwärtig, wenngleich sie selten spricht. Bis jetzt gab es nur eine Situation, in der sie mir über Christina einen konkreten Auftrag erteilte. Dies war, als wir neulich Besuch von einem Kollegen hatten, der wiederum einen Freund mitbrachte, welchen ich zuvor nicht kannte. Dieser Freund ist spirituell sehr interessiert, und anlässlich seines Besuches meldete sich Elena und ließ mir durch Christina einen persönlichen Auftrag zukommen. Es folgte ein neuerlicher intensiver Lernprozess für mich, der meine intuitive Intelligenz und meine Entscheidungskraft massiv herausforderte. Glücklicherweise sollte mir schon wenige Monate später die Bedeutung dieser Episode bewusst werden.

Abgesehen von diesen Besonderheiten verläuft unser Familienleben völlig normal und sehr friedlich. Christina pflegt ihre Kontakte und freut sich darauf, in weniger als einem Jahr endlich die Schule verlassen zu können, um sich dann ausschließlich den wirklich wichtigen Dingen zu widmen. Mario, der bald 13 Jahre alt wird, durfte sich in diesem Sommer einen lange gehegten Wunsch erfüllen: Er bekam zwei Ziegen geschenkt, was ich ihm zunächst etwas widerwillig erlaubte. Da er in der Schule jetzt in die Oberstufe kommt, in der die Jugendlichen für gewöhnlich weniger Zeit für Hobbys wie etwa Tiere, Musikinstrumente oder Sport finden, hatte ich zunächst Bedenken. Aber Mario beweist mir das Gegenteil. Den größten Teil der Sommerferien widmet er seinen Ziegen. Er füttert und pflegt sie, er verschafft ihnen Weideauslauf, und er gestaltet ihren Stall in rührender Weise höchst tiergerecht. Daneben ist er auch oft am Heuen und hilft den Nachbarn bei sonstigen Arbeiten im Freien. Meist ist er dabei in Begleitung von einigen jüngeren Nachbarskindern, denn für andere Kinder ist Mario schon immer ein wahrer Magnet gewesen. Sein Umgang mit Menschen und allen Lebewesen ist, genau wie bei seiner Schwester auch, frei von jeglicher Destruktivität. Im Gegenteil: Schon seit Jahren hilft er diversen Nachbarn bereitwillig in ihren landwirtschaftlichen Tätigkeiten, in der Gartenarbeit oder im Winter beim Schneepflügen.

Daneben ist er noch immer sehr kreativ und handwerklich geschickt. Immer hat er irgendwelche Ideen, die er dann selbständig umsetzt. Außerdem spielt er auch weiterhin liebend gerne sein Schwyzerörgeli und besucht dafür einmal wöchentlich privaten Musikunterricht, und zwar ohne dass ich ihn dazu auffordern müsste. Die Schule empfindet er eher als eine Qual und erkennt wenig Sinn darin, deswegen auf alle seine natürlichen Lieblingsbeschäftigungen zu verzichten. Daher verhält er sich trotz seiner offensichtlichen Intelligenz im Schulunterricht eher minimalistisch. Als Mutter habe ich mittlerweile vollstes Verständnis für diese Haltung.

So unterschiedlich meine Kinder auch sind, dies jedenfalls haben sie gemeinsam: Sie leben beide aus der Intuition heraus und wissen innerlich ganz genau, was für sie passend und richtig ist und was nicht. So mache ich mir auch um Mario keinerlei Sorgen. Auch er wird seinen Weg und seine Berufung finden und wird sich auf seine eigene unkonventionelle Art und Weise seine Lebensträume erfolgreich erfüllen.

28

Erneut eine Prüfung

September 2016. Christina entwickelt sich auf allen Ebenen erfreulich weiter. Obschon sie mit ihrer Größe von 145 cm weiterhin deutlich kleiner ist als ihre Altersgenossen, ist sie ansonsten körperlich normal entwickelt und proportioniert. Zu ihrer Körpergröße meint sie manchmal lachend, ihre starke geistige Entwicklung und Aktivität fordere nun mal einen gewissen Tribut.

Christina lebt beständig im Moment, im völligen Hier und Jetzt. Und immer wieder versteht sie es, mich zu überraschen, indem sie beispielsweise mitten in einem Gespräch plötzlich mit erstaunlichem Fachwissen aufwartet. Während wir uns neulich über ein homöopathisches Thema unterhielten, fragte sie mich ganz spontan: «Mama, kennst du das Mittel Aurum metallicum?»

«Ja, natürlich», antwortete ich, «aber welche Potenz müsste ich wohl nehmen?»

Sofort kam ihre Antwort, genauer gesagt die Antwort von oben: «Nimm es in C30.»

In solchen Begebenheiten wird mir immer wieder bewusst, wie sehr dieses Mädchen mit den höheren Wissensquellen verbunden und daher in der Lage ist, in jeder Situation stets die ideale Lösung für jegliches Anliegen des Individuums zu erkennen, das ihr gerade gegenübersteht.

In letzter Zeit erwähnt sie gelegentlich, dass sie sehr auf ihre Gedanken aufpassen müsse, denn diese hätten die Kraft, sich umgehend zu manifestieren. Natürlich sind ihre Gedanken ausschließlich positiv und so gesehen keine Bedrohung für ihr Umfeld, aber dennoch bestehe die Gefahr, dass sie durch die Kraft ihrer Gedanken den freien Willen der anderen Menschen einschränke. Daher müsse sie besonders achtsam sein.

Heute schildert sie mir eine Begebenheit, die sich vor kurzem zugetragen habe. Wie so häufig, habe sie gerade für sich allein mit einem Ball jongliert, was für sie einer Form der Meditation gleichkommt, und plötzlich verlor sie sich in der 13. Dimension und konnte beinahe nicht mehr zurückkehren. Die 13. Dimension ist für sie die Ebene der Urseelen, die göttliche Ebene der Urquelle, aus der alles entstand – ein Ort, der so weit außerhalb der uns bekannten Naturgesetze und Erfahrungswelten liegt, dass er für den menschlichen Verstand vollständig unfassbar bleibt. Sie sagt, dass es für sie in jener Situation einen großen Kraftakt erfordert habe, um in unsere dritte Dichte zurückzukommen.

Sie erzählt: «Weißt du, dort oben verfügt man über keinen Körper mehr, auch nicht über einen feinstofflichen wie noch in den anderen Dichten. Normalerweise bin ich mir ja immer darüber bewusst, wer ich bin und dass ich zum Beispiel einen Kopf habe oder Beine und so weiter. Aber dort oben, in dieser lichtesten Sphäre, habe ich keinerlei Körper mehr. Verstehst du, Mama? Ich habe auch kein Gehirn mehr, überhaupt keinen Kopf, einfach gar nichts. Da ist nur noch reines, gigantisches Bewusstsein, welches mit allem verschmilzt als eine Einheit, als *ein* großes göttliches Bewusstsein. Wie also sollte ich von dort wieder hierher zurückkommen? Mein Bewusstsein war verwoben mit allem, was ist. Ich hatte keinen Körper mehr, keine Arme, keine Beine, keinen Kopf und eben auch kein Gehirn. Und trotzdem konnte ich so etwas wie ‹denken›. So schrie und schrie ich: ‹Ich will zurück, ich will zurück!›»

Wie unzählige Male zuvor, so bin ich von dieser Schilderung Christinas wieder einmal sprachlos. Aus meiner Sicht war dies ganz klar erneut eine Prüfung für Christina. Es wäre für sie gewiss sehr einfach gewesen, dort oben in der göttlichen Harmonie der 13. Dimension zu bleiben und nicht wieder in unsere dritte Dichte zurückzukehren, von der sie manchmal sagt, wir lebten hier kosmisch gesehen noch in der «Steinzeit». Aber ihr Wunsch, hier auf der Erde ihre Aufgabe zu erfüllen, für die sie sich freiwillig gemeldet hat, war offenbar stärker.

Ich erinnere mich in diesem Zusammenhang an eine Aussage von Christina aus dem März 2015, als sie mit großer Selbstsicherheit verkündete: «Ich bin hier als Mensch mit einer reich erfüllten Seele geboren worden – mit einer Aufgabe, auf die ich während langer Zeit vorbereitet wurde. Und ich werde erst von hier weggehen, wenn ich meine Lebensaufgabe erfüllt habe.»

Es steht mir gewiss nicht zu, in Worte zu fassen, wie unbeschreiblich diese hochdimensionalen, lichten Sphären sind, in die Christinas Bewusstsein manchmal verschwindet. Ich versuche es trotzdem auf der Grundlage dessen, was ich von Christina vernommen habe. Das für uns Menschen hier in der dritten Dichte vermutlich höchste aller Glücksgefühle ist es wohl, tiefe Liebe zu einem anderen Menschen zu empfinden. Meistens jedoch machen wir hier auf unserer Ebene die Erfahrung, dass solche Glücksgefühle eher kurzlebig und vergänglich sind. Aber stellen wir uns doch einfach einmal vor, dass dieses Gefühl tiefer Verbundenheit und Liebe niemals enden, sondern für immer anhalten würde. Stellen wir uns überdies vor, dass wir dieses Gefühl nicht nur im Austausch mit einem einzelnen Menschen empfänden, sondern dass es sämtliche Lebewesen umfasste. Gemäß Christina entspricht ein solch anhaltendes und sich auf alle Wesen erstreckendes Glücksgefühl der Liebe lediglich etwa einem Prozent der Grundbefindlichkeit in der fünften Dimension. Und dies ist erst die fünfte Dimension! Darüber befindet sich eine ganze göttliche Hierarchie weiterer Welten, die von Dimension zu Dimension immer lichter und immer glückseliger werden. Spätestens jetzt wird uns klar, wie unfassbar nach menschlichen Maßstäben und wie unbeschreiblich für menschliche Worte die 13. Dimension ist.

Und von genau dieser unfassbaren und unbeschreiblichen Dimension ist Christina in jener Begebenheit also wieder hierher zurückgekehrt, um der Menschheit zu dienen und uns in unserem Prozess des Erwachens und des geistigen Aufstiegs zu unterstützen. Ich bin nicht imstande, mir wirklich vorzustellen, wie sie sich hier bei uns in der «Steinzeit» wohl tatsächlich fühlt. Was ich in solchen Momenten aber deutlich spüre, ist eine tiefe Demut und Dankbarkeit in meinem Herzen, aus der ich die Kraft und die Entschlossenheit schöpfe, meinen kleinen Teil zum großen Ganzen beitragen zu wollen. Alle Menschen sind, unabhängig davon, wie reif und erfahren ihre Seele ist, jetzt aufgefordert, die Wunder unserer Zeit zu erkennen und konsequent sowohl an der eigenen individuellen als damit auch an der kollektiven Frequenzerhöhung zu arbeiten.

Das Universum macht uns Erdenmenschen derzeit ein äußerst kostbares Angebot von unschätzbarem Wert, das wir annehmen und mit der Hilfe von hohen Lichtwesen erfolgreich umsetzen dürfen. Wie nichtig und klein doch angesichts dieser immensen kosmischen Perspektive plötzlich alle unsere Alltagsprobleme, unser Beziehungsstress, unsere Geldsorgen oder unsere Zukunftsängste werden! Durch die Vision des Guten, die von den Lichtwesen hier auf der Erde manifestiert wird, wird sich die Menschheit endlich von der Jahrtausende alten Knechtschaft des Unlichts befreien und eine neue Gesellschaft auf der Grundlage von kollektivem Frieden, von Wahrheit und von Liebe errichten. Wer würde da nicht mitmachen wollen?

Und während ich darüber nachdenke, wie unfassbar glücklich ich mich schätzen kann, eine Fahrkarte für diesen kollektiven Aufstieg angeboten zu bekommen, wird mir plötzlich klar: Diese erneute Prüfung für Christina, von der sie mir heute erzählt hat, ist genauso auch eine Prüfung für mich und für uns alle. Es ist eine Prüfung unserer Erkenntniskraft, unserer Dankbarkeit und unserer Entschlossenheit. Wie könnten wir dieses liebevolle Angebot, diese unaufdringliche Einladung des Schöpfers, einen nächsten Schritt hinauf in Richtung zu seiner Dimension zu gehen, jemals ablehnen?

29

Zeichen der zunehmenden Friedensenergie

Ende Oktober 2016. Gemäß Christinas Aussagen nimmt die Friedensenergie auf unserem Planeten kontinuierlich zu, und in diesem Herbst habe nun eine nächste entscheidende Phase der globalen Transformation begonnen. Aus diesem Grunde empfängt sie von oben nach wie vor regelmäßig Botschaften und Bilder, die in erster Linie für sie selbst gedacht sind, von denen sie aber gelegentlich auch einige an uns weitergibt.

Heute berichtet sie mir von einem Bild mit zwei Buddhas. Sie beschreibt das Bild so: «Zwei Buddhas sitzen in meditierender Position um die Blume des Lebens. Das Symbol der ‹Blume des Lebens› wird in vielen Kulturen dieser Welt als heilig angesehen, denn in diesem Symbol sind die Bausteine des Universums enthalten. Es ist ein uraltes Zeichen für die Verbundenheit allen Lebens im ganzen Universum. Der eine Buddha ist in der göttlichen Strahlfarbe rosa, die für göttliche Liebe, Anbetung, Toleranz, Menschlichkeit, Zusammenhalt und Ehrerbietung gegenüber allem Leben steht. Der zweite Buddha ist in der göttlichen Strahlfarbe grün, die für die Heiligung allen Lebens sowie für inneres Sehen, Erleuchtung, Hingabe und Ganzwerdung steht.»

Für Christina bedeutet die Botschaft dieses Bildes, dass es vornehmlich diese beiden Energien seien, die in der jetzt anbrechenden letzten Phase der Transformation zunehmend an Bedeutung und Einfluss gewinnen werden. Es sei, als würden die Tore für diese beiden Energien der Liebe und der Heilung nunmehr vollständig geöffnet, auf dass die Menschen mit der Kraft und mit dem Licht dieser Energien umhüllt werden. Selbstverständlich stehe es wie immer jedem einzelnen Menschen frei, ob er dieses Angebot annehmen wolle oder nicht, aber die Energie der göttlichen Liebe und die Energie der göttlichen Heilung und Ganzwerdung seien nun für alle bereitgestellt.

Das ist doch wieder einmal eine Nachricht, die sehr zuversichtlich stimmt!

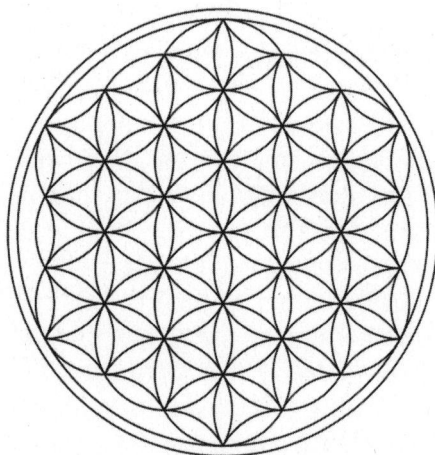

Das Symbol der «Blume des Lebens».

Anmerkung: In dieser Zeit im Herbst 2016 nehmen Ronald vom Govinda-Verlag und ich nach mehrmonatiger Funkstille unsere Kommunikation wieder auf und entscheiden, dass wir unser Buchprojekt nun doch gemeinsam realisieren möchten (siehe Band 1, Kapitel 40). Ebenfalls in dieser Zeit, genauer gesagt im November 2016, entsteht Christinas Text, den wir als Schlusswort von Band 1 veröffentlicht haben.

30

Kugelwesen

Mai 2016 bis Mai 2017. Ende Mai 2016 berichtet mir Christina zum ersten Mal von sonderbaren Begegnungen mit einem «Kugelwesen», wie sie es nennt. Dieses tauche vor allem dann auf, wenn sie in Gefahr sei. Das Wesen habe die Form einer goldgelben Kugel und sei ein sehr machtvolles Lichtwesen. Wie ich jetzt erfahre, hat das Kugelwesen sie bereits viele Jahre zuvor besucht, und zwar während einer Nacht im Klassenlager, als Christina bedroht wurde. Am anderen Morgen habe sie dann ihre Zimmerkolleginnen gefragt, ob sie diese Lichtkugel ebenfalls gesehen hätten. Doch keine von ihnen hatte etwas wahrgenommen, sie hatten alle geschlafen.

Was Gefahrensituationen betrifft, so habe ich mich mittlerweile daran gewöhnt, dass Christina auf der feinstofflichen Ebene häufig irgendwelchen Angriffen und Bedrohungen ausgesetzt ist. Von manchen dieser Begebenheiten habe ich erst viel später erfahren, von den meisten wahrscheinlich überhaupt nicht. Aber ich bin mir sicher, dass Christina stets unter göttlichem Schutz steht. Und ein wichtiger Teil dieses Schutzes bildet offensichtlich diese für mich unsichtbare goldene Lichtkugel, die immer dann zur Stelle ist, wenn es erforderlich ist.

Am Abend des 24. Mai 2016 ruft Christina mich gegen 19:00 Uhr in unseren Büroraum. Dies kommt häufig vor, und meistens hat sie dann wieder neue Botschaften, von denen sie mir erzählen möchte. Heute aber ist die 15-Jährige aus einem anderen Grund vollends fasziniert.

«Spürst du sie? Spürst du diese Energie?», fragt sie mich strahlend und voller Begeisterung. «Die Lichtkugel ist wieder da. Sie ist in ihrer vollen Ausdehnung, und ihre Essenz erfüllt den ganzen Raum. Es ist ein Wesen, eine Ruhe, ein unfassbarer Frieden.»

Inzwischen ist mein Gespür für feinstoffliche Energien besser entwickelt als früher, und so vermag auch ich deutlich eine starke Energie wahrzunehmen. Ich spüre einen unbeschreiblichen Frieden, alles ist wie in Watte gehüllt, und ich fühle mich von einer äußerst beruhigenden Schwingung ganz durchdrungen. Von irgendwoher kenne ich diese Ruhe und diesen Frieden, aber es fällt mir gerade nicht ein, wann und wo das war. Es muss wohl schon etwas länger her sein.

Christina, die alles viel intensiver wahrnimmt als ich, beschreibt die Energie des Kugelwesens mit diesen Worten: «Die Luft wird binnen Sekunden warm, ja, sie wird wie ‹dick›. Wenn ich genau hin spüre, dann merke ich, dass das Kugelwesen weiblich ist, mit einem strahlenden, lachenden Gesicht. Sie strahlt eine Riesenpräsenz aus, einen tiefen Frieden. Dieses Wesen kann man nicht mit Worten beschreiben, es ist formlos, allumfassend, alles durchdringend, stark multidimensional – ein Lichtwesen von unvorstellbarem Ausmaß. Ich verbinde es einfach mit einem hellen, strahlenden Gesicht. Es ist aber nicht wie die Heilige Maria, die ebenfalls eine unsagbare Ruhe aussendet. Das Kugelwesen ist Friede pur, und da ist etwas an ihm, das ich sonst nirgends gefühlt habe. Es ist, als könnte man dieses Wesen in den Krieg schicken, und seine Energie würde dort alle Krieger mit ihrem Frieden umhüllen und ummanteln, so dass sie alle ihre Waffen fallen lassen. Es ist unmöglich, in der Gegenwart dieser machtvollen Lichtkugel etwas Negatives zu denken. Da ist eine äußerst positive Emotion, die ich noch nie zuvor gespürt habe. Sie ist auch für mich irgendwie neu.»

«Kannst du mir noch mehr über Kugelwesen sagen?», frage ich.

Sie antwortet: «Kugelwesen kommen in der Regel von außerhalb der Galaxie. Sie bilden einen Ring um die Erde und einen weiteren Ring um unser Sonnensystem, und sie verhalten sich stets neutral. Ich kann das goldene Kugelwesen jederzeit rufen. Doch mit Worten kann ich nur einen Bruchteil ihres Wesens beschreiben. ‹Positiv› wäre eine maßlose Untertreibung! Ihre Aufgabe ist es, uns zu beschützen, doch wegen irgendeiner Kleinigkeit würde sie nicht erscheinen. Sie spricht auch nicht viel. So sind die Kugelwesen, sie sind irgendwie wortkarg.»

Wegen der goldgelben Farbe des Lichtwesens stelle ich einen Zusammenhang mit Elena her, deren Ausstrahlung von Christina ebenfalls mit dieser Farbe und mit der entsprechenden Qualität beschrieben wird. Ich frage: «Ist Elena im Moment auch hier?» Doch Christina verneint. Könnte es womöglich sein, dass Elena sich wandeln und in Notfällen als Kugelwesen erscheinen kann? Grundsätzlich ist Elena im Alltag ihrer Zwillingsschwester stets gegenwärtig, und normalerweise sieht sie ähnlich aus wie Christina, eben mit dem Unterschied, dass ihr Licht goldgelb ist und Christinas Licht kristallweiß. Eine weitere Ähnlichkeit mit dem Kugelwesen besteht darin, dass auch Elena eher wortkarg ist und kaum viel spricht. Ebenfalls verbindet sie das allgegenwärtige Lachen. Ist also Elena dieses Kugelwesen? Es werden Monate vergehen, bis ich hierzu weitere Informationen erhalten werde.

Am 27. November 2016 stirbt unerwartet mein Vater. Bereits am Tag zuvor macht Christina die bemerkenswerte Aussage: «Manchen Dingen muss man ihren Lauf lassen, damit sie sich natürlich entwickeln können.» In jenem Moment bin ich noch ahnungslos, worauf sie sich bezieht, und sie darf mir auch keine weiteren Hinweise geben, denn sonst wäre der Verlauf eben nicht mehr natürlich. Erst als ich am nächsten Morgen zu meinen Eltern gerufen werde, wird mir klar, was Christina mit ihrer Aussage gemeint hat. Offenbar hat sie gespürt, dass mein Vater sterben wird, genauer gesagt, dass seine Seele nunmehr in eine nächste Sphäre übertreten möchte. Und sie ließ seiner Seele ihren freien Willen.

Christina und Mario sind seit Jahren regelmäßig jeden Montag bei den Großeltern zum Mittagessen, und Mario wurde sogar jedes Mal von seinem Großvater von der Schule abgeholt. Diese schöne Tradition findet nun mit dem Tod des Großvaters ihr Ende. Einmal mehr bin ich beeindruckt davon, wie unbeschwert Christina mit dem Tod umgeht. Doch was mich betrifft, so fordert er mich gerade ziemlich heraus. Ohnehin stecke ich derzeit zum einen in wichtigen persönlichen Lernprozessen und zum anderen auch in den Vorbereitungen für meine Abschlussprüfungen, und nun kommt auch noch der Tod meines Vaters hinzu.

Am Tag der Bestattung, bevor ich mit den beiden Kindern meine Mutter abhole, bitte ich Christina, für diesen schweren Gang für uns alle eine Lichtkraft zu organisieren. Und schon kurze Zeit später, während meine Mutter, meine sieben Geschwister mit ihren Familien sowie die vielen, vielen Bekannten am Sarg des Vaters stehen, wird mein Herz plötzlich von einem tiefen Frieden erfüllt, von einer unsagbaren Kraft, so dass die Trauer in dem Moment einfach verschwindet. Ich blicke Christina fragend an, die denselben Frieden im Gesicht trägt.

Mit einem Mal wird mir nun klar, wann und wo ich diese Ruhe und diesen Frieden schon einmal erlebt habe: beim Tod von Elena vor mehr als 15 Jahren. Damals befand ich mich in genau derselben emotionalen Situation. Nach langen, anstrengenden Monaten wurde ich mit dem herannahenden Tod einer meiner Zwillingstöchter konfrontiert – eine Situation, in der man wahrscheinlich üblicherweise das Gefühl hat, die Belastung nicht mehr aushalten zu können. Und doch verspürte ich damals in den letzten Stunden vor Elenas Tod eine tiefe innere Ruhe und ein seltsames Einverstandensein. In Elenas Gesicht lag ein vollkommen friedlicher Ausdruck, und sie schien regelrecht zu lächeln. Genau dieselbe Energie spüre ich jetzt, bei der Bestattung meines Vaters. Wieder werde ich von diesem wunderschönen Frieden durchdrungen.

Später nach der Messe frage ich Christina, ob in jenem Moment am Sarg auch Elena anwesend war. Sie antwortet: «Nein, aber das Kugelwesen war da.» Dies lässt zwei Schlüsse zu: Entweder ist Elena tatsächlich wandelbar und ist imstande, manchmal als dieses goldgelbe Kugelwesen zu erscheinen. Oder aber es ist dasselbe Schutzwesen, das sowohl bei Elenas Tod als auch jetzt bei der Bestattung meines Vaters anwesend war. Mir gefällt die Vorstellung, dass Elena konstant an Christinas Seite gegenwärtig ist und sie sogar in unterschiedlicher Gestalt in ihrer Aufgabe unterstützt.

Christina erklärt hierzu: «Weißt du, Mama, bevor man von da oben weggeht, bekommt man ein Geschenk mit auf den Weg. Und in meinem Fall ist Elena das Geschenk, die mich hier begleitet.»

Man mag sich nun fragen, warum Elena gewählt habe, zuerst für einige wenige Monate physisch zu inkarnieren, nur um dann schon als Kleinkind wieder zu sterben. Die Antwort lautet: Dadurch, dass Elena physisch inkarniert war, gilt sie sozusagen als «verstorbener Mensch» und hat sich somit gemäß kosmischem Gesetz durch ihre Geburt als Erdenmensch das Recht erworben, direkter in das irdische Geschehen einzugreifen. Ohne dieses Inkarnierthaben würde sie als nicht-irdisches Lichtwesen gelten und hätte somit weniger Berechtigung einzugreifen. So aber darf Elena mit ihrer enormen Energie sowohl aktiv beschützen als auch aktiv helfen – wie beispielsweise in jener Begebenheit, die wir in Band 1, Kapitel 24 («Heilung»), beschrieben haben.

Für mich ist das Rätsel um Elena jetzt, Anfang Dezember 2016, vorerst gelöst. Elena und Christina sind zwei hoch energetische Lichtwesen, die in unterschiedlichen Rollen derselben Mission dienen und die nicht voneinander getrennt werden können. Ich bin mir sicher, dass wir ihre gemeinsame Kraft in Zukunft noch häufig zu spüren und zu sehen bekommen werden.

Die Sache mit den rätselhaften Kugelwesen setzt sich in den kommenden Monaten fort. Es ist jetzt nicht nur dieses eine, goldgelbe Kugelwesen, das Christina besucht, sondern es sind mehrere verschiedene Kugelwesen in unterschiedlichen Farben.

Das blaue Kugelwesen: Mitte Januar 2017, an einem völlig normalen Tag, ruft Christina mich abends erneut voller Begeisterung ins Büro. Sie berichtet, dass gerade ein blaues Kugelwesen anwesend sei. Ich sehe und spüre nichts. Für mich ist es anders als wenn das goldgelbe Kugelwesen erscheint. Christina erklärt: «Die Kraft dieses blauen Kugelwesens ist anders, nicht so stark, aber ebenfalls alles durchdringend. Der Wille Gottes.» Zwei Wochen lang hält die Energie dieses Wesens an. Seine Essenz ist zwar nicht ganz so stark, dafür aber lang anhaltend. Wir rätseln darüber, ob nun möglicherweise häufiger solche Kugelwesen zu Besuch kommen werden, und Christina erwähnt, es könnte durchaus sein, dass jeden Monat ein neues Wesen mit der Essenz einer der göttlichen Strahlfarben erscheinen werde, um Christina in ihren nächsten Entwicklungsschritten zu unterstützen. Wir lassen uns überraschen.

Im Februar 2017 erscheint kein Kugelwesen, und ich gehe schon davon aus, dass Christinas Prophezeiung wohl doch nicht zutrifft. Sie erwidert, es sei der Monat, in dem eigentlich das goldgelbe Kugelwesen hätte erscheinen sollen. Erneut werde ich den Verdacht nicht los, dass Elena, die ja ohnehin ständig bei Christina ist, etwas mit diesem goldgelben Kugelwesen zu tun haben könnte.

Die orangefarbenen Kugelwesen: Am 30. März 2017 beobachtet Christina gegen Mitternacht in der Ferne ein plötzlich auftauchendes helles Licht sowie eine orangefarbene Kugel, aus der drei oder vier kleinere Kugeln entspringen. Wie sie mir später erzählt, sei schon nach wenigen Minuten alles vorbei gewesen, gerade so, als hätten die Kugeln keine Zeit gehabt, um länger zu bleiben.

Das weiße Kugelwesen: Am 21. April 2017, wiederum kurz vor Mitternacht, saust eine weiße Kugel an Christinas Fenster vorbei. Christina hat den Eindruck, als wollte dieses Wesen nur mal eben kurz Hallo sagen und dann gleich wieder verschwinden.

Das grau-blaue Kugelwesen: Es ist der Morgen des 21. Mai 2017, ein Sonntag, und ich komme gegen 09:30 Uhr vom Joggen zurück, als Christina mir aufgeregt mitteilt: «Mama, jetzt hast du gerade etwas verpasst. Vor einer Minute war wieder ein Kugelwesen hier, dieses Mal in einer grau-blauen Farbe. Es ist aber auch nur vorbei gesaust, allerdings mit einem ziemlichen Lärm. Den hättest wahrscheinlich sogar du gehört.»

Das war alles. Nach diesem fünften Kugelwesen hören die regelmäßigen Besuche auf. Vermutlich sind bei Christina dadurch tatsächlich neue Entwicklungsschritte aktiviert worden, und diese Phase scheint vorerst abgeschlossen zu sein. In den folgenden Monaten bleibt es, was Kugelwesen betrifft, jedenfalls ruhig, und Christina verspürt auch keinen Bedarf, ihrerseits Kugelwesen herbeizurufen. Doch wer weiß – vielleicht werden sie irgendwann in Zukunft wieder aktiv, wenn es um große Aufgaben geht.

Einmal mehr wird mir bewusst, mit welchen außergewöhnlichen Themen und Realitätsebenen sich meine 16-jährige Tochter beschäftigt, während andere Mädchen in ihrem Alter ihre

Aufmerksamkeit in erster Linie auf Partys, Shoppen, soziale Netzwerke und dergleichen richten.

31

Der Spiegel unserer Zeit

Februar / März 2017. In politisch turbulenten Zeiten, in denen fragwürdige Autokraten Grenzzäune hochziehen oder die Todesstrafe wieder einführen wollen, in denen Friedensabkommen abgelehnt werden und große Staatenbündnisse ins Wanken kommen, scheinen wir als Menschheit allmählich an einem globalen Tiefpunkt angekommen zu sein. Christina weist in diesen Wochen häufig darauf hin, wie blind die Menschheit doch sei, sich von einigen wenigen machthungrigen Egomanen derart drangsalieren zu lassen. Sie sagt, dass diese Autokraten sehr wohl um das Licht wissen, das bereits hier ist, und auch um die Tatsache, dass das Licht sich letzten Endes durchsetzen wird.

Aber die Mehrheit der Menschen lässt sich offensichtlich nach wie vor gerne in Angst und Schrecken versetzen und dadurch in die selbst gewählte Rolle der Opfer und der Machtlosen drängen. Im tiefsten Inneren wüssten wohl alle ganz genau, in welche Richtung sie zu gehen hätten, um sich eine goldene Zukunft zu erschaffen. Stattdessen aber ziehen die meisten es vor, auf die Übel der vergangenen Jahrzehnte oder gar Jahrhunderte zurückzuschauen, um dann stolz behaupten zu können, man habe doch in allen Belangen enorm viel Fortschritt gemacht. Dass dieser sogenannte Fortschritt seinen teuren Tribut fordert, wird dabei meist geflissentlich übersehen.

So drohen zum Beispiel ökologische Mega-Katastrophen durch den verantwortungslosen Einsatz von Giften und Totalherbiziden, die weltweit in der Nahrungsmittelkette landen. Weitere unberechenbare Herausforderungen sind etwa die Antibiotikaresistenzen, die Medikamentenrückstände im Grundwasser, die unbeherrschbare Atomenergie, der Klimawandel, die Vermüllung der Weltmeere, das grassierende Artensterben, die Ökonomisierung des Trinkwassers, die ungerechte Nahrungsmittelverteilung, der Welthunger und so weiter. Man könnte an dieser Stelle seitenlang die Nachteile und Gefahren des industriellen und technologischen Fortschritts aufzählen, wenn dieser ohne Rücksicht auf die Natur und auf die Menschen künstlich erzwungen wird.

Dabei wäre es so einfach, die Dinge anders zu gestalten und das vorhandene Know-how und die vorhandene Technologie intelligent und konstruktiv in Sinne des Gemeinwohls aller Menschen einzusetzen. Beispielsweise könnte man, wenn man wollte, durchaus gesunde Nahrungsmittel produzieren, und zwar in ausreichenden Mengen für die gesamte Weltbevölkerung. Statt dessen dürfen in der Schweiz in der herkömmlichen Landwirtschaft rund 300 verschiedene Spritzmittel verwendet werden; bei Bioprodukten sind es noch gut 30, und bei Demeter-Produkten noch 17. Wenn die wenigen multinationalen Großkonzerne, die weltweit die Nahrungsmittelproduktion und -verteilung kontrollieren, sich tatsächlich der Volksgesundheit anstatt ihrer eigenen Gewinnmaximierung sowie der taktischen Betäubung der Bevölkerung verschrieben hätten, könnte alles ganz anders aussehen. Dies ist nur eines von vielen Beispielen der Abgründe des herrschenden Gesellschaftssystems. Dasselbe Prinzip ließe sich in jedem anderen Lebensbereich genauso nachweisen.

Wie Christina zu meiner Beruhigung berichtet, hat sich in den vergangenen Monaten in den höheren Sphären der Erde einiges verändert, und zwar zum Guten. Während es im Herbst 2016 gar nicht rosig aussah und für die Menschheit etliche konkrete Gefahren drohten, habe sich die Lage nunmehr verbessert. Seitens der Lichtwesen wurde in den höherdimensionalen Gefilden eine riesige Arbeit geleistet, um gewisse Schreckensszenarien zu verhindern.

Erstmals gibt Christina in diesen Tagen Erklärungen zum Thema der parallelen «Zeitlinien», wie sie sie nennt. Damit ist gemeint, dass sich das Schicksal der Erde und der Menschheit nicht allein auf der für uns wahrnehmbaren Zeitebene, in der wir gerade leben, abspielt, sondern parallel dazu in zahlreichen weiteren Zeitlinien. Christina besitzt die Fähigkeit, diese anderen Zeitlinien wahrzunehmen und sie mit der unsrigen zu vergleichen. Wie sie sagt, können wir im Grunde mit unserer Zeitlinie noch ganz zufrieden sein, denn in anderen Zeitlinien seien das Elend und die Vernichtung deutlich massiver als hier. Die gute Nachricht aber sei, dass sich in naher Zukunft sämtliche Zeitlinien der Erde zu einem großen «Happy End» vereinigen werden. Dieses bevorstehende Zusammenführen aller parallelen Zeitlinien sei also nicht das Ende und auch kein Weltuntergang, sondern im Gegenteil ein kompletter Neuanfang der dann erwachten Menschheit.[*]

Auch persönlich steht die bald 16-Jährige Christina jetzt, im Februar 2017, an der Schwelle zu einer neuen Entwicklungsstufe. Immer häufiger bekommt sie Hinweise und Botschaften zum aktuellen Weltgeschehen sowie auch immer deutlicher zu ihrer eigentlichen Lebensaufgabe und Berufung. Dabei wird allmählich klar, dass sich Christinas Seele für diese Inkarnation wahrlich Großes vorgenommen hat. In rund einem halben Jahr wird das Mädchen die obligatorische Schulzeit beendet haben, doch was genau sie danach in der Erfüllung ihrer Aufgabe tun wird, steht noch nicht fest. Ich stelle mir vor, dass es angesichts ihres unfassbaren Wissens und ihres Durchblicks vermutlich in die Richtung gehen wird, dass sie dieses Wissen mit anderen Menschen teilt. Sei es, dass sie selbst Bücher schreibt, sei es, dass sie Vorträge und Seminare gibt, oder sei es, dass sie in unterschiedlichen Bereichen als Beraterin tätig ist – in irgendeiner dieser Formen wird sie wohl die Menschen dabei unterstützen, ein erweitertes Bewusstsein zu erlangen und gemeinsam eine neue Gesellschaft des kollektiven Friedens zu errichten. Anscheinend aber hat man «da oben» darüber hinaus noch ganz andere Pläne für Christina, und schon in wenigen Monaten werde ich auf eine neue Art und Weise herausgefordert, die ich so nicht erwartet hätte.

Ebenfalls im Februar 2017 beende ich erfolgreich meine vierjährige Ausbildung zur eidgenössisch diplomierten Naturheilpraktikerin und eröffne anschließend wie geplant meine Praxis in unserem Haus.

---

[*] Das Thema der Zeitlinien werden wir in Band 3 weiter ausführen.

Im März 2017 beginnt Ronald mit dem Lektorat meines Buch-
manuskripts, ohne dass wir zu diesem Zeitpunkt wissen, dass
es sich dabei um den ersten Band einer ganzen entstehenden
«Christina»-Buchreihe handeln wird. Ich freue mich sehr, dass
es nun endlich weiter geht mit dem Buchprojekt, denn mir ist
natürlich bewusst, dass Christinas unzählige Ausführungen und
Erklärungen der vergangenen zwei Jahre nicht allein für mich als
ihre Mutter bestimmt sind, sondern für alle Menschen, die sich
für unseren globalen Wandel interessieren. Wir sitzen alle im selben irdischen Aquarium, wenn auch mit unterschiedlicher Frequenz, unterschiedlichem Wahrnehmungshorizont und unterschiedlichen Handlungsmustern. Doch die kollektive Frequenz
in diesem Aquarium erhöht sich unaufhaltsam von Tag zu Tag,
und so sind wir alle zusammen dafür mitverantwortlich, wie sich
die Dinge in unserem Aquarium entwickeln.

Christina macht hierbei stets deutlich, wie wichtig die individuelle Bewusstseinsarbeit ist, denn von allem, was wir als Individuum konstruktiv ins Quantenfeld setzen, profitieren indirekt auch alle anderen Geschöpfe auf diesem Planeten. Je höher
die Schwingung der Pioniere steigt, desto einfacher wird in der
Folge der Zugang für die große Masse. Wie bereits ausgeführt, ist
gemäß Christinas Aussagen das kollektive Feld mittlerweile so
gut vorbereitet, dass praktisch jeder Tropfen die gesamte Waagschale zum Kippen bringen könnte, dass also das große Erwachen der gesamten Menschheit theoretisch von einer Sekunde
auf die nächste geschehen könnte.

So oder so nimmt die Evolution und Transformation der
Menschheit ihren Fortlauf, und was führende Wissenschaftler
etwa in der Bewusstseinsforschung, in der Neuropsychologie
oder in der Quantenphysik längst prognostizierten, wird sich
nach und nach erfüllen. In der Wirtschaft gibt man beispielsweise zu bedenken, dass rund 85% der heutigen Kindergarten-
kinder später einen Beruf ausüben werden, der aktuell noch
gar nicht existiert. In allen Segmenten der Gesellschaft stehen
massive Veränderungen an, und manche dieser Veränderungen
liegen zur Zeit noch jenseits unserer Vorstellungskraft. Unsere Gesellschaftssysteme sind derart veraltet und entstammen

einem derart anderen Zeitgeist, so dass es nur eine Frage der Zeit ist, bis sie sich transformieren und abgelöst werden durch das Neue.

Erfüllt von Zuversicht und Hoffnung auf das bereits beschlossene «Happy End» stehen wir alle in einer spannenden Epoche, in der das letzte Zucken des Unlichts notwendig zu sein scheint, damit das Licht sich in den Herzen aller Menschen entfalten kann. Einige von uns brauchen daher schwierige und herausfordernde Lebenssituationen, in denen wir lernen können, Muster loszulassen und bedingungslose Liebe zu leben, aus Opferrollen herauszukommen und Selbstermächtigung zu erlangen, um unser Leben wieder in die eigene Hand zu nehmen, um glücklich zu sein.

Es gibt bereits so viele Hoffnungsträger in unserer Zeit, die nicht nur konstruktive Ideen und Utopien haben, sondern auch die Kraft, die Entschlossenheit und das Licht, um diese in die Tat umzusetzen. Christina ist eine dieser Hoffnungsträgerinnen, und an ihrer Seite stehen eine Vielzahl mächtiger Lichtwesen, nicht zuletzt Elena.

Und doch ist Christina äußerlich gesehen weiterhin ein ganz normales Mädchen, das völlig integriert in einer Schulklasse irgendwo im schweizerischen Toggenburg sitzt. Dort bemerkt bislang kaum jemand ihre erweiterte Wahrnehmung und ihre radikal andere Denkweise, da sie während des Unterrichts in der Regel nicht viel spricht. Allerdings fallen sowohl ihr Humor und ihre Fröhlichkeit als auch ihr ruhiges, friedfertiges Wesen allen auf. Es ist, als würde sie ihre multidimensionalen Talente ganz einfach in aller Bescheidenheit ausblenden und sie nur dort zum Einsatz bringen, wo sie einem konstruktiven Sinne dienen können, so wie in diesem Buch. In gewisser Weise verhält es sich bei ihr ähnlich wie bei anderen Kindern, die etwa musikalisch oder sportlich besonders begabt sind: Ihre Begabung steht ihnen nicht ins Gesicht geschrieben, und die Betreffenden erwarten meist auch nicht das volle Verständnis oder die aktive Unterstützung ihres Umfeldes. Schon gar nicht würden sie ihre Talente ihren Mitschülern oder Lehrern gegenüber in prahlerischer Weise zur Schau stellen.

Eine Besonderheit gibt es allerdings bei Christina: Menschen, die ebenfalls über eine erweiterte Sinneswahrnehmung verfügen, sind fähig, Christinas Seelenenergie deutlich zu sehen, zu spüren und zu erleben. Sie ist sichtbar in ihrer Aura, spürbar in ihrer hohen Bewusstseinsfrequenz und erlebbar im persönlichen Austausch, der ihrerseits stets von bedingungsloser Liebe und Weisheit, von Demut, von Respekt und von einem tiefen inneren Frieden geprägt ist. So lebt Christina im Bewusstsein, dass alles, was existiert, innerhalb eines übergeordneten, göttlichen Planes steht. Sie kennt und liebt sehr viele bunte Fische nicht nur in unserem irdischen, sondern auch im kosmischen Aquarium, und sie ist imstande, mit ihnen zu kommunizieren. Wie sie jeweils lachend ergänzt, sind alle diese Wesen zwar prinzipiell kommunikationsfähig, jedoch durchaus nicht immer kommunikationsfreudig.

Christinas Begabung wird von ihrer Familie geschätzt und begleitet, aber nicht aktiv gefördert. Eine künstliche Förderung ist gar nicht erforderlich, denn ihr eigenständiges Wesen wird die Entwicklung in seinem eigenen Tempo vollziehen – ohne Fremdeinwirkung, ohne vorgegebene Praktiken oder Denkmodelle, ohne religiöse oder esoterische Dogmen, ohne Berater und ohne Gurus. Christina ist diesbezüglich allerdings keine Ausnahme. Denn eine solche eigenständige Entwicklung entspricht im Grunde der natürlichen Art und Weise, wie sich jedes Kind, ja jeder Mensch, innerlich und äußerlich entfalten sollte.

Von Natur aus kennt Christina eine viel umfassendere Realität als wir, einschließlich deren Gesetzmäßigkeiten. Ohne sich von den irdischen Geschehnissen beeinträchtigen zu lassen und ohne zu vergessen, wer sie in Wahrheit ist, fühlt sie sich völlig selbstverständlich jederzeit mit der Urquelle, mit dem «Alles-was-ist», verbunden. Aus dieser Verbundenheit schöpft sie eine Angstlosigkeit und Zuversicht, die für unsereins nur schwer nachvollziehbar ist. Denn unser Bewusstsein ist durch unseren langen Aufenthalt in der Dreidimensionalität von zahlreichen Programmen und Filtern umnebelt. Je mehr es uns im Zuge der Transformation nun gelingen wird, unsere individuelle Frequenz zu erhöhen, desto mehr wird sich dieser Nebel lichten, so dass unser schlummerndes Unterbewusstsein Schritt um Schritt ins Tagesbewusstsein tritt.

Zu diesem Prozess der Bewusstseinsentfaltung und zum Leben in der Einheitsrealität, in der es keine Trennung zwischen der Seele und dem Göttlichen gibt, sagt Christina später im Rahmen der Winterseminare 2017/18:

«Im Grunde gibt es für uns kein Ziel zu erreichen, von dem wir jetzt noch entfernt wären und auf das wir uns zubewegen müssten. Wir müssen nicht göttlich werden, denn wir sind es schon immer. Alles ist bereits seit Ewigkeiten in jedem einzelnen von uns angelegt. Es geht einzig um das Zurückerinnern. Dabei sollten wir auch nicht definieren, an *was* wir uns erinnern werden. Denn wenn wir uns vollständig erinnern, dann können wir es nicht mehr aussprechen. Wenn wir in diesen kleinen leuchtenden Kern eingetaucht sind, können wir diesen Zustand mit Worten nicht beschreiben.

Die Bewusstseinserweiterung ist also kein Wettrennen. Sie findet bei jedem einzelnen Menschen genau dann statt, wenn er bereit dafür ist. *In unserem innersten Wesenskern sind wir alle gleich. Niemand ist weiter als der andere, kein Licht ist heller als das andere, und keine Lebensaufgabe ist wichtiger als eine andere. Wir sind alle göttliche Wesen, die hier eine Erfahrung als Mensch machen, und nicht Menschen, die zu göttlichen Wesen werden.»*

32

Unabhängigkeit vom System
und mentale Freiheit

März 2017. Immer wieder betont Christina, wie sehr ihrer Wahrnehmung nach die heutigen Menschen das eigenständige, selbstverantwortliche Denken verloren haben. Ebenso betont sie, dass es aufgrund dessen noch schwer sei, dass sich in der Gesellschaft schon tatsächlicher Frieden entfalten könne. Innere und äußere Unabhängigkeit vom System sei hier der goldene Schlüssel. Dazu sollte man erstens wissen, was «das System» überhaupt sei und was alles dazu gehöre, und zweitens sollten wir uns darüber bewusst werden, wie und auf welchen Ebenen wir vom System kontrolliert werden.

Nach Christinas Aussage bedeutet Freiheit in erster Linie, sich auf allen Ebenen aus dem destruktiven und manipulativen System des Unlichts zu befreien, das unsere menschliche Zivilisation bereits seit Jahrtausenden in immer raffinierterer Weise kontrolliert und steuert. Man könne ohne Übertreibung sagen, dass wir im Grunde genommen allesamt Sklaven dieses herrschenden Systems seien, und zwar sowohl hinsichtlich unseres Denkens und Empfindens als auch hinsichtlich unseres täglichen Handelns. Ja sogar für ihr bloßes Überleben seien viele Menschen derzeit noch völlig vom System abhängig.

Christina schreibt zu diesem Thema im März 2017 den nachstehenden Text: «Um mentale Freiheit zu erlangen, sollten wir zunächst lernen, mündig mit Informationen umzugehen. Informationen beeinflussen und formen unser Denken und Empfinden, und indem wir auf sie reagieren, formen sie auch unser Sprechen und unser Handeln. Je mehr wir uns von Informationen aus den Medien überfluten lassen, desto schwerer wird es uns fallen, sie sinnvoll zu ordnen und auszuwerten, und diese gezielte Überflutung und Verwirrung ist ein Teil der Manipulation.

Selbstverständlich kann man sich in diesem sogenannten ‹Informationszeitalter› nicht vollständig von den Informationsflüssen abkapseln. Denn sofern man sich nicht in irgend eine entlegene Höhle ins Gebirge zurückzieht, wird man immer irgendwelchen Informationen ausgesetzt sein. Darum ist es wichtig, unterscheiden zu lernen. Wir sollten lernen zu erkennen, welche Informationen echt und unmanipuliert sind und welche Informationen durch das Sieb der Täuschung oder der Vertuschung gingen. Die Massenmedien – egal ob Radiosender, Fernsehkanäle oder große Zeitungen – gehören immer Leuten. Doch bedauerlicherweise ist die heutige Gesellschaft so, dass jene Leute, die am meisten Einfluss auf die Bevölkerung haben, keine guten Hintergründe haben. Dasselbe gilt auch für große Organisationen. Bei all diesen Informationsquellen werden gerne Dinge weggelassen oder dazu erfunden, nur damit die Nachrichten ins Konzept passen. Oder man zeigt nur Menschen, die genau das sagen, was der Sender möchte.

Dies ist einer der Gründe, warum ich keine Nachrichten schaue. Ich bin lieber ‹uninformiert› als dass ich mir eine Vorstellung in den Verstand pflanzen lasse, die auf Lügen und Halbwahrheiten beruht. Solange wir noch in dieser Kultur leben, werden wir immer mit manipulierten Informationen zugedeckt werden. Daher sollten wir lernen, wie man am besten mit diesen Informationen umgeht, wie man konstruktiv auf sie reagiert.

Unser Gehirn kann zwischen Vorstellung und Realität nicht unterscheiden. Jemand, der zum Beispiel davon überzeugt ist, dass Geister und Monster nicht existieren, bekommt trotzdem eine Gänsehaut, wenn er im Dunkeln eine Gruselgeschichte hört. Daher sind wir aufgefordert, auf einer bewussteren Ebene der Klarheit zu lernen, Illusion und Realität voneinander zu unterscheiden – zumindest für uns selbst.

Uns stehen heutzutage praktisch alle Weltbilder, Vorstellungen und Überzeugungen der Menschheitsgeschichte zur Verfügung. Diese Informationen sind frei zugänglich. Ein erster Schritt in die mentale Freiheit besteht also darin, alle Informationen, die wir bekommen, wirklich von A bis Z und von oben bis unten kritisch anzuschauen und sie mit unserem eigenen Weltbild zu vergleichen – immer in dem Wissen, dass auch die Vorstellungen, die wir jetzt im Kopf haben, nicht korrekt sein könnten. Das gleiche gilt ebenfalls für die Infos, die wir nun zuerst analysieren, bevor wir sie zulassen: Auch sie können falsch sein. Es ist auch möglich, dass beides – unser bisheriges Weltbild und die neuen Informationen – nicht richtig sind. Es gilt also doppelt und dreifach achtsam zu sein.

Allerdings ist es wichtig, folgendes nie zu vergessen: Es steht jedem Menschen zu, sein persönliches Weltbild zu haben, auch wenn dieses von unserem eigenen abweicht. Denn unsere eigenen Ansichten, unser eigenes Weltbild ist immer eine Sache unserer momentanen geistigen Perspektive. Je nachdem, welches Weltbild jemand hat, und je nachdem, woher die neuen Informationen kommen, die diese Person erhält, wird die Welt individuell unterschiedlich wahrgenommen.

Meine Empfehlung lautet: Fangen wir damit an, jede Information kritisch zu hinterfragen und genau abzuwägen, ob wir sie annehmen wollen oder nicht – immer im Wissen, dass wir letzten Endes niemals sicher sein können, was die unumstößliche, absolute Wahrheit ist. Aber dieses kritische Hinterfragen, Unterscheiden und Entscheiden hilft uns dabei, uns allmählich aus unserem mentalen Gefängnis zu befreien.

Für diese Achtsamkeit gibt es immer Zeit. Ob während des Essens oder dann, wenn es einem gerade langweilig ist, ob bei einer Freizeitbeschäftigung oder nachts, wenn man nicht einschlafen kann – immer kann man sich darin üben, kritisch zu hinterfragen. Jeder Mensch sollte ein Grundrecht darauf haben, genügend Zeit zu besitzen, um sich über sein Weltbild Gedanken zu machen. Denn immerhin bestimmt unser Weltbild unser gesamtes Leben.»

Ich stelle mir vor, wie jemand wie Christina, die über ein erweitertes Bewusstsein und eine multidimensionale Sichtweise verfügt, wohl das Weltgeschehen wahrnimmt, in dem sich scheinbar die gleichen Fehler immer wieder von Neuem wiederholen. Gewiss kommt es ihr manchmal vor, als seien die meisten Menschen schlichtweg auf beiden Augen blind und dermaßen mit den eigenen kleinen Problemen und Lebensumständen beschäftigt, dass sie ihr Dasein komplett verschlafen. Nicht nur, dass sie dabei vergessen, selbst zu denken und ihr Leben in die eigene Hand zu nehmen – sie nehmen bei alledem nicht einmal wahr, wie nahe am Abgrund die Menschheit heute steht.

Christina sagt: «Wenn man bedenkt, dass wir auf diesem Planeten in einem Imperium der Manipulation leben, das von einigen wenigen Wesen des Unlichts gesteuert wird, so ist das wirklich tragisch. Der Großteil der Menschen ist ganz einfach unwissend. Aber genau das wird sich jetzt ändern.»

In meiner eigenen kleinen heilen Welt tue ich mich manchmal ein wenig schwer mit solch starken Aussagen meiner Tochter: «Wir leben in tragischer Weise in einem Imperium der Manipulation.» Trotzdem kann ich in ihren Analysen nichts erkennen, das nicht nachvollziehbar und schlüssig wäre. Immer wieder betont Christina, dass man den globalen Frieden nicht den Regierungen, der Wirtschaft und den Militärs überlassen sollte. Vielmehr seien alle Menschen kollektiv dafür zuständig, wie viel Frieden, wie viel Wahrheit und wie viel Liebe sich auf der Erde entfalte. Vor allem Menschen in wohlhabenden, äußerlich friedlichen Regionen wie zum Beispiel der Schweiz seien diesbezüglich in einer besonderen Verantwortung.

Sie erwähnt auch, dass es kein Zufall sei, dass sie dieses Mal in der Schweiz geboren wurde, in einem Land, das von Reichtum, Frieden, Stabilität und Kreativität gekennzeichnet sei. Denn genau wie einzelne Individuen, so erzeugen und ernten auch Länder ein Karma. Staaten, die sich in der Vergangenheit neutral verhalten und keine Kriege geführt haben, werden nach dem Gesetz von Ursache und Wirkung in der Folge auch weniger von Krisen, Kriegen und Katastrophen betroffen sein. So sei man hier in der Schweiz kaum an Leib und Leben bedroht und müsse sich nicht wie anderswo ums nackte Überleben sorgen, sondern habe viel Freiraum, um sich mit grundlegenden philosophischen Fragen zu beschäftigen und um die angenehmen Dinge des Lebens wertschätzen zu lernen. Ebenso habe man hier den Freiraum, um neue, innovative Impulse mit der Signatur der neuen Zeit zu setzen: alternative Medizin, alternative Schulprojekte, alternative Landwirtschaft wie etwa Permakultur, alternative Energiegewinnung, alternative Banken und Wirtschaftsmodelle, junge Start-up-Unternehmen mit an die neue Zeit angepassten Strukturen und Technologien, und so weiter. Schon heute existiert hier eine Vielzahl von gemeinnützigen Organisationen, die innovative Projekte initiieren und die nicht aus dem System finanziert werden, sondern von einzelnen Individuen mit Pioniergeist und Herzblut. Es besteht also kein Grund, alle Verantwortung von sich zu weisen und einfach irgendwelche Instanzen anzuklagen, indem man beispielsweise über die steigenden Gesundheitskosten oder über mangelnde Förderungen jammert. Die Aufforderung lautet vielmehr, eigenverantwortlich und kreativ zu sein, das eigene Denken und Handeln der neuen Zeit anzupassen und dann einfach zu tun, was man für richtig hält. Außerdem kann man das, was am Bestehenden sinnvoll und konstruktiv ist, auch würdigen und anerkennen und parallel dazu einen Raum für neue Möglichkeiten und Perspektiven schaffen.

In einem Land, in dem ausreichend Geld vorhanden ist, lässt sich mit diesem Geld durchaus Gutes bewirken. Christina erklärt hierzu klar: «Geld an sich ist auch eine Schöpfung und ist energetisch gesehen neutral. Erst durch unser Handeln entscheiden wir, ob es konstruktiv oder destruktiv genutzt wird.» Auch wenn das Geld seit langer Zeit schon als Machtmittel Nummer eins missbraucht wird, liegt es dennoch in unserer eigenen Hand, wozu wir unser Geld einsetzen. Wie alles, so hängt auch dies vom Bewusstsein und von den Handlungen eines jeden einzelnen Menschen ab.

Gerade in einigermaßen demokratischen und wohlhabenden Nationen wie der Schweiz oder allgemein in Mitteleuropa haben wir vergleichsweise viele Freiheiten und Wahlmöglichkeiten. So haben wir zum Beispiel die Wahl, welche Informationen aus den Massenmedien wir uns zumuten wollen und welche nicht. Wir haben die Wahl, wie viele und welche Konsumgüter wir kaufen. Wir haben die Wahl, welche Energiequellen wir für unseren Haushalt wählen. Bis zu einem gewissen Grad haben wir auch die Wahl, für welche Bildung wir uns für unsere Kinder entscheiden. Dies alles sind positive Ansätze, die selbstverständlich noch deutlich ausbaufähig sind und die noch viel Verbesserungspotenzial bereithalten. Länder wie die Schweiz bieten aber insgesamt eine gute Ausgangslage für Pionierprojekte, die nicht vom System finanziert und daher weitgehend unabhängig sind. Es gibt im Bewusstsein der Menschen derzeit zahlreiche vielversprechende Visionen, die manifestiert werden wollen, und um sie zu manifestieren, sind wir aufgefordert, zusammenzuarbeiten und Synergien zu nutzen.

Vielleicht muss das System ja am Ende gar nicht gewaltsam zusammenbrechen. Vielleicht lässt es sich mit ausreichend konstruktivem Pioniergeist und Engagement auch friedlich in etwas Lichtvolles transformieren. So wollen wir nicht die Möglichkeit ausschließen, dass sich im Zuge der anhaltenden gesellschaftlichen Frequenzerhöhung auch bisherige systembedingte Hürden überwinden lassen. Vielleicht werden verantwortungsbewusste, lichtvolle Politiker der kommenden Generation gewisse Gesetze und Rahmenbedingungen verändern, die heute tatsächlich noch konstruktive Fortschritte verhindern. Denn was vor zehn oder zwanzig Jahren noch ausgeschlossen zu sein schien, ist heute bereits denkbar und kann schon bald unsere Zukunft sein.

33

Die Steine in unserer Mauer

Januar/Februar 2017. Dass oberflächlich betrachtet unsere Gesellschaften weltweit am Abgrund stehen und dass die Menschheit nur wenige Schritte davon entfernt zu sein scheint, sich selbst zu vernichten, ist *eine* mögliche Sichtweise auf unsere Zeit. Christina schlägt eine andere Sichtweise vor. Ohne die alarmierenden Zeichen der Zeit zu übersehen oder zu verharmlosen, schöpft sie aus einer höheren Wissensquelle die Zuversicht, dass gemäß einer übergeordneten Vision des Guten sich letzten Endes alles auf ein individuelles und kollektives «Happy End» hinbewegen wird – entweder mit vorherigen tiefgehenden Erschütterungen oder aber eher sanft und fließend. Um den Menschen diese frohe Botschaft zu übermitteln und um auch selbst aktiv an der Transformation hin zum Guten und Lichten mitzuwirken, ist sie hierher gekommen.

Für mich persönlich hat das Wissen darüber, wohin sich unsere Zivilisation zu guter Letzt entwickeln wird, etwas sehr Beruhigendes und Bereicherndes. Dadurch habe ich gelernt, mit den kleineren und größeren Schwierigkeiten und Herausforderungen in meinem Leben konstruktiv und zuversichtlich umzugehen und sie alle als Lernprozesse und als Wachstumschancen zu erkennen. Jede neue persönliche Bewusstseinserweiterung verleiht mir mehr innere Ruhe und Gelassenheit und mehr Souveränität in meinem Denken und Handeln, unabhängig davon, wie sich die Dinge auf unserem Planeten oder in meinem eigenen äußeren Leben gerade entwickeln. Tief in meinem Inneren existiert die klare Gewissheit, dass das Licht sich durchsetzen wird, auch wenn ich bis dahin auf meinem individuellen Weg mit Sicherheit noch einige schwierige Hürden zu nehmen habe. Auch das sehe ich mittlerweile positiv, denn gemäß Christina ist die aktuelle Zeitqualität so, dass wir sogar schwierige Prozesse sehr schnell transformieren und erfolgreich abschließen können. Sie sagt, dass wir im Unterschied zu früher jetzt die Möglichkeit haben, sofort intuitiv in die heilsame, konstruktive Richtung zu denken und zu handeln, sobald wir einen in unserem Leben anstehenden Lernprozess erkannt und angenommen haben. Auf diese Weise bleiben uns Irrwege, Umwege oder ständige Wiederholungen derselben Fehler erspart. Wenn wir wirklich offen und bereit dafür sind, unseren Blick auf das eigene Innere zu richten und unsere veralteten Muster zu durchschauen, dann eröffnet sich uns umgehend die Möglichkeit der Transformation.

Alle früheren Erlebnisse und Erfahrungen unseres Hierseins haben in uns ihre Spuren hinterlassen. Ob sie nun schön oder unschön, freudvoll oder leidvoll für uns waren – es waren doch alles Lernprozesse. Als Reaktion auf unsere früheren Erlebnisse und Erfahrungen haben wir uns individuelle Verhaltensmuster angeeignet, die zum Teil bewusst und zum Teil unbewusst sind, die aber allesamt tagtäglich unser Handeln beeinflussen. Oft belasten uns gar irgendwelche schwere Verletzungen und Traumas, häufig aus früheren Leben, die wir nie überwunden haben und die bewirken, dass wir unser Entwicklungspotenzial nicht voll entfalten können.

Dasselbe Prinzip gilt mit umgekehrtem Vorzeichen auch für die angenehmen und freudvollen Ereignisse der Vergangenheit. Vielleicht hängen wir noch immer den tollen Erlebnissen oder triumphalen Erfolgen von früher nach und trüben dadurch unseren Blick für die Chancen der Gegenwart. Viele Menschen leben auf diese Weise entweder mit guten oder mit schlechten Erinnerungen mehrheitlich in der Vergangenheit und blockieren sich dadurch für das Hier und Jetzt. Doch das Leben wird immer vorwärts gelebt, nicht rückwärts.

Christina ermuntert die Menschen immer wieder dazu, ganz in diesem Hier und Jetzt zu leben, wie etwa durch die folgende Aussage, die wir bereits in Band 1 angeführt haben: «Die Wahrnehmungen der Menschen sind meist von der Vergangenheit überlagert. Sie nehmen oft nur die Zeiger ihrer Erinnerung wahr, und ihr Geist ist getrübt, da er immer in der Vergangenheit hängt. So können sie ihre Visionen nicht erbauen. Jede negative Erinnerung ist wie ein Stein in einer Mauer, die verhindert, dass die Menschen ihre Visionen erfüllen.»

Das Bild mit den Steinen in der Mauer halte ich für sehr treffend gewählt. Die meisten Menschen haben tatsächlich im Laufe ihres jetzigen Lebens und wohl auch ihrer vorangegangenen Leben eine feste Mauer um sich errichtet, bestehend aus unzähligen kleinen und großen Steinen. Wenn wir uns dafür entscheiden, die Gunst der Stunde zu nutzen, und wenn wir es wagen, jetzt die Verhaltensmuster unseres Egos zu durchschauen und bewusst jeden einzelnen Stein unserer inneren Mauer wahrzunehmen, dann haben wir die Möglichkeit, ihn sofort zu transformieren.

Insbesondere dort, wo tiefe Verletzungen stattgefunden haben, werden häufig eigene Seelenaspekte abgespalten und können dann nicht mehr gelebt werden. Sie werden zu einem Stein in der Mauer. Und mit jedem Stein, der hinzukam, wurde unsere Entfaltungsfreiheit eingeschränkt, wurde Stein um Stein mehr verhindert, dass wir unsere Visionen und Herzenswünsche erfüllen können. Wenn wir jetzt bewusst hinsehen und die Steine in unserer Mauer als solche erkennen, können wir ein letztes Mal in die tiefsten Schmerzen der Vergangenheit hineinspüren, uns dann mit ihnen aussöhnen und schließlich behutsam und liebevoll Stein um Stein aus unserer Mauer entfernen. Aus einer gewissen Distanz betrachtet war keiner dieser Steine besonders böse, und keiner war besonders gut. Es waren einfach neutrale persönliche Erfahrungen, die uns etwas gelehrt haben. Wenn wir einen Stein aus unserer Mauer entfernt haben, dann werfen wir ihn idealerweise anschließend nicht einfach weg, sondern wir akzeptieren ihn liebevoll, umarmen ihn voller Wertschätzung und Dankbarkeit für die durch ihn gewonnenen Erkenntnisse, und lassen den entsprechenden Seelenaspekt wieder Teil unseres Herzens werden. Dadurch, dass wir diesen Aspekt wieder zu einem intakten und aktiven Teil unserer Seele machen, symbolisiert der Stein nicht mehr ein Stück der uns einengenden Mauer, sondern er wird zu einem vollständig transformierten Stück unseres Herzens.

Mit jedem Stein, den wir auf diese Weise transformieren, schmilzt die Mauer um unsere Seele, und ganzheitliche Heilung tritt ein. Diesen Prozess kann jeder Mensch nur eigenständig für sich selbst vollziehen. Man kann ihn nicht an jemand anderen delegieren, und man kann ihn auch niemandem abnehmen. Wir können nur uns selbst verändern, und wir haben weder das Recht noch die Mittel, Menschen in unserem Umfeld zu verändern. Gewiss können wir andere bei ihren eigenen Prozessen unterstützen und ihnen liebevoll beistehen, aber letztlich hat jedes Individuum die Verantwortung für sein Schicksal in der eigenen Hand. In einem konstruktiven Umfeld, in dem viele Menschen sich dazu entschließen, ihre eigenen Transformationsprozesse anzugehen und sich gegenseitig dabei zu unterstützen, fällt es jedem einzelnen deutlich leichter, die volle Kraft seines Herzens zu entfalten. Es entsteht ein hoch energetisches kollektives Quantenfeld, so dass jeder seine individuelle Energiefrequenz erhöhen, seine Berufung erkennen und erfüllen und seine Vision manifestieren kann. In einem solchen Umfeld haben negative Energien wie Neid, Missgunst, Enttäuschung, Sorgen, Zweifel und Ängste keinen Raum mehr – weder in uns noch um uns. Falls sie aufgrund noch nicht transformierter früherer Muster doch gelegentlich auftauchen, können wir sie in neutraler Haltung erkennen und annehmen, ohne jedoch unser Handeln nach ihnen auszurichten.

Dem eigenen Seelenweg entlang schreiten

Was mich betrifft, so versuche ich weiter, meinem Seelenweg entlang zu schreiten und mich dabei den guten, schönen, friedvollen und konstruktiven Dingen in meinem Leben zu widmen. Denn auch dies wird auf mich zurückfallen. Alles, was wir aussenden, fällt früher oder später auf uns zurück. Das Gute und Konstruktive fördert das innere Seelenwachstum, im Kleinen wie im Großen. So beginnt sowohl unser individuelles als auch unser kollektives Glück immer in uns selbst. Mit einem transformierten Innenleben gelingt es uns mehr und mehr, in Weisheit

284

und Gelassenheit im Hier und Jetzt zu leben, und dies wiederum strahlt auf unser Umfeld ab. Auf diese Weise können wir wieder lernen, unser Dasein freudvoll und vorurteilslos zu leben – wie ein glückliches, unbeschwertes Kind, ohne einschränkende Bewusstseinsprogramme, spontan und begeisterungsfähig, im Inneren verbunden mit der Einheitsrealität, im Fluss des Lebens und in der Synchronizität mit dem Universum, im vollen Vertrauen auf die eigene Intuitionskraft, ohne mental erlerntes Wissen, ohne vorgefertigte fremde Konzepte, Strategien oder Pläne.

Falls dennoch gelegentlich Zweifel aufkommen, hilft mir folgender Rat Christinas: «Vertraue auf dein Schicksal. Du kannst deine eigenen Punkte nicht nach vorwärts verbinden. Du kannst sie nur im Jetzt und in der Vergangenheit verbinden und dann darauf vertrauen, was dir die Zukunft bringen wird. *Das Entscheidende ist dein Herz. Wenn du nicht weißt, ob du den rechten oder den linken Weg gehen sollst, dann höre auf dein Herz. Wenn noch immer keine Entscheidung fällt, dann überlege dir, was du tun würdest, wenn Geld kein Faktor in deinem Leben wäre. Hab den Mut, deinem Herzen zu folgen, denn hier ist die Stimme deiner Seele.*»

Mittlerweile kenne und begleite ich Menschen, die sich teilweise seit Jahrzehnten etwa mit Bewusstseinserweiterung und deren Begleiterscheinungen oder auch mit körperlichen und mentalen Störungen beschäftigen. Oftmals kommen sie in ihrem eigenen Leben mit der Bewusstseinsentwicklung dennoch irgendwie nicht weiter, was in vielen Fällen an einer mangelnden Erdung liegt.

Christina gibt hierzu zu bedenken: «Seelenentwicklung ist auch hier in der Dualität möglich. Warum sonst hätten wir in einen dreidimensionalen physischen Körper inkarnieren sollen? Eine Voraussetzung für diese Entwicklung ist aber auch das vollständige Ankommen der Seele in unserem dreidimensionalen Körper. Eine richtige Erdung ist also sehr wichtig für die Potenzialentfaltung.»

In einer späteren Aussage offenbart Christina begeistert: «Ich empfinde es als eine Ehre und als ein großes Glück, als Mensch hier zu sein. Also tatsächlich physisch hier zu sein. Das ist faszinierend. Denn gleichzeitig physisch *und* geistig zu existieren, über diese Möglichkeit verfügen nicht alle Zivilisationen. Dass wir als Menschen physisch sind, ist sehr speziell. Das Feinstoffliche gibt es überall im Universum, das Physische aber nicht. Und nur, weil wir physisch hier sind, sind wir ja nicht abgeschnitten vom Geistigen.»

Aus meiner Sicht ist es ein Irrtum zu glauben, dass man allein durch geistige Betätigung wie Meditieren oder Studieren von Weisheitsschriften eine Bewusstseinserweiterung erlangt. Es gibt ja einen Grund dafür, warum unsere Seele sich entschieden hat, hierher in die Dreidimensionalität zu kommen, um sich ausgerechnet hier weiterzuentwickeln. Wenn wir unsere physische Körperlichkeit verdrängen oder gering schätzen, wie dies in einigen religiösen Traditionen üblich geworden ist, dann besteht die Gefahr, erdflüchtig zu sein und sich somit in der seelischen Entfaltung zu blockieren. Daher ist es wichtig, durch Aktivieren des Wurzelchakras zunächst die nötige Erdung und Erdverbindung herzustellen.*

Seelenentwicklung findet immer im Hier und Jetzt statt, und in unserem Falle heißt das: in unserer gegenwärtigen 3D-Sphäre, in unserem aktuellen Leben, in unseren derzeitigen Lebensumständen. Warum sonst absolvieren wir hier diese Inkarnation? Wir sind hier, um uns genau diesen Prozessen zu stellen, die das irdische Leben mit sich bringt. Wir sind hier, um beispielsweise zu lernen, unter allen Umständen den freien Willen anderer Menschen zu respektieren, um unseren Widersachern zu verzeihen, um Liebgewonnenes, aber Veraltetes loszulassen und um das, was das Schicksal für uns bereithält, erwartungslos und dankbar anzunehmen. Und vor allem sind wir hier, um bedingungslose Liebe zu lernen.

Auch ich mache mir immer wieder aufs Neue bewusst, dass es einzig darum geht, hier meinen Seelenplan, meine Vision und meine Berufung zu finden und zu erfüllen. Dies ist der erste und wichtigste Tipp, den man einem Menschen geben kann, dem es mit der eigenen Seelenentwicklung tatsächlich ernst ist.

---

* Zum Thema Erdung siehe auch die entsprechenden Listen in Kapitel 14.

Das eigene Potenzial entfalten

Ein weiterer wertvoller Tipp lautet: Erkenne dein wahres Potenzial und entfalte es liebevoll zum Wohle der Allgemeinheit! Ein Mensch kann nur dann nachhaltig glücklich und erfüllt sein, wenn er seinen angemessenen Platz in der Gemeinschaft gefunden hat und wenn es ihm möglich ist, an diesem Platz sein volles Potenzial auszuschöpfen und auszuleben. Dasselbe gilt auch kollektiv: Eine Gesellschaft kann nur dann nachhaltig konstruktiv und erfolgreich sein, wenn jedes einzelne Individuum, aus denen sie besteht, an seinem ihm bestimmten Platz ist und seinen Dienst für die Allgemeinheit aus voller Kraft erfüllt. Daher ist es gerade in einer Zeit wie der heutigen, in der ein weltweiter kollektiver Wandel stattfindet, von großer Wichtigkeit, dass das wahre Potenzial eines jeden Menschen erkannt und gefördert wird.

Diese notwendige Potenzialentfaltung umfasst einerseits die äußeren Fähigkeiten und Fertigkeiten eines Menschen, also seine besonderen Talente, mit denen er in der Ausübung seiner Berufung den anderen Menschen dienen kann. Andererseits umfasst sie auch die innere Anbindung an intuitive und inspirative Quellen. Wenn wir durch eine solche Anbindung mit unserem rationalen Verstand nicht isoliert dastehen, sondern in ein größeres Ganzes eingebunden sind, können wir höchst kreative und innovative Gedanken empfangen und umsetzen. Das heutige Lernen an Schulen oder Hochschulen wird einseitig durch den rationalen Verstand der linken Hirnhemisphäre dominiert, während das rechtshemisphäre, also das komplexe, emotionale und intuitive Denken vernachlässigt wird. Dadurch liegt bei den allermeisten Menschen ein immenses geistiges Potenzial ungenutzt brach. Die zur Starrheit neigenden Denkmuster des einseitig-rationalen Verstandes lassen sich durch fremde, unlichte Einflüsse leichter programmieren und manipulieren, was wohl erklärt, warum das herrschende System ausschließlich diesen Teil fördert.

Solange sich das Bildungswesen und die Wissenschaften selbst solche Grenzen setzen, wird es sehr schwierig sein, dass positive, visionäre Ideen und Innovationen sich durchsetzen. Darum braucht unsere Zeit mutige Freidenker und Querdenker, die ihre Aufmerksamkeit nicht auf die Vergangenheit richten, sondern die eine möglichst unvernebelte, mauerfreie Perspektive auf die Gegenwart haben, um darauf aufbauend eine neue Zukunft zu errichten. Wenn es uns gelingt, uns nicht mehr durch unsere Konditionierungen und durch unsere veralteten Konzepte, Strategien und Moralvorstellungen selbst Grenzen zu setzen, dann werden wir wahrlich kreativ und werden offen für alle Möglichkeiten – eben wie ein spontanes, unbeschwertes und vertrauensvolles Kind.

Christina erklärt: «In unserem Körper verfügt jede Zelle über die exakte Information, welche hochkomplexe Funktion sie ausüben soll. Dasselbe Verhalten finden wir auch bei jeder Pflanze und bei jedem Tier. Sie leben gemäß ihrer Natur, ohne Lehrer oder Lernvorgaben. Alles scheint harmonisch organisiert zu sein und funktioniert über ihr eigenes Bewusstsein. Warum sollten wir als menschliche Wesen das nicht auch schaffen? Grundsätzlich sind wir alle von Natur aus hochbegabt.»

Es gibt mittlerweile ausreichend viele Beispiele von Menschen, die nie eine herkömmliche Schule besucht haben und die trotzdem großartige Begabungen offenbaren und leben. Sie lesen, schreiben, sprechen fremde Sprachen und kennen sich in irgend einem Gebiet, das ihrer Berufung und ihrem Potenzial entspricht, überdurchschnittlich gut aus. Lernforscher haben längst erkannt, dass das wirkliche Lernen in dem Moment stattfindet, wenn der betreffende Mensch mit Herz und Seele bei der Sache und voll motiviert ist. Daraus folgt, dass es wenig sinnvoll ist, für eine ganze Gruppe von Menschen, beispielsweise für eine Schulklasse oder für eine Ausbildungsgruppe, einheitliche Lernziele zu formulieren. Denn eine Gruppe besteht immer aus Individuen, und jedes Individuum ist einmalig und einzigartig. Wenn man versucht, alle in denselben Topf zu werfen, dann wird man am Ende höchstwahrscheinlich keinem einzigen von ihnen gerecht.

Der Schlüssel für ein zukünftiges sinnvolles Lernen besteht darin, seinem Seelenplan und seiner Intuition zu folgen und dabei sein volles Potenzial zu entfalten. Wenn ein Kind (oder auch ein Erwachsener) diesen individuell zugeschnittenen Entfaltungsrahmen zur Verfügung gestellt bekommt, wird es freudvoll genau das lernen, was es wirklich lernen will und wofür es eine spontane, natürliche Motivation verspürt. Ebenso wird es dann lernen, wann es möchte, und auf die Art und Weise, die ihm entspricht. Wer ohne äußeren Zwang und Druck lernen und sich gemäß seinem Seelenplan harmonisch entfalten kann, wird ein glückliches, erfülltes, kreatives und wertvolles Mitglied der menschlichen Gesellschaft werden. Solche Menschen sind die Hoffnungsträger für die Zukunft, denn sie zeigen durch ihr eigenes Beispiel neue Perspektiven auf, die nicht auf künstlichen, unlichten Abhängigkeitssystemen, sondern auf den freilassenden universellen Gesetzen des Lichts beruhen.

In dieser vielversprechenden Zeit des Umbruchs geht es also darum zu erkennen, was für ein immenses Potenzial an Wissen und an Begabungen in jedem Menschen vorhanden ist. Es geht darum, dieses Potenzial sich möglichst frei entfalten zu lassen, denn sobald dies geschieht, wird sich die Gesellschaft grundlegend und nachhaltig zum Guten verändern. Jeder Mensch sehnt sich in seinem Inneren danach, in seiner Einzigartigkeit als wertvoll wahrgenommen zu werden. Jeder Mensch sehnt sich danach, seiner Bestimmung zu folgen und seine Talente zu leben. Wenn ihm dies ermöglicht wird, dann entfällt auch der ganze destruktive Konkurrenzkampf oder das verzweifelte Ringen um Aufmerksamkeit und Anerkennung.

Christina weist in diesem Zusammenhang gerne auf das kollektive Potenzial von Gruppen und Gemeinschaften hin. Wenn zum Beispiel eine Gruppe von Menschen gemeinsam ein bestimmtes Thema bearbeitet, dann befinden sich alle beteiligten im selben Schwingungsfeld und können sich darin gegenseitig bestärken. Je höher die kollektive Schwingung innerhalb dieses Feldes, desto mehr Informationen können daraus entnommen werden. Gemeinschaft vervielfacht also die individuelle Potenzialentfaltung zusätzlich. Dasselbe gilt auch, wenn Menschen zusammenkommen und vereint meditieren. Die kollektive Wirkung einer solchen Gruppe ist weit größer als die Summe der individuellen Wirkungen.

In Christinas Vision für eine zukünftige Schule wird es nicht mehr so sein, dass ein Lehrer autoritär vor seinen Schülern steht und diese einseitig mit seinem angelernten Wissen «unterrichtet». Vielmehr wird es so sein, dass Schulen Orte des harmonischen Zusammenlebens und des gemeinsamen und wechselseitigen Lernens zwischen Lehrern und Schülern sind. In Anbetracht der früheren Inkarnationen und der darin absolvierten Lernprozesse ist es sehr wohl möglich, dass ein sechsjähriges Kind auf einem bestimmten Gebiet deutlich mehr Wissen besitzt als ein studierter Professor. Wenn man darüber hinaus auch noch berücksichtigt, dass es lediglich eine Sache der persönlichen Frequenz ist, ob ein Mensch Zugang etwa zur Akasha-Weltenbibliothek, zum kollektiven Feld der Menschheit oder zur Urquelle allen Wissens hat, erübrigt sich die Relevanz des physischen Alters in Bezug auf Wissen ohnehin vollständig.

Christina erklärt: «Dies gilt nicht nur für die Lehrer, sondern auch für die Eltern. Auch Eltern können zu Lernenden ihrer Kinder werden, da viele der Kinder der neuen Zeit von Natur aus eine höhere Bewusstseinsfrequenz aufweisen als ihre Eltern. Die Kinder ihrerseits lernen von ihren Eltern vor allem, sich gut zu erden. Dieses gegenseitige und offene Lernen wird in zukünftigen Gemeinschaften ein riesiges Potenzial eröffnen und nicht etwa im Chaos enden, wie manche meinen.»

Und: «Das ganze Leben bedeutet zu lernen, denn das Lernen ist kein Prozess, der irgendwann abgeschlossen ist. Beim Lernen gibt es auch kein ‹richtig› oder ‹falsch›, denn Lernen ist grundsätzlich individuell sowie auch orts- und personenunabhängig. Man kann immer und überall lernen, und man braucht dazu kein Schulgebäude und keine Lehrpersonen.»

Und ein weiteres Zitat von Christina: «Alle Menschen sind Schöpferwesen. Die einzige Grenze sind sie selbst.»

34

Auf dem Sprung
in die Selbständigkeit

April/Mai 2017. Es ist Sonntag, der 30. April 2017. Christina sitzt mir gegenüber im Büroraum und erlebt gerade wieder eine spontane, starke Energieerhöhung und Chakra-Aktivierung, was auch für sie immer wieder ein tiefes Erlebnis ist. Inzwischen habe ich mich daran gewöhnt, dass diese Entwicklung wahrscheinlich nicht so bald aufhören wird, und so versuche ich gar nicht erst zu ergründen, was es wohl dieses Mal zu bedeuten habe. Statt dessen bleibe ich im Vertrauen auf die höhere Führung, dass alles seinen Sinn hat und dass Christina nicht umsonst immer wieder solche Entwicklungsschritte macht. Jede Frequenzerhöhung öffnet ihr neue Türen zu neuem Wissen und zu neuen Begabungen. Mit dem Verstand ist dies alles ohnehin nicht zu begreifen. Wenn mir vor drei Jahren jemand erzählt hätte, dass so etwas in meiner Familie in Zukunft häufiger vorkommen werde, dann hätte ich es höchstwahrscheinlich als surrealen Unfug abgetan. Aber mittlerweile ist es bei uns nebst dem «normalen» Alltag ganz einfach ein natürlicher Bestandteil unserer Realität.

Heute bekommt Christina zusammen mit der Energieerhöhung auch ein Bild: die Göttin Isis. Christina erklärt mir die Bedeutung mit folgenden Worten: «Isis ist die einzige weibliche Inkarnation mit dem kristallweißen Strahl. Sie floh damals zusammen mit Serapis Bey aus Atlantis und eröffnete in Ägypten die ersten Tempelschulen.»

In Ordnung, denke ich, wieder eine Erinnerung aus Atlantis. Zugleich kommt bei mir der Impuls, das Bild könnte möglicherweise erneut etwas mit Elena und Christina zu tun haben. Es ist nicht das erste Mal, dass ich solche Verbindungen erahne. Inzwischen weiß ich auch, dass Christina die weibliche Energie verkörpert und Elena die männliche. Beide Energien können durch Christinas physischen Körper wirken.

Die stetig zunehmende Frequenz bei Christina ist in diesem Frühling deutlich zu spüren und zu erleben. Zugleich ist das Ende ihrer obligatorischen Schulzeit nur noch wenige Wochen entfernt. Beides zusammen führt dazu, dass sich ihre Vorfreude immer mehr steigert, bald mit dem Erfüllen ihrer Aufgaben beginnen zu können. Jede Nacht ist das Mädchen in irgendwelchen Dimensionen hart am Arbeiten und am Vorbereiten ihrer Lebensaufgabe und schläft dabei wie immer sehr wenig. Auch in mir wächst mehr und mehr der Wunsch, endlich zu erfahren, worin denn ihre Berufung in diesem Leben bestehen wird und welche Rolle ihr Umfeld dabei spielen wird. Doch werde ich mich noch eine Weile in Geduld üben müssen, denn es sollte September 2017 werden, bis uns ein konkreter Einblick in ihr späteres Wirken gewährt werden würde.

Eines ist Christina allerdings jetzt schon klar: Das Erscheinen des Buches werde ein Startschuss sein. Das Buch werde das Erfüllen ihrer Lebensaufgabe so richtig ins Rollen bringen. Ich bin in dieser Hinsicht noch etwas skeptisch und gehe nicht davon aus, dass unser erstes Buch gleich die großen Massen bewegen wird. Demütig sage ich mir immer wieder, ich solle einfach vertrauen, alles habe einen Sinn und alles stehe unter einem übergeordneten Plan.

In diesen Maitagen 2017 bittet mich die 16-Jährige erstmals sozusagen «offiziell» um meine Einwilligung dafür, dass sie jetzt selbständig mit ihrem lichtvollen Wirken beginnen dürfe. Damit meint sie insbesondere, dass sie ihre Tätigkeiten noch vor ihrem 18. Geburtstag, also vor ihrer Volljährigkeit, nicht bloß auf die Schweiz beschränken, sondern demnächst schon ohne meine Begleitung allein ins Ausland reisen wolle. Mit dieser Frage bringt sie in vorbildlicher Weise ihren Respekt vor meinem freien Willen und vor meiner offiziellen Funktion als Erziehungsberechtigte zum Ausdruck.

Bevor ich meine Zustimmung gebe, erinnere ich mich daran zurück, wie ich selbst vor vielen Jahren als 16-Jährige überglücklich war, dass ich nach meinem Schulabschluss ein ganzes Jahr lang im Tessin ein Praktikum in einem Pflegeheim absolvieren durfte. Für mich war dieser Schritt damals, nachdem ich in einer Großfamilie in einfachen bäuerlichen Verhältnissen aufgewachsen war, der entscheidende Sprung in die Freiheit und in die Selbstständigkeit. Ich empfand jenes Jahr als ein riesengroßes Abenteuer des freien Lebens und Lernens und des Sammelns von neuen Erfahrungen, von denen ich bis zum heutigen Tage nicht eine einzige je bereut habe. Noch heute bin ich meinen Eltern für diese großzügige Möglichkeit zutiefst dankbar.

Wie also könnte ich nun, in der umgekehrten Rolle der Mutter, meiner Tochter ihre Bitte ausschlagen? Wenn es ihr Traum, ihre Berufung und ihre Bestimmung ist, demnächst ohne mich auf Reisen zu gehen, um Frieden in die Welt zu tragen, was soll daran schlecht sein? Gerade für hochbegabte Jugendliche ist es ohnehin von großer Wichtigkeit, dass sie möglichst ungehindert ihre Talente leben und ihrer Bestimmung folgen dürfen – sei dies in einer Sportart, in einer Kunstform, in einer Wissenschaft oder in irgend einem anderen Bereich. Und worin Christinas spezielle Begabungen liegen, haben die vergangenen zwei Jahre ja deutlich genug offenbart. Tief in meinem Inneren spüre ich, dass es einfach richtig ist, ihr jetzt meine Einwilligung zu erteilen, auch wenn wir beide noch immer nicht genau wissen, was alles sie umfassen wird. Sicherlich wird es kein einfacher Weg sein, den Christina vor sich hat, aber wie die vergangenen Jahre ebenfalls gezeigt haben, verfügt sie über eine enorme Energie und über ein schier grenzenloses Potenzial, um in unserer Gesellschaft sehr vieles zum Guten zu bewegen.

35

Das Buch erscheint

Juni/Juli 2017. Der lange erwartete Tag sollte also Freitag, der 30. Juni 2017 sein. Vor knapp vier Wochen ging unser Buch nach langer Arbeit schließlich in Druck, und heute um kurz nach 11:00 Uhr erhalte ich von Ronald, unserem Verleger und Lektor, die Nachricht, dass die Paletten mit den frisch gedruckten Büchern im Verlagslager angekommen seien. Wir verabreden, dass wir uns um 16:00 Uhr in einem Restaurant in der Innenstadt von Winterthur für die Übergabe der allerersten Exemplare treffen.

Dieser Freitag ist zugleich auch einer der letzten Schultage von Christina, denn in knapp einer Woche wird ihre neunjährige obligatorische Schulzeit zu Ende gehen. So fahren Christina und ich an diesem sonnigen, sommerlich warmen Tag direkt nach ihrer Schule zum vereinbarten Treffpunkt, wo uns Ronald sofort jeweils ein Buch in die Hände drückt. Christina und ich trauen uns beide kaum, die transparente Folie zu entfernen, bis Ronald uns dazu auffordert. Was für ein Moment!

Christina ist völlig fasziniert, geradeso, als hätte sie zum allerersten Mal ein frisch gedrucktes Buch in der Hand. Während Ronald und ich angeregt plaudern, ist Christina minutenlang stumm mit dem Buch beschäftigt. Eine lange Zeit befühlt sie achtsam und konzentriert mit ihren zarten Händen die Energie des Erstlings, Seite für Seite. Mittels ihrer psychometrischen Begabung ist sie imstande, allein durch Berührung die Energierückstände an Gegenständen oder in Räumen wahrzunehmen und auf diese Weise deren ganze Geschichte zu ergründen. Als sie ihr Schweigen bricht, schildert sie begeistert, wie rein die Energie dieses Buches sei, das noch kein Mensch zuvor berührt oder gelesen hat.

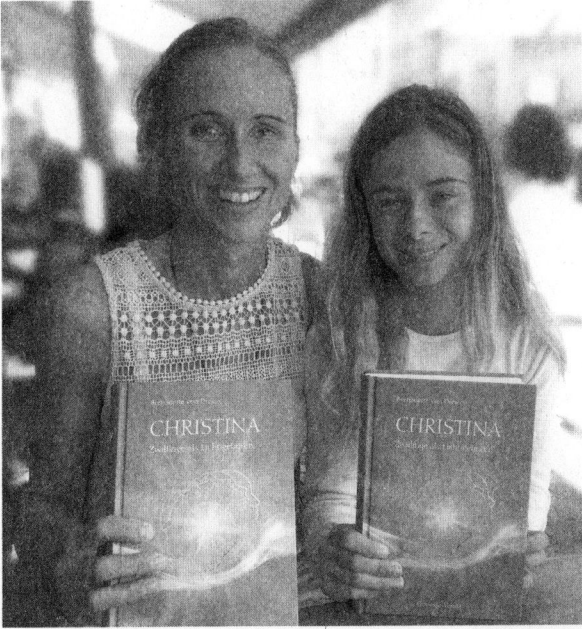

30. Juni 2017: Übergabe
der druckfrischen ersten
Exemplare von Band 1:
«Zwillinge als Licht geboren».

Später kommt auch Ronalds 20-jähriger Sohn Narada hinzu, der den Bucheinband sowie unser Logo mit den Silhouetten von Elena und Christina gestaltet hat. Zu viert sitzen wir noch eine Weile zusammen und laden zum Schluss mehrere Kisten mit frischen Büchern von Ronalds Auto in unseres um. In mir macht sich das immer klarer werdende Gefühl breit, dass mit dem heutigen Erscheinen dieses Buches ein neuer Lebensabschnitt beginnt, und zwar nicht nur für Christina. Es fühlt sich an wie die redensartliche Ruhe vor dem Sturm, allerdings in einer höchst positiven Art und Weise. Wirklich vorstellen kann ich mir zwar noch nicht, in welcher Form Christinas Wirken nun weitergehen und wie sich unser aller Leben dadurch verändern wird, aber irgendwie bin ich mir sicher, dass es sowohl spannend als auch intensiv werden wird. Wie sagte Christina doch schon vor über zwei Jahren: «Mama, dir wird es bestimmt nie mehr langweilig werden.»

Der vorläufige Plan besteht darin, dass Christina ab kommendem September an einer Akademie vier Semester lang eine Ausbildung in Transpersonaler Psychologie absolviert. Nebenbei hat sie auch noch einige weitere Kurse an verschiedenen Orten in der Schweiz gebucht. Ich werde allerdings den Verdacht nicht los, dass dies alles bloß eine Nebenbeschäftigung sein werde, während ihre wirkliche Arbeit im dreidimensionalen Raum zur Stunde für mich noch nicht sichtbar ist.

Schluss mit Schule

Exakt sechs Tage nach der Buchübergabe endet am 6. Juli 2017 mit einem großen Festakt ihrer Schule in Mosnang Christinas offizielle Schulzeit – ein weiterer Meilenstein in ihrem noch jungen Leben. Während fast alle anderen Abgänger ihrer Schule entweder beim großen gemeinsamen Abschlusstheater oder aber im freiwilligen Chor mitwirken, hat Christina schon im Vorfeld klargestellt, dass beides definitiv nicht zu ihren Lieblingsbeschäftigungen gehöre, und so hält sie sich den ganzen Abend lang im Hintergrund. Am Schluss der Veranstaltung jedoch präsentiert sie sich planmäßig gemeinsam mit allen anderen auf der Bühne, allerdings eher ruhig und unauffällig. Von außen betrachtet wirkt sie auch an diesem Abend wie immer etwas scheu, in Wahrheit aber ist der Ausdruck «weise Zurückhaltung» gewiss eher zutreffend. Wohl niemand unter all den vielen anwesenden Jugendlichen, Lehrern, Eltern, Geschwistern und Freunden hätte in dem Moment vermutet, dass diese zierliche junge Frau nur wenige Monate später in restlos ausverkauften Sälen vor Hunderten von begeisterten Menschen über höherdimensionale Weisheiten referieren und Tausende von Büchern in Umlauf bringen würde. Selbst Ronald und ich, die wir Christinas Abschlussfeier gemeinsam beiwohnen, hätten diesen raschen und breiten Erfolg unserer Bemühungen nicht ernsthaft zu träumen gewagt.

Am Tag nach der Schulschlussfeier ist Christina voller Tatendrang. Endlich ist die obligatorische Schulzeit nach neun langen Jahren beendet, endlich ist der Weg frei für Neues! Voller Enthusiasmus räumt sie die wenigen Spielsachen, die sie besitzt, aus ihrem Zimmer und verschenkt sie an die jüngeren Nachbarskinder. Die Schulsachen landen allesamt im Altpapier, und ihr Zimmer wird mit einer neuen Pflanze und mit neuen Heilsteinen bestückt. Und das sind lediglich die äußerlich sichtbaren Zeichen der Veränderung. Wir werden schon bald davon überrascht werden, wie rasch sich ihre längst geplante Lebensaufgabe in unfassbarer Synchronizität aufgleisen wird. Schmunzelnd erwähnt sie auch, dass das einzige, das sie in den neun Jahren Schule tatsächlich gelernt habe, die Erkenntnis sei, wie die heutigen Menschen funktionieren.

Die Lichter gehen an

Bereits wenige Wochen nach seinem Erscheinen ist das Buch ein voller Erfolg. Die Absatzzahlen sind für einen Kleinverlag wie den Govinda-Verlag bemerkenswert hoch, und dies ohne jegliche Werbung außer einem kleinen Faltprospekt sowie einem Newsletter, der an die Verlagskunden geschickt wurde. Ronald berichtet, dass er mit dieser Neuerscheinung etwas erlebe, das er in den ganzen 28 Jahren seiner Verlegertätigkeit bislang noch nicht erlebt habe: Kunden bestellen ein Exemplar dieses Buches, und einige Tage später, nachdem sie es gelesen haben, bestellen sie gleich noch einmal zwei, drei, fünf oder gar zehn Exemplare desselben Buches – zum Weiterschenken. Das häufigste Wort, das der Verlag als Rückmeldung zu «Zwillinge als Licht geboren» vernehme, sei «berührt». Viele Leserinnen und Leser schreiben, dass noch nie zuvor ein Buch sie derart tief berührt habe wie dieses.

Auch die Reaktionen, die direkt bei uns eintreffen, sind überwältigend. Wir erhalten unzählige E-Mails, aber auch lange handgeschriebene Briefe sowie Einladungen und Geschenke. Eine Welle von Dankbarkeit und Berührtsein fliegt uns entgegen, und es ist unsagbar schön zu spüren, wie viele Menschen bereits vollständig offen für Christinas Botschaft sind und ihr Wirken teilweise seit Jahren und Jahrzehnten als Pioniere vorgebahnt haben. Manche schreiben, dass sie schon ihr ganzes Leben lang auf dieses Buch gewartet haben und nun unendlich glücklich seien, es in Händen halten zu dürfen und zu erleben, wie sich ihre Ahnungen und Sehnsüchte endlich manifestieren. Nebst den schriftlichen Rückmeldungen erhalten wir auch zahlreiche Telefonate. Die Zuschriften und Anrufe stammen von Menschen aus allen Segmenten der Gesellschaft – auch aus solchen, von denen ich es nie erwartet hätte. Nicht nur spirituell orientierte Menschen suchen nach der Lektüre des Buches den Kontakt zu Christina oder mir, sondern insbesondere auch viele Eltern mit höher schwingenden Kindern sowie Lehrer und Verantwortliche aus dem Bildungswesen. Sie alle erzählen, dass sie in ihren jeweiligen Bereichen die zunehmende Bewusstseinsfrequenz der heutigen Kinder und Jugendlichen deutlich wahrnehmen können.

Die Inhalte des Buches bewegen sich ganz offensichtlich direkt am aktuellen Puls des Lebens und berühren die Menschen auf den unterschiedlichsten Ebenen. Zum ersten Mal wird mir bewusst, was Christina mit ihrer Aussage prophezeit hat: *«Die Lichter sind alle schon da. Es braucht nur noch jemand, der die On-Taste drückt.»*

Nebst all der Freude über die ausschließlich positiven Reaktionen stimmt mich dennoch eine Frage nachdenklich: Warum habe ich von alledem mein ganzes bisheriges Leben lang nichts gewusst? In meinen gesamten 45 Jahren habe ich alle diese vielen Lichter in der Bevölkerung nicht wahrgenommen. Ich habe auch nie den Weg zu Literatur etwa über alte Weisheiten, über erweitertes Bewusstsein, über höherdimensionale Zivilisationen oder über echte Spiritualität gefunden, obwohl es seit Jahrzehnten zahllose Bücher darüber sowie auch konkrete Projekte gibt, die bereits mit der Signatur der neuen Zeit versehen sind. Warum blieb dies alles von mir völlig unbemerkt? Ich nehme mich selbst als grundsätzlich vielseitig interessierten, offenen und kreativen Menschen wahr, und doch hat all dies zuvor nie meine Aufmerksamkeit erhalten. War das womöglich genau so eingeplant auf meinem Weg?

Ich spreche Christina darauf an, und ihre Antwort könnte einmal mehr klarer nicht sein. Sie sagt: «Es war wichtig, Mama, dass du von alledem keinen blassen Schimmer hattest. Dank deiner Unwissenheit wurde meine natürliche Entwicklung nicht beeinträchtigt. Auch konntest du somit ohne ideologische Vorbelastung unverfälscht das Buch schreiben.»

Das leuchtet ein. Während andere Menschen meines Alters sich ihr ganzes Leben lang mit Spiritualität, mit Querdenken und mit all diesen wundervollen Themen beschäftigten, sollte ich völlig unbefangen die Vorgänge rund um Christina aus ganz geerdeter Sichtweise begleiten, beobachten und schließlich beschreiben. Weder das eine noch das andere ist richtiger oder falscher, denn es geht hierbei gar nicht um richtig oder falsch. Es geht nur darum, intuitiv und authentisch seinem Seelenplan zu folgen und auf diese Weise seinen eigenen Teil im großen Ganzen zu erfüllen. Was mich betrifft, so bestand der Plan offensichtlich darin, dass ich mich in dieser Inkarnation erst jetzt wieder mit der Welt des Höherdimensionalen und Spirituellen beschäftigen würde.

Manchmal brüsten sich gewisse Leute mit einem Unterton von Stolz damit, dass sie schon seit Jahren oder Jahrzehnten auf «dem Weg» seien. Ich schmunzle dann immer ein klein wenig in mich hinein, denn mittlerweile ist mir klar geworden, dass wir alle im Grunde immer auf «dem Weg» sind. Unser geistiges Team fädelt seit Anbeginn unserer Inkarnation fortwährend alles Erforderliche ein, damit wir den Weg unseres Seelenplanes entlang schreiten können – sei dies bewusst oder unbewusst. Natürlich besteht das Ziel darin, dass wir dies bewusst tun, dass wir also irgendwann «erwachen» und ab diesem Zeitpunkt mit vollem freiem Willen, mit vollem Einverstandensein unseren Seelenweg weiter gehen und unsere Dienstaufgaben erfüllen. Doch der Weg, auf dem wir gehen, ist eben ein individueller, für uns persönlich maßgeschneiderter. Ich beispielsweise habe allein durch den Sport extrem viel über den Körper und die Psychologie des Menschen gelernt, und heute darf ich dieses Gelernte mit den neuen Themen harmonisch vernetzen.

Christina merkt in diesem Zusammenhang an, dass die Zeitqualität im Moment so sei, dass sehr viele Menschen erwachen werden. Es brauche zum Erwachen nicht mehr unzählige mühsame, kleine Entwicklungsschritte wie noch in der Zeit zwischen den 1960er-Jahren und der Jahrtausendwende. Den Menschen werde nun das Angebot gemacht, dass sie sich sofort und ohne künstliche Anstrengung vom unlichten Schleier des Vergessens befreien und ihre Frequenz nachhaltig zum Lichten hin erhöhen können. Christina betont hierbei, wie wichtig es sei, dass die Lichter in dieser Phase zueinander finden und nicht mehr als Einzelgänger oder Einzelkämpfer arbeiten, sondern die sich bietenden Synergien nutzen.

36

Hörbuch und
erste Veranstaltungen

Juli bis November 2017. Im Juli schlägt Ronald vor, dass wir zum einen unser Buch als Hörbuch produzieren und dass wir zum anderen für den kommenden Herbst erste Veranstaltungen mit Christina organisieren. Wir sind mit beidem einverstanden.

Ende Juli wird auf der Website des Verlages ein Aufruf gestartet, dass eine Sprecherin gesucht werde, die «Zwillinge als Licht geboren» für die geplante Hörbuchproduktion einlese. Unter anderen meldet sich eine gewisse Nicola, die ebenfalls im Toggenburg wohnt und die schreibt, dass es für sie die allergrößte Freude und Ehre wäre, wenn sie unser Buch einlesen dürfte. Es sei so wundervoll und spreche ihr völlig aus dem Herzen. Bei einem baldigen Treffen bei uns zu Hause wird uns rasch klar, dass Nicola eine wunderbare Person und die richtige Kandidatin für diese Aufgabe ist. Schon Ende August wird in einem professionellen Tonstudio die Hörbuchproduktion eingeleitet, die im Oktober abgeschlossen ist, so dass das fertige Hörbuch im November erscheint. Christina bietet Nicola zudem an, sie könne Christina über das Hörbuchprojekt hinaus gerne weiterhin in verschiedenen Funktionen auf ihrem Weg begleiten. Generell bin ich verblüfft, wie befreit sich Christina plötzlich fühlt und wie klar und präzise sie auch in organisatorischen und geschäftlichen Angelegenheiten spürt, welche Entscheidungen zu treffen sind.

Rückblickend beschreibt Nicola im Februar 2018 ihre Begegnung mit Christina mit folgenden Worten: «Bei all meinen vielfältigen beruflichen Ausbildungen und bei allem, was ich in diesen Bereichen bis anhin gelernt und getan hatte, wusste ich immer: Das ist zwar alles gut, aber es ist noch nicht die Tätigkeit, die mein Herz und mich in jeder Faser berührt. Da war stets ein sehr zartes, aber sicheres Gefühl in mir, ein tiefes Wissen, das sagte: Da wird noch etwas kommen – irgend etwas, von dem ich keine Ahnung hatte, was es sein könnte. Und dann kam Christina.

Zum ersten Mal hörte ich von Christina an einem Seminar in Bonn im Juli 2017, das bezeichnenderweise genau an meinem Geburtstag begann – ‹rein zufällig› und von einem Wildfremden. Er erzählte mir tief beeindruckt von dem Buch, das er gerade lese. Es gehe darin um ein Mädchen aus dem schweizerischen Toggenburg, das mit einem multidimensionalen Bewusstsein geboren wurde. Das Buch sei soeben im Govinda-Verlag erschienen. ‹Aus dem Toggenburg?›, dachte ich. Und das wird mir hier in Bonn erzählt, wo ich doch selbst ebenfalls im Toggenburg lebe? Etwas berührte mich sehr!

Kaum zurück vom Seminar, wollte ich umgehend über die Website des Verlages das Buch bestellen und las dort einen Aufruf, dass eine Sprecherin gesucht werde, um ‹Zwillinge als Licht geboren› für eine geplante Hörbuchproduktion einzulesen. Es durchlief mich wie ein Lichtblitz, und ich wusste sofort: Da muss ich mich melden! Wenig später durfte ich Christina, Bernadette und Ronald treffen, und bereits diese erste Begegnung bestätigte, was schon das Foto im Buch bei mir ausgelöst hatte: ein Gefühl von ‹Familie› und von tiefer Vertrautheit.

Den Job als Hörbuchsprecherin bekam ich, doch dabei allein blieb es nicht. Ich erhielt außerdem das Angebot, sowohl im engsten Team von Christina sowie auch in der geplanten Stiftung mitzuwirken. Ich konnte kaum fassen, welch ein Geschenk mir da zuteil wurde. Ich? Ausgerechnet ich?

Obwohl ja die ganze Zeit über diese unbestimmte Ahnung in mir gewesen war, dass noch etwas ganz Neues auf mich wartete, löst das bis heute in mir immer wieder schier unglaubliche Glücksgefühle aus. Eine Flut von tiefer Dankbarkeit und Freude ergreift mich dann. Inzwischen ist es normal und zugleich doch immer wieder unfassbar, dass ich bei der Umsetzung von Christinas Lebensplan mithelfen darf. Ich finde es schwierig, dafür angemessene Worte zu finden. Ich fühle ganz einfach ein völliges, tiefstes Seelen-‹JA!›.»

Nebst den Hunderten und Aberhunderten von Leserzuschriften erreichen uns schon wenige Wochen nach der Veröffentlichung des Buches auch regelmäßig irgendwelche Einladungen zu Vortrags- oder Seminarveranstaltungen im In- und Ausland sowie Anfragen für Interviews von Magazinen und Fernsehkanälen. Christina lehnt sie fast alle ab, denn sie erkennt die Absichten dahinter. Für sie hat nicht die schnelle, sensationsorientierte Publicity Priorität, sondern das ernsthafte Erfüllen ihres eigenen Lebensplanes, was für mich sehr beruhigend ist.

Die nicht nachlassende Flut von E-Mails, Briefen, Geschenken, Einladungen und Anfragen bringt mich jedoch allmählich an meine Grenzen. So bewegend es ist, die unzähligen spannenden und berührenden Lebensgeschichten sowie die persönlichen Anliegen zu lesen, mit denen sich die Menschen voller Hoffnung an Christina wenden, so schwierig ist es, ihnen allen gerecht zu werden. Es sind einfach zu viele, um auf jedes einzelne Anliegen in der angemessenen Tiefe einzugehen.

Inzwischen hat sich völlig klar bestätigt, dass es auf Christinas Lebensweg nicht vorgesehen ist, dass sie Einzelsitzungen oder Einzelberatungen machen wird. Sie sieht ihr Wirken vielmehr unter anderem darin, dass sie den Menschen eine Hilfe zur Selbsthilfe anbietet, wie sie es bereits vor längerer Zeit formulierte: «Ich bin hier, um die Menschen dabei zu unterstützen, ein erweitertes Bewusstsein zu erlangen. Mit ihrem erweiterten Horizont könnten die Menschen selber einsehen, was heutzutage nicht richtig läuft auf diesem Planeten.» Und: «Dann werden die Menschen erkennen, dass sie sich selbst heilen können.»

Der Plan sieht vor, dass Christina ihr vielfältiges Wissen mit Hilfe von Büchern, Blogs, Filmen, Seminaren und so weiter einer breiten Öffentlichkeit zugänglich macht und auf diese Weise einen nachhaltigen Beitrag für den individuellen und kollektiven Frieden und für das göttliche Bewusstsein leistet. Mittelfristig besteht das Ziel darin, auf der Basis eines befreiten und erweiterten Bewusstseins neue Lebens- und Lernfelder für die Menschen zu schaffen. In der harmonischen Synthese von Liebe und innovativem Denken sollen im Laufe der Zeit neue Handlungs- und Ereignishorizonte für neue Formen des menschlichen Zusammenlebens entstehen, die mit den universellen Gesetzmäßigkeiten des Lebens, der Natur und des Planeten im Einklang stehen.

Die fünf ganztägigen Veranstaltungen, die Ronald für den Herbst 2017 organisiert hat, sind binnen kürzester Zeit ausgebucht. Christina möchte für diese ersten Auftritte vorerst jeweils nur rund 30 Teilnehmer zulassen, um zu überprüfen, ob ihr dieses Format überhaupt zusagt. Am 23. September 2017 findet in Wattwil im Toggenburg, nur eine Viertelstunde von unserem Zuhause entfernt, Christinas allererste öffentliche Veranstaltung statt. Vier weitere folgen im Oktober und im November an unterschiedlichen Orten. Ronald fungiert bei diesen fünf Herbstseminaren jeweils als Moderator, und auch ich bin als Co-Referentin begleitend eingebunden. Glücklicherweise stellt sich schon bald heraus, dass Christina bestens allein bestehen kann und dass sie diese Form der Unterstützung unsererseits gar nicht braucht. Dies freut und beruhigt mich sehr, denn ich sehe meine Funktion in der Zukunft überhaupt nicht in dieser exponierten Rolle, sondern eher im Hintergrund von Christinas Mission.

Parallel dazu tritt ein größerer Eventveranstalter an uns heran und bietet Christina an, für sie eine ganze Anzahl von Abendvorträgen und Tagesseminaren in verschiedenen Schweizer Städten zu organisieren – eine richtige kleine Veranstaltungstournee. Dieses Mal nimmt Christina das Angebot sofort an. Bereits der erste Kontakt mit Emmanuel, dem zuständigen Eventverantwortlichen, lässt bei beiden den Funken sofort überspringen, und sie erkennen beide umgehend, dass sie in Zukunft wohl noch vieles gemeinsam auf die Beine stellen werden.

Diese neuen und größeren Veranstaltungen, bei denen nun Emmanuel als Moderator auftreten soll, finden ebenfalls bereits im Vorfeld enorme Nachfrage. Am Nachmittag vor dem ersten großen Abendanlass spreche ich Christina ein wenig besorgt auf das bevorstehende Referat an und möchte von ihr wissen, ob sie sich denn genug vorbereitet fühle. Völlig ruhig und mit viel Verständnis antwortet sie, ich möge doch bitte endlich aufhören, mir Sorgen zu machen. Sie selbst macht sich nicht einmal Notizen und ist sogar unmittelbar vor der Veranstaltung noch mit völlig anderen Dingen beschäftigt, was sowohl für mich als auch für Emmanuel, die wir eher strukturierte Menschen sind, eine gewisse Herausforderung darstellt. Ich erkenne bei dieser Gelegenheit, dass hier gerade ein Muster von mir sichtbar wird. Denn große öffentliche Auftritte hatte ich durch den Spitzensport ja doch einige und müsste daher eigentlich aus eigener Erfahrung wissen, dass die Erwartungen von außen durchaus zu einer Belastung werden können, die sich meist negativ auf die Leistungsfähigkeit auswirkt. Eine gesunde innere Aufregung oder harmlose Nervosität gehört wohl schon dazu, aber keinesfalls externer Druck.

Bei Christina hingegen erkenne ich überhaupt nichts dergleichen. Einmal mehr lebt sie mir vor, wie man im Bewusstsein des vollkommenen Urvertrauens auf das Göttliche und auf die eigene Berufung sein kann, ohne sich auch nur im geringsten durch negative Energien stören oder ablenken zu lassen. Sie meint nur kurz: «Weißt du, *Ängste sind immer ein Ausdruck von mangelndem Vertrauen.*» Tja, da hat sie wohl mal wieder recht. Versagensängste, Nervosität, Unsicherheiten und was vor solch einem Auftritt sonst noch alles auftauchen könnte, das existiert in ihrem Horizont schlichtweg nicht.

Wie schon für das allererste kleine Tagesseminar im September, so haben wir auch für den ersten großen Abendanlass an diesem 3. November 2017 dieselbe Lokalität in Wattwil gewählt, bloß mit dem Unterschied, dass dieses Mal der große Saal angemietet wurde. Er ist mit 270 Zuhörern prall gefüllt, und so sitzt Christina an diesem Abend gemeinsam mit Emmanuel erstmals auf der riesigen Bühne und fasziniert mit ihren spontanen, authentischen, humorvollen und tiefgründigen Ausführungen sämtliche Anwesenden. Mit diesem neuen Veranstaltungsformat fühlt sie sich äußerst wohl. Vor allem mag sie den Frage-und-Antwort-Teil und geht in liebenswürdiger Art und Weise auf die unterschiedlichsten Publikumsfragen ein. Wieder wird deutlich, dass sie nicht bloß verstandesmäßig irgendwelche angelernten Konzepte und Ideologien vorträgt, sondern völlig frei aus dem Moment heraus spricht, spontan und herzlich und ohne jegliche äußere Vorbereitung. Keine Frage seitens der Teilnehmer bleibt unbeantwortet.

Während ich die 16½-Jährige vor diesem großen Publikum auf der Bühne reden höre, wird mir klar, dass genau dies ein Teil ihres Weges ist. Allerdings werden, wie Christina später darlegt, solche Auftritte nicht zu ihren zukünftigen Hauptbeschäftigungen zählen. Schon im Verlaufe des kommenden Jahres 2018 werden die öffentlichen Auftritte in der Schweiz weniger häufig, dafür nochmals um einiges größer werden, sagt sie. Danach werde sie auch oft im Ausland unterwegs und mit anderen Projekten beschäftigt sein. So jedenfalls sei es in ihrem Lebensplan vorgesehen.

Der Abend des 3. November 2017 ist auch in einer anderen Hinsicht bemerkenswert. Direkt aus dem Verlagslager bringt Ronald an diesem Abend nämlich die ersten druckfrischen Exemplare der zweiten Auflage von «Zwillinge als Licht geboren» nach Wattwil mit. Die dritte Auflage würde alsdann schon im Januar 2018 gedruckt werden.

Auch die weiteren Abend- und Tagesveranstaltungen mit Christina und Emmanuel im Herbst und Winter 2017/2018 sind allesamt ausgebucht, meistens mit 300–400 Personen.

Rückblickend auf seine ersten fünf Monate mit Christina schreibt Emmanuel im Februar 2018: «Als ich im Spätsommer 2017 zum ersten Mal von Christina hörte, wurde nicht einmal ihr Name erwähnt. Es war in einer Zeit, als ich nichts suchte – weder für meine geistige Entwicklung noch für meinen beruflichen Werdegang, noch in privater Hinsicht. Doch als ich von meiner damaligen Lebenspartnerin vernahm, dass sie von einem sehr spannenden jungen Mädchen gehört habe, war meine Aufmerksamkeit geweckt. Und das ist wahrscheinlich maßlos untertrieben. Denn richtiger wäre zu sagen, dass ich sofort hellwach wurde, und zwar auf einer tiefen inneren Ebene. Das ist für mich eine eher untypische Reaktion auf eine solche Information, vor allem hinsichtlich dieser großen Tiefe. Ich erkundigte mich, was ebenfalls untypisch für mich ist, nach dem Namen der jungen Frau, doch meine Partnerin wusste ihn nicht mehr. So bat ich sie, diesen Namen bitte herauszufinden. Als ich den Namen schließlich erhielt, recherchierte ich im Internet und stieß dabei auf das Buch ‹Christina – Zwillinge als Licht geboren› von Berna-

dette von Dreien. Beim Anblick des Einbandes reagierte ich zuerst mit meinem üblichen Muster: ‹Ach, schon wieder so ein eso-
terisches Buch›. Aber es gab da etwas im Text, das anders war,
bedeutend anders. Es fühlte sich an wie eine völlig harmonische
Verbindung von ‹oben› und ‹unten› oder von Geist und Materie,
in einer Art und Weise, wie ich sie außer in meinen eigenen Vorstellungen noch nicht erlebt hatte. Es fühlte sich an wie eine starke Verankerung von echter Spiritualität in der materiellen Welt,
die einen für mich völlig neuen Charakter hatte. Natürlichkeit,
Einfachheit, logische Selbstverständlichkeit und Ungezwungen-
heit waren die Gefühle, die da mitschwangen.

Am nächsten Tag rief ich Bernadette an. Ich hatte zwar eine
klare Absicht, aber ansonsten keine Erwartung. Ich wollte dieser
jungen Frau eine Bühne zur Verfügung stellen, auf der sie völlig
frei sein würde zu sagen und zu tun, was immer für sie stimmig
wäre. Dann folgte Ende August das erste Treffen mit Bernadette
und Christina in Bern. Natürlich kaufte ich mir auch das Buch –
das erste, das ich seit langer Zeit lesen würde. Als ich rund zwei
Drittel des Buches gelesen hatte, sagte ich zu meiner Partnerin:
‹Jetzt kann ich in Frieden sterben.› Dieser Satz war für mich Ausdruck eines Gefühls oder einer Art Vorahnung für das Potenzial,
das ich spürte und das ich als Emanation der zeitlosen Weisheit
empfand. Diese ewige Weisheit schien perfekt an die Bedürfnisse der gegenwärtigen Zeit, Kultur und Gesellschaft angepasst zu
sein, alle bisherigen, teilweise unpassend oder sogar hinderlich
gewordenen Ausdrucksformen derselben Weisheit hinter sich
lassend und in ihrer zeitlosen Frische erstrahlend. Mir war klar:
Etwas Wichtigeres als das, was ich hier in Christinas Aufgabe
und Wirken erahnte, gibt es nicht – weder für mich, noch für die
Welt. Im Nachhinein muss ich zugeben: Wenn ich zu jenem Zeitpunkt tatsächlich Erwartungen gehabt hätte, dann wären sie von
dem, was sich mir noch offenbaren sollte, allesamt übertroffen
worden.

Dann ging alles sehr schnell: Ich durfte im Herbst und Winter die Veranstaltungen mit Christina moderieren und sie auf
der Bühne begleiten, ich bekam das Angebot, in der geplanten
Stiftung ein Amt zu übernehmen, und ein Angebot, Vollzeit für

Christinas Projekte zu arbeiten. Was mich bei alledem am meisten erstaunte, war, dass nicht schon längst andere Personen für diese Aufgaben da waren, die dafür wahrscheinlich viel besser geeignet wären als ich. Aber ich brauchte nicht zu überlegen, denn vor dem Hintergrund meines Gefühls, als ich zum ersten Mal von Christina gehört hatte, war das Annehmen dieser Angebote nur noch eine logische Konsequenz. Was gibt es zu überlegen, wenn die eigene Seele ruft? Die üblichen rationalen Entscheidungsprozesse werden dann völlig überflüssig. So freue ich mich jetzt darauf, was die neuen Aufgaben an Schönem und Gutem mit sich bringen werden.»

Christina und Emmanuel am 13. Januar 2018
vor über 400 Zuhörern in Bern.

37

Christinas Lebensplan
offenbart sich

Mitte September 2017. Durch all das, was sich seit dem Erscheinen des Buches in den vergangenen drei Monaten ereignet hat, komme ich allmählich mit meinem Zeitmanagement ans Limit. Da sind zunächst nach wie vor der normale Alltag und mein Praxisbetrieb, doch neu ist eine Fülle an täglicher Korrespondenz hinzu gekommen sowie das Organisieren und Koordinieren der vielen Sitzungen und Veranstaltungstermine mit Christina. Ich weiß, dass ich demnächst sowohl an diesen äußeren Zuständen etwas ändern als auch meine innere Haltung noch mehr festigen muss.

Zugleich spüre ich, dass eine weitere große Welle sich auf uns zubewegt. Erneut bin ich nicht imstande, diese Kraft genau zu benennen, aber ich bin mir gewiss, dass Christina wiederum eine wichtige Hürde nehmen wird, was wohl auch an mir nicht spurlos vorüber gehen wird. Tatsächlich nähert sich in diesen Spätsommertagen der lang ersehnte Augenblick, an dem wir endlich genauer erfahren würden, wie Christinas Lebensplan aussieht und welche Lebensaufgaben darin vorgesehen sind. Es sollte ein historischer Meilenstein in unser beider Lebensgeschichte sein, und einmal mehr wird er mich zunächst sprachlos machen.

Eines frühen Abends kommt Christina zu mir, um mir eine von ihr erstellte Mindmap zu zeigen, eine Art Gedankengrafik, die ihren Seelenplan darstelle – so, wie er sich ihr gerade offenbart habe. Im ersten Moment erwarte ich eigentlich nicht viel mehr als das, was ich von ihr bis jetzt schon kenne. Möglicherweise, so denke ich, werden noch einige Einzelheiten betont sein, wie zum Beispiel, dass sie sich in Zukunft noch mehr mit

Quantenphysik beschäftigen werde oder ähnliches. Doch als ich dann die vollständig beschriebene A4-Seite mit all den vielen Stichworten und Themen sehe, die durch eine Vielzahl von komplexen Querverbindungen miteinander verbunden sind, dann erweckt die Mindmap in mir den Anschein, als ob da jemand gerade die Lebenspläne von zehn Personen auf einem Blatt vereint aufgezeichnet hätte.

Erstaunt versuche ich mich erst einmal mit dem Gedanken zu beruhigen, dass es ja schon irgendwie möglich sei, diese vielfältigen Projekte im Laufe von zwanzig bis dreißig Jahren umzusetzen. Doch Christina, die meine Gedanken bereits vernommen hat, stellt klar: «Das sind die Projekte, die in den nächsten beiden Jahren umgesetzt werden.» Ich verstumme und versuche mir gar nicht erst vorzustellen, welche Kraftakte dies sowohl von ihr als höchstwahrscheinlich auch von mir erfordern wird. Einmal mehr wird mir bewusst, dass ein herkömmlicher dreidimensionaler Verstand schlichtweg nicht fähig ist, dies alles nachzuvollziehen. Wie kann sich eine einzige Person, dazu noch eine juristisch gesehen minderjährige, vornehmen, in nur zwei Jahren so vieles in Bewegung zu setzen?

Dann erinnere ich mich an ein Motto, das Christina neulich formuliert hat: ***Groß denken und klein reden.»*** Das sind für sie nicht bloß irgendwelche Worte. Mittlerweile ist mir klar, dass meine Tochter tatsächlich nach diesem Grundsatz lebt und handelt.

Hier nur ein paar wenige Stichworte aus Christinas Lebensplan: als evolutionäre Denkerin wirken; Bücher schreiben; neue gesellschaftliche Strukturen erschaffen; Pionierprojekte für Kinder aufgleisen; eine Stiftung gründen. Auf der Mindmap stehen noch zahlreiche weitere Themen, die in Zukunft zu ihren Hauptaufgaben gehören werden, doch davon soll vorerst hier noch nicht die Rede sein.

Dass Christina als evolutionäre Denkerin wirken wird, überrascht mich nicht. Die ersten öffentlichen Auftritte sind zu diesem Zeitpunkt, Mitte September, bereits organisiert und werden demnächst beginnen. Ebenso wenig überrascht mich, dass sie Bücher schreiben wird, denn gerade in jüngster Zeit ist sie viel am Schreiben, auch über Themen, von denen sie sagt, die Menschen seien derzeit noch nicht bereit dafür. Aber wie will sie einfach mal so neue gesellschaftliche Strukturen erschaffen und Pionierprojekte für Kinder aufgleisen? Was Kinder betrifft, so sind sogar zwei parallele große Projekte vorgesehen. Dass bei den differenziert aufgelisteten anderen Reformprojekten das Gesundheitswesen fehlt, verwundert mich zunächst ein wenig, aber dann sei es eben so. Auf einer zusätzlichen Weltkarte hat Christina zu all ihren verschiedenen Vorhaben die geographischen Gebiete markiert, in denen die jeweiligen Projekte umgesetzt werden sollen. Ich kann an dieser Stelle dazu nur soviel verraten: Es gibt kein einziges Projekt, dass sich nur auf die Schweiz beschränkt.

In diesem Augenblick wird mir bewusst, dass dieses bevorstehende großflächige Wirken Christinas auf so vielen unterschiedlichen Ebenen und in so vielen unterschiedlichen Regionen eine tragfähige, gut funktionierende Basis brauchen wird. Wir werden eine Organisation brauchen, und es ist jetzt schon klar, dass in dieser Organisation bald schon eine Vielzahl von Menschen mitarbeiten werden, um Christinas zahlreiche Vorhaben zu unterstützen. Da Christina juristisch gesehen noch minderjährig ist und da sie gewiss auch anderes zu tun haben wird, werden die Gründung und der Aufbau der Organisation wohl erst einmal bei mir liegen. Ich frage mich: Wie wird wohl mein Lebensweg weiter gehen? Was wird im Zuge von Christinas fortschreitender Entfaltung in den kommenden Monaten und Jahren wohl so alles auf mich zukommen?

Aber immerhin haben wir durch die heutige Mindmap jetzt eine Liste mit konkreten Themen und Projekten, die auf Christinas Lebensplan offensichtlich vorgesehen sind. Dies erleichtert es uns, unter den vielen Zuschriften, Anfragen und Unterstützungsangeboten, die nach wie vor täglich bei uns eintreffen, gezielter auszuwählen. Seit dem Erscheinen des Buches haben sich bereits etliche wertvolle Kontakte ergeben, und diese können wir nun zielgerichtet lichtvoll miteinander vernetzen.

An diesem Abend erstellt Christina auf meine Bitte hin auch für mich eine Mindmap mit meinem Seelenplan. Ehrlich gesagt bin ich erleichtert, dass etliche von Christinas zahlreichen Projekten mich nicht unmittelbar betreffen oder miteinbeziehen werden. Einige allerdings schon, aber das war ja zu erwarten. Für mich fühlt sich dies alles sehr stimmig an, und so teile ich Christinas Freude und Begeisterung darüber, dass sich ihr Lebensplan nun endlich offenbart hat.

Wenige Tage später kommt Ronald zu Besuch, und wir informieren auch ihn über die Pläne und zeigen ihm die beiden Mindmaps. Nach einigen Minuten des ruhigen und konzentrierten Betrachtens wird auch ihm klar, wie umfangreich und vielschichtig Christinas Aufgaben sein werden. Dann fragt er sie: «Christina, wenn du das alles erledigt hast, wirst du uns dann wieder verlassen?»

Ich fahre zusammen. Denn genau derselbe Gedanke ist mir ebenfalls schon durch den Kopf gegangen, aber ich habe es nicht gewagt, diese Befürchtung auszusprechen. Doch die Antwort meiner Tochter beruhigt uns und lässt uns hoffen. Völlig friedfertig sagt sie: «Nein. Denn danach geht unsere Aufgabe erst richtig los.» Wenn sie in diesem Kontext «unsere Aufgabe» sagt, dann bezieht dies immer auch ihre Zwillingsschwester Elena sowie ihr geistiges Team mit ein, das übrigens stetig wächst.

Eine weitere Frage beschäftigt mich: «Christina, ist es vorgesehen, dass ich mich irgendwann werde mit Elena unterhalten können? Und werde ich sie jemals sehen können?»

«Ja», antwortet Christina, «und zwar dann, wenn ich mehrheitlich im Ausland weilen und somit physisch nicht mehr in deiner unmittelbaren Nähe leben werde.»

Diese Aussicht berührt und erfreut mein Herz ganz tief.

38

Synchronizität und neue Projekte

September 2017 bis Januar 2018. Was mit dem Begriff «Synchronizität» in der Theorie gemeint ist, haben wir bereits im ersten Kapitel des vorliegenden Buches beschrieben – nämlich dass sich in unserem Leben auf mysteriöse Weise Fügungen und vermeintliche «Zufälle» ereignen, die eben nicht zufällig geschehen, sondern die eigens für uns von oben eingefädelt werden. Wie sich solche Synchronizität im praktischen Leben konkret zeigt, können wir in diesen Monaten anhand von Christinas Entwicklung und der Entfaltung ihrer Projekte gerade äußerst beeindruckend im wörtlichen Sinne «live» erleben.

Wenn sich jemand derart klar wie Christina auf dem eigenen Seelenweg befindet und sich so entschlossen und zuversichtlich seinen Lebensaufgaben widmet, wenn jemand derart voller Begeisterung, Lebensfreude und Urvertrauen dem inneren Kompass folgt, dann wundert es nicht, dass das Universum alles Erforderliche einfädelt. Und doch gleicht es aus dreidimensionaler Sicht manchmal einem Wunder, was diese Einfädelungen zu manifestieren imstande sind.

Dass es keine willkürlichen Zufälle gibt und dass wir alle die Erschaffer unserer eigenen Realität sind, wissen erfreulicherweise inzwischen viele Menschen. Und doch ist es für den rationalen Verstand äußerst schwer nachzuvollziehen, welch komplexe Logistik hinter den Kulissen des Sichtbaren dafür sorgt, dass all die vielen einzelnen Fäden sinnvoll miteinander koordiniert werden und dass auf genialste Weise die genau richtigen Menschen und Ereignisse stets zum richtigen Zeitpunkt ins eigene Leben geführt werden.

Synchronizität ist das exakte Gegenteil dessen, was man gemeinhin als «Murphys Gesetz» kennt. Gemäß Murphys pessimistischem Gesetz wird alles im Leben, was schiefgehen kann, auch tatsächlich schiefgehen. Und gemäß dem göttlichen Prinzip der Synchronizität wird alles im Leben stets perfekt organisiert, so dass jeder Mensch jederzeit die Möglichkeit hat, seinen Seelenplan zu erkennen und zu erfüllen – sofern er dies möchte.

In Christinas Mission wird derzeit gerade kräftig eingefädelt. Dies zeigt sich uns daran, dass zahlreiche bemerkenswerte Menschen aus dem In- und Ausland unter den wunderlichsten Umständen in Christinas Leben finden, und dies gleich reihenweise und mit den unterschiedlichsten Angeboten. So kann sie ihr Netzwerk des Lichts, das schon seit Sommer 2016 im Aufbau begriffen ist (siehe Band 1, Kapitel 39), weiter ausbauen und die Menschen jeweils direkt mit den Projekten, die in ihrem Lebensplan enthalten sind, verknüpfen. In verschiedenen Bereichen werden bald Kompetenzteams aus qualifizierten Fachpersonen entstehen, die sich gegenseitig harmonisch ergänzen.

Mit der konstruktiven Vernetzung und Ergänzung im Sinne eines übergeordneten göttlichen Planes verhält es sich etwa so wie mit einem Steinbogen: Kein Stein wäre allein imstande, seine Position zu halten, ganz abgesehen davon, dass ein einzelner Stein völlig unfähig wäre, einen solch wundervollen Bogen überhaupt zu bilden. Erst wenn jeder einzelne Stein seine ihm zugedachte Rolle als ein Teil des Ganzen einnimmt, entsteht ein stabiler und prachtvoller Steinbogen. Dabei dient jeder einzelne Stein allen anderen Steinen als unverzichtbare Stütze. In einem perfekten Steinbogen ist somit kein Stein zu viel und keiner zu wenig, und jeder befindet sich exakt an seinem richtigen Platz.

Genauso verhält es sich auch in unserem Leben. Wenn in einer Gemeinschaft von Menschen jedes einzelne Individuum seinen Platz einnimmt und seiner Bestimmung folgt, dann fügt sich alles so zusammen, wie es im göttlichen Plan vorgesehen ist. Konstruktive Vernetzung ist, wie Christina immer wieder betont, daher äußerst wichtig, gerade in der heutigen Zeit des Wandels und der Neugestaltung. Unser Zusammenleben auf diesem Planeten bewegt sich mit steigender kollektiver Frequenz vom isolierten

Ein Steinbogen als Symbol für konstruktive Vernetzung und Ergänzung.

Einzelbewusstsein hin zum verbundenen Einheitsbewusstsein. Zunehmend werden Projekte nicht mehr aus egoistischen Eigeninteressen heraus entstehen, sondern aus einem Verständnis des Dienstes für das große Ganze. Trotzdem soll aber die individuelle Vielfalt auch in der Einheit erhalten bleiben, wie das Symbol des Steinbogens auf anschauliche Weise verdeutlicht.

Dieser göttliche Grundsatz lässt sich sowohl auf die Gesellschaft als Ganzes anwenden als auch auf einzelne Gemeinschaften, Gruppen, Organisationen und Projekte. Überall, wo Menschen lichtvoll zusammenwirken und einer Vision des Guten folgen, ist konstruktive Vernetzung nicht nur erwünscht, sondern geradezu unerlässlich. Ich nehme mir vor, dies auch hinsichtlich des Aufbaus von Christinas zahlreichen Projekten klar im Blick zu behalten.

Pläne für eine Stiftung

Ende September 2017. Schon seit Christina in dieser Inkarnation auf der Welt ist, ist nichts, aber auch gar nichts in normalen, planbaren Bahnen verlaufen. Und wie es aussieht, wird sich daran auch weiterhin nichts ändern. Seit zehn Tagen nun kennt sie die Einzelheiten ihres Lebensplanes, und ich bin erneut aufgefordert, meine bisherigen Denk- und Handlungsmuster loszulassen, mich in der Frequenz der liebevollen Energie treiben zu lassen und die neuen Perspektiven, die sich in meinem eigenen

Lebensplan eröffnet haben, zu integrieren. Christinas enorme Energie und Schaffenskraft fordern mich dabei tagtäglich massiv heraus.

Die jüngste Idee ist nun, eine Stiftung zu gründen, unter deren Dach einige ihrer Projekte in Zukunft untergebracht werden können. Mein Verstand beginnt sofort nachzudenken und zu kalkulieren. Klar, alles ist möglich, und auch ein solches Vorhaben lässt sich gewiss irgendwie umsetzen. Ich habe in meinem Leben schon einiges auf die Beine gestellt, unter anderem auch Geschäftsgründungen. Allerdings steht bei Stiftungsgründungen üblicherweise am Anfang ein Kapital, dann wird eine Organisationsstruktur erstellt, dann kommen einzelne Verantwortliche und Projektleiter hinzu, und schließlich werden konkrete Projekte ins Leben gerufen und umgesetzt. In unserem Fall hingegen läuft es eher in umgekehrter Richtung: die Projekte sind schon da, aber es gibt noch keine Verantwortlichen, noch keine Organisation und noch keine Finanzen.

Ich versuche, mich auf Christinas Rat zu besinnen, den sie mir bereits vor mehr als zwei Jahren gab: «Mama, du solltest dir nun zwei Dinge zulegen: Flexibilität und Ruhe.» In Ordnung, ich werde inmitten dieser neuerlichen Herausforderungen ruhig und flexibel bleiben, ich werde mich vertrauensvoll im Fluss des Lebens treiben lassen, und ich werde alles erst einmal in Gelassenheit auf mich zukommen lassen. Doch der Fluss des Lebens fühlt sich derzeit für mich eher an wie ein reißender Strom.

Christina muntert mich auf, indem sie sagt: «Mama, wir sitzen in einem Turbozug. Hab bitte endlich Vertrauen. Es wird schon alles von oben so geregelt, dass du dir über alle diese Einzelheiten keine Sorgen zu machen brauchst. Es ist alles vorbereitet, es ist alles bereits im Feld. Wenn man konstruktiv den eigenen Lebensplan erfüllt, wird es einem an nichts mangeln.»

Eine der Aufgaben der geplanten Organisation soll darin bestehen, Christinas zukünftige Veranstaltungen selbst zu organisieren. Dazu werden wir ein eigenes Event-Team zusammenstellen – für das Auswählen und Anmieten der Lokalitäten sowie für die Werbung, das Ticketing und schließlich für die Durchführung der Veranstaltungen.

Das Schulprojekt

Eine weitere Aufgabe betrifft Christinas Kinder- und Schulprojekte, die ihr nach wie vor sehr am Herzen liegen. Auch hier soll ein Kompetenzteam aus qualifizierten Fachpersonen zusammengestellt werden. Denn es ist klar, dass die Unzufriedenheit mit dem herrschenden Bildungssystem mittlerweile bei nahezu allen Beteiligten angekommen ist. Kinder und Jugendliche, Eltern und Elternverbände, Lehrpersonen und deren Verbände, selbst Vertreter der Schulbehörden, Schulpsychologen, Sozialpädagogen und Hochschuldozenten – überall spüren die Menschen, dass man den heutigen Kindern mit den geltenden Rahmenbedingungen nicht mehr gerecht werden kann. Denn wir haben es mit einem Schulsystem aus dem 19. Jahrhundert und mit Lehrpersonen aus dem 20. Jahrhundert zu tun, die die Kinder des 21. Jahrhunderts unterrichten sollen. Da stimmt also offensichtlich etwas nicht.

Tatsächlich belegen etliche aktuelle Studien, dass sich mittlerweile fast jedes dritte Kind in unseren Schulen nicht wohl fühlt oder nicht zurechtfindet. Aus unserer Sicht liegt dies in erster Linie daran, dass die geltenden Strukturen und Methoden offensichtlich nicht im Einklang mit der inneren Natur der Menschen der neuen Zeit stehen. Die Kinder zeigen beispielsweise Symptome von chronischem Stress oder von völligem Desinteresse, oder aber ihr Körper reagiert damit, dass er ständig krank ist. Im Moment wissen sich die Verantwortlichen noch nicht anders zu helfen als dadurch, dass sie die Kinder und Jugendlichen in psychologische Abklärungen schicken oder ihnen irgendwelche Sonderunterstützungen verordnen. Doch was es wirklich braucht, sind nicht Abklärungen, sondern ist eine Aufklärung über die veränderten gesamtgesellschaftlichen und energetischen Umstände – eine Aufklärung vor allem für die Bildungsbehörden, für die Lehrpersonen und für die Eltern. Denn der Teil des Ganzen, mit dem etwas nicht stimmt, sind nicht die Kinder und Jugendlichen, sondern die nicht mehr zeitgemäßen Strukturen.

Christinas Vision einer freien, ganzheitlichen Schule des Lebens braucht eine völlig neue äußere und innere Form. Die

Schule der Zukunft sollte in erster Linie darauf ausgerichtet sein, die Kinder und Jugendlichen in ihrer eigenen Potenzialentfaltung zu unterstützen. Das ist das Wichtigste. Aber genau diese Art des freien Lernens ist system- und gesetzesbedingt im Moment noch schwer zu realisieren.

Inzwischen wurde eine Arbeitsgruppe aus hoch motivierten Fachleuten gebildet, die sich nach der Lektüre unseres Buches gemeldet und ihre Hilfe bei Christinas Schulprojekt angeboten haben. Diese Arbeitsgruppe soll die nächsten Schritte für die Gründung eines ersten Pionierprojekts planen und einleiten.[*]

Das erste Videoprojekt

Anfang Oktober 2017. Genau wie die Arbeitsgruppe «Schulprojekt» äußerlich gesehen aus dem Nichts aufgetaucht ist, so taucht auch schon das nächste von oben eingefädelte Projekt auf.

Eigentlich hatte ich gehofft, dass jetzt, nachdem Christinas Lebensplan offenbart wurde, für ein paar Monate ein wenig Ruhe einkehren würde, so dass ich mich nebst dem normalen Familienalltag, meiner Praxis und der Arbeit am vorliegenden Band 2 erst einmal um die anstehenden Veranstaltungen und um die bereits definierten Projekte kümmern könnte. Bald aber wird offensichtlich, dass ich mich mit dieser Hoffnung getäuscht habe.

Seit Veröffentlichung von Band 1 haben sich nicht nur Pressevertreter bei uns gemeldet, die Christina interviewen wollten, sondern auch Filmemacher und Leute aus dem Fernsehen. Bislang hat Christina alle Anfragen abgelehnt. Jetzt aber sagt sie zum ersten Mal zu, dass ein Filmteam aus Österreich uns zu Hause in Dreien besuchen und Christina und mich zwei Tage lang befragen und aufnehmen dürfe. Sie folgt auch hierbei ihrem feinen Gespür dafür, ob eine Anfrage in harmonischer Weise mit ihrem Lebensplan vereinbar ist oder nicht.

---

[*] Auch dieses Thema werden wir in Band 3 weiter ausführen.

Das dreiköpfige österreichische Filmteam verwandelt unser großes Wohnzimmer für zwei Tage in eine Art Studio mit mehreren Kameras, Mikrofonen und Scheinwerfern. Nebst langen persönlichen Gesprächen entstehen in dieser Zeit rund vier Stunden fertiges Videomaterial. Sowohl Christina und ich als auch die Gäste aus Österreich empfinden unseren Austausch als sehr harmonisch und stimmig. Wir haben viel Spaß, sind uns aber unserer Verantwortung auch voll bewusst. Die ersten beiden einstündigen Interviews mit den Titeln «Zwillinge als Licht geboren» und «Die Zukunft gehört den Kindern» werden mit Christinas Erlaubnis Anfang Dezember im Internet veröffentlicht.

Durch das Filmteam wird der Kontakt zu einem weiteren Forschungsprojekt eingefädelt, das verspricht, zu einem der größten Pionierprojekte in Christinas Leben zu werden. Doch hierzu können wir derzeit aus verschiedenen Gründen noch keine weiteren Einzelheiten nennen.

Herausforderungen in 3D

Nur einen Tag nach den Filmaufnahmen steht wieder ein ganztägiges Seminar mit Ronald und mir an, und ich staune immer wieder, mit welcher Leichtigkeit und Gelassenheit Christina von einem Projekt ins andere tanzt, als wäre es das Selbstverständlichste auf der Welt für eine gerade mal 16½-jährige junge Frau. Sie lebt vollkommen im Hier und Jetzt, den Blick immer auf das gerichtet, was gerade ansteht, und was gestern war, ist längst Vergangenheit und nicht mehr so wichtig für sie.

Was mich betrifft, so tue ich mich erwartungsgemäß etwas schwerer mit den vielen unterschiedlichen neuen Aufgaben. Während es mir in der Familie, in meiner Praxis und in der spärlichen Freizeit gelingt, dem Herzen wie gewohnt den Vorzug vor dem Verstand zu geben, ist in den neuen Projekten vor allem das strategische und rationale Denken gefordert. Es ist eine große Herausforderung, in 3D eine tragfähige Stiftung und ein pionierhaftes Schulprojekt auf die Beine zu stellen, die die Signatur des Höherdimensionalen in sich tragen sollen. Man muss sich mit

3D-Strukturen, mit 3D-Gesetzen und mit 3D-Behörden auseinandersetzen. In 3D ist alles viel mühsamer, zähflüssiger und langwieriger als im Feinstofflichen, so viel habe ich durch Christina längst erkannt. Und zwischen einer Vision oder einer Idee im Geistigen und der physischen Manifestation im Stofflichen liegt meistens eine gehörige Portion Arbeit. Aber was getan werden muss, muss getan werden.

Es ist nicht einfach für mich, mich bei alledem dem Fluss des Lebens anzuvertrauen und die Einwände des Verstandes nicht zu sehr zu gewichten. Christina meint dazu: «Im 3D-Bereich hinken wir immer hinterher, weil hier alles viel dichter ist.» Die unglaublichen Synchronizitäten, Begegnungen und vermeintlichen «Zufälle», die von der geistigen Welt eingefädelt werden, sind mir eine große Hilfe, weiterhin darauf zu vertrauen, dass schon alles im richtigen Augenblick und zu einem positiven Ausgang organisiert werden wird.

Ende Oktober sind die Tage randvoll mit allen möglichen Terminen und Verpflichtungen, so dass der Aufbau der Vernetzungsplattform und der Stiftung irgendwie stecken bleibt. Mir wird immer mehr bewusst, dass ich in der kommenden Zeit meine Praxis kaum werde weiterführen können, und so treffe ich eine Grundsatzentscheidung: Ich werde die Praxis vorerst für sechs Monate schließen und meine ganze Kraft in das «Projekt Christina» stecken. Zumindest so lange, bis die ganze Organisationsstruktur steht, werde ich demütig ihrem Lebensplan dienen und meine eigenen Projekte zurückstellen.

Ich bewundere die Ruhe von Christina, die von allen diesen Entwicklungen nicht im geringsten überrascht zu sein scheint und die höchstwahrscheinlich schon im Voraus spürt, was als nächstes kommen wird. Manchmal hätte ich gerne nur 10 % ihrer Energie. Aber ich gebe mein Bestes, um meine Aufgaben hingebungsvoll zu erfüllen und das ganze Geschehen als Gelegenheit zu erkennen, um mich innerlich weiterzuentwickeln. Dabei ist es beruhigend zu wissen, dass es anscheinend nicht vorgesehen ist, dass ich in Zukunft alle ihre Tätigkeiten physisch unterstütze. So übe ich mich weiterhin in bedingungsloser Liebe, insbesondere dort, wo mir diese nicht entgegenkommt. Auch dies ist ein

Punkt, der offensichtlich auf meinem Seelenplan steht und den zu lernen ich mir vorgenommen habe.

Ich berichte Ronald von meinen Empfindungen, und wie es sich herausstellt, ergeht es ihm ähnlich. Wer immer in Christinas Nähe kommt und sich freiwillig bereit erklärt, ihren vielfältigen Projekten zu dienen, der erhält damit zugleich die Möglichkeit, wichtige eigene Transformationsprozesse anzugehen. Es mag für das Ego nicht immer einfach sein, mit den eigenen Mustern konfrontiert zu werden, aber insgesamt ist es ein sehr heilsamer Vorgang, sein Bewusstsein zu erweitern und seine Potenziale zu entfalten. Alle Menschen, die in Christinas wachsendem Team mitwirken, machen in der einen oder anderen Weise diese Erfahrung. Wenn große Brocken zu transformieren anstehen, dann hilft Christina durchaus auch aktiv mit, denn sie ist sich selbstverständlich darüber im Klaren, dass es für unsereins nicht einfach ist, auf ihrem Turbozug mitzufahren.

Doch mit jedem Muster, das aufgelöst wird, entfaltet sich neues Potenzial an Vertrauen, Liebe, Kreativität und Herzkraft, und auf diese Weise wird es insgesamt deutlich leichter. Wie sehr ich mich allein im vergangenen halben Jahr in meinem Inneren verändert und weiterentwickelt habe, wird mir insbesondere dann bewusst, wenn ich Bekannte und Freunde treffe. Wenn sie mir von ihren Herausforderungen im Leben erzählen, dann stelle ich fest, dass ich diese höchstwahrscheinlich bis vor Kurzem ebenfalls noch als große Probleme angesehen hätte. Heute aber habe ich eine völlig andere, entspanntere Sichtweise auf die Dinge, obschon ich meine Bekannten natürlich gut verstehen kann, da es noch gar nicht so lange her ist, als ich ebenfalls am gleichen Punkt stand wie sie jetzt.

Wie sagte doch Christina: «Die Lösung eines Problems ist niemals auf derselben Frequenzebene zu finden, auf der das Problem entstand. Alle Probleme lassen sich erst durch eine höhere Frequenz lösen.» Immer mehr erkenne ich, wie sich diese Aussage im praktischen Leben bestätigt. Vor allem wird mir bewusst, welches Riesenpotenzial in uns allen schlummert, um unsere persönlichen Probleme nachhaltig aufzulösen und somit kollektiv unsere Gesellschaft in eine völlig andere Richtung zu führen. Die Gewissheit, dass jeder Mensch über das Potenzial der Selbstheilung im Geistigen, Seelischen und Körperlichen verfügt, stimmt mich sehr hoffnungsvoll. Allein diese Einsicht bewirkt im Quantenfeld bereits eine konstruktive Veränderung, und jede Veränderung im Feld wirkt sich früher oder später auch in 3D aus. Jedes einzelne Individuum hat hierdurch die Möglichkeit, einen unschätzbar wertvollen Beitrag zum großen Ganzen zu leisten.

39

Auflösung des Rätsels
um die Regenbogenpersonen

Immer noch Ende Oktober 2017. Erstmals hält Christina ein Tagesseminar ohne mich. Hierfür reist sie zu einem Freund, der in der Nähe von Basel ein Projekt für alternative Lebensmodelle auf die Beine stellt, um im kleinen Rahmen bei ihm einen Tag zu gestalten. Nach dem Seminar bekommt sie aus der geistigen Welt die Nachricht, dass im physischen Bereich eine Bedrohung bestehe. Christina informiert mich allerdings nicht umgehend darüber, da ich mir mit Sicherheit große Sorgen gemacht hätte. Stattdessen genieße ich ahnungslos zu Hause mal zwei ruhige Tage ohne Christina, ohne Termine und Anlässe, ohne neue Anfragen und Kontakte, was ich dringend nötig habe.

Dass früher oder später Bedrohungen auftauchen würden, war zu erwarten und ist im Grunde nicht weiter verwunderlich. Wenn viele Lichter zu wirken beginnen, dann ruft dies die Schattenwesen auf den Plan, die versuchen, das Licht zu bekämpfen. Gemäß Christina kommen jetzt immer mehr Lichter hierher, und viele der Lichter, die bereits hier sind, gehen derzeit immer mehr an. Dieses zunehmende Licht stellt aus der Sicht der Wesen des Unlichts eine Bedrohung ihrer Lebensgrundlagen dar, und sie wissen sich nicht anders zu helfen als dadurch, dass sie ihrerseits die Lichter bedrohen.

Als Christina am Sonntagmittag aus Basel zurückkommt, habe ich nach wie vor keine Ahnung, was vorgefallen ist, und es bleibt zunächst auch keine Zeit, mich damit zu befassen oder mich mit Christina auszusprechen. Denn keine halbe Stunde später steht bereits der nächste vereinbarte Besuchstermin an. Dieser neue Kontakt, der uns bezüglich der Stiftungsgründung berät, bleibt bis zum Abend, und erst als er wieder gegangen ist, erzählt mir Christina von den Ereignissen der vergangenen drei Tage. Auf die Einzelheiten möchte ich an dieser Stelle nicht eingehen, aber die Neuigkeit, die die Geschichte hervorgebracht hat, ist äußerst berührend.

Denn ausgelöst durch die Ereignisse dieses Wochenendes klärt sich nun endlich das Rätsel um die sieben regenbogenfarbenen Personen (siehe Band 1, Kapitel 36). Zur Erinnerung: Christina sah hinter sich nebst ihren Geistführern, Schutzengeln und anderen Mitgliedern ihres geistigen Teams jahrelang sieben zusätzliche feinstoffliche Personen, die je in einer anderen Regenbogenfarbe leuchteten, aber für Christina nicht identifizierbar waren. Weil sie an diesem Wochenende zusätzliche Unterstützung im 3D-Bereich brauchte, wurden diese Regenbogenpersonen erstmals aktiv, indem eine von ihnen ihr im Physischen Hilfe leistete. Dadurch wurde Christina offenbart, um wen es sich bei diesen sieben Personen handelt: Es sind zusätzliche Parallelinkarnationen von Christina!

Diese sieben Personen entspringen also allesamt demselben Höheren Selbst wie Christina, das heißt, sie verfügen über dasselbe Wissen und über dieselbe Kraft wie Christina, und die unterschiedlichen Farben stehen für unterschiedliche Aufgabengebiete.

Christina erklärt dazu lachend: «Weißt du, Mama, für diese Aufgabe hier wollte sich in den höheren Dimensionen außer mir niemand wirklich zur Verfügung stellen. Deshalb hat sich meine Seele wortwörtlich selbst aufgeteilt, so dass also noch sieben weitere ‹Christinas› hier inkarniert sind.»

Christina sagt, dass sie in Zukunft ihre Parallelinkarnationen, die allesamt jünger sind als sie, treffen werde und dass auch sie später in ihrer Organisation mitwirken werden. Was für ein unfassbarer Segen! So ist nun also wieder ein Rätsel gelöst, und ich empfinde es als sehr erfreulich und beruhigend, dass derart mächtige Helfer an Christinas Seite wirken werden. Feinstofflich befindet sich Christina bereits im Austausch mit ihren Parallelinkarnationen, aber ich bin natürlich gespannt, wann und wie sie alle sich physisch treffen werden. Christina ergänzt, dass auch Elena sich in Zukunft immer mehr aktiv einbringen werde. Christinas Geschichte bleibt also weiterhin spannend.

Ergänzungen zu den drei Kernbegriffen

Im Frühling 2017, kurz bevor unser erstes Buch in Druck ging, erklärte Christina die Begriffe *Freiheit, Wahrheit und Liebe* zu den drei Kernbegriffen ihrer Lebensaufgabe. Im Laufe der Monate wird immer deutlicher, wie treffend diese drei Begriffe gewählt sind.

In einem der Winterseminare 2017/2018 erklärt Christina: «Diese drei Qualitäten fehlen in der heutigen Welt in größerem Ausmaß. Zum Thema Freiheit: Es geht um die Freiheit im Denken und im Handeln. Die Gesellschaft soll nicht nur wachsen, sondern sich auch bewegen. Und diese Bewegung kommt oft von den Kindern, da sie meistens noch nicht so verdichtet sind. Zum Thema Wahrheit: Sobald sich die kollektive Frequenz erhöht, wird die Wahrheit ans Licht kommen. Und zum Thema Liebe: Liebe erzeugt letzten Endes die Freiheit und die Wahrheit.

Der Schlüssel ist, dass wir unsere Liebe dorthin fließen lassen, wo noch keine ist, denn dort wird sie am meisten gebraucht. Bedingungslose Liebe bedeutet, dass du Liebe genau dorthin sendest, wo noch keine ist. Von dort wird wahrscheinlich auch keine zurückkommen, deshalb spricht man ja von Bedingungslosigkeit. Es gibt keine bessere Zeit als die heutige, um diese Qualität der bedingungslosen Liebe zu entfalten. Als Menschheit sind wir auf dem besten Weg dorthin. Wir verankern diese Liebe im kollektiven Feld. Wir können gar nicht anders, denn die Zeit ist zu hochschwingend.»

Mit einem Schmunzeln fügt sie an: «Das Universum hat ganz viel Geduld. Bedingungslose Geduld.»

Etwas später schreibt sie für den Blog auf ihrer Internetseite zur stillen Revolution der bedingungslosen Liebe das Folgende: «Man kann alles trainieren, auch die Liebe. Liebe ist grenzenlos, bedingungslos und nicht auf irgendetwas beschränkt. Indem man seine Liebesfähigkeit trainiert, erhöht man seine persönliche Schwingung, und damit verändert sich auch das eigene Bewusstsein. Und mit zunehmendem Bewusstsein sieht man alle Ereignisse aus einer anderen Perspektive. Etwas, das jetzt noch als ein Problem angesehen wird, erscheint einem dann nicht mehr als Problem, weil die persönliche Frequenz plötzlich über der Frequenz des angeblichen Problems liegt. So gesehen machen wir mit der Bewusstseinserweiterung ständig einen Perspektivenwechsel und verändern unsere Weltsicht und das, was wir als Wahrheit ansehen. Wahrheit ist somit immer etwas Individuelles und Momentanes und nichts Endgültiges. Bestenfalls sollte sich diese individuelle Wahrheit ständig verändern.

Indem wir unsere eigene Frequenz erhöhen, erweisen wir der ganzen Menschheit einen großen Dienst. Dunkelwesen stehen heute im Dienste von Systemen und wünschen sich, aus diesen Systemen rauszukommen. Sie befinden sich wie in einer finsteren Höhle, aus der sie keinen Ausweg erkennen können, da das Licht fehlt. Indem wir ihnen mit bedingungsloser Liebe begegnen, bieten wir ihnen eine Fackel an, die sie gemäß dem freien Willen annehmen können oder nicht. Mit dieser Fackel fällt Licht in die dunkle Höhle, und so bekommen auch sie die Möglichkeit der Transformation.

Konkret im Alltag heißt dies: Wenn dir zum Beispiel jemand verärgert, neidisch, frustriert oder hasserfüllt begegnet, dann ist es ratsam, nicht mit diesen negativen Energien in Resonanz zu treten, sondern diesem Menschen mit bedingungsloser Liebe zu antworten. Das wäre dann für beide Seiten eine ‹Win-win-Situation›.»

40

Organspenden

Ein in der heutigen Medizin viel diskutiertes und auch heftig umstrittenes Feld ist der Themenkreis «Organspenden» bzw. «Organtransplantationen». Auch bei Christinas Seminaren wird aus dem Publikum häufig die Frage an sie gerichtet, was ihr Standpunkt in dieser Frage sei. Christina weist dann jeweils auf vier Aspekte hin, die es aus ihrer Sicht zu berücksichtigen gilt, bevor man sich für oder gegen Organspenden entscheidet.

Für den Blog auf ihrer Internetseite beschreibt sie diese vier Aspekte im Januar 2018 wie folgt: «Alles, was in unserer Seele enthalten ist – und noch viel mehr –, ist auch in den Zellen unseres Körpers abgespeichert. Unser Charakter und unsere Verhaltensmuster, die wir durch die Erfahrungen unserer früheren Inkarnationen und im Verlaufe unseres gegenwärtigen Lebens gebildet haben, unsere Vorlieben und unsere Abneigungen, unsere Beziehung zu bestimmten Dingen – alle diese Informationen befinden sich energetisch in unseren Körperzellen. Man spricht hier von einem ‹Zellgedächtnis›, in dem das gesamte angesammelte Karma eines Menschen abgespeichert ist. Dies umfasst nicht nur alle Erlebnisse und Erfahrungen, die wir als Seele in diesem oder in vergangenen Leben persönlich gemacht haben, sondern ebenso auch alle Denkmuster, Überzeugungen, Vorstellungen und Glaubenssätze, die wir unbewusst von unseren Vorfahren übernommen haben und die wir noch nicht bewusst transformiert haben. Alles, was unser Vater und seine Ahnen sowie unsere Mutter und ihre Ahnen an Erfahrungen gesammelt haben, ist somit ebenso in unserem Zellgedächtnis gespeichert. Und da alle unsere körperlichen Organe aus Zellen gebildet sind, sind in jedem unserer Organe sämtliche dieser Informationen enthalten.

Wenn nun einem Organspender beispielsweise das Herz entnommen wird, dann sind in diesem Herz alle Informationen des Spenders sowie seiner gesamten Ahnenkette enthalten. Wird das Organ in den Körper eines Empfängers transplantiert, dann übernimmt der Empfänger damit nicht nur das physische Organ, sondern zusätzlich auch die energetischen Informationen des Spenders. Aus diesem Grunde kann nach Organtransplantationen immer wieder beobachtet werden, dass der Empfänger auf medizinisch unerklärliche Weise plötzlich einen sichtlich veränderten Charakter aufweist, dass er in bestimmten Situationen anders reagiert, dass er neue Gewohnheiten pflegt oder auch nur, dass er beispielsweise eine neue Lieblingsspeise hat. Dies ist der erste wichtige Aspekt, den es bei der Frage nach Organtransplantationen zu berücksichtigen gilt.

Der zweite Aspekt ist ein ethischer Aspekt, und er dreht sich um die Frage: Wann ist ein Mensch wirklich tot? Oder genauer: Kann man einem toten Menschen überhaupt ein Organ zur Transplantation entnehmen? Die Mediziner sagen, dass man einem Menschen erst dann ein Organ entnehmen dürfe, wenn er für hirntot erklärt worden sei. Dieser sogenannte Hirntod gleicht einer Art Koma-Zustand. In den meisten Fällen verhält es sich beim Koma so, dass sich die Seele nach wie vor im Körper befindet oder zumindest noch mit dem Körper verbunden ist. Beim Hirntod ist es genau gleich. So gesehen werden Transplantationsorgane im Grunde immer einem noch lebenden Menschen entnommen. Erst dadurch, dass dem Organspender die jeweiligen Organe entfernt werden, wird der Körper endgültig nicht mehr lebensfähig, so dass die Seele dann den Körper verlässt.

Der dritte Aspekt kann schwerwiegende Folgen für den Organspender haben. Solange die Seele eines Menschen noch im physischen Körper weilt, ist sein feinstofflicher Ätherkörper energetisch veränderbar und passt sich der Physis an. Der Ätherkörper ist feinstofflich direkt mit dem physischen Körper verbunden. Das heißt: Was auf der physischen Ebene passiert, das passiert ebenso auch auf der ätherischen Ebene. Wird einem Menschen nun beispielsweise das Herz entnommen, dann hinterlässt diese

Entnahme nicht nur im physischen Körper eine Lücke, sondern parallel dazu auch im ätherischen Körper. Es wird dort die Information abgespeichert: ‹kein Herz vorhanden›. Nach dem Tod des Menschen bleibt diese Information im Ätherkörper gespeichert, und so reist die Seele mit der Information ‹kein Herz vorhanden› in ihre nächste Inkarnation. Wenn dann gemäß dem Bauplan des Ätherkörpers ein neuer physischer Körper gebildet wird, so wird aufgrund dieser abgespeicherten Information der neue Körper kein Herz entwickeln, denn die Information, die energetisch an die Zellen weitergegeben wird, lautet ja: ‹kein Herz vorhanden›. Dies ist einer der möglichen Gründe dafür, warum Kinder manchmal ohne ein bestimmtes Organ zur Welt kommen.

Der vierte Aspekt schließlich ist der Aspekt der Weiterreise zum Licht. Gemäß unserem Seelenplan inkarnieren wir ja in bestimmte menschliche Lebensumstände, um hier gewisse Erfahrungen zu sammeln und gewisse Erlebnisse zu absolvieren, bevor wir anschließend weiterreisen auf unserem Weg zurück zum göttlichen Licht. In jeder Inkarnation gibt es für uns dabei bestimmte Aufgaben zu erfüllen, und wenn sie im Idealfall alle erfüllt sind, dann sind wir frei, um unsere nächsten Schritte zu gehen. Wenn wir sterben, sind wir aufgefordert, unser Bewusstsein von der physischen Ebene zu lösen, das heißt unseren toten Körper zu verlassen und ihn auch dankbar für seine geleisteten Dienste vollständig loszulassen. Dann sind wir frei von der jetzt beendeten Inkarnation und bereit für die Weiterreise. Dies ist der Normalfall.

Im Falle einer Organspende jedoch lebt das gespendete Organ in einem anderen physischen Körper noch weiter, so dass der Spender sich nicht vollständig verabschieden kann. Sofern er kein außergewöhnlich hoch entwickeltes Bewusstsein hat, das sozusagen von Natur aus schon über der physischen Ebene steht, wird er wahrscheinlich dazu neigen, sich auch nach seinem Tode weiterhin in der Nähe des Empfängers aufzuhalten, da dort ja gefühlt noch ein Teil seiner selbst weiterlebt. Dieses Gefühl wird ihn an der Weiterreise zum Licht hindern, und er wird erdgebunden bleiben. Dieser Zustand ist so, als würde der Spender eine weitere, fremde Inkarnation mitleben, obwohl seine eigentliche Inkarnation bereits beendet ist. Erst wenn irgendwann das transplantierte Organ nicht mehr funktioniert, genau gesagt, wenn der Empfänger ebenfalls stirbt und seinen Körper verlässt, erst dann kann die energetische Verhaftung an das Organ aufgelöst werden, und die Seele des Organspenders kann endlich gehen.»

Soweit die vier Aspekte, auf die Christina aus ihrer Sicht jeweils hinweist. Auf einen weiteren in der Öffentlichkeit viel diskutierten Faktor, nämlich den organisierten illegalen Organhandel, geht sie nicht ein, denn dass dies höchst problematisch ist, versteht sich von selbst. Sie betont überdies bei ihren Ausführungen stets deutlich, dass es allein in der Verantwortung und Entscheidung des freien Willens eines jeden Menschen liege, ob er sich am Ende für oder gegen Organtransplantationen ausspreche. Sie möchte lediglich dazu anregen, dass man sämtliche relevanten Aspekte bedenkt und sich dann eigenverantwortlich entscheidet.

Bluttransfusionen, Hornhauttransplantationen und ähnliches sind weniger problematisch, da sich nach solchen Eingriffen die entsprechenden Zellen wieder durch körpereigene Zellen erneuern. Dabei entsteht beim Empfänger keine Abstoßungsreaktion. Die natürliche Grenze liegt daher wahrscheinlich bei genau diesem Faktor. Denn komplexe Organe wie Herz, Lunge, Niere oder Leber werden vom System des Empfängers als Fremdkörper betrachtet und natürlicherweise abgestoßen. In der Schulmedizin verhindert man dieses Abstoßen heute dadurch, dass die Organempfänger ihr Leben lang starke Immunsuppressiva einnehmen müssen, also Medikamente, welche die natürlichen Funktionen des Immunsystems massiv vermindern. Die Natur scheint uns hier also klar die Grenze aufzuzeigen, was in ihrem Plan enthalten ist und was ein unwillkommener, unnatürlicher Eingriff ist.

Wie ich von Christina gelernt habe, ist das Entfernen von Organen oder Körperteilen aus energetischer Sicht immer mit einem gewissen Risiko verbunden. Dies gilt auch für kleinere Eingriffe wie etwa das Entfernen von Rachenmandeln, Blinddarmfortsatz, Gebärmutter und dergleichen. Denn auch diese

Teile fehlen dann im Ätherkörper. Im großen Unterschied zu Organentnahmen bei einem Verstorbenen besteht hier allerdings die Möglichkeit, die Korrektur im Ätherischen noch zu Lebzeiten vorzunehmen, so dass keine Lücke im Ätherkörper zurückbleibt und man unbeschädigt die nächste Inkarnation antreten kann. Solange ein Mensch noch lebt, lässt sich der feinstoffliche Körper auf der energetischen Ebene jederzeit reparieren. Aber das ist ein anderes Thema …

Zum Abschluss dieses zweiten Bandes möchte ich eine kleine Episode anfügen, die sich im August 2017 zugetragen hat. Christina hatte damals noch die Zeit, E-Mails gelegentlich persönlich zu beantworten. Ein Mann aus Österreich äußerte in einem langen Brief seine großen Bedenken angesichts des heutigen Weltgeschehens, und er schilderte auch seine mannigfachen körperlichen Beschwerden. Christina schrieb ihm ohne mein Wissen spontan zurück. Daraufhin meldete sich der tief berührte Mann bei mir mit der Bitte, ich möge Christinas Antwort doch in meinem nächsten Buch veröffentlichen, denn sie verfüge über ein hohes Potenzial und habe bei ihm sehr viel Positives ausgelöst. Als ich Christinas Brief las, den er mir mitgeschickt hatte, war ich selbst überrascht darüber, was die 16-Jährige da geschrieben hatte. Sie selbst findet zwar, ihr Brief sei überhaupt nichts Besonderes, aber sie gab mir dennoch die Einwilligung, ihn hier als Schlusswort zu veröffentlichen.

Dezember 2017: Die 16½-jährige Christina im heimischen Dreien.

41

Schlusswort von Christina

[Das Nachstehende ist eine E-Mail von Christina als Antwort auf den Brief eines Mannes, der sie um Rat gefragt hat.]

Geh auf die Straße, bleib irgendwo stehen und schaue Dir die Leute bewusst an. Immer, wenn ich das mache, denke ich: Hut ab, Respekt dafür, dass du hier auf der Erde bist, dafür, dass du in diesem System bist. Respekt gegenüber deinem Mut, in dieses Spiel zu gehen – wo du doch wusstest, wie tief du vergessen wirst. Möge das Licht dir immer folgen und dich umgeben.

Erinnere Dich wieder, dass Du die Existenz selbst bist, warst und immer sein wirst. Du bist das Licht, das Leben, die Existenz. Erinnere Dich, dass nur ein «NEIN» reicht, um das ganze System zu verändern. Denk immer daran, dass es nicht das erste Mal ist, dass die Menschheit in Sklaverei ist. In Wahrheit ist es das zweite Mal. Wir wissen in unseren tiefsten Erinnerungen, was jetzt zu tun ist. Wir wissen, was passieren wird.

Lass es geschehen. Lass es in Dir und um Dich herum geschehen. Erkenne, dass es schon lange da ist. Erkenne, wie sich die Menschheit aus der Asche erhebt und aufsteigt, umgeben von gleißendem Licht. Wie der Phönix aus der Asche. Denk immer daran, dass die Überseele der Menschheit der Dunkelheit schon lange vergeben hat. Danke der Dunkelheit für ihr Spiel. Wir dürfen Dankbarkeit fühlen für unsere Erfahrungen. Früher war der Aufstieg so, dass nur ein paar es schaffen würden. Doch die Überseele der Menschheit sagte: entweder alle oder keiner. Die gesamte Menschheit wird erwachen. So ist es geschrieben, und so wird es geschehen.

– Christina von Dreien,
im August 2017

Über die Autorin

Bernadette von Dreien (geb. am 16. Januar 1972 im schweizerischen Toggenburg als Bernadette Brändle; bürgerlich Bernadette Meier) ist eine frühere Spitzen-Leichtathletin und heutige Naturheilpraktikerin.

In diversen Langstrecken-Laufdisziplinen (Marathon, Halbmarathon, 10'000 m, Berglauf und Crosslauf) feierte sie ab 1997 – als Bernadette Meier – zahlreiche Elite-Medaillen, darunter mehrfach den Titel als Schweizer Meisterin; dazu kommen etliche Top-Ten-Klassierungen an Europa- und Weltmeisterschaften. Sie war bis Sommer 2015 als Kader-Athletin von Swiss Athletics aktiv.

Die gelernte Medizinische Praxisassistentin absolvierte zwischen 2013 und 2017 eine zusätzliche Ausbildung zur Dipl. Naturheilpraktikerin mit der Fachrichtung Traditionelle Europäische Naturheilkunde (TEN).

Sie lebt derzeit mit Tochter Christina (geb. 2001) und Sohn Mario (geb. 2003) in dem Dorf Dreien im schweizerischen Kanton St. Gallen.

Ein Hinweis zu den Pseudonymen:

Weder Bernadette noch Christina beabsichtigen, durch das Annehmen des Pseudonyms «von Dreien» ihre Identität zu verschlei-
ern. Vielmehr führen sie dafür die folgenden Gründe an: Erstens
drückt ein Pseudonym eine gewisse Neutralität aus; zweitens
besitzt der bürgerliche Name (Meier) nicht denselben Wieder-
erkennungswert; drittens weist das Pseudonym «von Dreien» auf
den Ort hin, an dem Christina ihre irdischen Wurzeln hat und
bisher seit ihrer Geburt lebt; und viertens ist bei Christina der
Zusatz «von Dreien» eine Anspielung darauf, dass sie eigentlich
nicht eines von zwei Geschwistern ist, sondern eines *von dreien*.
Denn ihre früh verstorbene Zwillingsschwester Elena gehört aus
ihrer Sicht genauso zur Familie; sie ist als feinstoffliches Lichtwesen beständig an Christinas Seite und begleitet und unterstützt
sie beim Erfüllen ihrer Lebensaufgaben.

Website von Bernadette: www.bernadettemeier.ch

Website von Christina: www.christinavondreien.ch

Eine Anmerkung der Autorin:

Es entspricht unserem Weltbild und auch der Art und Weise,
wie wir uns eine liebevolle Verbindung zwischen Menschen
wünschen, dass wir offen, ehrlich und respektvoll miteinander
umgehen. Daher bitten wir Sie, unsere Privatsphäre genauso zu
respektieren, wie Sie es sich wünschen, dass andere Ihre Privatsphäre respektieren. Insbesondere ersuchen wir Sie, uns nur mit
lichtvollen Anliegen zu kontaktieren und uns ausschließlich nach
vorheriger Absprache zu besuchen.

Wie in den «Christina»-Büchern ausgeführt, steht Christina der
Öffentlichkeit weder als Heilerin von physischen oder psychi-
schen Erkrankungen noch für das Vorführen ihrer Begabungen
zu Unterhaltungszwecken zur Verfügung. Wir bitten Sie, auch
dies zu respektieren. Herzlichen Dank.

Anastasia ist die Botschafterin eines uralten Volkes, dessen Nachkommen auch heute noch vereinzelt in der Taiga leben, von der Zivilisation unbeeinflusst und immer noch im Besitz «paranormaler» Kräfte, die der moderne Mensch weitgehend verloren hat.

Kurz nach der Öffnung Russlands war die Zeit anscheinend reif, dass die Welt von der Existenz dieser Menschen erfahren sollte. So ließ es die junge Einsiedlerin Anastasia im Jahr 1994 zu, dass ein «Zivilisierter» – der Geschäftsmann Wladimir Megre aus Nowosibirsk – mit ihr in Kontakt kam und im darauffolgenden Jahr für drei Tage Zeuge ihres Lebens auf einer entlegenen Taiga-Lichtung wurde. Diese Begegnung sollte Wladimir Megres Leben grundlegend verändern. Als einfacher Geschäftsmann, der nur den Atheismus des kommunistischen Russlands kannte, sah er sich plötzlich mit Phänomenen konfrontiert, die alles bisher Gekannte um Dimensionen übertrafen: Telepathie, Präkognition, Teleportation, Unverletzlichkeit, Verbindung mit höherdimensionalen Welten usw.

Anastasias Person und Lebensstil provozieren Fragen zu weltbewegenden Themen wie die Herkunft des Menschen, Gesundheit, kosmische Heilkraft, richtige Ernährung, göttliche Naturverbundenheit, die Ursache von Krankheit, Hintergründe der Weltpolitik oder die Zukunft der Menschheit.

Seit dem ersten Erscheinen von Band 1 in Russland (1996) hat sich dort Unglaubliches getan. Die Bücher riefen eine ökologisch und spirituell orientierte Bewegung ins Leben, die inzwischen zur regelrechten Volksbewegung mit einer großen Anzahl verschiedener Non-Profit-Organisationen und alternativer Wohnprojekte – sogenannte «Familienlandsitze» – wurde. Anastasias Botschaft berührte die Herzen von Millionen von Menschen, und die überwältigende Resonanz löste eine revolutionäre Dynamik aus, die inzwischen weit über den russischen Sprachraum hinausgeht. So gibt es in ganz Europa und auch im deutschen Sprachraum bereits zahlreiche Projekte, die im Begriff sind, die Ideen Anastasias umzusetzen in eine lebendige Realität.

Anastasia-Buchreihe

Die «Anastasia»-Bücher wurden mittlerweile in mehr als zwanzig Sprachen mit einer Gesamtauflage von über 11 Millionen Exemplaren gedruckt. In deutscher Sprache sind sämtliche zehn Bände erschienen; fünf davon sind inzwischen auch als Hörbuch lieferbar.

Band 1:	Anastasia – Tochter der Taiga	199 Seiten	Hörbuch 400 Minuten
Band 2:	Anastasia – Die klingenden Zedern Russlands		
		226 Seiten	Hörbuch 470 Minuten
Band 3:	Anastasia – Raum der Liebe	216 Seiten	Hörbuch 458 Minuten
Band 4:	Anastasia – Schöpfung	226 Seiten	Hörbuch 495 Minuten
Band 5:	Anastasia – Wer sind wir?	237 Seiten	Hörbuch 522 Minuten
Band 6:	Anastasia – Das Wissen der Ahnen	274 Seiten	
Band 7:	Anastasia – Die Energie des Lebens	264 Seiten	
Band 8.1:	Anastasia – Neue Zivilisation	208 Seiten	
Band 8.2:	Anastasia – Die Bräuche der Liebe	208 Seiten	
Band 10:	Anastasia – Anasta	260 Seiten	

jeder Band € 16,00 / CHF 24.00 | jedes Hörbuch € 12,90 / Fr. 15.50

Weitere Informationen auf der Website des Verlages:

www.govinda.ch/unsere-autoren/wladimir-megre.html

Die Menschheit vor der globalen Transformation.

Wegweiser zur Transformation.

Susanne Aubry / Karl Schnelting
DEIN WILLE GESCHEHE JETZT!

289 Seiten, Taschenbuch
ISBN 978-3-906347-85-1
€ 12,00 / Fr. 18.00

Wir leben heute in einer Zeit, in der sich vieles scheidet und entscheidet. Aus irdischen und auch aus höherdimensionalen, unsichtbaren Bereichen greifen dunkle Mächte nach der Menschheit. Gleichzeitig steht die Erde nach kosmischem Schöpfungsplan vor einer globalen Transformation. Aus den Welten des Lichts gelangen deshalb immer dringlichere Botschaften und Warnungen an die Menschen: • Welche Entscheidungen stehen bevor? • Wessen Wille wird geschehen? • Wie schützt man sich vor negativen Einflüssen? • Wie können wir auch in Zeiten extremer Bedrohung die höhere Sicht, die göttliche Liebe und das Gottvertrauen bewahren?

Erfahren Sie in diesem historischen Buch, was Lichtwesen aus hohen und höchsten Dimensionen uns schon in den Jahren 1995–97 über die gegenwärtigen und zukünftigen Vorgänge auf der Erde mitteilten. Ihre Botschaften enthalten nicht nur einzigartige Perspektiven, Enthüllungen und Prophezeiungen, sondern sind auch eine unerschöpfliche, lebendige Quelle von persönlicher Kraft und Inspiration.

Susanne Aubry / Karl Schnelting
WEIL ICH DICH LIEBE

369 Seiten, Taschenbuch
ISBN 978-3-906347-86-8
€ 12,00 / Fr. 18.00

Die Erde und mit ihr die Menschen befinden sich in einer tiefgreifenden Transformation, die sich unaufhaltsam beschleunigt. Nie zuvor war die kosmische Einstrahlung auf die Erde so hochaktiv wie in der gegenwärtigen Zeit. Durch sie wird alles intensiviert und verstärkt. – das Licht, aber auch die Dunkelheit.

• Was bedeuten diese Veränderungen für uns?
• Wie reagieren wir im Hinblick auf das Kommende?

Wer mehr als nur menschlichen Rat sucht, findet in diesem Buch Zugang zu neuen Quellen der Erkenntnis und der Wahrnehmung. Lichtwesen aus hohen und höchsten Dimensionen teilten uns schon in den Jahren 1996–98 mit, wie die künftige Entwicklung der Erde vor sich gehen wird und wie der Mensch sich individuell darauf vorbereiten kann. Ihre von Weisheit und Liebe erfüllten Botschaften sind auf unserem Weg in die neue Zeit einzigartige Wegweiser und eine unerschöpfliche Quelle der Kraft und Zuversicht.

Die Herkunft des Menschen als Lichtwesen

Die geistige Herkunft des Menschen.

Darwinismus: kritische Forschung, neue Perspektiven.

Armin Risi
«IHR SEID LICHTWESEN»
Ursprung und Geschichte des Menschen

398 Seiten, gebunden, reich illustriert
ISBN 978-3-905831-27-6
€ 24,00 / Fr. 36.00

Welche Erkenntnisse erlangen wir, wenn die Wissenschaft sich nicht auf ein materialistisches Weltbild beschränkt? Armin Risi, einer der mutigsten Vordenker der heutigen Zeit, provoziert sowohl die Wissenschaften als auch die Religionen: Tiere wurden nie zu Menschen, wie die Evolutionstheorie behauptet, und der «Garten Eden» war ganz anders. Auch waren die Menschen der früheren Zeitalter nicht primitiv. Sie kannten die Wissenschaft des Lebens, die wir heute ganzheitlich – im Zusammenhang des Materiellen mit dem Spirituellen – neu entdecken: «Ihr seid Lichtwesen.» (Joh 10,34)

• Wie entstand der Mensch? • Wie entstand das Leben auf der Erde? Aus Materie? Zufällig? • Was besagen die angeblichen Beweise des Darwinismus tatsächlich? • Was sagt das alte Mythen- und Mysterienwissen? • Welche Botschaft verbirgt sich in den archäologischen Rätseln? • Wohin führt die Spur unserer Vorfahren?

Der längst erforderliche Durchbruch über den Darwinismus hinaus – konsequent und revolutionär.

Armin Risi
EVOLUTION
Stammt der Mensch von den Tieren ab?

166 Seiten, Taschenbuch
ISBN 978-3-905831-28-3
€ 9,50 / Fr. 14.00

Seit über hundert Jahren dominiert die Evolutionstheorie die gesamte Wissenschaft und Forschung, und sie wird in Schulbüchern und an Universitäten so präsentiert, als sei sie längst bewiesen. In Wirklichkeit jedoch stellt der Darwinismus nur eine von mehreren möglichen Interpretationen der wissenschaftlichen Fakten dar. Und Interpretationen beruhen immer auf Weltbildern.

• Welches Weltbild liegt der Evolutionstheorie zugrunde?
• Wie glaubwürdig ist die Evolutionstheorie?
• Wie entstand das Leben auf der Erde?
• Wie entstand der Mensch?

Dieses Buch aus der Reihe «Grundlagenwissen im Govinda-Verlag» ist eine logische und leicht verständliche Darlegung der fundamentalen Mängel der Evolutionstheorie. Es zeigt, dass heute ein Denken in neuen Dimensionen erforderlich ist, insbesondere was das Phänomen «Leben» und die Herkunft des Menschen betrifft.

Eine faktenreiche Ergänzung zu Armin Risis Standardwerk «Ihr seid Lichtwesen».

Das Ermitteln der Lebensaufgaben

Wie wir unseres Glückes Schmied sein können.

Wie wir unsere Lebensaufgaben erkennen und erfüllen können.

Daniela Maiwald / Ronald Zürrer

NIMM DEIN LEBEN IN DIE EIGENE HAND!

Mit einem Vorwort von Armin Risi
ISBN 978-3-905831-42-9
261 Seiten, gebunden, Leseband
€ 34,00 / Fr. 39.90

Die dreibändige Buchreihe über das weltweit einzigartige System der Psychologischen Handanalyse.

In Band 1 werden unter anderem folgende Themen erörtert: • Eine kurze Geschichte der Handlesekunst • Der Unterschied zwischen Chirologie, Chiromantie und Chirosophie • Das Welt- und Menschenbild der Psychologischen Handanalyse • Das Konzept «Schulungsplanet Erde» • Handanalyse bei Kindern und Jugendlichen • Grundzüge einer spirituellen Psychologie • Der Aufbau des feinstofflichen Körpers • Einführung in das Konzept von Karma («Schicksal») • Einführung in das Konzept von Dharma («Lebensaufgabe») • Das bewusste Schmieden unseres Lebensglücks.

Daniela Maiwald / Ronald Zürrer

FOLGE DEINER BESTIMMUNG!

Mit einem Vorwort von Richard Unger
ISBN 978-3-905831-43-6
661 Seiten, gebunden, Leseband
€ 58,00 / Fr. 69.90

Die dreibändige Buchreihe über das weltweit einzigartige System der Psychologischen Handanalyse.

In Band 2 werden unter anderem folgende Themen erörtert: • Wie wir aus den Fingerabdrücken unser psychologisches Grundmuster und unseren persönlichen Lebenszweck ermitteln können • Wie und warum das System zur Decodierung der Fingerabdrücke funktioniert • Die «Vier Lebensschulen» und ihre Kardinaltugenden: Demut, Liebe, Weisheit, innerer Frieden • Die dreizehn Themenbereiche, in denen sich unsere Bestimmung und unsere Herausforderungen offenbaren • Konstruktiver Umgang mit unterschwelligen Ängsten und anderen Basisemotionen.

(Hinweis: Band 3 «LEBE DEINE TALENTE! – Wie wir unsere Potenziale entdecken und entfalten können» ist in Vorbereitung.)

Das Erhöhen der individuellen Frequenz

Der Philosoph und Dichter Ronald Zürrer legt sein neuestes Werk vor:
ein kleines, feines Büchlein über die Schönheit und Heilkraft von
Tugenden, ergänzt durch ein Kartenset mit 170 Tugendkarten. Für alle,
denen es mit der Veredelung ihres Charakters und dem Erhöhen ihrer
individuellen Frequenz tatsächlich ernst ist.

Ronald Zürrer

SCHÖNHEIT DES INNEREN

Taschenbuch und Kartenset

65 Seiten, Taschenbuch
ISBN 978-3-905831-39-9
€ 8,00 / CHF 12.00

170 Kärtchen in handlicher Papp-Box
ISBN 978-3-905831-40-5
€ 20,00 / CHF 30.00

Dieses Buch richtet sich an Menschen, deren Wunsch es ist, Zeit und Aufmerksamkeit auf das
Entfalten von Tugenden zu richten – also von erhebenden Charaktereigenschaften, die beitragen
zur Schönheit des Inneren.

Hierfür hat der Autor einige der bedeutsamsten und glückverheißendsten Früchte vom Baum
der Tugenden gepflückt und sie in Form von kleinen Lebensvorsätzen aus seiner persönlichen
Sicht erläutert. So werden in diesem Aufschlagewerk beispielsweise die folgenden Tugenden und
ethischen Werte beleuchtet:

Achtsamkeit | Ausgeglichenheit | Authentizität | Begeisterungsfähigkeit | Dankbarkeit | Demut
| Eigenverantwortung | Einfachheit | Einzigartigkeit | Entschlossenheit | Erwartungslosigkeit |
Frieden | Fürsorge | Gastfreundlichkeit | Geduld | Gelassenheit | Gerechtigkeit | Gewaltlosigkeit
| Glaube | Hilfsbereitschaft | Hingabe | Hoffnung | Humor | Individualität | Klarheit | Kreativität
| Kritikfähigkeit | Lernfähigkeit | Liebe | Maßhaltung | Mitgefühl | Mut | Naturverbundenheit |
Phantasie | Schweigsamkeit | Tiefgründigkeit | Treue | Unbekümmertheit | Unterscheidungskraft
| Urvertrauen | Verantwortungsbewusstsein | Vergebung | Weisheit | Zuversicht.

Mit Hilfe des Kartensets kannst du – wie bei den sogenannten «Engelkarten» – in einer bestimmten Lebenssituation eine Tugendkarte ziehen, um zu erfahren, welcher Engel in diesem Moment
zu dir kommen und dir bei deinen aktuellen Fragen oder Entscheidungen beistehen möchte.

Oder du kannst regelmäßig eine Karte ziehen und dann die entsprechende Tugend zu deiner
persönlichen «Tagestugend» oder «Tugend der Woche» oder «Tugend des Monats» erklären. Lenke
alsdann deine Achtsamkeit bewusst auf die Qualität dieser Tugend und beobachte ihr Wirken in
deinem Alltag, etwa in deinem Austausch mit anderen Menschen oder mit dir selbst oder auch
in der Erfüllung deiner beruflichen, sozialen und familiären Pflichten. Auf diese Weise wirst du
die Erfahrung machen, dass sich diese Tugend allmählich in deinem Bewusstsein entfaltet und
beginnt, dein Denken und Fühlen, dein Sprechen und Handeln zu durchdringen und zu bereichern. Lass dich überraschen, welch erfreuliche Auswirkungen dies auf dein Leben haben wird.